Die Finanzierung mittelständischer Unternehmungen in Deutschland

Herausgegeben von Peter Rütger Wossidlo

1. Bayreuther Symposium für Betriebswirtschaft

Bayreuth, 3. - 4. März 1983

DUNCKER & HUMBLOT / BERLIN

CIP-Kurztitelaufnahme der Deutschen Bibliothek

Die **Finanzierung mittelständischer Unternehmungen in Deutschland** / 1. Bayreuther Symposium für Betriebswirtschaft, Bayreuth, 3. - 4. März 1983. Hrsg. von Peter Rütger Wossidlo. — Berlin: Duncker und Humblot, 1985.
ISBN 3-428-05819-4

NE: Wossidlo, Peter Rütger [Hrsg.]; Bayreuther Symposium für Betriebswirtschaft ⟨01, 1983⟩

Gedruckt 1985 bei Werner Hildebrand, Berlin 65
Printed in Germany

ISBN 3-428-05819-4

Vorwort

Der vorliegende Tagungsband enthält die Ergebniszusammenfassungen sowie die überarbeiteten Vorträge, die anläßlich des

1. Bayreuther Symposiums für Betriebswirtschaft

gehalten wurden.

Unter dem Generalthema "Zur Lage der Mittelstandsfinanzierung in Deutschland" hatte sich auf Einladung des BF/M Bayreuth ein Kreis hervorragender Sachverständiger aus Wirtschaft, Wissenschaft und Politik eingefunden. Anlaß war die gefährliche Verschlechterung der Eigenkapitalsituation der deutschen Wirtschaft, die im besonderen die mittelständischen Unternehmungen betrifft. Einer breiten Öffentlichkeit sollte die Möglichkeit geboten werden, einen fundierten Einblick in eine Entwicklung zu gewinnen, die lange genug übersehen oder bagatellisiert wurde.

Dem Symposium war die Aufgabe gestellt,

1. die bisherige Entwicklung der Kapitalbildung im Mittelstand kritisch zu analysieren und

2. für die Zukunft Ansätze zur Verbesserung der Kapitalversorgung aufzuzeigen. Dabei richtete sich das Interesse sowohl auf

   - das Finanzierungsverhalten der kapitalnachfragenden Unternehmungen, als auch auf
   - das Angebotsverhalten der institutionellen und privaten Kapitalanleger, aber auch auf
   - die Struktur und die Vermittlungsorganisation eines Beteiligungsmarktes.

An dieser Zielsetzung orientierte sich die Organisation des Symposiums ebenso wie die Systematik des vorliegenden Tagungsbandes. Die wesentliche Arbeit wurde in den drei Arbeitskreisen geleistet, die durch Plenarsitzungen verbunden waren. Einer Einführung im Plenum, die die Gesamtproblematik in ihren Grundzügen erfaßte, schloß sich die zweitägige Diskussion in den folgenden drei getrennt tagenden Arbeitskreisen an:

AK 1: Die Struktur der mittelständischen Eigenkapitalnachfrage
- Gesprächsleitung Dr. Karl Gerhard Schmidt -

Dieser Arbeitskreis beschäftigte sich mit der Analyse der gegenwärtigen Eigenkapitalausstattung, den Beschaffungsschwierigkeiten von Eigenkapital und mit den Anforderungen, die die Kapitalnehmerseite an ein geeignetes Eigenkapitalangebot stellt.

AK 2: Möglichkeiten zur Schaffung eines organisierten Marktes des Eigenkapitals
- Gesprächsleitung Prof. Dr. Hans-Joachim Krahnen -

Dieser Arbeitskreis befaßte sich mit den Organisationsformen des Beteiligungshandels und ihren Modifizierungsmöglichkeiten sowie mit der Bedeutung des Steuerrechts für die Eigenkapitalbildung und den Beteiligungshandel im Mittelstand. Den Möglichkeiten der Börseneinführung mittelständischer Unternehmen wurde besondere Beachtung geschenkt.

AK 3: Die Struktur der Kapitalangebotsseite für die mittelständische Wirtschaft
- Gesprächsleitung Dr. Rupert Pfeffer -

Dieser Arbeitskreis widmete sich dem besonders schwierigen Fragenkomplex, wie die bisher nicht genutzten Kapitalströme in der Bundesrepublik für mittelständische Unternehmungen nutzbar gemacht werden könnten. Der Schwerpunkt war die Erörterung neuer Spezialinstitute der Beteiligungsfinanzierung.

Es ist zu wünschen, daß die Fülle von Anregungen, Thesen und Vorschlägen dieses ausgezeichnet besetzten Forums sowohl in der Wirtschaftspraxis als auch in der Politik aufgegriffen wird, um einer bedrohlichen Entwicklung

Einhalt zu gebieten. Damit wäre auch zugleich einem Wunsch des Bayerischen Staatsministeriums für Wirtschaft und Verkehr entsprochen, dem das BF/M Bayreuth für nachhaltige Unterstützung ideeller und finanzieller Art zu aufrichtigem Dank verpflichtet ist.

Ein großer Dank gebührt aber auch den Mitarbeitern des BF/M, insbesondere den Assistenten Herrn Dipl.-Wirtsch.-Ing. Wolfgang Arnold, Herrn Dipl.-Kfm., Dipl.-Volksw. Walter Ruda, Herrn Dipl.-Kfm. Rainer Schwarz sowie der Sekretärin Frau Petra Herath, die nicht nur die Organisations-, sondern auch die Redaktionsarbeit an diesem Tagungsband übernommen haben.

Der Dank des BF/M und der Universität Bayreuth gilt letztlich Herrn Staatssekretär Dr. Georg Frhr. von Waldenfels, der es trotz großer terminlicher Schwierigkeiten übernahm, die Teilnehmer an einer - nach seinen eigenen Worten - zentralen Stätte betriebswirtschaftlicher Mittelstandsforschung zu begrüßen und die Tagung zu eröffnen.

Betriebswirtschaftliches
Forschungszentrum für
Fragen der mittelständischen
Wirtschaft e.V. an der
Universität Bayreuth
- BF/M -

Peter Rütger Wossidlo

Inhaltsverzeichnis

III. Beiträge zum Thema

MÖGLICHKEITEN ZUR SCHAFFUNG EINES ORGANISIERTEN MARKTES DES EIGENKAPITALS

IV. Beiträge zum Thema

DIE STRUKTUR DER KAPITALANGEBOTSSEITE FÜR DIE MITTELSTÄNDISCHE WIRTSCHAFT

Prof. Dr. Peter Rütger Wossidlo

Die Finanzierungssituation mittelständischer Unternehmungen

A. Zur Bedarfslage

- I. Die erhöhte Insolvenzanfälligkeit mittelständischer Unternehmungen
  - 1. Die Gruppe der mittelständischen Unternehmungen
  - 2. Die Insolvenzanfälligkeit
- II. Die negative Entwicklung der Eigenkapitalquote
  - 1. Die Multifunktionalität des Eigenkapitals
  - 2. Der akzelerierte Eigenkapitalabbau in rezessiven Phasen
  - 3. Der Zusammenhang zwischen Eigenkapitalquote und Insolvenzanfälligkeit
  - 4. Der langfristige Trend zur Verringerung der Eigenkapitalquote
    - a) Die Darstellung der langfristigen Entwicklung
    - b) Die Ursachen der langfristigen Entwicklung

A. Zur Bedarfslage

Die Finanzierungssituation mittelständischer Unternehmungen erhält ihre Aktualität und Ernsthaftigkeit nicht etwa aus dem Aufkommen neuer, interessanter Finanzierungsinstrumente, also aus dem Bereich der Kapitalversorgung. Vielmehr ist es die Verschlechterung der Eigenkapitalsituation in der Kapital-investierenden Wirtschaft, die nach Erörterung und Lösung ruft. Unüberhörbar sind mittlerweile die Stimmen aus der mittelständischen Wirtschaft geworden, die auf einen ungedeckten Eigenkapitalbedarf hinweisen, der nicht mehr aus den herkömmlichen Finanzierungsquellen - vor allem nicht durch die langfristige Fremdfinanzierung - befriedigt werden kann bzw. darf. (1)

Wir wollen uns deshalb zunächst der Bedarfsseite zuwenden, weil heute wissenschaftlich erhärtete Befunde zur erhöhten Insolvenzanfälligkeit und mangelhaften Eigenkapitalausstattung besonders mittlerer Unternehmen vorgelegt werden können, die die Auffassung der mittelständischen Wirtschaft untermauern.

I. Die erhöhte Insolvenzanfälligkeit mittelständischer Unternehmungen

In den letzten Jahren hat es nicht nur eine Vielzahl von Konkursen mittelständischer Unternehmungen gegeben, sondern auch spektakuläre Zusammenbrüche von Großbetrieben. Um eine besondere Insolvenzanfälligkeit mittelständischer Unternehmungen messen zu können, bedarf es zunächst einer Festlegung dessen, was wir unter mittelständischen Betrieben verstehen.

1. Die Gruppe der mittelständischen Unternehmungen

Eine betriebswirtschaftliche Definition sollte sich nicht an

---

1) Näheres zum Eigenkapitalbedarf vgl. Dolch, Volker: Aktuelle Finanzierungserfahrungen einer deutschen Elektronik-Unternehmung, S. 112 ff; Langendorf, Peter: Aktuelle Finanzierungserfahrungen einer deutschen Textil-Unternehmung, S. 118 ff.

der soziologischen Entstehungsgeschichte des Wortes Mittelstand ausrichten, da ein solches Vorgehen bekanntlich in einer Fülle von unlösbaren Abgrenzungsschwierigkeiten endet. Stattdessen schlagen wir vor, die Betriebsgröße als Unterscheidungskriterium heranzuziehen, wobei dieses Merkmal wiederum als Kontinuum zu interpretieren ist. Die mittelständische Wirtschaft umfaßt danach alle Unternehmungen unterhalb einer bestimmten Belegschaftsstärke oder Umsatzgrenze und läßt sich (je nach vorliegendem statistischen Material) wiederum in Teilklassen untergliedern. Mit diesem Ansatz gelingt es wenigstens zu einem Teil, die wenig weiterführenden Begriffsstreitigkeiten in ein aussagefähigeres Meßkonzept zu überführen.

Legt man den Maßstab der Belegschaftsstärke zugrunde, so wollen wir von Großunternehmungen ab einer Mitarbeiterzahl von 2.000 aufwärts sprechen. Das Kontinuum unterhalb dieser Schwelle läßt sich dann beispielsweise (je nach vorliegendem statistischen Material) wie folgt aufteilen:

Abb. 1: Unternehmensgrößeneinteilung nach Beschäftigtenanzahl

1 - 50 Kleinbetriebe	1 - 5 kleinere Kleinbetriebe 1. Grades 6 - 10 kleinere Kleinbetriebe 2. Grades 11 - 20 mittlere Kleinbetriebe 21 - 50 größere Kleinbetriebe
51 - 2000 Mittelbetriebe	51 - 100 kleinere Mittelbetriebe 1. Grades 101 - 200 kleinere Mittelbetriebe 2. Grades 201 - 500 mittlere Mittelbetriebe 501 - 2000 größere Mittelbetriebe
2001 - ... Großbetriebe	

Entsprechend könnte die Festlegung der Abgrenzungsschwelle für Großunternehmungen, sofern man das Kriterium "Umsatz" heranzieht, bei 100 Mio. DM liegen.

2. Die Insolvenzanfälligkeit

Unter Insolvenzanfälligkeit wollen wir das Verhältnis der einem Konkurs- und Vergleichsverfahren unterworfenen Unternehmungen zu der Zahl aller Unternehmungen verstehen. Entsprechend können wir die Insolvenzanfälligkeit einer Betriebsgrößenklasse ermitteln, indem wir die Insolvenzen einer Beschäftigtenklasse auf je 1.000 Unternehmungen dieser Gruppe beziehen.

Die Abb. 2 (1) enthält die Aufschlüsselung der Zahl aller Unternehmungen aufgrund der Arbeitsstättenzählung 1970 (2) und eine Stichprobenauswertung der Creditreform über 1.447 Insolvenzen von insgesamt 8.494 des Jahres 1981 (3). Es läßt sich zeigen, daß die Insolvenzanfälligkeit mit zunehmender Betriebsgröße zunächst wächst und in der Klasse der kleineren Mittelbetriebe 2. Grades ihr Maximum erreicht. Darüberliegende Betriebsgrößen, insbesondere Großunternehmen sind danach weniger insolvenzanfällig.

Zieht man eine entsprechende Stichprobenauswertung für das Jahr 1982 heran, in dem die Insolvenzen auf insgesamt 11.916 anstiegen (4), so zeigt sich eine Verlagerung der Insolvenzen in Richtung abnehmender Betriebsgröße (Abb. 3). War im Jahre 1981 die Klasse der Betriebe mit 101 - 200 Beschäftigten noch am stärksten (36,6 ‰) be-

---

1) Vgl. Wossidlo, P. R., Finanzielle Führung, (BFuP 1982), S. 444.
2) Vgl. Statistisches Bundesamt, Arbeitsstättenzählung (1973), S. 511 ff.
3) Vgl. Verband der Vereine Creditreform, Jahresbericht (1982), S. 10 f.
4) Vgl. Statistisches Bundesamt, Insolvenzverfahren (1983), S. 21.

Abb. 2: Insolvenzanfälligkeit der Unternehmungen je Beschäftigungsgrößenklasse

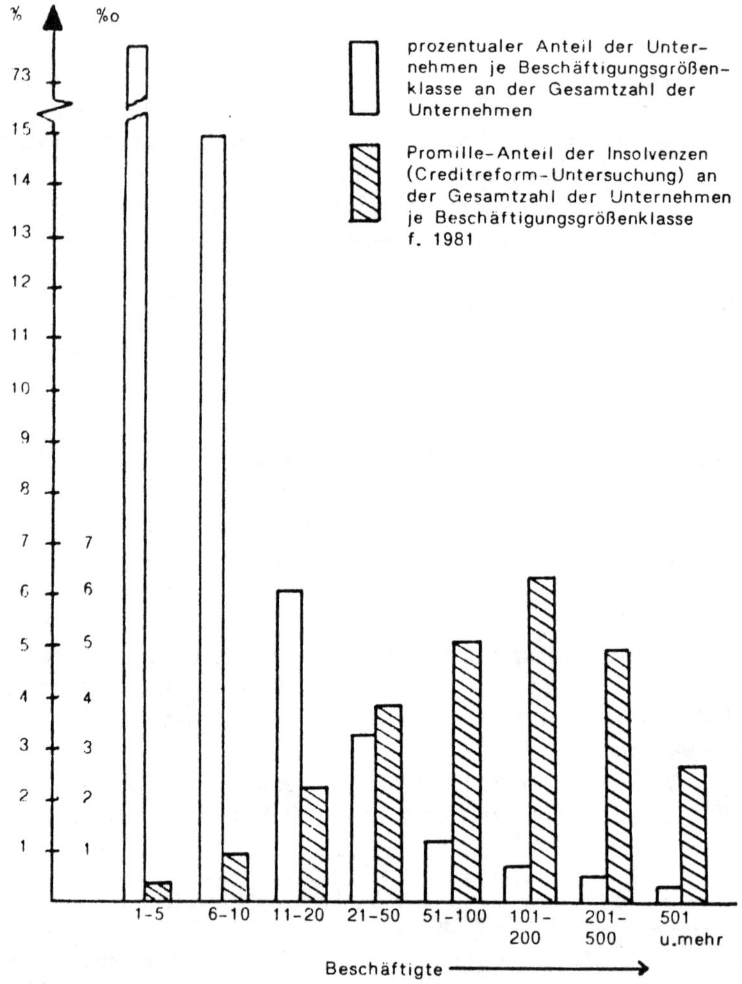

Abb. 3: Insolvenzanfälligkeit der Unternehmungen je Beschäftigungsgrößenklasse (hochgerechnete Ergebnisse für 1981 und 1982)

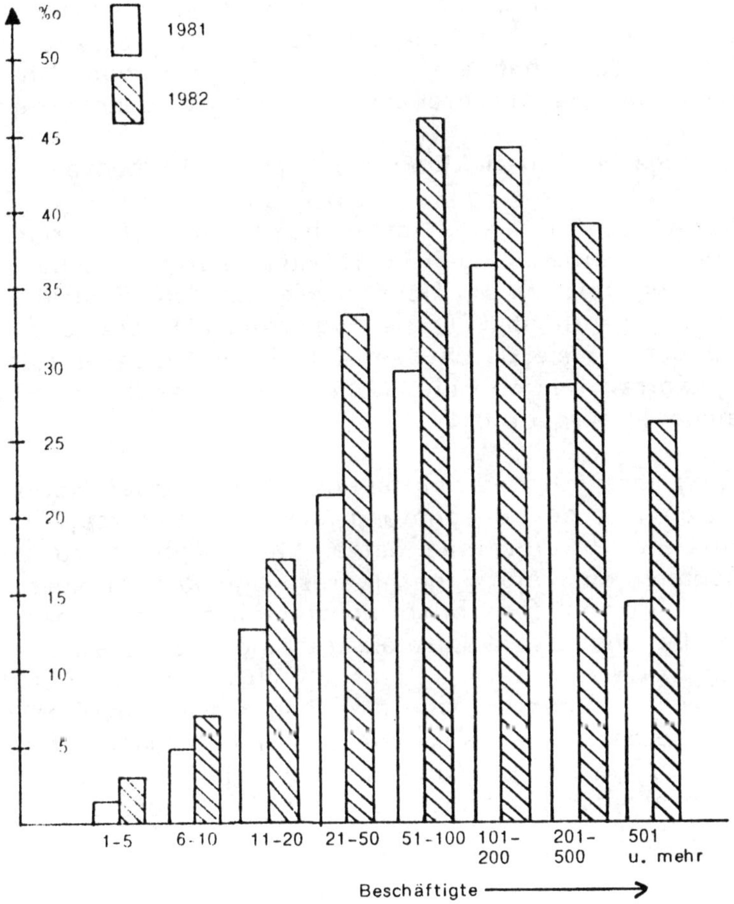

troffen, so teilt dieses Schicksal im Jahr 1982 (1) die darunterliegende Klasse mit Belegschaftsstärken von 51 - 100 (46,0 %o).
Wir können somit zusammenfassen:
Kleinere und mittlere Mittelbetriebe wurden am stärksten von der Insolvenzwelle erfaßt. Die Anfälligkeit ist bei Kleinstbetrieben und größeren Betrieben deutlich geringer. Es zeigt sich schon in diesem Zusammenhang, wie notwendig es ist, die mittelständische Wirtschaft nicht summarisch zu behandeln, sondern Entwicklungen in Abhängigkeit von Betriebsgrößenklassen näher zu analysieren.

II. Die negative Entwicklung der Eigenkapitalquote

Die Insolvenzanfälligkeit, insbesondere der kleineren und mittleren Unternehmungen, wird nun häufig in einen Zusammenhang mit einer nicht ausreichenden Eigenkapitalausstattung gebracht (2) Die Eigenkapitalausstattung wird dabei üblicherweise durch den Anteil des Eigenkapitals am Gesamtkapital, durch die sogenannte vertikale Eigenkapitalquote, ausgedrückt.

Noch im Jahre 1975 verneinte eine Bund-Länder-Komission - die sich mit der Behauptung auseinandersetzte, "kleine und mittlere Unternehmen hätten im Vergleich zu Großunternehmen ein relativ geringeres Eigenkapital aufzuweisen" (3) - einen generellen Zusammenhang zwischen Betriebsgröße und Eigenkapitalausstattung. Aber selbst wenn die sich seinerzeit bereits deutlich abzeichnende Abnahme der Eigenkapitalquoten von der Kommission in Rechnung gestellt worden wäre, hätte sie aus der Tatsache geringer vertikaler Eigenkapital-Quoten noch nicht schlüssig den Eigenkapitalbedarf mittelständischer Unternehmungen ableiten können.

---

1) Die Stichprobe der Creditreform (mit n = 1.662 Elementen) erfaßt allerdings nur die Monate Januar bis November 1982. Vgl. hierzu Verband der Vereine Creditreform, Unternehmensentwicklung (1983), S. I.

2) Vgl. Reske, W./Brandenburg, A./Mortsiefer, H. J., Insolvenzursachen (1978), S. 105.

3) Presse und Informationsamt, Kapitalstruktur (1975), S. 1.

1. Die Multifunktionalität des Eigenkapitals

Die generelle Frage nach der bedarfsgerechten Eigenkapitalausstattung läßt sich aus mehreren Gründen nur von Einzelfall zu Einzelfall und dann auch nur kompromißweise lösen, weil das Eigenkapital mehrere Funktionen zur gleichen Zeit zu erfüllen hat. (1)
Einmal bildet das Eigenkapital die Voraushaftungsbasis für den Gläubiger (Protektionsfunktion).
Zum zweiten stellen die Eigenmittel prinzipiell dauerhaft zur Verfügung stehende, regulär nicht zum Abzug vorgesehene Finanzierungsmittel dar (Dauerfinanzierungsfunktion).
Zum dritten dient das Eigenkapital als Finanzierungspotential für vom Gläubigerkapital nicht akzeptable Investitionen, seien es nun spekulative oder innovative, also im Erfolg schwer abschätzbare Geldanlagen (Risikofinanzierungsfunktion).
Zum vierten kommt dem Eigenkapital die Aufgabe zu, temporäre Verluste aufzufangen und damit eine Existenzgefährdung abzuwehren (Verlustausgleichsfunktion).
Letztlich verbinden sich mit der Eigenkapitalhingabe unternehmenspolitische Entscheidungsrechte (Autonomiefunktion) und Erfolgsbeteiligungsansprüche (Erfolgsverteilungsfunktion).

Aus dieser Multifunktionalität des Eigenkapitals erklärt sich die Tatsache, daß weder Theorie noch Praxis in der Lage sind, generelle Bestimmungsregeln für das Eigenkapital anzugeben. Es lassen sich allenfalls "Faustregeln" formulieren, die je nach im Vordergrund stehender Funktion, einzelwirtschaftlicher Lage und Branche den praktischen Entscheidungen zugrundegelegt werden.

Generell läßt sich feststellen, daß die Anforderungen an die Höhe der Eigenkapitalausstattung durchgängig in allen Wirtschaftszweigen verringert wurden. 1975 wurde der durchaus schon seit längerem zu beobachtende relative

1) Näheres zu den Funktionen des Eigenkapitals vgl. Schmidt, Karl Gerhard: Die Funktionen des Eigenkapitals aus der Sicht der Unternehmungen und der Banken, S. 134 ff.

Eigenkapitalrückgang noch nicht als alarmierend betrachtet. Erst die erhebliche Verschlechterung der gesamtwirtschaftlichen Situation machte deutlich, daß eine zunehmende Verschuldung der Wirtschaft mit einer Destabilisierung bis zur Existenzvernichtung der Unternehmungen korreliert.

2. Der akzelerierte Eigenkapitalabbau in rezessiven Phasen

Die Wirkung hoher Verschuldungsgrade in Zeiten schlechter Ertragslage soll durch die folgende Modellrechnung veranschaulicht werden. Sie basiert auf realen, allerdings vereinfachten und aus Diskretionsgründen abgewandelten Gegebenheiten einer mittelständischen Unternehmung.

Zu Beginn einer mehrjährigen Verlustperiode verfügte der Betrieb über eine vertikale Eigenkapitalquote von immerhin noch 37,5 % bei einem Eigenkapital von 300 und einem Fremdkapital von 500 Geldeinheiten. Die jährlichen Verluste beliefen sich - nachdem das Fremdkapital mit 10 % p. a. verzinst werden mußte - auf 36 Geldeinheiten.

Unter derartigen Bedingungen wird vielfach der Schluß gezogen, daß 8 1/3 Jahre (300/36) verstreichen könnten, bis das Eigenkapital völlig aufgezehrt, also der Überschuldungszeitpunkt eingetreten sei.

Tatsächlich enthält diese Überschlagsrechnung aber gefährliche Fehler, die zu einer Unterschätzung der Existenzgefahr führen. Zum ersten wird nämlich übersehen, daß es die betrieblichen Erfordernisse einer mittelständischen (heute generell eigenkapitalarmen!!) Unternehmung regelmäßig gar nicht zulassen, das betriebsnotwendige Vermögen im Umfang der Eigenkapitalabnahme aufgrund der Verluste zu reduzieren. Stattdessen verlangt die Aufrechterhaltung des bisherigen Geschäftsganges die Ersetzung der Eigenkapitalentzüge durch neues Kapital, also durch fremde Mittel. Anders ausgedrückt: Die Bilanzsumme muß als annähernd konstant angesehen werden.

Das zusätzliche Fremdkapital erzeugt aber neue Zinsbelastungen, die den Verlust der folgenden Jahre wiederum erhöhen. Die Verlustzunahme führt entsprechend zu erneuten Zinsbelastungen im Folgejahr und damit letztlich zur Erhöhung der Verschuldung. Die Zinszahlungsverpflichtungen nehmen folglich Jahr für Jahr progressiv zu, lösen selbst wieder über die Verlusterhöhung eine zusätzliche Minderung des Eigenkapitals aus, die nur durch eine Jahr für Jahr immer schneller steigende Neuverschuldung substituiert werden kann. Dieser Akzelerationsprozeß der Neuverschuldung und entsprechender Zinsbelastung bewirkt eine progressiv wachsende Eigenkapitalauszehrung und verkürzt das Intervall bis zum Eintritt der Überschuldung, den wir als spätesten Konkurstermin ansehen wollen. Dieser Zeitpunkt läßt sich in einer dynamischen Modellrechnung exakt berechnen. (1) In unserem Beispiel beträgt die Frist bis zur Überschuldung statt 8 1/3 nur 6 1/2 Jahre.

Zum zweiten berücksichtigt die Überschlagsrechnung nicht den mittelstandstypischen Zwang zur jährlichen Entnahme. Der Unternehmer ist zur Bestreitung seines Lebensunterhaltes auf die Entnahme angewiesen. Erleidet die Unternehmung Verluste, so führt die Entnahme direkt zur Verminderung des Eigenkapitals. Gehen wir wieder von der Prämisse aus, daß die in der Ausgangssituation der Unternehmung gebundene Gesamtkapitalgröße nicht beliebig verkleinert werden kann - kurz: die Bilanzsumme konstant bleiben muß -, so führt jede Entnahme unter den gegebenen realen Verhältnissen zu einer Neuverschuldung in Höhe der Entnahme. Anders ausgedrückt: die Entnahme muß finanzwirtschaftlich durch eine entsprechende Fremdkapitalzufuhr aufgefangen werden. Diese Neuverschuldung löst wiederum den besagten Akzelerationsprozeß der Eigenkapitalauszehrung über die progressiv steigende Zinsbelastung aus. Unterstellen wir eine durchschnittliche jährliche Entnahme von 40 Geldeinheiten, so verkürzt sich die Frist bis zur Überschuldung auf 3 1/2 Jahre.

Drückt man die Insolvenzgefahr in Zeiteinheiten bis zum Termin der Überschuldung aus, so läßt sich nun feststellen, daß die Gefahr um so größer ist (2),

---

1) Vgl. Anhang, S. 52 ff.

2) Das Intervall bis zur Überschuldung ist also um so kleiner.

- je geringer die vertikale Eigenkapitalquote zu Beginn der Verlustperiode,

- je höher die jährlich zu veranschlagenden Fremdkapital-Zinssätze und

- je umfangreicher die jährlich zu verkraftenden Eigenkapitalentzüge aufgrund von Verlusten und Entnahmen sind.

Der Kollaps wird sich tatsächlich jedoch noch früher einstellen, weil vorher bereits die Illiquidität eintritt.

Darüber hinaus haben wir bisher in unseren Überlegungen die Notwendigkeit der Fremdkapitaltilgung außer acht gelassen, stattdessen die automatische Prolongation der Kreditverträge unterstellt. Löst man auch diese Prämisse auf und beachtet ergänzend, daß sich die Neuverschuldung besonders im kurzfristigen Kreditbereich niederschlägt, so wird der Umfang der Abhängigkeit von den Kreditgebern bei unzureichender Eigenkapitalbasis offensichtlich.

Gerade aber die Autonomieeinbußen werden von vielen mittleren Unternehmern als Ablehnungsgrund ins Feld geführt, wenn über die Aufnahme zusätzlichen Beteiligungskapitals entschieden werden soll. (1) Die Erfahrungen der letzten Jahre sollten aber Anlaß geben, diesen Standpunkt grundlegend zu überdenken. Der Verlust an Unabhängigkeit in Krisenzeiten ist unabwendbar und erheblich einschneidender - zuletzt reicht er bis zur Existenzaufgabe - als die wohl kalkulierbaren und vertraglich eingrenzbaren Einbußen an Selbständigkeit, die in ruhigen Zeiten mit dem Eintritt von neuen Eigenkapitalgebern verbunden sind. In solchen unbedrängten Situationen gewonnenes Eigenkapital erhöht die Widerstandskraft der Unternehmen langfristig. Es ermöglicht nicht zuletzt zur Krisenabwehr notwendige Investitionen, also Vorhaben,

---

1) Näheres zu den Finanzierungszielen vgl. Bergerhof, Walter: Die Anforderungen mittlerer Unternehmungen an Finanzierungsformen mit Eigenkapital, S. 156 ff.

für die in Zeiten zunehmender Abhängigkeit von außen nicht einmal Fremdkapital aufzubringen sein wird.

3. Der Zusammenhang zwischen Eigenkapitalquote und Insolvenzanfälligkeit

Nachdem die Beziehung zwischen der Eigenkapitalausstattung einerseits, und der Insolvenz andererseits, bereits anhand eines Modells aufgezeigt wurde, ist nun zu fragen, ob auch vorliegende statistische Belege auf einen Zusammenhang zwischen niedriger Eigenkapitalquote und erhöhter Insolvenzanfälligkeit hindeuten.

Zu diesem Zwecke stellen wir die nach Unternehmensgrößen geordneten Eigenkapitalquoten der Jahre 1975 - 1980 aus einer Erhebung des Betriebswirtschaftlichen Forschungszentrums für Fragen der mittelständischen Wirtschaft (1) im Industrie- und Handelskammerbezirk Oberfranken den in Abb. 2 bereits dargestellten Insolvenzanfälligkeiten pro Beschäftigtenklasse des Jahres 1981 (2) gegenüber.
Der Zusammenhang zwischen Insolvenzanfälligkeit und Eigenkapitalausstattung läßt sich in Abb. 4 verdeutlichen.

Es zeigt sich, daß diejenigen Betriebsgrößenklassen, die die geringsten Eigenkapitalquoten aufweisen, am stärksten von Insolvenzen betroffen sind. Dies trifft insbesondere auf die Gruppe der kleineren und mittleren Mittelbetriebe zu. Dagegen weisen die Kleinbetriebe und die großen Mittelbetriebe eine relativ hohe Eigenkapitalquote und eine niedrige Insolvenzanfälligkeit aus.

Eine nach Wirtschaftsbereichen geordnete Gegenüberstellung führt zu vergleichbaren Ergebnissen. So ist z. B. die

---

1) Vgl. Wossidlo, P. R./Arnold, W./Ruda, W./Schwarz, R., 2. Zwischenbericht (1983).

2) Vgl. Verband der Vereine Creditreform, Jahresbericht (1982).

Abb. 4: Insolvenzanfälligkeit und Eigenkapitalausstattung der Unternehmungen nach Beschäftigtengrößenklassen

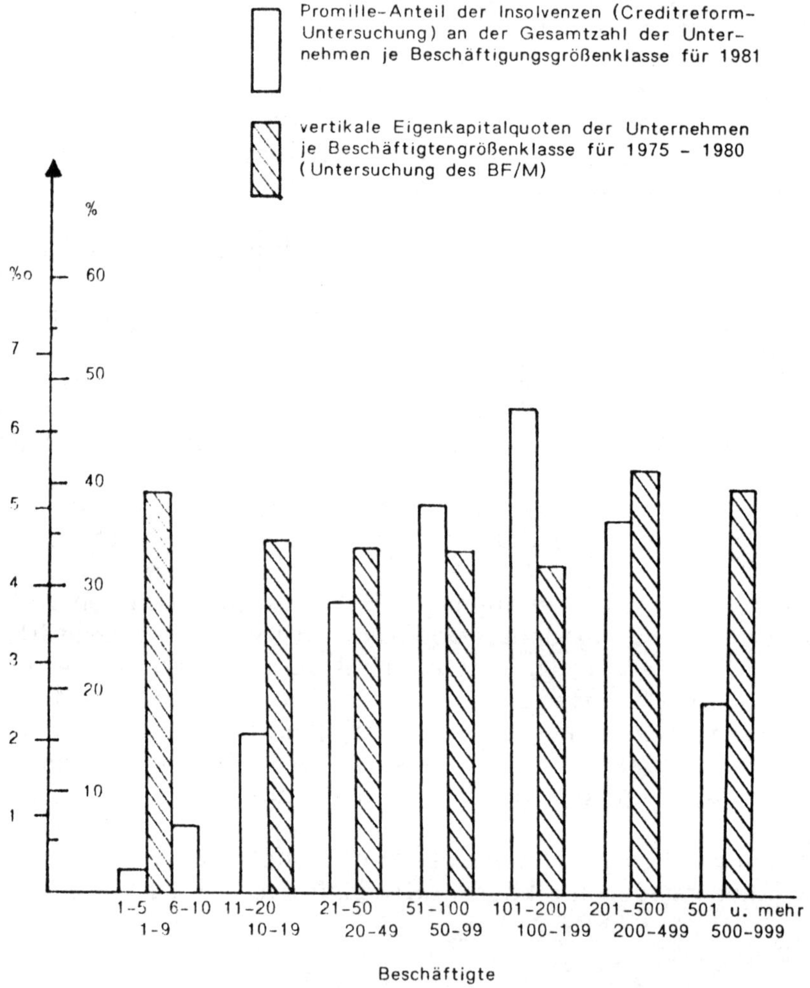

Bauwirtschaft (1) mit einer durchschnittlichen Eigenkapitalquote von nur 8 % im Jahre 1974 am stärksten in der Konkursstatistik des Jahres 1975 mit 10 ‰ vertreten. Der Großhandel weist z. B. eine mehr als doppelt so hohe Eigenkapitalquote von 19,1 % auf, ist aber nur mit einer Insolvenzanfälligkeit von 6 ‰ belastet.

Wir können somit festhalten, daß - selbst bei der bescheidenen statistischen Basis, die unseren Auswertungen zugrundeliegt - ein Zusammenhang zwischen der Höhe der Eigenkapitalquote und der Insolvenzanfälligkeit nicht als Zufallserscheinung gewertet werden darf. Mithin muß eine schwache Eigenkapitalausstattung als virulente Ursache für Unternehmenszusammenbrüche angesehen werden.

4. Der langfristige Trend zur Verringerung der Eigenkapitalquote

a) Die Darstellung der langfristigen Entwicklung

Wird die zuletzt formulierte Hypothese als bewährt angenommen, so ist eine erhöhte Konkursanfälligkeit zu erwarten, wenn sich die Eigenkapitalquote der Wirtschaft noch weiter verschlechtert. Tatsächlich weisen alle verfügbaren Statistiken in diese Richtung. Exemplarisch soll auf die Bilanzauswertung der Bundesbank zurückgegriffen werden, die in der Abb. 5 zusammengestellt ist. (2)

Hiernach sank die durchschnittliche Eigenkapitalquote aller untersuchten Unternehmungen (3) von 1965 bis 1982 von beinahe 30 auf 18,4 %.

---

1) Zum Zahlenmaterial vgl. Wossidlo, P. R./Arnold, W./Ruda, W., 1. Zwischenbericht (1982). Die Angaben zur Insolvenzquote stammen aus Reske, W./Brandenburg, A./Mortsiefer, H. J., Insolvenzursachen (1978), S. 38.

2) Näheres zu den Bundesbank-Statistiken vgl. Buch, Thomas: Die Eigenmittelausstattung der Unternehmen, S. 97 ff.

3) Hierbei handelt es sich um eine Auswertung von bis zu 75.000 Bilanzen, die den Zweigstellen der Landeszentralbanken im Zusammenhang mit dem Rediskontgeschäft eingereicht wurden. Vgl. Deutsche Bundesbank (Hrsg.), Jahresabschlüsse (1983), S. 10.

Abb. 5: Entwicklung der vertikalen Eigenkapitalquote von 1965 bis 1982

Jahr	vertikale Eigenkapitalquote der Unternehmen
1965	29,84
66	30,04
67	31,37
68	30,57
69	28,39
1970	26,68
71	25,92
72	24,64
73	24,04
74	23,74
1975	23,67
76	23,07
77	22,96
78	22,37
79	21,72
1980	19,76
81	18,73
82	18,39

Quelle: Berechnungen des Betriebswirtschaftlichen Forschungszentrums für Fragen der mittelständischen Wirtschaft (BF/M) 1983 nach Bilanzangaben in Sonderdrucken und Monatsberichten der Deutschen Bundesbank, lfd. Jgg.

Anmerkung:

Eigenmittel =
- Eigenkapital
- \+ Rücklagen
- \- Bericht.posten zum Eigenkap.

bereinigte Bilanzsumme =
- Bilanzsumme
- \- Bericht.posten zum Eigenkap.
- \- Wertberichtigungen

Diese negative Tendenz spiegeln auch alle sonst verfügbaren statistischen Analysen wider, die allerdings ausgesprochen lückenhaft und schwer vergleichbar ausfallen.

Insgesamt fehlt es an repräsentativen Erhebungen, die die Eigenkapitalquote im Zeitablauf und in Abhängigkeit von Betriebsgrößenklassen belegen. (1) Aus der folgenden Abb. 6 läßt sich die vertikale Eigenkapitalquote für das Jahr 1980 in Abhängigkeit von der Betriebsgröße entnehmen.

Abb. 6: Vertikale Eigenkapitalquoten (in v. H.) nach Größenkassen und Rechtsformen im Jahr 1980

	Unternehmen mit Umsätzen von			
	weniger als 10 Mio. DM	10 bis 50 Mio. DM	50 bis 100 Mio. DM	mehr als 100 Mio. DM
insgesamt	14,8	18,3	21,8	26,3
darunter:				
Einzelkaufleute	15,1		17,6	
Personengesellsch.	14,4	15,2	17,1	20,2
Kapitalgesellsch.	14,1	21,5	24,8	27,0

Quelle: Deutsche Bundesbank, Finanzierungsverhältnisse (1981), S. 22.

Zu allen Auswertungen der Deutschen Bundesbank muß angemerkt werden, daß sie die Kapitalstruktur wahr-

1) Näheres zur Eigenkapitalentwicklung vgl. Gruhler, Wolfram: Aspekte der Eigenkapitalausstattung deutscher Unternehmen unter besonderer Berücksichtigung der Unternehmensgröße, der Rechtsform und des Wirtschaftsbereichs, S. 63 ff.

scheinlich in einem günstigeren Licht erscheinen lassen, als es den tatsächlichen Verhältnissen angemessen wäre. Denn den Statistiken liegen solche Jahresabschlüsse zugrunde, die zum Zwecke der Bonitätsprüfung auf Wechseldiskontfähigkeit bei den Landeszentralbanken eingereicht werden. Es ist anzunehmen, daß Unternehmungen mit relativ günstigen finanziellen Verhältnissen überdurchschnittlich repräsentiert sind.

Immerhin legt auch diese Untersuchung die Bestätigung unserer zentralen Hypothesen nahe:

1. Großunternehmungen, also Unternehmungen mit 100 Mio. DM Umsatz und mehr, weisen im Durchschnitt eine höhere Eigenkapitalquote als mittlere und kleine Unternehmungen auf.

2. Einzelunternehmungen und Personengesellschaften verfügen im Vergleich zu Kapitalgesellschaften im Durchschnitt über eine geringere Eigenkapitalausstattung.

Allein im Bereich der kleinen Mittelbetriebe und der Kleinbetriebe, also Unternehmungen mit Umsätzen von weniger als 10 Mio. DM, muß das statistische Ergebnis der Bundesbank mit Skepsis betrachtet werden, da sie wahrscheinlich in der Bundesbank-Stichprobe stark unterrepräsentiert sind. Entsprechend dürften die wenigen Betriebe dieser Größenordnung, die Bilanzen zur Bonitätsprüfung einreichen, eine besonders positive Auslese darstellen.

b) Die Ursachen der langfristigen Entwicklung

Bisher haben wir zeigen können, daß mittlere Unternehmen nicht nur geringere Eigenkapitalquoten als Großbetriebe aufweisen, sondern auch Rückgänge dieser Quoten im Zeitablauf hinnehmen mußten, was zu einer unternehmungsgrößenspezifischen Existenzgefährdung führen kann.

Um prüfen zu können, ob sich der langfristige negative Trend der Eigenkapitalauszehrung fortsetzen wird und um

Ansatzpunkte zur Verbesserung der Finanzierungssituation zu gewinnen, müssen wir nach Erklärungen für die Entwicklung suchen. Die Eigenkapitalquote ist gemäß unserer Definition ein Quotient, der die absoluten Größen "Eigenkapital" und "Gesamtkapital" (bzw. "Bilanzsumme") in Beziehung setzt. Folglich sind zwei Grundfälle denkbar, die zur Verminderung des Quotienten führen:
Im Fall A nimmt das Eigenkapital ab bei gleichbleibendem oder unterproportional sinkendem Gesamtkapital.
Im Fall B erhöht sich das Gesamtkapital bei gleichbleibendem oder unterproportional steigendem Eigenkapital.

Unsere eigene Untersuchung zeigt, daß die rückläufige Eigenkapitalquote tatsächlich partiell auch durch eine absolute Abnahme des Eigenkapitals verursacht wurde, also der Fall A reale Bedeutung besitzt. Für die Eigenkapitaleinbußen sind wiederum zwei Gründe maßgeblich. Einmal haben gerade in den letzten Jahren Verluste das Eigenkapital absolut abschmelzen lassen.
Zum anderen sollte aber auch nicht übersehen werden, daß stellenweise Eigenkapitalabflüsse als Folge einer starken Entnahmetätigkeit auftraten. Es ist sehr schwer zu beurteilen, ob in mittelständischen Unternehmungen überhaupt eine langfristig angelegte Gewinnverwendungspolitik existiert. Wenn die Eigenkapitalausstattung aber die zitierte Protektionsfunktion, von deren Wahrnehmung auch die Beurteilung der Kredit- und Finanzierungswürdigkeit allgemein abhängt, erfüllen soll, so bedarf es in Zukunft einer strategisch orientierten Entnahmepolitik auch in mittelständischen Unternehmungen.
Der negative Trend wird sich folglich dann fortsetzen, wenn in der Zukunft weiter mit einer unbefriedigenden Ertragslage zu rechnen ist und/oder die Entnahmetätigkeit nicht auf die erfolgswirtschaftlichen Situationen abgestellt wird.

In der Mehrzahl der analysierten Unternehmungen war zwar durchaus eine Eigenkapitalzunahme zu verzeichnen. Sie wurde jedoch deutlich vom Wachstum der Bilanzsumme übertroffen. Nach unseren vorläufigen Einsichten stellt der Fall B die Regel dar.

Diese überproportionale Zunahme läßt sich nun zunächst auf die ständige Geldentwertung, also auf ein rein nominales Wachstum des Kapitalbedarfs zurückführen. So bewirkt die ständige Verteuerung der Produktionsfaktoren bei gleichbleibendem Leistungsumfang automatisch einen höheren Kapitalbedarf. Dieser Kapitalbedarfsanstieg führt zu einer entsprechend steigenden Verschuldung, sofern diese nicht durch Gewinneinbehaltung in Höhe der Teuerungsrate oder durch Maßnahmen der Beteiligungsfinanzierung kompensiert wird. Hier zeigt sich erneut die Bedeutung einer überlegten Gewinnverwendungspolitik.

In der Abb. 7 haben wir die Entwicklung des Eigenkapitals der deutschen Wirtschaft mit dem Verlauf der Teuerungsrate konfrontiert. Es zeigt sich beim Vergleich der Spalten 2 und 3 - abgesehen von einigen Ausnahmejahren (1973 bis 1975 und 1979 bis 1981) -, daß die Eigenkapitalzuwächse noch hoch genug lagen, um wenigstens die Verschuldungstendenz als Folge der Geldentwertung zu kompensieren.

Allerdings - und dies verdeutlicht anschaulich die Abb. 8 - tritt ab Mitte der 70er Jahre eine bedeutsame Verschlechterung auf. Während nämlich die Zuwachsrate des Eigenkapitals ab 1972 einen merklichen Abwärtstrend zeigt, verläuft die Teuerungsrate eher gegensätzlich.

Um Aufschluß über die Entwicklung der letzten Jahre zu gewinnen, setzen wir das Preisniveau sowie den Eigenkapitalstand der deutschen Wirtschaft im Jahre 1976 als 100 %-Basis an. Der Vergleich der Spalten 4 und 5 der Abb. 7 zeigt, daß die gesamte Eigenkapitalerhöhung in den Jahren 1977 bis 1981 nicht völlig ausreichte, die im gleichen Zeitraum auftretende Teuerung abzufangen.

Primär sollte die Bilanzsumme der Ausdruck des realen Wachstums einer Unternehmung sein. Abgesehen von den neugegründeten Unternehmungen sind es aber nun gerade die mittleren Unternehmungen, die entwicklungstheoretisch zu den typischen Wachstumsbetrieben gehören. (1)

---

1) Vgl. Albach, H., Wachstumsschwellen (ZfB 1976), S. 691 f.

Abb. 7: Jährliche Veränderungsraten der Eigenmittel und Erzeugerpreise in v. H.

Jahr	(I) Eigenmittel "aller Unternehmen" in Mrd. DM hochgerechnete Ergebnisse	(II) Veränderung der Eigenmittel gegenüber Vorjahr in %	(III) Veränderung des Index der Erzeugerpreise gewerblicher Produkte im Inlandsabsatz gegenüber Vorjahr in %	Δ = II-III	(IV) Index der Erzeugerpreise gewerblicher Produkte im Inlandsabsatz 1976 = 100	(V) Index der Eigenmittel "aller Unternehmen" 1976 = 100
1965	166,2		+ 2,5			
66	177,7	+ 6,92	+ 1,7	+		
67	186,1	+ 4,72	- 0,9	+		
68	199,2	+ 7,04	- 0,6	+		
69	212,3	+ 6,58	+ 1,8	+		
1970	226,1	+ 6,50	+ 4,9	+		
71	245,7	+ 8,67	+ 4,4	+		
72	258,3	+ 5,13	+ 2,6	+		
73	271,6	+ 5,15	+ 6,7	-		
74	283,6	+ 4,42	+ 13,3	-		
1975	292,8	+ 3,24	+ 4,7	-		
76	310,3	+ 5,98	+ 3,7	+	100,0	100,00
77	319,9	+ 3,09	+ 2,7	+	102,7	103,90
78	331,7	+ 3,69	+ 1,2	+	103,9	106,90
79	347,4	+ 4,73	+ 4,8	-	108,9	111,96
1980	360,5	+ 3,78	+ 7,5	-	117,1	116,18
81	371,5	+ 3,05	+ 7,8	-	126,2	119,72

Quelle: Berechnungen des Betriebswirtschaftlichen Forschungszentrums für Fragen der mittelständischen Wirtschaft (BF/M) 1983 nach Bilanzangaben in Sonderdrucken und Monatsberichten der Deutschen Bundesbank, lfd. Jgg.

Abb. 8: Jährliche Veränderungsraten der Eigenmittel und Erzeugerpreise in v. H.

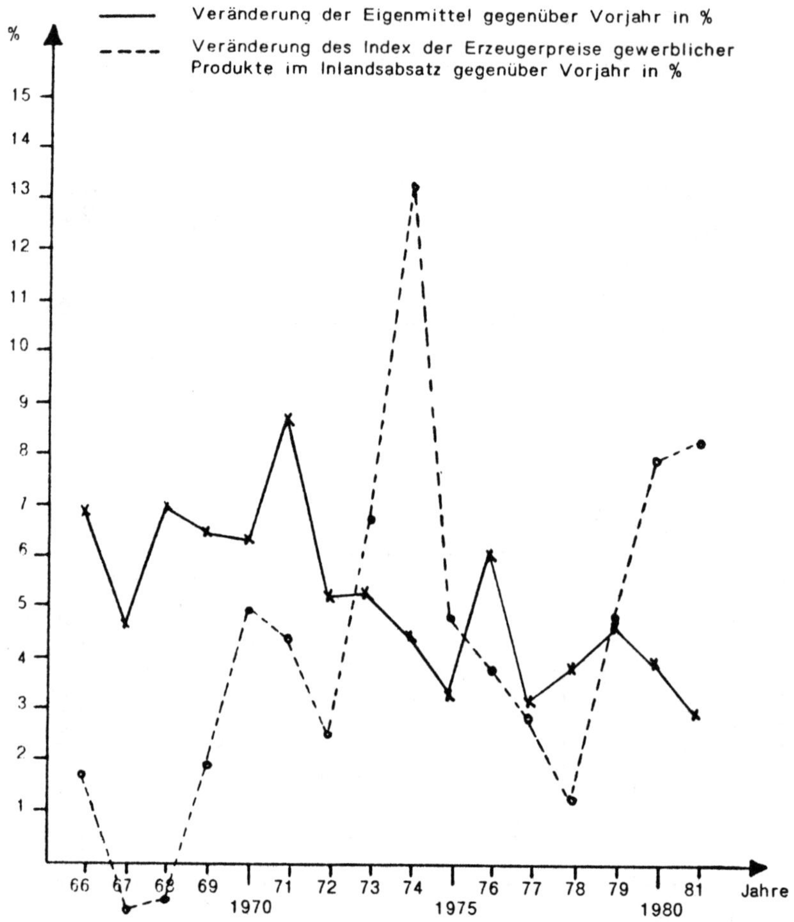

Quelle: Berechnungen des Betriebswirtschaftlichen Forschungszentrums für Fragen der mittelständischen Wirtschaft (BF/M) 1983 nach Bilanzangaben in Sonderdrucken und Monatsberichten der Deutschen Bundesbank, lfd. Jgg.

Sie haben die Grenzen der sich selbst bescheidenden Kleinbetriebe überschritten, zeichnen sich häufig durch eine stürmische Expansion aus, ohne die Größenordnung der gleichmäßiger zunehmenden Großunternehmungen erreicht zu haben. Damit wird erklärbar, warum gerade die in einer Art Pubertätsphase befindlichen Mittelbetriebe die höchsten Verschuldungsgrade aufweisen. Auch zeichnen sich gerade diese Unternehmen häufig durch besonders hohe Innovationsfähigkeit und Dynamik aus, die zu einem ständig steigenden finanzierungsbedürftigen Kapitalbedarf führen. Wir wollen in diesem Sinne von einem offensiven Wachstum sprechen.

Aber selbst kleinere Unternehmungen können sich meist nicht den von außen diktierten Wachstumsnotwendigkeiten entziehen. Sie stehen wie alle Unternehmungen auch unter dem defensiven Wachstumszwang, sich dem beschleunigten technologischen Wandel und den erheblichen Veränderungsraten der unter zunehmenden Druck geratenen Märkte anzupassen. Auch die schon heute bereits beachtlichen gesetzlichen Auflagen - wie z. B. im Bereich des Umweltschutzes -, die in der Zukunft noch steigen dürften, verlangen verstärkte Investitionsanstrengungen.

Insgesamt ist zu erwarten, daß sowohl die offensiven als auch die defensiven Wachstumserfordernisse das Volumen des wirtschaftlichen Kapitalbedarfs zukünftig noch vergrößern werden.

Es bleibt noch zu ergründen, warum der steigende Kapitalbedarf nicht mit eigenen, sondern weitgehend mit fremden Mitteln finanziert wird. (1)

Ein Grund könnte in der einseitig erfolgswirtschaftlichen Prioritätensetzung bei Finanzierungsentscheidungen liegen. Viele Unternehmen handelten nach dem Grundsatz: Solange der Fremdkapitalzins kleiner als die Gesamtkapital-

1) Näheres zu den Möglichkeiten der Kreditfinanzierung vgl. Cassier, Siegfried C.: Die spezifischen Finanzierungsmöglichkeiten der mittelständischen Unternehmungen, S. 298 ff.

rendite ist, "lohnt" sich die Erhöhung des Verschuldungsgrades. Gerade diese Unternehmen müssen aber seit kurzem erkennen, daß die sogenannte Hebelwirkung in Zeiten sinkender Gewinne - wie wir anhand unseres Rechenmodells gezeigt haben - genau in der entgegengesetzten Richtung wirksam wird.

Der entscheidende Grund für die Verschlechterung der Eigenkapitalsituation dürfte aber die seit Anfang der 70er Jahre generell rückläufige Ertragskraft sein, die ihren Ausdruck in abnehmenden Eigenkapital- und Umsatzrenditen findet. Als Folge reicht das Selbstfinanzierungspotential deutscher Unternehmungen nicht mehr aus, den zwingend vorgegebenen Finanzbedarf zu decken. Die Selbstfinanzierungsfähigkeit wird allerdings nicht nur durch die Verhältnisse auf den Märkten bestimmt, sondern ist in hohem Maße abhängig von der Besteuerungshöhe und dem Besteuerungssystem. (1) Hinzu kommt die bilanzielle Bewertungspraxis in Deutschland. So sei exemplarisch an den Ausweis von sogenannten Scheingewinnen erinnert, auf die der Fiskus durch Besteuerung Zugriff nimmt.

Sucht man nach Ansätzen zur Verbesserung der Finanzierungssituation, so wird man sicherlich am ehesten bei der Erhöhung der Netto-Eigenkapitalrendite, d. h. der Rendite nach Steuern, und damit bei der Stärkung der Selbstfinanzierungsfähigkeit der Unternehmen anfangen müssen. Zwischen der Höhe der Netto-Eigenkapitalrendite und dem Zuwachs von Eigenkapital, wie er in der Abb. 7 ausgewiesen wurde, besteht ein positiver Zusammenhang.

Nur glauben wir, daß es augenblicklich angesichts leerer Staatskassen wenig Sinn hat, in diese Problematik tiefer einzusteigen, zumal diese Sachlage und die theoretischen Möglichkeiten zu ihrer Beseitigung weitgehend ausdiskutiert sind. Deshalb müssen wir nach anderen Lösungsansätzen suchen. So sind mittelfristig - wenigstens partielle - Abhilfen eher von einer Verbesserung der Verhältnisse

1) Näheres zu der Wirkung von Steuern vgl. Sigloch, Jochen: Der Einfluß der Besteuerung auf die Eigenkapitalbildung der Unternehmung, S. 179 ff.

auf dem Beteiligungsmarkt, auf dem sich Eigenkapitalnachfrage und -angebot treffen, zu erwarten. Ein denkbarer Ausweg aus dem die Verschuldung hervorrufenden Dilemma zwischen steigendem Finanzbedarf einerseits und unbefriedigender Innenfinanzierungskraft andererseits, wäre möglicherweise die Eigenkapitalaufnahme von externen Kapitalgebern, also externen Teilhabern oder Geldanlegern. Diesem Komplex, kurz der Versorgungslage, werden wir uns nun zuwenden.

B. Zur Versorgungslage

Der Kenntnis der Angebotsseite eines Marktes für Beteiligungskapital kommt große Bedeutung für die Problematik der Versorgungslage zu. Jedoch herrscht über keine Frage so viel Unklarheit, wie über das Volumen der tatsächlichen oder der potentiellen Versorgung.

I. Die quantitative Entwicklung des Beteiligungsmarktes

Will man erste Aufschlüsse über die quantitative Dimension der Angebotsseite gewinnen, empfiehlt es sich, zunächst kursorisch auf die Struktur der Anbieter einzugehen. (1) Vorab sollte aber bereits deutlich herausgestellt werden, daß es einen örtlich oder institutionell abgrenzbaren Markt für Eigenkapital mittelständischer Unternehmungen in Deutschland bisher noch nicht gibt.

1. Die Kapitalanbieterstruktur

Die Kapitalanbieterstruktur läßt sich in drei Gruppen unterteilen, die institutionellen, privaten und staatlichen Anbieter.

a) Institutionelle Anbieter

Als institutionelle Anbieter von Beteiligungskapital sind zunächst die Kreditinstitute anzusprechen. Ihnen ist es im

---

1) Näheres zu Fragen des Kapitalangebotes vgl. Pfeffer, Rupert: Die anlagesuchenden Kapitalströme - Ansätze zur Nutzung für die mittelständische Wirtschaft, S. 279 ff.

Rahmen ihrer Anlagepolitik grundsätzlich freigestellt, Beteiligungen an mittelständischen Unternehmungen zu erwerben. Dabei versteht die Bank allerdings unter Beteiligung in aller Regel den Erwerb von fungiblen Effekten, also insbesondere Aktien. Nach unserer Kenntnis dürfte das Engagement in Eigenkapitalanteilen mittelständischer Unternehmungen faktisch vernachlässigungsfähig gering sein. Zu sehr dominiert der Anlagegrundsatz der Mobilität oder Liquidierbarkeit von Anlagen, der nach unserem Wertpapierrecht eben den Aktien zukommt.

Es sollte aber gefragt werden, ob man den Banken in Zukunft nicht auch ein Mehr an gesamtwirtschaftlichen Verpflichtungen zumuten sollte. Bei der Beantwortung sollte berücksichtigt werden, daß die Banken zum Teil ungewollt sowieso schon über ihr expansives Kreditgeschäft vielfach eine Art Eigenkapitalersatzgeber geworden sind. Auch können sie sich mit der vermehrten Einschaltung in einen noch zu schaffenden Beteiligungsmarkt eine interessante Sortimentserweiterung verschaffen.

Zu den klassischen institutionellen Anlegern auf dem Kapitalmarkt zählt auch die Versicherungswirtschaft. Sie scheidet allerdings bisher mit ihrem gebundenen Vermögen, dem der Großteil der Kapitalanlage zuzuordnen ist, als Anbieter von Beteiligungskapital für mittelständische Unternehmungen aus, wenn man einmal von den Mittelbetrieben in der Rechtsform der Aktiengesellschaft absieht. (1)

Eine prinzipiell erhebliche Bedeutung für den Kapitalmarkt haben die Kapitalanlage- oder Investmentgesellschaften erlangt. Allerdings ist es auch diesen potentiellen Anbietern gemäß § 8 Abs. 1 KAGG verboten, Beteiligungen an Nicht-Aktiengesellschaften zu erwerben.

Zusammenfassend können wir festhalten, daß die bisher

---

1) Vgl. Bierich, M., Versicherungsunternehmung, (zfbf 1982), S. 276.

behandelten Gruppen der institutionellen Kapitalmarktanbieter nahezu völlig als Partner für die Eigenkapitalversorgung der mittelständischen Wirtschaft ausscheiden. Allerdings könnte durch gesetzliche Anstöße erreicht werden, daß sich diese Gruppe den Beteiligungsmarkt mittelständischer Unternehmungen erschließt.

Als letzte Gruppe der institutionellen Kapitalanbieter sind die Industrie- und Handelsunternehmen zu nennen, die fallweise Beteiligungen an Kunden- oder Lieferfirmen erwerben. Im Gegensatz zu den klassischen institutionellen Kapitalmarktanbietern gehört bei ihnen die Vergabe von Beteiligungskapital an die Geschäftspartner nicht zum eigentlichen Betriebszweck. Vielmehr erfolgen solche Engagements im Rahmen von absatz- oder beschaffungsmarktpolitischen Erwägungen. Ihr potentieller Beitrag zur Schließung der Finanzlücke im Mittelstand ist dementsprechend begrenzt.

b) Private Anleger

Sofern sich der Gesetzgeber nicht entschließt, den großen institutionellen Kapitalanlegern den Weg zur Beteiligung an mittelständischen Unternehmungen zu ebnen, steht als Anbieter von Kapital neben dem Staat lediglich die Gruppe der Privaten zur Verfügung.

Nach der Höhe der verfügbaren Mittel, aber auch nach der divergierenden Interessenlage lassen sich zwei Anlegertypen unterscheiden.

Zunächst ist an den vermögenden Privatkunden der Kreditinstitute zu denken, der in aller Regel bereits über Erfahrungen im klassischen Wertpapiergeschäft verfügt. Hierzu zählen neben den kapitalstarken Privatiers die einkommenstarken Freiberufler, wie Ärzte, Dentisten, Apotheker, Rechtsanwälte aber auch Handwerker, höhere Beamte und leitende Angestellte. Der Typ des vermögenden Privatkunden ist vor allen Dingen an Wertsicherheit, Rentabilität seiner Anlagen und der Möglichkeit interessiert, über die Kapitalhingabe zu Steuervorteilen zu gelangen. Nach der Befragung eines Kapitalvermittlers stellt die Gruppe der vermögenden Privatkunden ca. 78 % aller Privatanleger dar. (1)

Diese Zielgruppe für Teilhaberschaften zu gewinnen, würde sicherlich bereits zu einer beträchtlichen Entlastung der Kapitalsorgen mittelständischer Unternehmungen führen.

Der zweite potentielle Anbietertyp wird durch den "kleinen Sparer" gestellt. Er verfügt im Gegensatz zu der vorher besprochenen Gruppe kaum über Erfahrungen im Wertpapier- oder sonstigen Anlagegeschäft. Sein Interesse für den Erwerb von Beteiligungen an der Wirtschaft zu wecken, bedarf besonderer Anstrengungen.

Die Anlageziele dürften insbesondere in einer überdurchschnittlichen Rendite, einer schnellen Liquidierbarkeit und einer hohen Sicherheit liegen. Sofern man an die Gewährung von steuerlichen Vorteilen denkt, müßten dieser Zielgruppe vor allem Vergünstigungen beim Erwerb eingeräumt werden. Der vermögende Privatkunde wünscht sich dagegen zusätzliche Vergünstigungen bei der steuerlichen Behandlung der Erträgnisse.

Langfristig wird es von erheblicher wirtschaftspolitischer Bedeutung sein, auch den "kleinen Sparer" für Beteiligungsanlagen in der Wirtschaft zu gewinnen. Hier bietet sich die Gelegenheit, die viel diskutierten Pläne der Mitarbeiterbeteiligung mit den Erfordernissen der Eigenkapitalversorgung mittelständischer Unternehmungen zu verknüpfen.

c) Staatliche Anbieter

Der Staat tritt in letzter Zeit in mehrfacher Weise als Förderer der Eigenkapitalversorgung mittelständischer Unternehmungen auf. Zum einen ist auf die Eigenkapitalhilfeprogramme für Unternehmensgründungen zu verweisen. Daneben leistet er finanzielle Unterstützung bei der Refinanzierung öffentlicher oder gemischt-wirtschaft-

1) Vgl. Gabbert, U., Anleger-Umfrage (1983), S. 196.

lich betriebener Kapitalbeteiligungsgesellschaften. (1) Zum dritten ist in diesem Zusammenhang auch an die Gewährung von Subventionen in vielfacher Form zu denken.

Da es aber nicht zu den Aufgaben des Staates gehört, sich dauerhaft an der Eigenkapitalaufbringung zu beteiligen, sollte man seine Hilfestellung als Ergänzungen oder als Impulse, keineswegs aber als permanente Anbietergarantie verstehen.

2. Der Umfang des Kapitalangebotes

Wie schon ausgeführt, gibt es weder wissenschaftliche Erhebungsergebnisse noch amtliche Statistiken, die eine zuverlässige Einsicht in den Umfang der Kapitalströme geben, die in seriöse Beteiligungen mittelständischer Unternehmungen fließen. Unbestritten ist aber die Tatsache, daß prinzipiell das erforderliche Kapital für Beteiligungen im Mittelstand verfügbar wäre.

Nach Schätzungen der Schimmelpfeng GmbH haben sich seit Beginn der siebziger Jahre mehrere hunderttausend Anleger mit über 40 Mrd. DM an sogenannten "alternativen" Finanzmärkten engagiert. Nur "ein kleiner Teil ging in grundsolide und wirtschaftlich erfolgreiche Projekte". (2) Den weitaus größeren Teil vermutet man in riskanten, als exotisch bezeichneten Vorhaben, die von Landerschließungsprojekten auf dem amerikanischen Kontinent, über nie fertiggestellte Hotelbauten in Spanien bis zu inländischen Objekten wie Filmproduktionen, Freizeitparks und ähnlichem reichen. Hinzu kommen als absolut sicher propagierte Warentermingeschäfte, Abschreibungsgesellschaften etc. Allein 1980 sollen ca. 4 Mrd. DM in gewerbliche Beteiligungsobjekte, geschlossene Immobilienfonds sowie

1) Näheres zur Bedeutung der Kapitalbeteiligungsgesellschaften vgl. Gerke, Wolfgang: Die Akzeptanz der Kapitalbeteiligungsgesellschaft im Mittelstand, S. 314 ff.

2) Vgl. Spannagel, W., Kapitalanlagen, (Schimmelpfeng Review 1982), S. 69.

Bauherren- und Erwerbermodelle geflossen sein. (1)

Als Kapitalanbieter tritt hierfür nahezu allein die Gruppe der vermögenden Privatkundschaft auf. Dagegen dürfte der "kleine Sparer", der den größten Anteil am Spareinlagenbestand in Höhe von knapp 500 Mrd. DM (Stand Anfang 1983) (2) besitzt, so gut wie gar nicht als Anbieter von frei disponiblem Kapital aufgetreten sein.

Zusammenfassend können wir wohl behaupten, daß prinzipiell das Inland über anlagefähiges Eigenkapital verfügt, insbesondere aber Lücken im Steuerrecht für eine Fehlleitung eines Teils des Kapitalstromes verantwortlich sind. Beabsichtigt man ernsthaft, einen Beteiligungsmarkt für mittelständische Unternehmungen zu erschließen, so wird man nicht umhin kommen, auf lange Sicht den "kleinen Sparer" zu mobilisieren.

Wie schwer diese Aufgabe ist, läßt sich allein daraus herleiten, daß es nicht einmal dem herkömmlichen organisierten Kapitalmarkt gelingt, hinreichende Mittel in seine Richtung zu lenken. (3)

II. Die qualitative Entwicklung des Beteiligungsmarktes

Nachdem wir erkannt haben, daß das Potential zur Verbesserung der Eigenkapitalausstattung der mittelständischen Wirtschaft durchaus vorhanden ist, weiter wächst und durch Erschließung neuer Anbieterkreise vergrößert werden kann, soll nun abschließend gefragt werden, in welchen Formen das Geld angelegt werden kann.

---

1) Vgl. Spannagel, W., Kapitalanlagen, (Schimmelpfeng Review 1982), S. 69.

2) Vgl. Deutsche Bundesbank (Hrsg.), Monatsberichte (1983), S. 42.

3) Näheres zur Aktienfinanzierung über die Börse vgl. Fritsch, Ulrich: Mittelständische Unternehmen - Kandidaten für die Börse?, S. 221 ff.; Ertl, Bernd: Die Einführung mittelständischer Unternehmen an die Börse - Techniken und Erfahrungen -, S. 234 ff.

Grundsätzlich lassen sich die Formen der Beteiligungsfinanzierung nach verschiedenen Kriterien systematisieren. Wir wollen hier nur die beiden wichtigsten Unterscheidungen herausgreifen. Wenden wir uns zunächst der Unterscheidung nach direkter und indirekter Beteiligung zu.

1. Direkte versus indirekte Beteiligung

Von direkter Beteiligung sprechen wir, wenn der Kapitalanbieter bereit ist, ohne Zwischenschaltung von Dritten ein Vertragsverhältnis mit der kapitalsuchenden Unternehmung einzugehen. Die direkte Beteiligung setzt beim Anbieter die Fähigkeit voraus, sich selbständig mit Informationen über alternative Anlagemöglichkeiten zu versorgen und eine abgewogene Auswahl unter den Nachfragern zu treffen. Eine solche Marktübersicht und Entscheidungsfähigkeit ist aber weder bei dem "kleinen Sparer" noch bei den meisten der vermögenden Privatkunden vorauszusetzen.

Aus diesem Grund kommen für die Formen der direkten Beteiligung zunächst vor allem die Industrie- und Handelsunternehmungen in Betracht, die bereits vor Abschluß des Finanzierungsvertrages in direkten Geschäftsbeziehungen zu dem Eigenkapitalnehmer stehen.

Darüber hinaus erfolgt die Zusammenführung von Angebot und Nachfrage über Mittler, wie Steuerberater, Wirtschaftsprüfer, Banken, sonstige Finanzierungsinstitute und "Bekannte".

Der erforderliche Informationssucheprozeß wird durch das Vertrauen in den jeweiligen ratgebenden Mittler ersetzt. Es findet auch keine Auswahl unter verschiedenen Objekten durch den Anleger statt. Deshalb tragen direkte Beteiligungen über die Einschaltung von vertrauenswürdigen Mittlern häufig Zufallscharakter. Dies trifft im gleichen Sinn auch auf die Abschlüsse zu, die aufgrund von Zeitungsannoncen und Briefwerbeaktionen zustandekommen.

Bisher fehlt es in Deutschland an einer seriösen zentralisierten und gezielten Informations- und Vermittlungsorganisation. Wäre dies nicht eine gesamtwirtschaftlich verdienstvolle Aufgabe für den Kreditsektor?

Die Tendenz geht augenblicklich in die Richtung indirekter Beteiligungen. Zwischen Anbieter und Nachfrager schaltet sich eine Kapitalsammelstelle ein - meist in Form einer Kapitalgesellschaft. Diese Gesellschaft ist der Vertragspartner der mittelständischen Unternehmung einerseits und des Kapitalanbieters andererseits. Sie sammelt gewerbsmäßig Informationen über finanzierungswürdige Unternehmungen und trifft die Anlageentscheidungen.

Zur Finanzierung bedienen sich die Kapitalsammelstellen unterschiedlicher Quellen. So refinanzieren sich die Kapitalbeteiligungsgesellschaften über den Staat, über ihre Trägerbanken bzw. über beide. Dies trifft z. B. auch für die Wagnisfinanzierungsgesellschaft zu. (1)

Interessant ist der Versuch im Rahmen des österreichischen Beteiligungsmodells, erstmals gezielt die vermögende Privatkundschaft und den "kleinen Sparer" als Finanzierungsbasis zu gewinnen. (2)

Die "Venture Capital-Fonds" versuchen dagegen, aufgeschlossene Unternehmungen als Finanzierungsträger zu mobilisieren. (3)

2. Offene versus stille Beteiligung

Betrachten wir zunächst das Vertragsverhältnis zwischen mittelständischer Unternehmung und Kapitalgeber. Die

---

1) Näheres zu den Möglichkeiten der WFG vgl. Fanselow, Karl-Heinz: Zu Innovationen gehört Eigenkapital - Wie sich die WFG an mittelständischen Unternehmen beteiligt, S. 337 ff.

2) Näheres zu den Versuchen in Österreich vgl. Schwab, Fritz: Das österreichische Beteiligungsmodell, S. 250 ff.

3) Näheres zu der Funktion der Venture Capital-Fonds vgl. Nathusius, Klaus: Das Venture Capital - Eine Variante der Unternehmensfinanzierung, S. 345 ff.

Teilhaberschaft kann entweder offen ausgewiesen werden oder für Außenstehende nicht erkennbar - also still - vereinbart werden.

Offene Teilhaberschaften entsprechen den Rechtsformen der offenen Handelsgesellschaft, der Kommanditgesellschaft, der Genossenschaft, der GmbH und der Aktiengesellschaft.

Die Tendenz geht aber nach unserer Erkenntnis bislang eindeutig in Richtung stiller Teilhaberschaften. Die Rechtsform der stillen Gesellschaft wird z. B. sowohl für die Engagements der verschiedenen Formen der Kapitalbeteiligungsgesellschaften als auch der österreichischen Fondsgesellschaften bevorzugt gewählt. Hierfür sprechen nicht nur die Möglichkeiten der Haftungsbeschränkung und die rechtlichen Spielräume bei der Festlegung der Erfolgsverteilung, der Kontrollrechte etc. Vielmehr sind es vor allen Dingen auch steuerliche Gestaltungsfreiräume auf Seiten des Kapitalnehmers und Kapitalgebers, die für diese Form einnehmen.

Im Falle einer sogenannten typischen stillen Gesellschaft stellen die Entgelte für die Kapitalüberlassung einkommensteuerlich abzugsfähige Betriebsausgaben dar. Hinzu kommen im Vergleich zu den oben erwähnten Rechtsformen Begünstigungen aufgrund des geltenden Gesellschaftsrechtes, das den typischen stillen Beteiligten im Falle eines Konkurses Gläubigerrechte gewährt.

Nicht zuletzt aus steuerlichen Gründen wird für die Beteiligung von Mitarbeitern zumeist die Form der stillen Gesellschaft gewählt.

Wenden wir uns nun dem Vertragsverhältnis zwischen Kapitalsammelstelle und Anleger zu. Die Einlage bei der Kapitalsammelstelle kann in verschiedenen Varianten erfolgen. Da die Zwischenglieder zumeist Kapitalgesellschaften sind, bietet sich vor allem die Beteiligung gegen Ausgabe von Wertpapieren an. Es bleibt aber zu fragen, ob die herkömmlichen Effekten, also insbesondere Aktien, geeignet sind, hinreichend viel Kapital aus den potenten Einlegerschichten abzuziehen.

Eine interessante Variante stellt die Emission von sogenannten Genußscheinen dar. Diese gesetzlich nicht reglementierte Beteiligungsform kann von Einzelunternehmungen, Personen- und Kapitalgesellschaften genutzt werden, um Beteiligungskapital aufzunehmen. Die im Genußschein verbrieften Rechte können sein:

- Anteil am Gewinn
- und/oder Anteil am Liquidationserlös
- und/oder Anspruch auf einen festen Geldbetrag.

Interessant ist der Genußschein insbesondere deshalb, weil er keine Mitgliedschaftsrechte, insbesondere keine Mitspracherechte, bei der Leitung der kapitalaufnehmenden Unternehmung einräumt. Damit kann den Sorgen vieler mittelständischer Unternehmer vor Autonomieeinbußen wirkungsvoll begegnet werden.

Der Vorteil dieses Wertpapiers, nämlich die Ausgestaltungsfreiheit ohne gesetzliche Grenzen bis zur Wahl der steuerlich günstigsten Form, ist zugleich ihr Nachteil. Wenn es nämlich gelingen soll, breite Schichten der Bevölkerung, also den "kleinen Sparer" ebenso wie den vermögenden Privatkunden für einen Beteiligungsmarkt als Anbieter zu gewinnen, dann bedarf es noch intensiver Aufklärungsarbeit. Diese wird aber beträchtlich erschwert, wenn es nicht zur Standardisierung der Beteiligungsformen kommt.

Damit wird das Spannungsverhältnis deutlich, das in Zukunft die Entwicklung neuer Beteiligungsformen begleiten wird. Auf der einen Seite steht das Interesse des mittelständischen Unternehmers, bei der Ausgestaltung der Beteiligung große Freiheit zu besitzen. Auf der anderen Seite steht das Interesse des Anbieters nach Eindeutigkeit und Vergleichbarkeit.

Wenn es gelingen soll, der mittelständischen Unternehmung in großem Maße neues Eigenkapital über die Beteiligungsfinanzierung zuzuführen, dann wird dies ohne die Einbeziehung der vermögenden Privatkundschaft und der "kleinen Sparer" nicht gelingen. Deshalb wird auch die mittelständische Wirtschaft zu Kompromissen bereit sein müssen, wenn ihr geholfen werden soll.

Gesucht sind also Beteiligungsformen, die gleichermaßen attraktiv für kapitalsuchende und kapitalanbietende Parteien sind. Alle Erfahrungen haben aber bisher gelehrt, daß die Entwicklung und Durchsetzung neuer Beteiligungsformen kaum Erfolg haben, wenn sie nicht durch steuerliche Vergünstigungen unterstützt werden.

Wenn man sich vergegenwärtigt, welche gigantischen Kapitalfehlleitungen in der Vergangenheit aufgrund von Lücken im Steuerrecht aufgetreten sind, dann sollte die mittelständische Wirtschaft fordern, daß der Erwerb und die einkommensteuerliche Behandlung von Beteiligungspapieren begünstigt wird. Damit ließen sich auch attraktive Nettorenditen bei den Anlegern erzielen, die aufgrund der schwierigen Ertragssituation der deutschen Wirtschaft nicht leistbar sind. Vor allem wäre dann auch gewährleistet, daß sich das Beteiligungsangebot an alle mittelständischen Unternehmungen richtet, und nicht - wie so oft bei gutgemeinten Unterstützungsaktionen des Staates - lediglich an bestimmte Untergruppen.

Anhang

Zinsbedingte Akzeleration der Eigenkapital-Auszehrung

A. Problemstellung

I. Ausgangssituation

A Schlußbilanz zum Ende der Periode 1 P

Vermögen	800	Eigenkap.-Anf.best.	300	
		./. Entnahmen	40	
		./. Verluste	36	
				224
		Fremdkap.-Anf.best.	500	
		+ Fremdkap. Zugang	76	
				576
	800			800

S Gewinn- und Verlustrechnung der Periode 1 H

Zinsen	50	Erträge	564
Sonst. Aufwand	550	Verlust	36
	600		600

II. Prämissen

1. Die Verlustentwicklung setzt sich auch in den Folgeperioden fort. Addiert man zum Erfolg G (hier: Verlust) die Zinsen Z_1, so erhält man den <u>Erfolg vor Zinsen G'</u>, also

G	- 36
+ Z_1	+ 50
= G'	= 14

2. Die Entnahmen ENT pro Periode betragen 40 Geldeinheiten.

3. Eigenkapitalentzüge werden vollständig durch Fremdkapitalzuführung ausgeglichen, weil die Höhe des betriebsnotwendigen Vermögens als Bestimmungsgröße des Gesamtkapitals konstant bleibt (800 Geldeinheiten).

4. Zinszahlungen für Altschulden FK_A werden jeweils am Ende der Periode t fällig. Der Ersatz des Eigenkapitalentzuges vor Zinsen $\triangle$ EK', also

G'	14
./. ENT	./. 40
= $\triangle$ EK'	./. 26

erfolgt durch eine Neuverschuldung FK_N (Belastung des Kontokorrentkontos) in gleicher Höhe am Ende der Periode t. Hierfür werden am Ende der Periode t+1 erstmals Zinsen fällig.

5. Die fälligen Zinsen werden dem Kontokorrentkonto belastet und führen gleichzeitig zu einer Fremdkapitalerhöhung.

6. Der Fremdkapitalzins i beträgt 10 % p. a.
$(q = 1 + \frac{i}{100})$.

III. Aufgabe

Es ist zu zeigen, wie der Prozeß der Eigenkapitalauszehrung - aufgrund fehlender Selbstfinanzierung und konstanter Entnahmen - durch die Wirkung des Fremdkapitalzinses beschleunigt wird (Akzeleratoreffekt).

B. Aufgabenlösung

I. Tabellarische Entwicklung des Eigenkapitals

- siehe Tabelle I -

II. Tabellarische Entwicklung des Fremdkapitals

- siehe Tabelle II -

III. Analytische Ableitung der Verschuldung

Zusammenstellung der Symbole

α	Eigenkapitalentzugsrate vor Zinsen pro Periode
β	Verschuldungskoeffizient der Periode 0 (Anfangsverschuldung)
$\Delta EK'$	Eigenkapitalentzug vor Zinsen pro Periode
ENT	Netto-Eigenkapitalentnahme pro Periode
EK_t	Eigenkapitalbestand der Periode t
FK_t	Gesamtschuldenbestand der Periode t
$FK_{A,t}$	Altschuldenbestand der Periode t
$FK_{N,t}$	Neuschuldenbestand der Periode t
G	Bilanzerfolg
G'	Erfolg vor Zinsen pro Periode
i	Fremdkapitalzins
q	$1 + \frac{i}{100}$
T	Beginn der Überschuldung
Z_t	Zinsaufwand der Periode t

1. Neuverschuldung (vgl. Tabelle II/1.)

$$FK_{N,t} = - \Delta EK' (q^o + q^1 + ... + q^{t-1}) \quad (1)$$

Hieraus folgt mit der Eigenkapitalentzugsrate

$$\alpha = \frac{- \Delta EK'}{EK_o} \quad (2)$$

und

$$q^o + q^1 + ... + q^{t-1} = \frac{q^t - 1}{q - 1} \quad (3)$$

$$FK_{N,t} = \alpha \cdot EK_o \frac{q^t - 1}{q - 1} \quad (4)$$

2. Altverschuldung (vgl. Tabelle II/2.)

$$FK_{A,t} = FK_{A,o} \cdot q^t \quad (5)$$

3. Gesamtverschuldung (vgl. Tabelle II/3.)

Aus (4) und (5) folgt

$$\boxed{FK_t = \alpha \cdot EK_o \cdot \frac{q^t - 1}{q- t} + FK_{A,o} \cdot q^t} \quad (6)$$ 1)

1) Berechnung mit den Werten des Fallbeispiels:

$$\alpha = \frac{26}{300} = 0{,}0867 \qquad EK_o = 300$$

$$q = 1{,}1 \qquad FK_{A,o} = 500$$

$$FK_4 = 0{,}0867 \cdot 300 \cdot \frac{1{,}1^4 - 1}{1{,}1 - 1} + 500 \cdot 1{,}1^4$$

FK_4 = 852,8 Geldeinheiten (vgl. Tabelle II/3.)

IV. Berechnung des Überschuldungszeitpunktes (T)

Eine Überschuldung ist bei

$$EK_t < 0 \qquad (7)$$

gegeben. Gesucht ist die Anzahl der Perioden T für

$$EK_T = 0 \qquad (8)$$

(Beginn der Überschuldung). Wegen der Konstanz des eingesetzten Gesamtkapitals folgt aus (8)

$$FK_{N,T} + FK_{A,T} = FK_{A,0} + EK_0 \qquad (9)$$

und mit (4) und (5)

$$\alpha \cdot EK_o \frac{q^T - 1}{q - 1} + FK_{A,0} \cdot q^T$$

$$= FK_{A,0} + EK_0. \qquad (10)$$

Nach Division der Gleichung (10) durch EK_o und mit

$$\beta = \frac{FK_{A,0}}{EK_0} \qquad (11)$$

(Verschuldungskoeffizient der Periode 0) erhält man

$$\alpha \cdot \frac{q^T - 1}{q - 1} + \beta \cdot q^T = \beta + 1. \qquad (12)$$

Hieraus folgt

$$q^T = \frac{\frac{\alpha}{q-1} + \beta + 1}{\frac{\alpha}{q-1} + \beta} \qquad (13)$$

bzw.

$$q^T = \frac{1}{\frac{\alpha}{q-1} + \beta} + 1 \qquad (14)$$

und schließlich

$$\boxed{T = \frac{\lg \left[\frac{1}{\frac{\alpha}{q-1} + \beta} + 1 \right]}{\lg q}}^{1)} \qquad (15)$$

Damit wird der Beginn der Überschuldung nach T Perioden durch

(a) die Eigenkapitalentzugsrate α,
(b) die Anfangsverschuldung β und
(c) den Fremdkapitalzins q-1

bestimmt:

<u>a)</u> Die Eigenkapitalentzugsrate ist eine Funktion des Periodenerfolges vor Zinsen G' und der Netto-Entnahme ENT. <u>Je größer α, desto schneller ist der Verschuldungszeitpunkt erreicht.</u>

---

1) Berechnung mit den Werten des Fallbeispiels:

$$\alpha = 0{,}0867 \qquad \beta = \frac{500}{300} = 1{,}6667 \qquad q = 1{,}1$$

$$T = \frac{\lg \left[\frac{1}{\frac{0{,}0867}{1{,}1 - 1} + 1{,}6667} + 1 \right]}{\lg 1{,}1}$$

$T = 3{,}49$ Perioden ($FK_T = 800$)

Unterstellt man, daß keine Netto-Entnahmen vorgenommen werden, vermindert sich der ursprüngliche Eigenkapitalentzug $\Delta EK'$ (G' ./. ENT = ./. 26) auf G' (= 14 Geldeinh.). Hieraus folgt mit (2):

$$\alpha = \frac{-G'}{EK_o} \qquad (16)$$

$$\alpha = \frac{-14}{300} = -0{,}04667.$$[1]

Setzt man diesen Wert in (15) ein, erhält man T = 6,4. Die Überschuldung würde also erst nach 6,4 Perioden eintreten.

Um die Akzeleratorwirkung des Zinses hervorzuheben, wollen wir zusätzlich den fiktiven Fall unterstellen, daß die Unternehmung für die Fremdkapitalaufnahme keine Zinsen zahlt. Unter dieser Bedingung wäre der Überschuldungszeitpunkt (vgl. (2)) nach

$$T = \frac{1}{\alpha} \qquad (17)$$

$$T = \frac{1}{0{,}0867} = 11{,}53$$

Perioden erreicht.[2]

Abb. 1 veranschaulicht die Eigen- und Fremdkapitalentwicklung der besprochenen Fälle (F):

F 1: Eigen- und Fremdkapitalentwicklung unter Berücksichtigung der Netto-Entnahmen (α = 0,0867) und der Zinswirkung (q = 1,1).

---

1) $\alpha < 0$ signalisiert eine Eigenkapitalerhöhung vor Zinsen.
2) T läßt sich für diesen Fall wegen lg q = 0 nicht mit (15) bestimmen.

F 2: Eigen- und Fremdkapitalentwicklung unter Berücksichtigung der Zinswirkung ($q = 1{,}1$) aber ohne Einbeziehung der Entnahmetätigkeit ($\alpha = - 0{,}04667$).

F 3: Eigen- und Fremdkapitalentwicklung mit Einbeziehung der Entnahmen ($\alpha = 0{,}0867$) aber ohne Berücksichtigung der Zinswirkung ($q = 1$).

<u>b)</u> <u>Je höher der Verschuldungskoeffizient, desto eher wird der Überschuldungszeitpunkt T erreicht.</u>

<u>Abb. II</u> zeigt die Abhängigkeit $T(\beta)$ mit $\alpha = 0{,}0867$ und $q = 1{,}1$.

<u>c)</u> <u>Je höher der Zinssatz i, desto progressiver wirkt die Zinsakzeleration auf die Eigenkapitalauszehrung.</u>

<u>Abb. III</u> zeigt die Abhängigkeit $T(i)$ mit $\alpha = 0{,}0867$ und $\beta = 1{,}6667$.

C. Zusammenfassung

Die Modellrechnung demonstriert an einem exemplarischen Fall, wie der Prozeß der Eigenkapitalauszehrung in Verlustzeiten durch die Wirkung der Zinsbelastung beschleunigt wird. Der Überschuldungsprozeß wird als Funktion der Eigenkapitalentzugsrate α, der Anfangsverschuldung β und des Fremdkapitalzinses i analysiert.

Abb. I: Entwicklung des Eigen- und Fremdkapitalbestandes

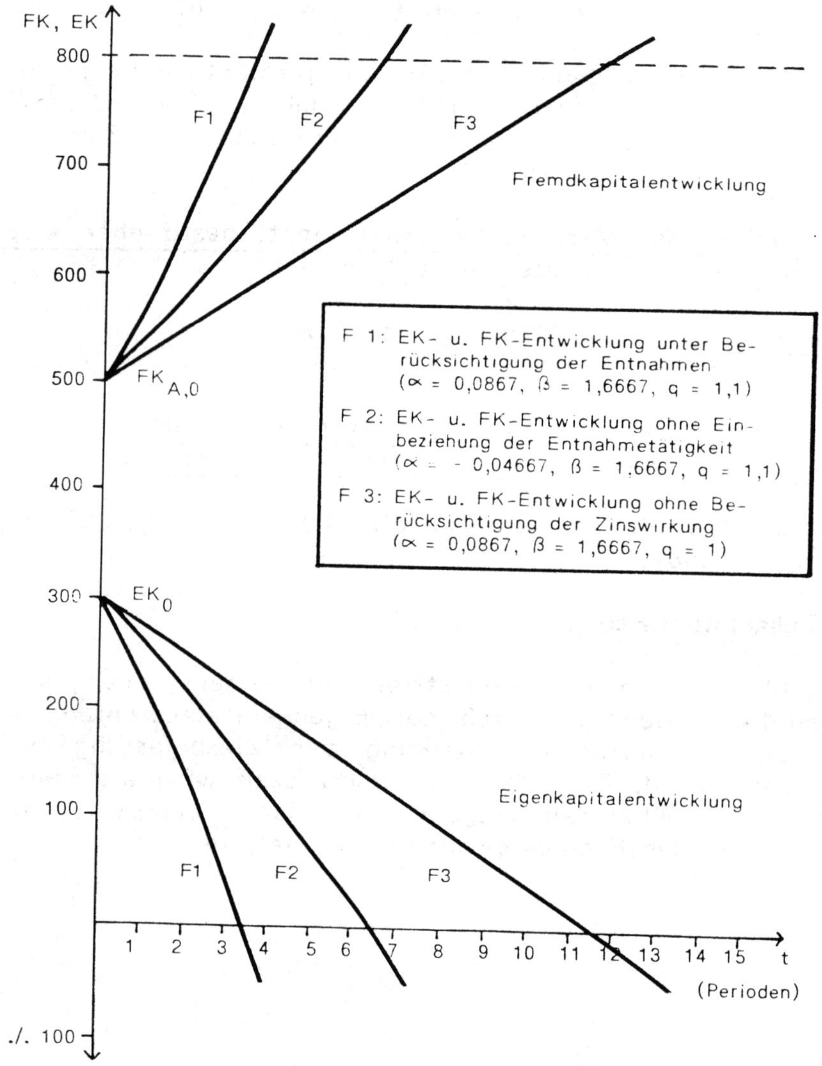

Abb. II. Der Überschuldungszeitpunkt T als Funktion des Verschuldungskoeffizienten ($\beta = FK_{A,O} : EK_O$)

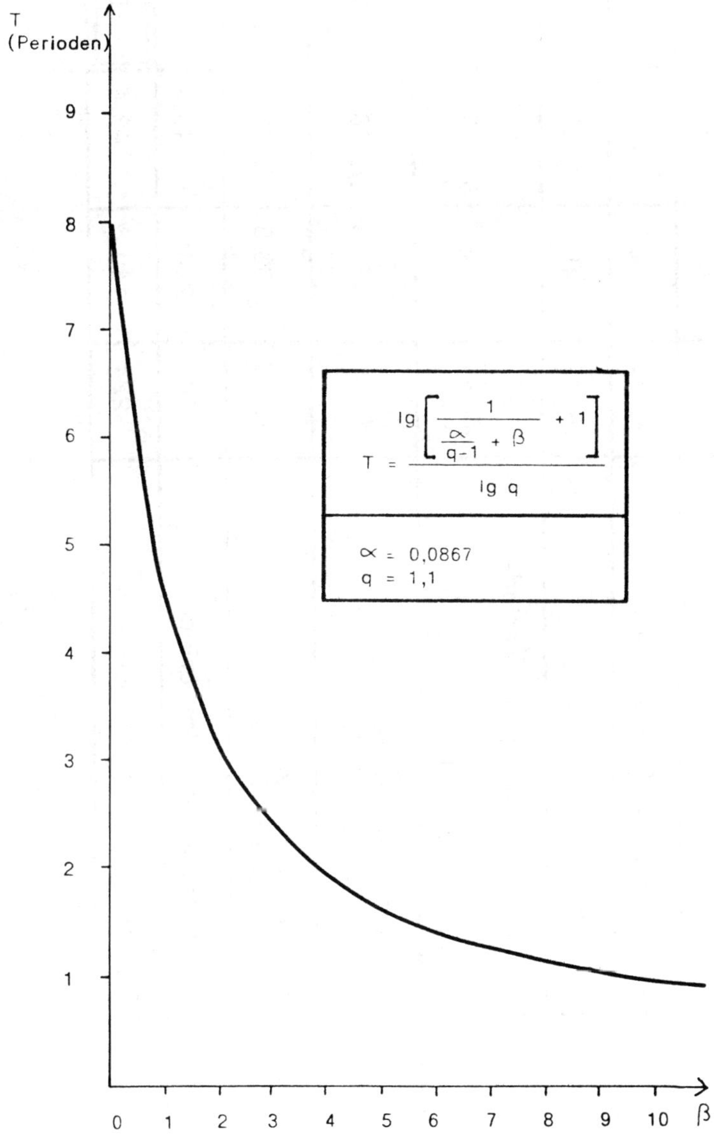

I. Tabellarische Entwicklung des Eigenkapitals		T			
		1	2	3	4
G'	Periodenerfolg (vor Zinsen)	14	14	14	14
./. ENT	Entnahme der Periode	./. 40	./. 40	./. 40	./. 40
= Δ EK'	Eigenkapitalentzug der Periode (vor Zinsen) Δ EK' = G' - ENT	./. 26	./. 26	./. 26	./. 26
./. Z_T	Zinsaufwand der Periode $Z_T = FK_{T-1} \cdot (q - 1)$	./. 50	./. 57,6	./. 66	./. 75,2
= Δ EK	Eigenkapitalentzug der Periode (nach Zinsen)	./. 76	./. 83,6	./. 92	./.101,2
+ EK_{T-1}	Eigenkapital der Vorperiode	300	224	140,4	48,4
= EK_T	Eigenkapital der Periode	224	140,8	48,4	./. 52,8

II. Tabellarische Entwicklung der Verschuldung		T			
1. Entwicklung der Neuverschuldung		1	2	3	4
./. $\Delta EK' q^0$	Neuverschuldung der Periode (vor Zinsen)	26	26	26	26
./. $\Delta EK' q^1$	Kapitalendwert der Neuverschuldung T-1		28,6	28,6	28,6
./. $\Delta EK' q^2$	Kapitalendwert der Neuverschuldung T-2			31,5	31,5
./. $\Delta EK' q^3$	Kapitalendwert der Neuverschuldung T-3				34,6
= $FK_{N,T}$	Neuverschuldung der Periode (nach Zinsen)	26	54,6	86,1	120,7

2. Entwicklung der Altverschuldung		1	2	3	4
$FK_{A,T}$	$FK_{A,T} = FK_{A,0} \cdot q^T$	550	605	665,5	732,1

3. Entwicklung der Gesamtverschuldung		1	2	3	4
FK_T	$FK_T = FK_{N,T} - FK_{A,T}$	576	659,6	751,6	852,8

LITERATURVERZEICHNIS

Albach, H. (Wachstumsschwellen): Kritische Wachstumsschwellen in der Unternehmensentwicklung, ZfB 1976, S. 683 - 696.

Bierich, M., (Versicherungsunternehmung): Kriterien für die Auswahl und Zusammenstellung von Geldanlagen einer Versicherungsunternehmung, zfbf 1982, S. 275 - 280.

Deutsche Bundesbank, (Finanzierungsverhältnisse): Ertragslage und Finanzierungsverhältnisse der Unternehmen im Jahre 1980, in: Deutsche Bundesbank (Hrsg.), Monatsberichte, Heft 11, 1981.

Deutsche Bundesbank, (Jahresabschlüsse): Jahresabschlüsse der Unternehmen in der Bundesrepublik Deutschland 1965 bis 1981, in: Deutsche Bundesbank (Hrsg.), Sonderdrucke, Nr. 5, 1983.

Deutsche Bundesbank (Hrsg.), (Monatsberichte): Monatsberichte, Heft 2, 1983.

Gabbert, U., (Anleger-Umfrage): Anleger-Umfrage: Wer sind die Kunden steuergünstiger Anlagen und was bevorzugen sie? In: Jahrbuch der deutschen Anlageberatung 1983, S. 195 - 198.

Presse- und Informationsamt, (Kapitalstruktur): Kapitalstruktur kleiner und mittlerer Unternehmen, in: Presse- und Informationsamt der Bundesregierung (Hrsg.), Aktuelle Beiträge zur Wirtschafts- und Finanzpolitik, Heft 50, Bonn 1975.

Reske, W./Brandenburg, A./Mortsiefer, H.-J., (Insolvenzursachen): Insolvenzursachen mittelständischer Betriebe. Eine empirische Analyse, 2. Auflage, Göttingen 1978.

Spannagel, W., (Kapitalanlagen): Kapitalanlagen - An den Banken vorbei?, Schimmelpfeng Review 1982, S. 69 - 72.

Statistisches Bundesamt, (Arbeitsstättenzählung): Die Größe der Arbeitsstätten nach ihrer Beschäftigtenzahl - Ergebnis der Arbeitsstättenzählung am 27. Mai 1970, in: Statistisches Bundesamt (Hrsg.), Wirtschaft und Statistik 1973, S. 511 - 517.

Statistisches Bundesamt, (Insolvenzverfahren): Insolvenzverfahren nach Rechtsform, Alter der Unternehmen und Förderungsgrößenklassen im Jahre 1982, in: Statistisches Bundesamt (Hrsg.), Fachserie Unternehmen und Arbeitsstätten, Reihe 4.1. Insolvenzverfahren, Stuttgart und Mainz 1983.

Verband der Vereine Creditreform, (Jahresbericht): Jahresbericht 1981, Neuss 1982.

Verband der Vereine Creditreform, (Unternehmensentwicklung): Unternehmensentwicklung 1982 - Eine Creditreform-Untersuchung über Insolvenzen, Unternehmensneueintragungen und Unternehmenslöschungen, Neuss 1983.

Wossidlo, P. R., (Finanzielle Führung): Probleme und Instrumente der finanziellen Führung in mittleren Unternehmungen, BFuP 1982, S. 442 - 456.

Wossidlo, P. R./Arnold, W./Ruda, W., (1. Zwischenbericht): 1. Unveröffentlichter Zwischenbericht zum Forschungsprojekt "Alternative Finanzierungsformen mit Haftungskapital für mittelständische Unternehmungen, (Stichwort: Markt des kleinen Eigenkapitals)", Bayreuth 1982.

Wossidlo, P. R./Arnold, W./Ruda, W./Schwarz, R., (2. Zwischenbericht): 2. Unveröffentlichter Zwischenbericht zum Forschungsprojekt "Alternative Finanzierungsformen mit Haftungskapital für mittelständische Unternehmungen, (Stichwort: Markt des kleinen Eigenkapitals)", Bayreuth 1983.

Wolfram Gruhler

Aspekte der Eigenkapitalausstattung deutscher Unternehmen unter besonderer Berücksichtigung der Unternehmensgröße, der Rechtsform und des Wirtschaftsbereichs

A. Befund

I. Zur Materiallage

1. Allgemein

Verwertbares und gleichzeitig repräsentatives Material zum Stand der Eigenkapitalausstattung der deutschen Wirtschaft existiert praktisch nicht. Es liegen so gut wie keine umfassenden amtlichen Gesamtstatistiken oder Hochrechnungen geschichteter Stichproben vor. Verfügbar sind jeweils nur Erhebungen oder Auswertungen für einen gewissen qualifizierten oder rechtsformenspezifisch eingeengten Berichtskreis amtlichen bzw. halbamtlichen Charakters. Ergänzungen finden sich in Bank-, Verbands- oder Handelskammer-seitigen Untersuchungen, die in der Regel ebenfalls keine repräsentative Aussage zum Stand der Eigenkapitalausstattung der deutschen Wirtschaft oder auch disaggregierter Wirtschaftsbereiche erlauben. Unterschiedliche, im einzelnen nicht nachvollziehbare oder angleichungsfähige Begriffsinhalte, Abgrenzungen und Zumessungen kommen als weiteres Erschwernis hinzu. Eine repräsentative Finanzstatuskennzahl für die Industrie oder die gewerbliche Wirtschaft zu einem gegebenen Stichtag kann daher nicht in Erfahrung gebracht werden. Möglich ist dies nur für eingegrenzte Bereiche, etwa die jährlich vom Statistischen Bundesamt ausgewerteten Aktiengesellschaften der Industrie.

Dieses Defizit an Gesamtrepräsentanz besitzt allerdings nurmehr akademische Bedeutung. Von praktischem Belang ist es allerdings für den eingeschränkten Berichtskreis der sogenannten mittelständischen Unternehmen. Für Zwecke des Betriebsvergleichs und anderer betriebswirtschaftlicher Querschnittsuntersuchungen werden ohnehin die spezifischen Branchen- und Rechtsformen-bezogenen Kennziffern von höherem Informationswert sein als solche wenig disaggregierter oder gar gesamtwirtschaftlicher Art. Der Mangel eines repräsentativen Gesamtquerschnitts zeigt sich allerdings unter wirtschaftspolitischem Aspekt bei internationalen Vergleichen. Vorausgesetzt, solche globalen Kennzahlen würden auf vergleichbarer Basis auch für andere Volkswirtschaften vorliegen, ließen sich damit wertvolle Erkenntnisse über Ausmaß und Unterschiede der Krisen- und Konjunkturanfälligkeit der jeweiligen Volkswirtschaften gewinnen.

Dem Nutzer der vorhandenen Quellen bleibt daher nur die Möglichkeit, die diversen vorliegenden Informationen über den Eigenkapitalstatus aufzunehmen und auf die Konstruktion einer Gesamtmeßzahl zu verzichten. Dies eröffnet indessen die Möglichkeit, nach Erklärungen für die berichtskreisbedingten Abweichungen zu suchen und schon aus den bestehenden Unterschieden gewisse Erkenntnisse zu gewinnen. An diesen Weg hält sich auch die folgende Darstellung. Die einzelnen empirischen Etappen werden von größen-, sektor- und rechtsformenspezifischen Einzeldarstellungen ausgefüllt sein, um schließlich in einen notwendigerweise skizzenhaften internationalen Überblick einzumünden.

Die hinsichtlich der Darstellung eines repräsentativen Gesamtquerschnitts gegenüber dem Eigenkapitalstatus bestehenden Restriktionen sind im Hinblick auf den Entwicklungsverlauf glücklicherweise nicht oder allenfalls in abgeschwächter Form gegeben. So ist zumeist die Vergleichbarkeit gegenüber vorangegangenen Jahren durch die Vielzahl der erhobenen Informationen (etwa bei der Bundesbankstatistik) gewährleistet. In anderen Fällen (etwa bei den Industrie-AGs des Statistischen Bundesamtes) ist wenigstens die Vergleichbarkeit gegenüber dem Vorjahr durch den identischen Berichtskreis sichergestellt. Bei Anwendung der Methode der iterativen Verknüpfung lassen sich dann auch mehrjährige Entwicklungsabläufe darstellen. Hinzu kommt, daß mehr oder weniger alle Unternehmen von den die Entwicklung der Eigenkapitalausstattung beeinflussenden Faktoren getroffen werden.

2. Mittelstandsspezifisch

Für den Bereich der kleinen und mittleren Unternehmen gelten die materialbedingten Restriktionen in eher noch verschärfter Beziehung. Die zum Teil sehr unterschiedlichen Aussagen des zur Verfügung stehenden Materials haben im wesentlichen fünf verschiedene Ursachen. Sie können sich bei gleichzeitigem Auftreten sowohl potenzieren als auch zum Teil neutralisieren. Es sind dies:

a. die Größenklassenabgrenzung im weitesten Sinne,
b. die Repräsentanz,
c. der Erhebungszeitpunkt,
d. die erhebende Institution,
e. die unternehmensgrößenbedingte Zumessungsproblematik.

Zu a.: Die adäquate Größenklassenabgrenzung gehört gerade im Bereich der kleinen und mittleren Unternehmen zu den problematischsten Dingen. So existiert kein allgemein gültiges Größenkriterium. Daher hilft man sich vielfach mit qualitativen Definitionen, die allerdings für statistische Untersuchungen nicht operational sind. Eine starre Grenzziehung verbietet sich daher in den meisten Fällen. Ein möglicher Ausweg ist, je nach Materiallage, mehrere Unternehmensgrößenklassen anzubieten und dem Auszuwertenden die Zusammenfassung zu Obergruppen selbst zu überlassen.

Zu b.: Hier kann die Dominanz einer Branche bzw. Region innerhalb einer Teilmasse für die Allgemeingültigkeit einer Aussage nicht unbeträchtlich sein, zumal dann, wenn sie im Gegensatz zur Normalverteilung der Gesamtmasse steht. Herrscht also etwa eine möglicherweise atypisch strukturierte Branche in einem zu untersuchenden Sample vor, so muß dies zwangsläufig ein im Vergleich zu einer repräsentativen Teilmasse verzerrtes Bild ergeben.

Zu c.: Hier ist vor allem für den mittelständischen Berichtskreis dessen überwiegend diskontinuierliches Investitionsverhalten auch im Hinblick auf dessen Auswirkungen auf die Bilanzkennzahlen von Relevanz. Je nachdem, ob die Information hier in der Ansparphase, in welcher Eigenkapital für geplante Investitionen angesammelt wird, vorliegt oder nach der Investition, welche die Bilanzrelation durch den gewährten Kredit entsprechend verändert, kommen auch unterschiedliche Eigenkapitalquoten zustande. Da aber meistens davon auszugehen ist, daß vornehmlich diejenigen Bilanzen in das Untersuchungsmaterial der Finanzierungsinstitutionen aufgenommen werden, die von den Unternehmen zum Zweck der Beleihung einer Investition eingereicht werden, spiegeln sie (auch aus

Bonitätsgründen) eher den Zeitpunkt der Beendigung der Ansparphase und mithin gerade den Eigenkapitalgipfel der Unternehmen wider, der im Zuge der sich daran anschließenden Investitions- und Konsolidierungsphase nicht mehr gegeben ist.

Dieser Umstand ist dazu angetan, die so gewonnenen Informationen über die Eigenkapitalverhältnisse der kleinen und mittleren Unternehmen verzerrt, d. h. überhöht darzustellen.

Zu d.: Die Materiallage hängt von der jeweils erhebenden Institution entscheidend ab. In vielen Fällen besteht die nicht unbegründete Vermutung der Verzerrung der Ergebnisse durch den Tatbestand, der diesem Verfahren notwendigerweise immanenten "positiven Auslese". So fußen die Bilanzanalysen der Kreditinstitute, aber auch der Deutschen Bundesbank auf Unterlagen von vergleichsweise bonitätswürdigen, investitionsbereiten und von der Eigenkapitalbasis her wohl auch eher investitionsfähigeren Unternehmen. D. h. auch solche Darstellungen ermangeln des hinreichenden Repräsentationsgrades: Sie weisen eher den oberen als den unteren Durchschnitt aus. Das Phänomen der positiven Auslese wird sogar für die aus Betriebsvergleichen gewonnenen Materialien vermutet. So beteiligen sich an derartigen Umfragen sicherlich eher die in der Regel aufgeschlosseneren und besser informierten Teile der Unternehmerschaft. Diese aber sind gemeinhin auch die aufgeschlosseneren, informierteren und vielfach auch leistungsfähigeren Wirtschaftseinheiten. Auch beteiligen sich an Betriebsvergleichen größere Unternehmen, infolge des eingespielten Apparats, eher als kleinere und mittlere Unternehmen, was von daher wieder zu einer Überrepräsentation des großbetrieblichen Bereichs führt.

Zu e.: In diesem Zusammenhang verzerrt vielfach die Nichtberücksichtigung des kalkulatorischen Unternehmerlohns die Kapitalstruktur kleiner und mittlerer Unternehmen in mehr oder weniger großem Umfang. Bei Ansatz einer entsprechenden Vergütung kamen einschlägige Berechnungen hier zu nicht unwesentlichen Verschiebungen, die bis zu einem Drittel der vertikalen Eigenkapitalquote ausmachten. Allerdings beeinflußt die Nichtberücksichtigung des kalkulatorischen Unternehmerlohns die Eigenkapitalstruktur der Kleinkapitalunternehmen sehr viel stärker als die der größeren. (1)

3. International

Wenn schon bei nationalen Vergleichen im Grunde nur eine Darstellung der Entwicklung zweifelsfrei möglich ist, so potenzieren sich die Schwierigkeiten im internationalen Vergleich in mehrfacher Beziehung. Solange nicht einheitliche Bewertungsmethoden für vergleichbare Unternehmen angewendet werden, bleiben alle internationalen Bilanzvergleiche Versuche bzw. allenfalls fundierte Schätzungen. Zudem verengt sich der Auswertungsbereich, den beispielsweise die OECD in Form ihrer Finanzstatistiken zur Verfügung stellt, zusehends. Damit entfällt für viele Länder das quasi halbamtliche Testat dieser internationalen Organisation, wodurch darüber hinausgehende Bilanzvergleiche noch willkürlicher bzw. unsicherer werden müssen. Genauigkeit bleibt daher bei internationalen Vergleichen illusionär. Möglich ist nur die Auslotung der deutschen Position in groben Umrissen im Vergleich zur ausländischen und allenfalls die Darstellung der jeweiligen Entwicklungsverläufe.

II. Empirische Darstellung

Welche Erkenntnisse vermitteln nun unter den erwähnten Einschränkungen die verfügbaren (amtlichen) Materialien? Es bietet sich an, hier vom Allgemeinen zum Speziellen vorzugehen, d. h. von dem breitesten Berichtskreis zu den spezielleren, seien sie unternehmensgrößen-, rechtsformen- oder branchenspezifisch.

1. Stand und Entwicklung der vertikalen Eigenkapitalausstattung für "alle" Unternehmen

In Tab. 1 b, die auf den bereits erwähnten Unterlagen der

---

1) Vgl. Presse- und Informationsamt, Kapitalstruktur (1975), S. 87 ff.

Deutschen Bundesbank beruht, ist - neben der Einheitswertstatistik, auf die weiter unten noch kurz eingegangen wird - der breiteste und auch am meisten in der Öffentlichkeit zitierte Bereich dargestellt. Es handelt sich dabei um eine Sammelgröße aus den Jahresabschlüssen von Verarbeitendem Gewerbe, Baugewerbe sowie Groß- und Einzelhandel aller Rechtsformen. Da hier das ebenfalls bereits erwähnte Kriterium der sogenannten positiven Auslese gegeben ist, wären hinsichtlich der Höhe der vertikalen Eigenkapitalquote Abstriche zu machen (die Frage ist nur, wie hoch der "Auslese-Bonus" anzusetzen wäre). Insofern stellt die vertikale Eigenkapitalquote von 20,5 für 1982 keine repräsentative Quote dar. In Wirklichkeit dürften weniger als ein Fünftel der Bilanzsumme der deutschen Unternehmen durch haftendes Eigenkapital gedeckt sein.

Eine - wenn auch eingeschränkte - Repräsentanz vermitteln die Jahresabschlüsse der Industrie-Aktiengesellschaften bezogen auf diesen eingeschränkten Berichtskreis. Nach dieser Statistik sind heute in diesem eher großbetrieblich und anlagenintensiv bestimmten Bereich nur rd. 30 v. H. der Bilanzsumme durch haftendes Eigenkapital abgedeckt (s. Tab. 1a). (1) Gleichzeitig stehen mit der Statistik über die Jahresabschlüsse der Industrie-Aktiengesellschaften zeitlich bis in die Mitte der 50er Jahre zurückreichende und zudem vergleichbare Informationen zur Verfügung. Sie lassen erkennen, daß der Trend der Eigenkapitalausstattung zwar auch in den 50er und in den 60er Jahren abwärtsgerichtet war, der Abfall jedoch weniger steil erfolgte und bis zum Jahre 1968 immer einmal wieder durch kurzfristige Konsolidierungsbewegungen unterbrochen wurde. Dies gilt auch für die ersten Jahre und die durch die Deutsche Bundesbank veröffentlichten Jahresabschlüsse, in denen sich diese kontinuierliche Schrumpfungsbewegung schon ab 1967 ausgeprägt hat. Im seinerzeitigen Rezessionsjahr lag die vertikale Eigenkapi-

---

1) Rechnete man die Posten mit Rücklagenanteil infolge der bei ihrer Auflösung entstehenden Steuerschuld nur mit knapp der Hälfte an, käme man nurmehr auf eine vertikale Eigenkapitalquote von 28,3 in 1980.

talquote bei 30 und ist seither um nahezu ein Drittel geschrumpft.

Da die gebotenen Einschränkungen hinsichtlich des zur Verfügung stehenden statistischen Materials für den Entwicklungsverlauf nicht gelten, gewinnt diese Aussage erheblich an Gewicht, wie sie gleichzeitig die Größenordnung von eineinhalb Jahrzehnten Eigenkapitalschrumpfung im Unternehmensbereich verdeutlicht, wenn man weiß, daß dieser Rückgang der vertikalen Eigenkapitalquote um 9,5 Prozentpunkte in absoluten Zahlen einen Risikokapitalschwund von rd. 160 Mrd. DM bedeutet (dieser Schwund übertrifft das gesamte Eigenkapital der deutschen Industrie-Aktiengesellschaften um ein ganzes Fünftel!).

Die Eigenkapitalauszehrung hat sich in den einzelnen Bereichen unterschiedlich entwickelt, wie nachfolgend dargestellt werden soll.

2. Zur größenspezifischen Eigenkapitalausstattung und -entwicklung

Auch hier sei zunächst auf die Unterlagen der Deutschen Bundesbank zurückgegriffen, die allerdings nicht auf hochgerechneten Ergebnissen basieren, sondern auf jeweils ad hoc vorgenommenen Sample-Auswertungen. Die Aussagen der Tabelle 2a differieren insofern hinsichtlich Stand und Entwicklung nicht unerheblich zu denen in Tabelle 1b, was ihre Aussagefähigkeit einschränken dürfte. Allerdings sind wiederum die Strukturunterschiede so deutlich, daß immerhin tendenziell Schlußfolgerungen vertretbar erscheinen. Sie laufen im Grunde auf die folgende Feststellung hinaus: Mit abnehmender Unternehmensgröße (gemessen am Umsatz) sind offensichtlich auch abnehmende vertikale Eigenkapitalquoten zu registrieren. Gleichzeitig ist mit abnehmender Unternehmensgröße auch ein überdurchschnittlicher Rückgang der Eigenkapitalausstattung festzustellen (wobei offensichtlich die Kapitalgesellschaften weniger betroffen sind als die Personengesellschaften und die Einzelkaufleute).

Eine gewisse Stütze findet diese These auch durch die allerdings nicht eben rezenten und wegen der nach oben praktisch nicht aufgefächerten Größenklassifizierung nur sehr eingeschränkt aussagefähige Einheitswertstatistik, weshalb wir sie nur der Ordnung halber erwähnen (s. Tabelle 2b). Abgesehen vom "Ausreißer" der Größenklasse zwischen 50.000 und 250.000 DM Einheitswert in 1974 (der in 1965 noch durchaus in das "Orgelpfeifen-Schema" paßte) weisen jedenfalls die aufgeführten unteren Einheitswertgrößenklassen eine unterdurchschnittliche Eigenkapitalausstattung auf.

Keine Bestätigung für die mit abnehmender Unternehmensgröße ebenfalls sinkende Tendenz der Eigenkapitalausstattung geben die bekannt gewordenen Umfragen der Industrie- und Handelskammer in Koblenz unter den Firmen ihres Kammerbezirks. Die gewonnenen Ergebnisse, welche sich auf Industrieunternehmen beziehen, sind in Tabelle 2c nach Beschäftigtengrößenklassen für die Jahre 1970 und 1979 zusammengestellt (sie werden aber im wesentlichen auch bei einer Gruppierung nach Umsatzgrößenklassen für die Jahre 1977 und 1979 bestätigt). Es zeigt sich hier jedenfalls, daß die im Kammerbezirk Koblenz befragten und meldenden Industrieunternehmen kleinerer Dimension besser mit Eigenkapital ausgestattet sind als die mittleren und großen Unternehmen. Sie sind auch von der Eigenkapitalauszehrung insgesamt schwächer betroffen gewesen als die oberen Unternehmensgrößenklassen.

Dies ist ein Ergebnis, welches den bisherigen Erkenntnissen widerspricht. Ob es sich dabei um ein Spezifikum des Kammerbezirks Koblenz handelt oder auch dem Phänomen der positiven Auslese bei den antwortenden unteren Unternehmensgrößenklassen zuzuschreiben ist, kann nicht abschließend beurteilt werden.

Wenn man aus dem größenspezifischen Material ein Fazit ziehen soll, so spricht mehr für die mit abnehmender Unternehmensgröße auch abnehmende Eigenkapitalausstattung und eine in Krisenzeiten überdurchschnittliche Eigenkapitalschrumpfung. (1) Ohnehin ist die spezifische Bedeutung

---

1) So hat z. B. die arbeitsorganisatorisch-technisch bedingte Limitationalität der kleineren Industrieunternehmen in der Kon-

der Eigenkapitalausstattung und -finanzierung für kleine und mittlere Unternehmen höher zu veranschlagen als für Groß- und Größtunternehmen und deren höherer Kreditwürdigkeit und -bereitschaft ihrer Kapitalmarktfähigkeit, ihren Sonderfinanzierungsmöglichkeiten sowie ihrer zum Teil gegebenen Rückgriffsfazilitäten auf staatliche Instanzen. Daher dürften selbst vergleichbare hohe Eigenkapitalquoten in den verschiedensten Unternehmensgrößen eine unterschiedliche Bedeutung aufweisen. Auf einen Nenner gebracht: Mit abnehmender Unternehmensgröße dürfte der Grenznutzen des Eigenkapitals zunehmen. D. h. eine generell abnehmende Eigenkapitalausstattung benachteiligt den Bereich der kleinen und mittleren Unternehmen tendenziell stärker als den der Groß- und Größtunternehmen.

3. Zur sektoralen Eigenkapitalausstattung und -entwicklung

Repräsentative sektorale Darstellungen existieren ebensowenig wie gesamtwirtschaftliche. Dennoch dürfte die dem Bundesbankmaterial inhärente positive Selektion für Strukturdarstellungen und -verläufe weniger bedeutsam sein, da es hier nicht so sehr auf das repräsentative Niveau, sondern eher auf die branchenspezifischen Unterschiede ankommt.

Tatsächlich lassen sich hier z. T. erhebliche Strukturunterschiede und -verschiebungen feststellen (s. Tab. 3):

- So ist nach den jüngsten Angaben (1980) die vertikale Eigenkapitalquote der chemischen Industrie, als dem mit 38,3 höchsten Wert rd. sechsmal so hoch wie die des Baugewerbes (6,3), obwohl die Anlagenintensität, gemessen am Sachanlagevermögen an der Bilanzsumme, nur rd. doppelt so hoch liegt. Im Jahre 1965, also 15 Jahre zuvor, verfügte der Spitzenreiter, die chemische Industrie, mit einer vertikalen Eigenka-

junkturkrise der Jahre 1974/75 höhere Substanzverluste zur Folge gehabt als bei den größeren Unternehmen. Vgl. Gruhler, W., Unternehmensgröße (1979), insbes. S. 41 f.

pitalquote von 43,6 nur über eine rd. dreimal so hohe Eigenkapitalausstattung wie auch das seinerzeit mit 14,8 am Ende der Liste rangierende Baugewerbe.

- So gesehen überrascht auch nicht, daß die chemische Industrie nicht nur wegen ihrer besseren Branchenkonjunktur, sondern auch aufgrund ihres höheren Kapitalpolsters neben der NE-Metallerzeugung am glimpflichsten hinsichtlich ihrer Eigenkapitalschrumpfung davongekommen ist, während das Baugewerbe - auch aufgrund der doppelten Zangenwirkung im Gefolge der Hochzinsentwicklung - die stärksten Einbußen an Risikokapital hinnehmen mußte.

- Während in 1965 noch sieben der insgesamt aufgeführten 16 Wirtschaftszweige ihr Gesamtvermögen zu wenigstens einem Drittel durch haftendes Eigenkapital decken konnten: Neben der überdurchschnittlich ausgestatteten chemischen Industrie auch der Straßenfahrzeugbau, die Eisen- und Stahlerzeugung, die Herstellung von Eisen-, Blech- und Metallwaren, die Elektrotechnik, das Textil- und in etwa auch das Bekleidungsgewerbe, war es in 1980 nur noch ein einziger: eben die chemische Industrie. Mit Sicherheit wären die Arbeitsplatzverluste in der durch Subventionskonkurrenz und/oder Niedriglohnländer besonders betroffenen Eisen- und Stahl-, Textil- und Bekleidungsindustrie noch gravierender gewesen, wenn ihr nicht wenigstens mit der überdurchschnittlichen Eigenkapitalausstattung ein gewisser Krisenplafond zur Verfügung gestanden hätte.

- Bis auf das Baugewerbe, den Stahl- und den Leichtmetallbau sowie den Großhandel war in 1965 in den 13 anderen Wirtschaftszweigen wenigstens ein Viertel der Bilanzsumme durch haftendes Eigenkapital abgedeckt. In 1980 ist aus der knappen Eigenkapitalausstattung der wenigen Branchen die traurige Mehrheit geworden. Genauer: Zwölf Wirtschaftszweige erreichen nicht einmal mehr die Vierteldeckung ihres Vermögens durch haftendes Eigenkapital!

- Daneben haben auch in erheblichem Umfang Positionsverschiebungen stattgefunden. So rangierte z. B. der naturgemäß nicht eben anlagenintensive Großhandel mit seiner vertikalen Eigenkapitalquote von 23,4 in 1965 auf dem drittletzten Platz und wurde seinerzeit nur von dem anlagenintensiveren Baugewerbe und dem Stahl- und Leichtmetallbau unterboten. Inzwischen (1980) liegen nicht nur die beiden vorerwähnten Wirtschaftszweige mit noch weiterem Abstand unter dem Großhandel, sondern mit der Holzverarbeitung und dem Bekleidungsgewerbe noch zwei weitere aus dem anlagenintensiveren, verarbeitenden Bereich.

- Besonders bedenklich ist, daß diese Schrumpfung der vertikalen Eigenkapitalquote nicht etwa ein produktiv-investives Pendant auf der Aktivseite der Bilanzen hatte, was eine gewisse Zunahme des Verschuldungsstatus der Unternehmen gerechtfertigt haben würde. Nach den für die 70er Jahre vorliegenden Belegen war bedauerlicherweise sogar das Gegenteil der Fall. Die Sachanlagenquote, d. h. die um Wertberichtigungen korrigierten Sachanlagen in von Hundert der Bilanzsumme, bildeten sich von 35,5 im Jahresdurchschnitt 1970/74 über 32,6 im Jahresdurchschnitt 1975/79 auf inzwischen nur noch 30 zurück! (1) Damit ist eine Entwicklung eingetreten, die für die Zukunft eine zusätzliche Belastung bedeutet und auf die in den Abschnitten B und C noch näher einzugehen ist.

4. Zur Eigenkapitalausstattung nach Rechtsform

Hierzu liegen nach dem Bundesbank-Material keine für längere Zeitreihenvergleiche hochgerechneten Ergebnisse vor, sondern nur jeweils unterschiedliche Sample-Auswertungen. Es zeigt sich hier (1980) das schon bei der größenspezifischen Betrachtung erkennbare Bild einer tendenziell von der Rechtsform des Einzelkaufmanns über die Personengesellschaft hin zur Kapitalgesellschaft durchschnittlich ansteigenden Eigenkapitalausstattung. Ganz so

---

1) Vgl. Monatsberichte der Deutschen Bundesbank (November 1982), S. 19.

eindeutig war die Position der Personengesellschaft in den Jahren 1972 - 1977 nicht. Diese Rechtsform war seinerzeit im Vergleich zu der des Einzelkaufmannes eher unterkapitalisiert, während die Kapitalgesellschaft immer an der oberen Grenze der Eigenkapitalausstattung rangierte und ihren Abstand zu den anderen Rechtsformen zwischenzeitlich sogar noch vergrößert hat (s. Tabelle 4).

III. Internationaler Überblick

Hier sind aus den bereits erwähnten Gründen nur kursorische Erkenntnisse möglich. Die in Tabelle 5 dargestellte Komma-Genauigkeit täuscht daher über den beschränkten Informationswert hinweg, was weniger für die Entwicklung, aber vor allem für den internationalen Statusvergleich gilt. Grobe Skizzierungen der deutschen Position müssen daher - auch aufgrund des nur unzureichend verfügbaren internationalen Zahlenmaterials - genügen. D. h., die deutschen Industrie-Aktiengesellschaften befinden sich mit ihren französischen Konkurrenten in derjenigen Kategorie, in der das Verhältnis von Eigenkapital zu Fremdkapital knapp 1:2 beträgt. Ihre japanischen Mitbewerber erscheinen prima facie mit einem Verhältnis von rd. 1:4 schwächer kapitalisiert. Doch dürfte hinter dieser noch knapperen Ausstattung mit eigenen Mitteln ein höheres Maß an Krisenreagibilität stehen als bei den deutschen Unternehmen. (1)

---

1) So ist die Verflechtung zwischen der japanischen (Groß-)Industrie, den Banken und der Administration sehr eng und auf den gemeinsamen Handlungsspielraum hin ausgerichtet (die sog. Japan Incorporated). Außerdem lag z. B. in der Periode von 1970 - 1977 der Kapitalmarktzins um durchschnittlich 2,3 Prozentpunkte unter der Inflationsrate, was die Aufnahme von Fremdkapital stark begünstigte. Da überdies erhebliche Teile der Arbeitslöhne erfolgsabhängig (am Ende des Geschäftsjahres) ausgezahlt werden, besteht eine erhebliche, für die Meisterung von Krisenperioden entscheidende japanische liquiditätsschonende Lohnflexibilität, die in der Organisationsform der Betriebsgewerkschaften eine bedeutsame Stütze findet. Demgegenüber nehmen infolge des ausgedehnten Kündigungsschutzes sowie der kostspieligen Sozialplanverpflichtung die

Als äußerst solide, so wie jedenfalls die deutschen Industrie-Aktiengesellschaften nicht einmal in ihren besten Nachkriegszeiten finanziert waren, läßt sich ohne Übertreibung die Eigenkapitalausstattung sowohl der US-Unternehmen wie der britischen Firmen bezeichnen. Obwohl in den USA seit 1978 offensichtlich ein leichter Abschmelzungsprozeß registriert werden kann (und für Großbritannien leider keine neueren Angaben OECD-seitig vorliegen) gibt das immer noch im großen und ganzen gewahrte Verhältnis von Eigenkapital zu Fremdkapital von 1:1 zu keinerlei Beanstandungen Anlaß (s. Tabelle 5). Ansonsten ist sowohl in Frankreich als auch in Japan die Entwicklung der Eigenkapitalausstattung seit den Jahren 1976/77 eher wieder nach oben als - wie etwa bei den deutschen Unternehmen - kontinuierlich nach unten gerichtet.

B. Ursachen der Eigenkapitalauszehrung

I. Ertragsschwächung

Ursächlich für den stattgefundenen Substanzverzehr ist ganz eindeutig der in der gleichen Periode eingetretene Ertragsverfall. Tatsächlich beeinträchtigen unzureichende Unternehmenserträge die Eigenkapitalbildung im Unternehmen in mehrfacher Weise, da sie sowohl die Gewinnthesaurierung beschränken (bzw. sogar den Kapitalabzug begünstigen) wie auch die Außenfinanzierung durch Kapitalanleger infolge mangelnder Rendite-Attraktivität einschränken müssen - zumal, wenn renditeträchtigere (festverzinsliche) Anlagealternativen bestehen.

So dauert die Schwächephase bei den Unternehmensrenditen schon seit Anfang der 70er Jahre an (s. Tab. 6). Während in den 60er Jahren die Nettoumsatzrendite gemessen am Jahresüberschuß nach Unternehmenssteuern bei den industriellen Aktiengesellschaften bei rd. 3 v. H. no-

Lohnkosten in der Bundesrepublik Deutschland zunehmend Fixkostencharakter an, d. h. die deutschen Unternehmen unterliegen hinsichtlich ihrer Kostenflexibilität erheblichen Einschränkungen.

tierte, ging sie in den 70er Jahren auf nur noch 2 v. H. zurück, um inzwischen mit Mühe gerade noch 1 v. H. zu erreichen. Bezieht man den Nettojahresüberschuß auf das Eigenkapital, so ergibt sich die Nettoeigenkapitalrendite. So haben Kapitalanleger grundsätzlich immer die Wahlmöglichkeit, ihre Mittel entweder in Beteiligungen anzulegen und damit Miteigentümer zu werden, oder aber auf Miteigentum und dann aber auch unternehmerisches Risiko zu verzichten und mit einer Gläubiger-Position vorliebzunehmen, d. h. festverzinsliche Titel zu erwerben. Wie jedoch die Statistik ausweist, hat der Anleger in Eigentumstiteln seit 1971 nicht nur keine Risikoprämie mehr erzielt, sondern sogar weniger an Rendite erhalten als wenn er sein Kapital in festverzinslichen Wertpapieren angelegt hätte. Angesichts der hohen Fremdkapitalrenditen und der fallenden Eigenkapitalrenditen hat seither die jahresdurchschnittliche Differenz etwa zwei Prozentpunkte betragen. (1) Da in der vergleichbaren Zeit auch keine Substanzsteigerungen bzw. Erhöhungen des Kurswertes der Aktien stattfanden, hat der Anteilseigner bzw. Aktionär seither stets dazugezahlt und ist quasi für seine Anlagebereitschaft bestraft worden. Somit ist es nicht überraschend, daß die Mobilisierung des notwendigen Risikokapitals angesichts dieser verkehrten Verhältnisse notleidend werden mußte.

II. Ursachen des Ertragsverfalls

Bei der Suche nach den Ursachen des Ertragsverfalls wie auch der Benachteiligung der Eigenkapitalfinanzierung wird man schnell fündig, wenn man weiß, daß sich der Pensionär auch steuerlich besser stellt als der Inhaber von Beteiligungstiteln. Daß außerdem infolge des geltenden Nominalwertprinzips auch die sogenannten Scheinge-

1) Auch die im Zuge der Steuerreform seit 1977 gewährte Steuergutschrift auf die Bardividende hat an dieser investitionsfeindlichen Proportion wenig geändert, zumal sie für ausländische Aktionäre und Stiftungen gegenstandslos ist und außerdem nur in gut der Hälfte der Fälle bei der Einkommensteuer geltend gemacht wird. Vgl. o. V., Aktie, (Handelsblatt 1983), S. 7.

winne voll der Besteuerung unterliegen und überhaupt die Gewinnbesteuerung der Unternehmen in der Bundesrepublik Deutschland alles in allem rd. 63 Prozent beträgt, während in den USA nur 51 Prozent und in der Schweiz (je nach Kanton) nur zwischen 12 und 39 Prozent an den Fiskus zu entrichten sind. Die Bildung von Eigenkapital wird also bereits steuerlich in praktisch unvertretbarer Weise diskriminiert. Diese Diskriminierung muß selbstverständlich um so schwerer wiegen, wenn schon die Bruttorendite, d. h. die primäre Einkommensverteilung, für die Unternehmen ungünstig verläuft. Tatsächlich haben auf Kosten der Unternehmen in den 70er Jahren bedeutsame Umverteilungsprozesse stattgefunden. Der zweimaligen öl- und rohstoffpreisbedingten außenwirtschaftlichen Umverteilung eines Teils der volkswirtschaftlichen Ressourcen in den Jahren 1973/74 und 1979/80 wurde in fahrlässiger Weise eine zweifach binnenwirtschaftliche Umverteilung zugunsten des Staatskonsums sowie der Arbeits- und Sozialkosten hinzugefügt. So erhöhte man von 1972 - 1982, gemessen am Bruttosozialprodukt, den Anteil der Staatsausgaben von 40,2 v. H. auf 50,3 v. H., die Lohnquote von 69,8 v. H. auf 73,5 v. H., den Anteil der Sozialausgaben von 27,1 v. H. auf rd. 33 v. H. Der größte Brocken in der volkswirtschaftlichen Kostenrechnung, die Arbeitnehmereinkommen bzw. die Arbeitskosten, stiegen in der Periode von 1972 - 1982 fast doppelt so schnell wie die Sammelgröße Bruttoeinkommen aus Unternehmertätigkeit und Vermögen. Bereinigt man diesen Wert um die eigentlichen gewinnfremden Elemente, so hat sich der Unternehmensgewinn im eigentlichen Sinne noch sehr viel weniger, nämlich um nurmehr rund 22 Prozent erhöht. Demgegenüber stiegen die durchschnittlichen Arbeitskosten in der Industrie um 176 Prozent, unter ihnen die Lohnnebenkosten, und hier im wesentlichen die Sozialabgaben, mit 249 Prozent geradezu explosiv.

Ergebnis: Seit Anfang der 70er Jahre hat verstärkt eine konsumorientierte Distribution zu Lasten der Unternehmenserträge stattgefunden. Zwangsläufig mußte sie ihr Pendant in der beträchtlichen Substanzauszehrung der Unternehmen von risikotragendem und haftendem Eigenkapital finden.

C. Funktionen der Eigenkapitalbasis

I. Zur Frage der Angemessenheit

Während die angemessene Eigenkapitalproportion bis in die jüngere Zeit hinein und jenseits des bankseitigen Kreditgeschäfts mehr von akademischem Interesse war und in der Wirtschaftspublizistik keine große Beachtung fand, stoßen - so scheint es - die alten Finanzierungsregeln seit der Wachstumskrise wieder mehr auf praktisches Interesse. So hat der Autor noch im Jahre 1976 eher konzessionsbereit als eingeschränkt formuliert als er in gleichem Zusammenhang schrieb: "Können je nach Branche und Einzelfall die jeweiligen Bilanzstrukturen auch nicht über einen Leisten geschlagen werden, so zahlt sich die Beachtung gewisser Finanzierungsregeln gleichwohl aus. Zumindest verschaffen sie unter sonst gleichen Bedingungen den besser mit eigenen Mitteln ausgestatteten Unternehmen Wettbewerbsvorteile." (1) Der Autor bezog sich dabei auf Karl Schwantag, der vor nunmehr 20 Jahren eher qualitativ als quantitativ hinsichtlich der Höhe des Eigenkapitals postulierte, daß es "im Rahmen vernünftiger Überlegungen zu erwartende Verluste mehrerer Perioden aufzufangen gestattet, ohne daß die für die Fortführung der Unternehmen notwendige Mindesthöhe unterschritten wird." (2) Möglicherweise, so der Autor im Jahre 1976, entspricht der Standardmaßstab der sogenannten Goldenen Bilanzregel (3) einer derartigen Forderung.

Angesichts der inzwischen gemachten leidvollen Erfahrungen und auch der stark zuungunsten der Unternehmen veränderten Bedingungen würde der Autor heute nicht mehr die Einschränkung "möglicherweise" verwenden, sondern jedem Ratsuchenden und an ungestörter Nacht-

---

1) Gruhler, W., Eigenkapitalausstattung (1976), S. 53.

2) Gruhler, W., Eigenkapitalausstattung (1976), S. 53.

3) Sie besagt in ihrer klassischen Form, daß Anlagevermögen und anlageähnliche Teile des Umlaufvermögens (z. B. der eiserne Bestand) durch Eigenkapital zu finanzieren sind. Gleichzeitig sollte der Umfang des Fremdkapitals denjenigen des Eigenkapitals nicht übersteigen.

ruhe interessierten Unternehmer nachdrücklich die Beachtung der "Goldenen Bilanzregel" ans Herz legen. Dies nicht nur deswegen, weil die wirtschaftlichen Zeitläufe unsicherer geworden sind, sondern auch wegen der inzwischen vermehrt unsichtbar auf den Jahresabschlüssen der Unternehmen lastenden Risiken. So veranschlagte der Frankfurter Ordinarius für Bankbetriebslehre Wolfram Engels die zur Abdeckung dieser Risiken notwendige Quote für "alle" Unternehmen auf immerhin 5 Prozentpunkte gemessen an der Bilanzsumme (das entspricht einem Betrag von rund 90 Mrd. DM in 1981!). (1) Angesichts dieser zusätzlichen, die Unternehmenssubstanz gefährdenden Tatbestände sowie der ohnehin gestiegenen Marktrisiken sollte daher die "Goldene Bilanzregel" als eine erstrebenswerte Unternehmens-Sicherungs-Proportion wieder die ihr gebührende Beachtung finden.

II. Bedeutung für unternehmerische Existenzfähigkeit und Flexibilität

Der erhebliche Rückgang der Eigenkapitalausstattung der deutschen Unternehmen muß ernste Besorgnisse auslösen. Tatsächlich ist die existentielle Funktion haftenden Eigenkapitals nur noch unzureichend gewährleistet. Damit hat die prozeß- und ordnungspolitische Labilität mit allen Konsequenzen für Wachstum und Krisenanfälligkeit der deutschen Wirtschaft erheblich zugenommen.

Vier Funktionen: 1) Die Bestandssicherung, 2) die Erhaltung der Kreditwürdigkeit, 3) die Abdeckung von Risiken, 4) die Systemgarantie sind hierbei zu berücksichtigen und

---

1) Bezogen auf die von der Bundesbank ausgewerteten Jahresabschlüsse der Bereiche Verarbeitendes Gewerbe, Baugewerbe und Handel. Im einzelnen handelt es sich dabei vor allem um die nicht rückstellungsfähigen, bei Umstrukturierungen und Belegschaftsverringerungen entstehenden Sozialplanverpflichtungen, um die angemessene Berücksichtigung der Pensionsanwartschaften einschließlich der Anpassungsverpflichtung der Betriebsrenten an die Inflation sowie um die nicht aktivierungspflichtigen Leasing-Güter. Vgl. Engels, W., Falschmeldung, (Capital 1983), S. 187.

zum Teil schon recht notleidend geworden.

1. So kann die Bestandssicherungsfunktion des Eigenkapitals nur noch ungenügend erfüllt werden. Es bestätigt sich damit die gegen Ende des Jahres 1967 durch den Sachverständigenrat zur Begutachtung der gesamtwirtschaftlichen Entwicklung aufgemachte Prognose, daß angesichts der seinerzeit sich schon abzeichnenden unbefriedigenden Finanzierungsverhältnisse in den deutschen Unternehmen diese gegen konjunkturelle Fehlentwicklungen künftig noch anfälliger würden (vor allem dann, wenn die Verschuldungsquoten der Unternehmen gewisse Schwellen überschritten) (1). So liegt denn auch auf der Hand, daß mit einer höheren Eigenkapitalausstattung Krisenzeiten besser gemeistert und damit der Bestand des Unternehmens, vor allem in Zeiten ungünstiger Kapitalmarkt-, Konjunktur- und Geschäftslage gesichert werden. Anders ausgedrückt: Eine vergleichsweise höhere Eigenkapitalquote läßt Zins- und Tilgungsverpflichtungen eher erfüllen; dem Gesichtspunkt der Krisenvorsorge kann dadurch besser Genüge geleistet werden. Daher ist es auch kein Zufall, daß die Insolvenzanfälligkeit der deutschen Wirtschaft mit abnehmender Eigenkapitalausstattung in letzter Zeit immer neuen Rekorden zustrebt. Diesen Sachverhalt hat der Autor im Rahmen eines Aufsatzes über gesamtwirtschaftliche Ursachen der Insolvenzhäufung empirisch testen können. D. h., der aus dem Produkt von statischer Verschuldungsquote und jeweils herrschender durchschnittlicher Zinsmarge entwickelte sogenannte Verschuldungsdruck stellt geradezu einen Frühindikator der Insolvenzhäufigkeit dar. Eine Zunahme bzw. Abnahme dieses Verschuldungsdrucks führt in der Regel ein Jahr später zu einer Zunahme bzw. Abnahme der Insolvenzen. Der aus entsprechend zeitverschobenen Werten berechnete Spearmansche Rangkorrelationskoeffizient bewegt sich seit Mitte der 70er Jahre mit 0,83 jedenfalls in einer Größenordnung, die

---

1) Siehe Sachverständigenrat, Stabilität (1967), S. 226, S. 236.

einen sehr dichten statistischen Zusammenhang signalisiert. (1)

2. Zur Erhaltung der Kreditwürdigkeit des Unternehmens ist eine angemessene Eigenkapitalausstattung (so keine anderen, vergleichbaren Sicherheiten angeboten werden können) unverzichtbar. Insofern erweist sich eine ungenügende Eigenkapitaldecke auch bei günstigerer Konjunktur als Handikap. Unter Umständen schnell wahrzunehmende Wachstumschancen können dann nicht genutzt werden - eine gerade in wachstumsschwächeren Perioden verhängnisvolle Entwicklung. Nach Ermittlungen des Ifo-Instituts kostete ein neuer Arbeitsplatz in der verarbeitenden Industrie im Jahre 1978 bereits durchschnittlich 160.000 DM. Heute sind für den gleichen Arbeitsplatz teuerungsbedingt wenigstens 198.000 DM zu veranschlagen. (2)

3. Eigenkapital aber verbreitert nicht nur die Haftungsbasis, es ist auch ein wichtiger Risikoträger. Je innovativer und damit auch je risikoreicher Investitionen sind, desto höher sollte ihr Eigenkapitalanteil sein. Es handelt sich dabei quasi um die offensive Variante der unter dem Stichwort Bestandssicherung bzw. Krisenvorsorge aufgeführten liquiditätsschonenden Funktion des Eigenkapitals. Nur Eigenkapital als Risikoträger kann Investitionen, die in Neuland vorstoßen, befriedigend absichern. Bei den künftig eher steigenden als abnehmenden Investitionsrisiken und angesichts des geringen oder gar fehlenden technologischen Abstands zu anderen Volkswirtschaften, den wir inzwischen erreicht haben, müssen neue Wege zunehmend selbst gefunden und gegangen werden. Dabei stellen sich Erfolg

---

1) Vgl. Gruhler, W., Insolvenzhäufigkeit, (iw-trends 1982), S. 26 ff.
Der Vorlauf des Frühindikators von rd. einem Jahr erklärt sich wahrscheinlich daraus, daß die Doppelwirkung von hoher Verschuldung und Zinsbelastung den Liquiditätsstatus eines Unternehmens zwar sofort beeinträchtigt, in der Regel aber dann doch bis zur Illiquidität noch einige Zeit verstreicht.

2) Vgl. Gruhler, W., Investitionen, (iwd 1983), S. 5.

oder Mißerfolg solcher, die eingefahrenen Bahnen verlassender Projekte immer erst hinterher heraus. Im Falle eines Mißerfolgs laufen aber bei hoher anteiliger Fremdfinanzierung Zins- und Tilgungsbelastung für die Unternehmen weiter, mit - je nach Umfang des Projekts und der Größe des Unternehmens - entsprechend schicksalhaften Konsequenzen.

So bleiben denn auch seit Jahren nicht nur die kapazitätserweiternden und damit wenigstens zum Teil in Neuland vorstoßenden Investitionen der deutschen Industrie auf der Strecke (sie dürften in diesem Jahr gerade 60 Prozent des in 1972 getätigten Investitionsvolumens erreichen!), in abgeschwächtem Ausmaß gilt dies selbst für die produktivitätssteigernden und eher als defensiv zu bezeichnenden Rationalisierungsinvestitionen. Zwar bilden sie nach wie vor die Hauptzielkategorie; gegenüber 1972 lassen sie jedoch keinen Zuwachs erkennen. Überraschend ist dabei, daß sie ihr Ausgangsniveau von 1972 nicht mehr überschritten haben, obwohl sich seitdem der Rationalisierungsdruck auf der Kostenseite erheblich verstärkt hat. So haben sich die Preise für Energie, Brenn- und Treibstoffe seither verdreieinhalbfacht; die industriellen Arbeitskosten sind je Stunde um 130 Prozent gestiegen.

4. Eine geringe Eigenkapitalausstattung der Unternehmen gefährdet nicht nur in mikroökonomischer Hinsicht die Unabhängigkeit und Selbständigkeit der Unternehmensführung, sie ist in ihrer Summe auch ordnungspolitisch alles andere als wünschenswert. Anders ausgedrückt: Je besser eine Wirtschaft mit Eigenkapital ausgestattet ist, desto höher ist ihre ordnungspolitische Systemgarantie zu veranschlagen. Umgekehrt aber verstärkt eine hohe Verschuldung der Unternehmen (bei den Kreditinstituten das Verstaatlichungsrisiko) und erhöht damit die Gefahr einer dirigistischen Transformation unseres Wirtschaftssystems nach dem Muster eines zentralistischen, planifikatorischen Ansatzes. Um die Wirtschaft als Ganzes "in den Griff zu bekommen", genügt, bei entsprechend hoher Verschuldung der Unternehmen, die Nationalisierung der Kreditwirtschaft (und ggfs. noch einiger maßgebender

Großunternehmen) sowie eine sich daran anschließende Poolung der Kreditpolitik im Sinne einer investitionslenkenden Konzeption. Daß es sich hierbei nicht um akademische Erörterungen handelt, dürften die jüngeren einschlägigen Vorgänge in einem der wichtigsten Nachbarländer deutlich gemacht haben.

Angesichts dieser überragenden Bedeutung des Eigenkapitals für die Existenzsicherung, das Wachstum, die Innovationskraft sowie die Unabhängigkeit und Anpassungsfähigkeit der Unternehmen und damit der deutschen Wirtschaft insgesamt, ist vor weiteren Substanzverlusten nicht eindringlich genug zu warnen. Notwendig wäre im Gegenteil wieder eine Verbreiterung der Eigenkapitalbasis im allgemeinen - bei den kleinen und mittleren Unternehmen im besonderen. Dies aber kann nur gelingen, wenn aus den Umverteilungsfehlern der Vergangenheit gelernt würde und die wirtschafts-, sozial- und einkommenspolitischen Akteure daraus für die Zukunft auch die richtigen Schlüsse ziehen. "Videant consules ...!"

Tabellenanhang

(1) Vertikale Eigenkapitalquoten

(2) Größenspezifische Eigenkapitalausstattung
   a) nach den Unterlagen der Deutschen Bundesbank
   b) nach der Einheitsstatistik
   c) von im Kammerbezirk Koblenz befragten Industrieunternehmen nach Beschäftigtengrößenklassen 1970 und 1979

(3) Eigenkapitalausstattung nach Wirtschaftszweigen (nach den Unterlagen der Deutschen Bundesbank)

(4) Eigenkapitalausstattung nach Rechtsformen (nach den Unterlagen der Deutschen Bundesbank)

(5) Eigenkapitalausstattung der Industriegesellschaften einiger bedeutender Industrieländer

(6) Renditevergleich

Tab. 1: Vertikale Eigenkapitalquoten

	1954	1955	1956	1957	1958	1959	1960	1961	1962	1963	1964
a) der Industrie-Aktiengesellschaften gemäß vom Statistischen Bundesamt veröffentlichten Ergebnissen der Jahresabschlüsse (vergleichbare, aktualisierte Quoten)	45,4	42,7	41,1	40,3	39,2	38,9	39,2	38,5	37,8	37,3	37,2
b) "alle" Unternehmen (= Verarbeitendes Gewerbe, Baugewerbe, Groß- und Einzelhandel) gemäß der von der Deutschen Bundesbank analysierten, hochgerechneten und veröffentlichten Ergebnisse der Jahresabschlüsse aller Rechtsformen											

	1965	1966	1967	1968	1969	1970	1971	1972	1973	1974	1975
a)	37,2	37,5	38,1	38,3	37,4	35,6	34,9	34,1	33,4	32,8	32,5
b)	29,8	28,7	30,0	29,4	27,4	26,7	25,5	24,4	23,9	23,9	23,7

	1976	1977	1978	1979	1980	1981
a)	31,6	31,2	31,2	30,7	30,4	29,6
b)	23,1	22,9	22,4	21,7	20,9	20,5

Anmerkungen zu Tabelle 1

Vertikale Eigenkapitalquote = Eigenkapital i. v. H. der Bilanzsumme

Eigenkapital in (1) a: Grundkapital vermehrt um Rücklagen (einschließlich Vermögensabgaberücklage), Genußscheine aus Einlagen der persönlich haftenden Gesellschafter, den Gewinnvortrag und die Sonderwertberichtigungen gemäß § 36 IHG und §§ 7c, d, Einkommensteuergesetz, vermindert um die ausstehenden Einlagen, die eigenen Aktien, die Kapitalentwertungskonten und den Verlustvortrag sowie einschließlich der Posten mit Rücklagenanteil (letztere Bilanzposition wird seit 1962 gesondert ausgewiesen). Aus Gründen der Zeitreihen-Vergleichbarkeit und wegen ihrer Eigenkapitalnatur erscheint ihre weitere Einbeziehung in das Eigenkapital geboten, obwohl sie bei ihrer Auflösung eine Steuerpflicht auslösen und damit in Höhe der künftigen Steuerbelastungen auch Fremdkapitalanteile enthalten. Ab 1962 ist auch nur das produzierende Gewerbe ohne das Baugewerbe erfaßt.

Eigenkapital in (1) b: Grundkapital bzw. Stammkapital bzw. Geschäftsguthaben bzw. Stammvermögen bzw. Kapitalkonten aller Inhaber oder Gesellschafter und die Darlehen persönlich haftender Gesellschafter an die Gesellschaft (Privatvermögen der Inhaber von Personengesellschaften und Einzelfirmen, was zwar in der Bilanz nicht erscheint, gleichwohl aber oft eine Art "Garantie-Kapital" für die Gläubiger eines Unternehmens darstellt, ist hier nicht als Eigenkapital berücksichtigt. Nicht eingerechnet sind ferner u. a. durch Sonderabschreibungen und z. T. auch durch Unterbewertung verschiedener Aktiva gebildeten "stillen Reserven". Hinzu kommen gesetzliche und freiwillige Rücklagen, Sonderposten mit Rücklagenanteil sowie der Gewinnvortrag).

Bilanzsumme in (1) a: netto, d. h. um Wertberichtigungen bereinigte Größe einschließlich sonstiger Aktiva und Passiva.

Bilanzsumme in (1) b: dito.

Quelle: Statistisches Bundesamt, Deutsche Bundesbank, eigene Berechnungen

Tab. 2 a: Größenspezifische Eigenkapitalausstattung (VEK) nach den Unterlagen der Deutschen Bundesbank

Berichtskreis	1977			1980			Prozentuale Differenz		
nachrichtlich: "alle" Unternehmen		24,1			24,9			+3,3	
rechtsformenspezifisch 1)	21,3 (E)	20,2 (P)	25,6 (K)	16,5 (E)	17,7 (P)	26,4 (K)	./.22,5	./.12,4	+3,1
mit mehr als 100 Mio. DM Umsatz		25,0			26,3			+ 5,2	
rechtsformenspezifisch 1)		20,8 (P)	25,5 (K)		20,2 (P)	27,0 (K)		./. 2,9	+5,9
50 - 100 Mio. DM Umsatz		23,6			21,8			./. 7,6	
rechtsformenspezifisch	20,2 (E)	19,7 (P)	27,0 (K)	17,6 (E)	17,4 (P)	24,8 (K)	./.12,9	./.11,7	./.8,1
10 - 50 Mio. DM Umsatz		22,3			18,3			./.17,9	
rechtsformenspezifisch 1)		19,8 (P)	26,5 (K)		15,2 (P)	21,5 (K)		./.23,2	./.18,9
weniger als 10 Mio. DM Umsatz		21,4			14,8			./.30,8	
rechtsformenspezifisch 1)	22,0 (E)	20,9 (P)	21,6 (K)	15,1 (E)	14,4 (P)	14,1 (K)	./.31,4	./.31,1	./.34,7

1) (E) = Einzelkaufleute
(P) = Personengesellschaften
(K) = Kapitalgesellschaften

Quelle: Deutsche Bundesbank, eigene Berechnungen

Tab. 2 b: Größenspezifische Eigenkapitalausstattung (VEK) nach der Einheitsstatistik

Einheitsgrößenklassen unter ... DM von ... bis	Zahl der erfaßten Unternehmen+		Anlagendeckung		Eigenkapital (VEK)		
	1965	1974	1965	1974	1965	1974	prozentuale Differenz
20.000	537.698	383.170	170,9	153,7	21,3	26,1	
20.000 - 50.000	308.621	261.592	188,7	100,9	28,6	36,6	
50.000 - 250.000	214.760	313.767	107,2	94,0	33,1	40,5	
250.000 - 1 Mio.	42.480	77.718	93,9	105,6	37,2	36,3	
1 Mio. - 5 Mio.	12.376	24.871	85,1	110,7	40,4	36,6	
5 Mio. - 10 Mio.	1.608	3.274	89,4	113,4	42,8	37,6	
10 Mio. u. mehr	1.560	3.068	97,7	137,1	45,7	37,1	
Insgesamt	1.131.535++	1.067.460	106,8+	122,1	39,9+	37,1	

+ ohne Kreditinstitute, Versicherungsgewerbe und Beteiligungsgesellschaften

++ 1966

Anmerkungen

Anlagendeckung = Anlagevermögen : Eigenkapital (= reziproker Ausdruck der sog. horizontalen Eigenkapitalquote)

Eigenkapital = Einheitswert (bei Kapitalgesellschaften einschl. Gegenwert der Schachtelbeteiligungen dividiert durch das Vermögen).

Quelle: Statistisches Bundesamt, eigene Berechnungen

Tab. 2 c: Größenspezifische Eigenkapitalausstattung (VEK) von im Kammerbezirk Koblenz befragten Industrieunternehmen nach Beschäftigtengrößenklassen 1970 und 1979

Beschäftigtengrößenklasse	Horizontale Eigenkapitalquote		Vertikale Eigenkapitalquote		prozentuale Differenz
	1970	1979	1970	1979	
1 - 9	155	133	73	53	./. 27
10 - 19	125	112	55	47	./. 15
20 - 49	113	100	51	44	./. 14
50 - 99	93	88	41	37	./. 17
100 - 199	100	89	42	33	./. 21
200 - 499	109	76	48	34	./. 29
500 - 999	113	106	45	37	./. 18
1.000 - u. mehr	100	80	40	28	./. 30
Insgesamt	118	107	52	45	./. 13

Anmerkungen

Eigenkapital = Haftendes Eigenkapital, Gesellschafterdarlehen und sonstige Guthaben der Gesellschafter, Reservefonds (z. B. versteuerte Rücklagen und Gewinnvorträge)
Horizontale Eigenkapitalquote = Eigenkapital i. V. H. des Anlagevermögens

Quelle: Industrie- und Handelskammer zu Koblenz, eigene Berechnungen

Tab. 3: Eigenkapitalausstattung (VEK) nach Wirtschaftszweigen (nach den Unterlagen der Deutschen Bundesbank)

Wirtschaftszweig	1965	1980	prozentuale Veränderung 1965/80
nachrichtlich: alle Unternehmen	29,8	20,9	./. 29,9
Verarbeitendes Gewerbe	33,1	24,7	./. 25,4
Chemische Industrie	43,6	38,3	./. 25,4
Gewinnung und Verarbeitung v. Steinen u. Erden	30,6	22,4	./. 26,8
Eisen- u. Stahlerzeugung	36,9	25,8	./. 39,1
NE-Metallerzeugung	30,1	27,0	./. 10,3
Stahl- und Leichtmetallbau	22,3	12,0	./. 46,2
Maschinenbau	28,0	20,6	./. 26,4
Straßenfahrzeugbau	38,2	26,0	./. 31,9
Elektrotechnik	33,4	23,4	./. 29,9
Herstellung von Eisen-, Blech- u. Metallwaren	34,2	23,6	./. 30,9
Holzverarbeitung	29,3	14,4	./. 50,9
Textilgewerbe	33,7	21,6	./. 35,9
Bekleidungsgewerbe	32,5	14,8	./. 54,5
Nahrungs- und Genußmittelgewerbe	29,5	23,5	./. 20,3
Baugewerbe	14,8	6,3 (5,5⁺)	./. 57,4
Großhandel	23,4	15,6 (15,5⁺)	./. 33,3
Einzelhandel	27,3	15,9 (15⁺)	./. 41,8

Anmerkungen

s. diese zu (1) b

Quelle: s. diese zu (1) b

Tab. 4: Eigenkapitalausstattung nach Rechtsformen (nach den Unterlagen der Deutschen Bundesbank)[+]

	1972		1976		1977		1980	
	VEK	Struktur	VEK	Struktur	VEK	Struktur	VEK	Struktur
nachrichtlich: alle Rechtsformen	24,4	100,0	23,2	100,0	24,1	100,0	24,9	100,0
Einzelkaufleute	21,6	88,5	19,7	84,9	21,3	88,4	16,5	66,3
Personengesell-schaften	20,9	85,7	19,9	85,8	20,3	84,2	17,7	71,1
Kapitalgesell-schaften	27,2	111,5	25,4	109,5	25,6	106,2	26,4	106,0

[+]keine hochgerechneten Ergebnisse

Anmerkungen

s. diese zu (1) b

Quelle:

s. diese zu (1) b

Tab. 5: Eigenkapitalausstattung der Industriegesellschaften einiger bedeutender Industrieländer

Land	1970	1972	1973	1974	1975	1976	1977	1978	1979	1980	1981	1982
	in Prozent der Bilanzsumme											
Deutschland	35,6	34,1	33,4	32,8	32,5	31,6	31,2	31,2	30,7	30,4	29,6	
USA	53,8	53,2	52,6	53,1	53,7	53,8	53,1	51,8	50,2	49,8	48,9	48,5
Frankreich	35,0	32,6	31,7	30,1	28,1	27,0	26,4	28,5	29,3			
Japan	...	18,1	17,2	17,0	16,5	16,4	16,8	27,4	18,3			
Großbritannien		48,0	46,0	45,6	47,6	47,2	48,0					

Quelle: S. OECD, Financial Statistics; Federal Trade Commission; Statistisches Bundesamt; eigene Berechnungen

Tab. 6: Renditevergleich

Jahr	Netto-Umsatzrendite[1]	Netto-Eigenkapitalrendite[2]	Netto-Realrendite[3]	Risikoprämie[4]	Umlaufrendite festverzinslicher Wertpapiere
1965	2,9	9,2	5,9	2,4	6,8
1969	3,2	9,8	7,9	2,8	7,0
1970	2,9	9,5	6,2	1,3	8,2
1971	2,1	7,0	1,8	-1,2	8,2
1972	2,2	7,1	1,5	-1,1	8,2
1973	2,4	8,7	1,7	-0,8	9,5
1974	1,5	6,3	-0,7	-4,3	10,6
1975	1,3	5,1	-0,9	-3,6	8,7
1976	2,5	9,9	5,6	1,9	8,0
1977	1,4	5,4	1,7	-1,0	6,4
1978	1,6	6,3	3,6	0,2	6,1
1979	1,7	6,7	2,6	-0,9	7,6
1980	1,3	5,5	0,0	-3,1	8,6
1981	1,0	4,6	-1,3	-6,0	10,6
1982	~0,9	~ 4,5	~ -0,8	~ -4,5	9,1

Anmerkungen

1) Jahresüberschuß der industriellen Aktiengesellschaften nach Unternehmenssteuern i. v. H. des Umsatzes

2) Jahresüberschuß nach Unternehmenssteuern der industriellen Aktiengesellschaften i. v. H. des haftenden Eigenkapitals

3) Netto-Realrendite: Differenz zwischen Nettoeigenkapitalrendite und Inflationsrate

4) Risikoprämie: Differenz zwischen Nettoeigenkapitalrendite und Umlaufrendite festverzinslicher Wertpapiere

5) Ohne Berücksichtigung der bei den inländischen Steuerpflichtigen seither anrechenbaren Gutschrift für die auf die Bardividende gezahlte Körperschaftsteuer

Quelle: Deutsche Bundesbank; Statistisches Bundesamt; eigene Berechnungen

LITERATURVERZEICHNIS

Deutsche Bundesbank, (Monatsberichte): Monatsberichte, Heft 11, 1982.

Engels, W., (Falschmeldung): Falschmeldung, Capital 1983, S. 187.

Gruhler, W., (Eigenkapitalausstattung): Eigenkapitalausstattung - Bestandsaufnahme und Folgerungen, Köln 1976.

Gruhler, W., (Unternehmensgröße): Unternehmensgröße und Beschäftigung in der Industrie, Köln 1979.

Gruhler, W., (Insolvenzhäufigkeit): Indikatoren der Insolvenzhäufigkeit, iw-trends Heft 3, Köln 1982.

Gruhler, W., (Investitionen): Investitionen - Die große Pause, iwd 1983, S. 5.

o. V., (Aktie): Diskriminierung der Aktien muß endlich beseitigt werden, Handelsblatt Nr. 44 vom 3.3.83, S. 7.

Presse- und Informationsamt, (Kapitalstruktur): Kapitalstruktur kleiner und mittlerer Unternehmen, in: Presse- und Informationsamt der Bundesregierung (Hrsg.), Aktuelle Beiträge zur Wirtschafts- und Finanzpolitik, Heft 50, Bonn 1975.

Sachverständigenrat, (Stabilität): Stabilität und Wachstum. Jahresgutachten 1967/68, Stuttgart, Mainz 1967.

Thomas Buch

Die Eigenmittelausstattung der Unternehmen

A. Der statistische Befund

I. Der langfristige Rückgang der Eigenmittelquote

II. Wichtige Determinanten für die Höhe der Eigenmittelquote

1. "Rechtsformtypische" Einflüsse

2. "Branchentypische" Einflüsse

3. Einflüsse der Produktionstechnik

4. Eigenmittelausstattung und Zinsbelastung

B. Die Unternehmensbilanzstatistik der Deutschen Bundesbank

I. Umfang und Repräsentationsgrad des verfügbaren Bilanzmaterials

II. Die Hochrechnung der Abschlußergebnisse

III. Die Streuung der Eigenmittelquoten

A. Der statistische Befund

I. Der langfristige Rückgang der Eigenmittelquote

Die Eigenmittelbasis der Unternehmen im produzierenden Gewerbe und im Handel - den Bereichen, die von der Jahresabschlußstatistik der Deutschen Bundesbank erfaßt werden - hat sich seit Einführung dieser Statistik im Jahr 1965 dramatisch verschlechtert. Hatten die Eigenmittel damals noch rd. 30 % der Bilanzsumme (1) betragen, so lag die Eigenmittelquote 1980 nur noch bei 21 %, und 1981 dürfte sie nach einer ersten vorläufigen Berechnung weiter gesunken sein. Hinter diesen globalen Angaben stehen sehr unterschiedliche Entwicklungen. Wie Tab. 1 erkennen läßt, hat sich die Eigenmittelausstattung in einigen relativ verbrauchsnahen Branchen des verarbeitenden Gewerbes, im Baugewerbe sowie im Einzelhandel besonders stark verschlechtert, durchweg in Branchen, in denen mittelständische Unternehmen relativ stark vertreten sind. Etwas günstiger schnitten in diesem langfristigen Vergleich einige Grundstoffindustrien (z. B. Chemische Industrie, NE-Metallerzeugung) sowie im verbrauchsnahen Bereich das Nahrungs- und Genußmittelgewerbe ab, obwohl auch hier die Eigenmitteldecke erheblich knapper wurde; vorwiegend im Mittelfeld bewegt sich die Verschlechterung der Eigenmittelquoten in den wichtigsten Investitionsgüterbereichen (Maschinenbau, Straßenfahrzeugbau, Elektrotechnik, EBM-Warenindustrie), in denen das Branchenbild eher von mittleren bis größeren, als Kapitalgesellschaften geführten Firmen bestimmt wird.

II. Wichtige Determinanten für die Höhe der Eigenmittelquote

Für die Höhe der Eigenmittelausstattung von Unternehmen sind Branchenzugehörigkeit, Unternehmensgröße und Rechtsform wichtige Determinanten, ohne daß sich die Wechselwirkungen zwischen diesen Faktoren der Richtung

---

1) Hier, wie im folgenden, jeweils um Berichtigungsposten zum Eigenkapital, die Bilanzsumme außerdem um Wertberichtigungen bereinigt.

und dem Umfang nach eindeutig bestimmen ließen. Wie die Tab. 2 zeigt, entsprachen die Eigenmittel der in der Statistik der Deutschen Bundesbank erfaßten Personengesellschaften und Einzelkaufleute 1980 (nach einer ersten Auswertung von ca. 20.000 Abschlüssen) etwa 17 % der Bilanzsumme. Im Vergleich zu den Kapitalgesellschaften, bei denen die Eigenmittel insgesamt 26 1/2 % der Bilanzsumme ausmachten, nimmt sich diese Quote zwar recht bescheiden aus, aber hier sind "rechtsform- und branchentypische" Besonderheiten zu berücksichtigen.

1. "Rechtsformtypische" Einflüsse

"Rechtsformtypisch" ist zum Beispiel, daß viele Einzelkaufleute und Teilhaber von Personengesellschaften neben dem im Unternehmen gebundenen (und bilanzierten) Nettovermögen - nicht bilanziertes - Privatvermögen besitzen, das auch für die Firmenverbindlichkeiten haftet. Firmen- und Privatvermögen sind hier teilweise mehr oder weniger willkürlich gegeneinander abgegrenzt. Im Gegensatz dazu kann man davon ausgehen, daß die von den Kapitalgesellschaften in ihren Jahresabschlüssen gezeigten Eigenmittel praktisch dem gesamten Nettovermögen des Unternehmens entsprechen, das für Firmenverbindlichkeiten haftet. (Bei dieser Betrachtung kann von dem Problem der stillen Reserven abgesehen werden, die bei Unternehmen aller Rechtsformen den Eigenmittelausweis bis zu einem gewissen Grad relativieren.) Für die Annahme, daß die in den Jahresabschlüssen zum Ausdruck kommenden Unterschiede in der Eigenmittelquote zu einem erheblichen Teil "rechtsformtypisch" sind, spricht, daß sich, wie frühere Untersuchungen gezeigt haben (vgl. Tab. 4), diese Abstufung in fast allen wichtigen Wirtschaftszweigen findet; aus dem Rahmen fallen hier allerdings der Maschinenbau und das elektrotechnische Gewerbe, in denen die Kapitalgesellschaften besonders niedrige Eigenmittelquoten aufweisen. Wahrscheinlich wird hier das Bilanzbild von stark exportorientierten Firmen geprägt, die ihren Abnehmern schon aus Konkurrenzgründen in relativ großem Umfang Zahlungsfristen einräumen und sich durch entsprechende Kreditaufnahmen refinanzieren müssen. Bei den Personengesellschaften und Einzelkaufleuten dieser Bereiche, vielfach stark spezialisierten

Zulieferfirmen, haben eigene Absatzfinanzierungen dagegen vermutlich keine so große Bedeutung. Zu den "Rechtsformeinflüssen" auf die Eigenkapitalausstattung gehört auch, daß die Interessennahme zwischen Unternehmen, die als Personengesellschaft oder "Einzelkaufmann" geführt werden, bilanzmäßig meist nicht in Erscheinung tritt, während bei Kapitalgesellschaften die klassische Form der Interessennahme in der Eigenkapitalverflechtung besteht. Dem entspricht es, daß hier die Beteiligungen rd. 8 1/2 % der (bereinigten) Bilanzsumme ausmachen, verglichen mit nur 2 1/2 % bei den Personengesellschaften und gut 1 % bei den Einzelkaufleuten. Würde man die Kapitalverflechtungen zwischen den Unternehmen konsolidieren, so würden die Unterschiede in den Eigenmittelquoten zwischen Personengesellschaften und Einzelkaufleuten einerseits sowie Kapitalgesellschaften andererseits schon beträchtlich zusammenschrumpfen.

2. "Branchentypische" Einflüsse

"Branchentypische" Erklärungen der Unterschiede in der Eigenmittelausstattung kommen hinzu; nur 15 % der ausgewiesenen Eigenmittel von Personengesellschaften und Einzelkaufleuten, aber 50 1/2 % der Eigenmittel von Kapitalgesellschaften waren 1978 in den sogenannten "Basisindustrien" (Bergbau, Energiewirtschaft und Wasserversorgung, Grundstoff- und Produktionsgüterindustrien) eingesetzt; hier erfordert schon die Produktionstechnik in der Regel große Unternehmenseinheiten und hohe Anlagenintensität, was in der Praxis meist auch einen vergleichsweise hohen Einsatz von Eigenmitteln bedingt. Kapitalgesellschaften sind hier insofern gegenüber Firmen anderer Rechtsform im Vorteil, als sie sich Risikokapital eher als diese im Wege der Außenfinanzierung, nämlich durch Emission von Kapitalanteilen, beschaffen können. Personengesellschaften und Einzelkaufleute sind dagegen bei der Investitionsfinanzierung weit mehr auf Innenfinanzierung und auf Kreditaufnahmen angewiesen. Ganz allgemein können "Brancheneinflüsse" auf die Eigenmittelausstattung vor allem dort vermutet werden, wo die Eigenmittelquoten nicht nur bei den Personengesellschaften und Einzelkaufleuten, sondern auch bei den Kapitalgesellschaften deutlich über oder unter dem Gesamtdurchschnitt liegen. So dürfte z. B. die vergleichsweise hohe Eigenmittelbasis der in der chemischen Industrie sowie in der EBM-Warenherstellung tätigen Personengesellschaften und Einzelkaufleute weitgehend branchenbedingt sein. Das gleiche gilt für die außerordentlich knappe Eigenmitteldecke bei den Baufirmen.

3. Einflüsse der Produktionstechnik

In manchen Branchen spiegeln allerdings die Abstufungen der Eigenmittelausstattung nach der Rechtsform zugleich Einflüsse der Produktionsstruktur wieder. Auf die besonderen Verhältnisse im Maschinenbau und in der elektrotechnischen Industrie wurde bereits in anderem Zusammenhang hingewiesen. Im Straßenfahrzeugbau wird das Bilanzbild der Kapitalgesellschaften weitgehend von den großen Automobilherstellern geprägt, die ausgesprochen anlagenintensiv produzieren und entsprechend hohe Eigenmittel ausweisen. Die in diesem Bereich tätigen Personengesellschaften und Einzelkaufleute - vielfach Zulieferer für die Automobilindustrie oder Hersteller von Spezialfahrzeugen - befinden sich hinsichtlich der Eigenmittelquote dagegen nur etwa im Mittelfeld. Ähnliches gilt für den Einzelhandel: Hier steht den anlagenintensiven und mit relativ viel Eigenkapital ausgestatteten Warenhäusern - meist Aktiengesellschaften oder Gesellschaften mbH - eine große Zahl mittelständischer Unternehmen des Facheinzelhandels in der Rechtsform der offenen Handelsgesellschaft, der Kommanditgesellschaft oder des Einzelkaufmanns gegenüber, die mit weit geringerer Eigenkapitalausstattung arbeiten.

Auch zwischen Personengesellschaften auf der einen und Einzelkaufleuten auf der anderen Seite gibt es einige bemerkenswerte Abstufungen. So sind im verarbeitenden Gewerbe, und hier speziell in den konsumnahen Bereichen, die neben dem Handel als bevorzugte Domäne für mittelständische Unternehmen angesehen werden können, Einzelfirmen eindeutig besser mit Eigenmitteln versehen als ihre Konkurrenten in der Form der Personengesellschaft. Ähnlich sieht es im Großhandel aus, nicht dagegen im Baugewerbe und im Einzelhandel. Die vergleichsweise höheren Eigenmittelquoten der Einzelfirmen in verschiedenen Teilen des Unternehmenssektors könnten ihre Ursache einmal darin haben, daß hier die allgemeinen Unternehmensrisiken von den Inhabern höher veranschlagt werden, als dies bei den - meist schon etwas größeren - Personengesellschaften der Fall ist. Zum anderen spielt sicherlich auch eine Rolle, daß Einzelfirmen oft schon aus Mangel an Kreditsicherheiten mehr als andere Firmen auf die Eigenfinanzierung angewiesen sind.

4. Eigenmittelausstattung und Zinsbelastung

Je knapper die Eigenmittelausstattung der Unternehmen ist, desto anfälliger sind sie für Störungen im Wirtschaftsablauf, desto stärker schlagen nicht zuletzt auch Änderungen der Finanzierungsbedingungen in den Erfolgsrechnungen zu Buch. Wie die Tab. 2 und 3 erkennen lassen, wiesen 1980 kleinere Einzelfirmen (mit Umsätzen unter 10 Mio. DM) nur 15 % ihrer Bilanzsumme als Eigenmittel aus und hatten 7 1/2 % ihres Rohertrages für Zinsen aufzuwenden. Große Kapitalgesellschaften (mit mehr als 100 Mio. DM Umsatz) waren dagegen bei einer fast doppelt so hohen Eigenmittelquote (27 %) mit Zinsaufwendungen in Höhe von nur 3 1/2 % des Rohertrages belastet. Dabei unterschieden sich die Durchschnittszinssätze - gemessen am Zinsaufwand im Verhältnis zu den verzinslichen Verbindlichkeiten - nicht wesentlich; der Abstand der Zinsbelastung ist also nicht mit Vorzugskonditionen für große Unternehmen im Vergleich zu kleineren Firmen zu erklären. Rechnet man Zinsaufwendungen und Erträge gegeneinander auf, so war der Abstand der Zinsbelastung dieser beiden Gruppen allerdings noch erheblich größer; der Nettozinsaufwand der kleineren Einzelfirmen entsprach 1980 rd. 7 % des Rohertrags, verglichen mit nur 1 % bei den großen Kapitalgesellschaften, von denen viele vergleichsweise hohe verzinsliche Geldanlagen unterhalten.

B. Die Unternehmensbilanzstatistik der Deutschen Bundesbank

I. Umfang und Repräsentationsgrad des verfügbaren Bilanzmaterials

Seit Mitte der sechziger Jahre bereitet die Deutsche Bundesbank die Jahresabschlüsse von Unternehmen statistisch auf. Sie erbittet die Bilanzen und Erfolgsrechnungen von den Unternehmen, deren Wechsel im Rediskontgeschäft der Bank vorkommen und deren Bonität sie deshalb prüfen muß (gemäß § 19 des Bundesbankgesetzes darf die Bank nur solche Handelswechsel ankaufen, aus denen im Regelfall drei "als zahlungsfähig bekannte Verpflichtete" haften). Tab. 5 gibt einen Überblick über die Zusammensetzung und den Repräsentationsgrad der im Jahr 1976 eingereichten rd. 50.000 Jahresabschlüsse von Unternehmen des produzierenden Gewerbes, des Handels und des Verkehrsgewerbes. Seither ist die Zahl der vorgelegten Bilanzen und Erfolgsrechnungen noch erheblich gestiegen; für die Bilanzauswertung 1980 waren die Jahresabschlüsse von rd. 70.000 Firmen verfügbar, die etwa 70 % der in der Umsatzsteuerstatistik erfaßten Umsätze in den genannten Bereichen repräsentieren.

II. Die Hochrechnung der Abschlußergebnisse

Die Herkunft des Materials - aus der Bonitätsprüfung im Zuge des Rediskontgeschäfts - bringt es mit sich, daß der Kreis der Unternehmen, deren Abschlußunterlagen für die statistische Auswertung zur Verfügung stehen, von Jahr zu Jahr wechselt. Erfahrungsgemäß reichen nur etwa 70 % der Unternehmen ihre Bilanzen und Erfolgsrechnungen in zwei und nur 60 % in drei aufeinanderfolgenden Jahren ein. Für die Bilanzauswertung erwies sich dies insofern als ein "handicap", als es die Bildung längerer Zeitreihen aus den Bilanzangaben erschwerte. Die Bank ist deshalb schon früh dazu übergegangen, die Abschlußangaben auf Gesamtgrößen für die einbezogenen Wirtschaftsbereiche hochzurechnen, wobei ihr als Hochrechnungsschlüssel die nach Branchen und Größenklassen sowie nach Rechtsformen gegliederten Umsätze aus der Umsatzsteuerstatistik des Statistischen Bundesamtes dienen.

Sie geht dabei von der Annahme aus, daß das Verhältnis der einzelnen Positionen in den Bilanzen und Erfolgsrechnungen zum Umsatz bei den Unternehmen, deren Unterlagen verfügbar sind, das gleiche ist wie bei den Unternehmen, deren Abschlüsse der Bank nicht vorliegen. Mit diesem Hochrechnungsverfahren gleicht die Bank auch weitgehend aus, daß kleinere und mittlere Unternehmen in den ihr eingereichten Bilanzunterlagen relativ weniger stark vertreten sind als die großen und insbesondere die publizitätspflichtigen Firmen.

III. Die Streuung der Eigenmittelquoten

Die Streuung der Eigenmittelquoten um die Branchendurchschnitte ist in dem der Bundesbank zur Verfügung stehenden Material sehr groß (vgl. Tab. 6). Bei der Hälfte der im Jahr 1977 eingereichten Jahresabschlüsse lag diese Quote zwischen 5 und 32 %, d. h. ein Viertel der Unternehmen hatte eine Eigenmittelquote von weniger als 5 %, ein weiteres Viertel von mehr als 32 %. In den meisten Branchen war die Spanne zwischen diesen Werten bei den Personengesellschaften etwas kleiner als bei den Kapitalgesellschaften. Jedoch streuen die Eigenkapitalquoten der Einzelkaufleute mit Abstand stärker als die der übrigen Unternehmen. Weitere Einzelheiten zur Methode sowie eine umfassende Darstellung der statistischen Ergebnisse werden demnächst in einer Neuauflage des Sonderdrucks Nr. 5 der Deutschen Bundesbank: "Jahresabschlüsse der Unternehmen in der Bundesrepublik Deutschland" veröffentlicht, der bei der Pressestelle der Bank kostenfrei bestellt werden kann.

Tab. 1: Eigenmittelausstattung der Unternehmen*

Wirtschaftszweig	1965	1970	1975	1979	1980	1981
	Eigenmittel 1) in % der Bilanzsumme 2)					
Alle Unternehmen	29,8	26,7	23,7	21,7	20,9	20,5
darunter:						
Verarbeitendes Gewerbe	33,1	30,0	26,8	25,4	24,7	24
darunter:						
Chemische Industrie	43,6	39,2	38,5	38,0	38,3	-
Gewinnung und Verarbeitung von Steinen und Erden	30,6	28,8	24,9	23,0	22,4	-
Eisen- und Stahlerzeugung 3)	36,9	34,0	30,2	25,9	25,8	-
NE-Metallerzeugung	30,1	31,4	26,2	25,9	27,0	-
Stahl- und Leichtmetallbau	22,3	16,2	13,3	11,9	12,0	-
Maschinenbau	28,0	23,7	21,1	21,4	20,6	-
Straßenfahrzeugbau	38,2	36,0	31,3	28,0	26,0	-
Elektrotechnik	33,4	26,2	25,6	23,7	23,4	-
Herstellung von Eisen-, Blech- und Metallwaren 4)	34,2	31,7	27,5	24,3	23,6	-
Holzverarbeitung	29,3	24,9	18,6	15,0	14,4	-
Textilgewerbe 5)	33,7	28,5	23,7	22,0	21,6	-
Bekleidungsgewerbe	32,5	26,4	21,4	15,6	14,8	-
Nahrungs- u. Genußmittelgewerbe 6)	29,5	30,0	26,9	24,9	23,5	-
Baugewerbe	14,8	11,4	7,3	6,8	6,3	5,5
Großhandel	23,4	21,2	19,1	16,3	15,6	15,5
Einzelhandel	27,3	26,6	22,8	17,6	15,9	15

+Hochgerechnete Ergebnisse 1981: Geschätzte Angaben auf halbe bzw. ganze Prozentpunkte gerundet. - 1) Abzüglich Berichtigungsposten zum Eigenkapital. - 2) Abzüglich Wertberichtigungen und Berichtigungsposten zum Eigenkapital. - 3) Einschl. Stahlverformung. - 4) Einschl. Schlosserei, Schweißerei, Schleiferei und Schmiederei. - 5) Einschl. Polsterei- und Dekorateurgewerbe. - 6) Ohne Tabakverarbeitung. -

Quelle: Monatsberichte der Deutschen Bundesbank, 34. Jg., Nr. 11 November 1982, S. 20

Tab. 2: Eigenkapitalausstattung der Unternehmungen 1980 nach Größenklassen und Rechtsformen*

Position	Hochgerechnete Ergebnisse 1)	Nicht hochgerechnete Ergebnisse				
			Unternehmen mit Umsätzen von			
	Alle Unternehmen		weniger als 10 Mio. DM	10 Mio. DM bis 50 Mio. DM	50 Mio DM bis 100 Mio DM	mehr als 100 Mio DM
	Eigenmittel 2) in % der Bilanzsumme 2)3)					
Insgesamt	21	24,9	14,8	18,3	21,8	26,3
darunter:						
Einzelkaufleute	-	16,5	15,1		17,6	
Personengesellschaften	-	17,7	14,4	15,2	17,4	20,2
Kapitalgesellschaften	-	26,4	14,1	21,5	24,8	27,0
	Eigenmittel 2) in % der Sachanlagen 4)					
Insgesamt	70,5	89,1	49,7	67,3	84,8	93,5
darunter:						
Einzelkaufleute	-	58,4	43,0		75,7	
Personengesellschaften	-	72,5	43,8	54,2	71,8	99,1
Kapitalgesellschaften	-	92,4	65,0	82,5	93,8	93,2
Nachrichtlich:						
Zahl der Jahresabschlüsse, insgesamt	-	(21855)	(12479)	(6449)	(1328)	(1599)

+Erste vorläufige Ergebnisse der Unternehmensbilanzstatistik - 1) Geschätzte Angaben, auf halbe bzw. ganze Prozentpunkte gerundet. - 2) Abzüglich Berichtigungsposten zum Eigenkapital. - 3) Abzüglich Wertberichtigungen. - 4) Abzüglich Wertberichtigungen auf Sachanlagen.

Quelle: Monatsberichte der Deutschen Bundesbank, 33. Jg., Nr. 11, November 1981, S. 22

Tab. 3: Zinsaufwendungen und -erträge der Unternehmen 1980 nach Größenklassen und Rechtsformen*

Position	Hochgerechnete Ergebnisse1)	Nicht hochgerechnete Ergebnisse				
		Alle Unternehmen	Unternehmen mit Umsätzen von			
			weniger als 10 Mio DM	10 Mio DM bis 50 Mio DM	50 Mio DM bis 100 Mio DM	mehr als 100 Mio DM
	Zinsaufwand in % des Rohertrags					
Insgesamt	4,5	4,1	5,9	5,1	4,7	3,9
darunter:						
Einzelkaufleute	-	7,2	7,6		6,8	
Personengesellschaften	-	4,9	5,8	5,2	5,0	4,4
Kapitalgesellschaften	-	3,8	4,9	4,7	4,3	3,7
	Zinserträge in % des Rohertrags					
Insgesamt	1,5	2,2	0,9	1,1	1,3	2,5
darunter:						
Einzelkaufleute	-	1,1	0,6		1,4	
Personengesellschaften	-	1,2	0,8	0,9	1,1	1,6
Kapitalgesellschaften	-	2,4	0,9	1,2	1,3	2,6
	Nettozinsaufwand in % des Rohertrags					
Insgesamt	3	1,9	5,0	4,0	3,4	1,4
darunter:						
Einzelkaufleute	-	6,1	7,0		5,4	
Personengesellschaften	-	3,7	5,0	4,3	3,9	2,8
Kapitalgesellschaften	-	1,4	4,0	3,5	3,0	1,1
Nachrichtlich: Zahl der Jahresabschlüsse, insgesamt	-	(21855)	(12479)	(6449)	(1328)	(1599)

*Erste vorläufige Ergebnisse der Unternehmensbilanzstatistik. - 1) Geschätzte Angaben, auf halbe bzw. ganze Prozentpunkte gerundet.

Quelle: Monatsberichte der Deutschen Bundesbank, 33. Jg., Nr. 11, November 1981, S. 18

Tab. 4: Eigenmittelausstattung von Unternehmen in ausgewählten Wirtschaftszweigen nach der Rangfolge ihrer Eigenmittelquoten 1976*

Eigenmittel 1) in % der Bilanzsumme 2)								
			nach Rechtsformen					
	Insgesamt		Kapitalgesellschaften		Personengesellschaften		Einzelkaufleute	
Wirtschaftszweig	1972	1976	1972	1976	1972	1976	1972	1976
Alle Unternehmen	24,6	23,1	28,8	27,2	20,0	18,2	20,7	17,7
darunter:								
Energiewirtschaft	33,8	30,4	33,6	30,2	-	-	-	-
Verarbeitendes Gewerbe	28,3	26,2	31,0	29,0	23,9	21,2	25,7	22,6
darunter:								
Chemische Industrie	39,0	38,0	40,6	39,2	30,7	31,1	31,5	27,8
Straßenfahrzeugbau	36,0	29,3	39,7	31,3	25,5	24,6	28,2	21,0
Eisen- und Stahlerzeugung 3)	30,5	29,3	31,1	30,4	26,0	23,4	26,0	18,8
Herstellung von EBM-Waren	30,5	27,2	34,1	35,2	28,9	23,5	31,3	29,4
Nahrungs- und Genußmittelgewerbe 4)	27,3	27,0	33,3	33,8	23,6	22,8	24,4	25,7
Elektrotechnische Industrie	26,2	25,2	26,5	25,8	24,9	23,0	31,8	26,2
Industrie der Steine und Erden	26,7	24,5	33,2	32,8	21,9	19,4	23,7	16,9
Textilgewerbe	27,1	24,4	28,4	28,0	25,8	21,5	29,4	27,9
Maschinenbau	23,7	20,4	24,0	20,5	21,8	18,3	31,9	26,8
Bekleidungsgewerbe	25,1	19,6	32,2	26,8	22,4	16,9	25,2	21,6
Bergbau	16,2	21,7	16,2	21,7	-	-	-	-
Einzelhandel	24,3	21,7	35,0	30,9	19,8	21,6	23,5	19,8
Großhandel 5)	19,7	18,1	17,8	15,7	18,8	17,6	22,4	20,4
Baugewerbe	9,8	6,9	11,0	9,7	8,4	6,0	9,6	5,8

+Hochgerechnete Ergebnisse. - 1) Abzüglich Berichtigungsposten zum Eigenkapital. - 2) Abzüglich Berichtigungsposten zum Eigenkapital sowie der Wertberichtigungen. - 3) Einschl. Stahlverformung. - 4) Ohne Tabakverarbeitung. - 5) Einschl. Handelsvermittlung.

Quelle: Monatsberichte der Deutschen Bundesbank, 30. Jg., Nr. 10, Oktober 1978, S. 19

Tab. 5: Zahl und Umsatz der zur Bilanzauswertung 1976 herangezogenen Unternehmen nach Wirtschaftszweigen und Rechtsformen

Wirtschaftszweig	Zahl der Jahresabschlüsse (Tsd)	Erfaßte Umsätze (Mrd DM)	Nachrichtlich: Umsatz laut Umsatzsteuerstatistik 1) (Mrd DM)	Nachrichtlich: Erfaßte Umsätze in % des Umsatzes laut Umsatzsteuerstatistik
Alle Unternehmen	49,4	1.345,3	2.113,8	63,6
I. Nach Wirtschaftszweigen darunter:				
Verarbeitendes Gewerbe	22,6	751,0	1.014,6	74,0
darunter: Chemische Industrie	0,8	86,3	98,9	87,3
Gewinnung und Verarbeitung von Steinen und Erden	1,5	17,0	26,8	63,4
Eisen- und Stahlerzeugung 2)	1,0	53,5	67,7	79,0
NE-Metallerzeugung	0,1	18,1	18,6	97,5
Stahl- und Leichtmetallbau	1,2	16,8	25,6	65,5
Maschinenbau	3,0	93,7	104,4	89,7
Straßenfahrzeugbau	0,4	80,1	88,8	90,3
Elektrotechnik	1,1	77,6	103,0	75,4
Herstellung von Eisen-, Blech- und Metallwaren	1,7	23,1	40,2	57,3
Holzverarbeitung	1,5	14,4	33,4	43,0
Textilgewerbe	1,6	26,7	34,0	78,4
Bekleidungsindustrie	1,2	13,2	21,0	62,8
Nahrungs- und Genußmittelgewerbe 3)	2,3	65,8	143,6	45,8
Baugewerbe	3,7	36,6	115,4	31,7
Großhandel 4)	14,0	356,7	531,7	67,1
Einzelhandel	7,6	111,6	276,8	40,3
II. Nach Rechtsformen darunter:				
Kapitalgesellschaften	9,8	822,7	862,7	95,4
Personengesellschaften	24,5	410,6	754,6	54,4
Einzelkaufleute	14,1	58,8	388,8	15,1

1) Ohne Deutsche Bundesbahn, Deutsche Bundespost, Landwirtschaft und Dienstleistungsbereiche. - 2) Einschl. Stahlverformung. - 3) Ohne Tabakverarbeitung. - 4) Einschl. Handelsvermittlung.

Quelle: Jahresabschlüsse der Unternehmen in der Bundesrepublik Deutschland 1965 bis 1976, Sonderdruck der Deutschen Bundesbank, Nr. 5, S. 4

Tab. 6a: Streuung von Verhältniszahlen nach Wirtschaftszweigen und Rechtsformen im Jahre 1977

Wirtschaftszweig	Von den erfaßten Unternehmen hatten 25 % eine Verhältniszahl von							
	weniger als ... %	mehr als ... %	weniger als ... %	mehr als ... %	weniger als ... %	mehr als ... %	weniger als ... %	mehr als ... %
	Alle Unternehmen		darunter: Kapitalgesellschaften		Personengesellschaften		Einzelkaufleute	
	Sachanlagen (netto) in % der Bilanzsumme (netto)							
Alle Unternehmen	11,0	44,0	4,2	33,5	13,2	44,5	13,6	49,3
darunter:								
Verarbeitendes Gewerbe	19,1	50,4	11,6	40,2	20,7	50,4	24,4	58,7
darunter:								
Chemische Industrie	20,1	44,8	17,1	41,0	21,4	45,0	29,1	58,6
Gewinnung und Verarbeitung von Steinen und Erden	33,5	63,7	22,2	55,4	36,4	63,6	42,1	69,3
Eisen- und Stahlerzeugung 1)	29,7	58,3	23,0	47,4	30,4	56,1	41,5	69,5
NE-Metallerzeugung	16,4	39,6	18,0	39,0	13,8	41,9	-	-
Stahl- und Leichtmetallbau	9,3	36,5	5,0	27,0	10,3	37,7	13,8	42,7
Maschinenbau	15,9	42,9	9,7	31,1	18,0	42,1	27,6	58,8
Straßenfahrzeugbau	20,5	47,2	9,0	36,0	20,5	47,0	23,8	55,8
Elektrotechnik	12,9	38,8	9,8	31,7	15,6	40,3	17,3	49,2
Herstellung von Eisen-, Blech- und Metallwaren 2)	24,7	52,7	14,8	41,3	25,8	51,2	30,9	63,1
Holzverarbeitung	22,4	51,0	6,1	35,8	22,2	47,5	30,1	57,0
Textilgewerbe 3)	18,5	47,3	8,9	35,9	20,5	46,4	23,5	58,0
Bekleidungsgewerbe	7,0	32,0	4,0	24,0	8,8	33,1	7,2	34,8
Nahrungs- und Genußmittelgewerbe 4)	25,9	56,7	18,7	48,4	26,3	58,0	29,6	63,2
Baugewerbe	10,9	34,0	5,5	24,5	12,0	32,9	12,2	38,0
Großhandel	3,9	28,9	1,2	14,5	4,7	29,9	6,7	33,7
Einzelhandel	9,9	40,2	3,4	22,4	11,7	41,9	10,9	41,2

1) Einschl. Stahlverformung. - 2) Einschl. Schlosserei, Schweißerei, Schleiferei und Schmiederei. - 3) Einschl. Polsterei- und Dekorateurgewerbe. - 4) Ohne Tabakverarbeitung.

Tab. 6b: Streuung von Verhältniszahlen nach Wirtschaftszweigen und Rechtsformen im Jahre 1977

Wirtschaftszweig	Von den erfaßten Unternehmen hatten 25 % eine Verhältniszahl von							
	weniger als ... %	mehr als ... %	weniger als ... %	mehr als ... %	weniger als ... %	mehr als ... %	weniger als ... %	mehr als ... %
			darunter:					
	Alle Unternehmen		Kapitalgesellschaften		Personengesellschaften		Einzelkaufleute	
	Eigenmittel (netto) in % der Bilanzsumme (netto)							
Alle Unternehmen	4,8	31,9	5,3	30,5	5,7	29,1	0,7	37,2
darunter:								
Verarbeitendes Gewerbe	6,8	34,3	8,7	35,8	6,7	30,6	3,0	41,4
darunter:								
Chemische Industrie	10,6	39,1	14,1	43,2	9,4	31,2	9,7	58,9
Gewinnung und Verarbeitung von Steinen und Erden	5,8	33,9	7,8	36,1	5,8	32,2	2,2	37,8
Eisen- und Stahlerzeugung 1)	9,7	36,8	11,8	36,2	9,6	33,1	5,3	47,8
NE-Metallerzeugung	13,0	37,4	13,2	34,8	12,7	39,3	-	-
Stahl- und Leichtmetallbau	2,7	23,2	3,7	21,2	2,7	18,6	0,8	35,1
Maschinenbau	7,0	33,1	9,4	33,8	6,7	29,6	1,8	42,7
Straßenfahrzeugbau	7,4	35,9	11,9	36,0	7,0	29,8	6,5	44,0
Elektrotechnik	7,3	33,8	9,2	37,3	6,9	28,7	4,1	43,7
Herstellung von Eisen-, Blech- und Metallwaren 2)	9,1	40,9	9,1	39,1	9,8	37,1	6,0	48,6
Holzverarbeitung	3,8	30,0	3,2	26,9	5,0	27,0	0,8	35,6
Textilgewerbe 3)	7,7	33,8	10,8	35,1	7,4	30,8	4,1	43,0
Bekleidungsgewerbe	5,4	30,4	4,5	27,5	5,6	25,8	5,5	41,5
Nahrungs- und Genußmittelgewerbe 4)	8,4	35,4	13,2	38,3	7,6	29,4	1,0	37,4
Baugewerbe	0	18,2	1,6	14,6	1,5	15,7	negativ	24,5
Großhandel	5,6	30,6	3,7	23,5	6,3	29,5	3,8	39,4
Einzelhandel	3,4	31,6	2,7	21,2	6,2	30,1	0,0	34,0

Quelle: Verhältniszahlen aus den Jahresabschlüssen der Unternehmen in der Bundesrepublik Deutschland für 1977, Sonderdrucke der Deutschen Bundesbank, Nr. 5, S. 46

Volker Dolch

Aktuelle Finanzierungserfahrungen einer deutschen Elektronik-Unternehmung

A. Vorbemerkungen

Nach der Diagnose des Eigenkapitalmangels kommt nun der Patient zu Wort. Ein Patient, der an chronischem Mangel von Eigenkapital krankt.

Die Finanzentwicklung meiner Firma ist sicherlich ungewöhnlich, und ich möchte mit meinem Beitrag auch nicht den Versuch machen, unser Beispiel als Muster für andere Unternehmen zu vermarkten. Ich würde mir aber wünschen, daß meine Erfahrungen und die Entwicklung meiner Firma für die Diagnostiker und Therapeuten des Mittelstandes einige Anregungen in sich bergen.

B. Die Entwicklungsgeschichte

I. Die Entstehung

Am Anfang stand eine Idee und der Wunsch, sich in irgendeiner Art im Elektronik-Bereich selbständig zu machen. Ohne eine spezielle Marktkenntnis, ohne eine klare Zielsetzung und ohne einen klaren Plan artikulierte sich dieser Wunsch nach dem Durchlaufen einer Angestelltenlaufbahn. 1974 begann ich mit einem kleinen Ingenieurbüro, welches sich primär mit Auftragsentwicklung beschäftigte. Als dann der Mikroprozessor immer größere Verbreitung fand, entstand die Idee, eine Industrie rund um den Prozessor aufzubauen. So begann die Entwicklung von Geräten, die anfangs ganz anders hießen als sie es heute tun, nämlich die Logic Analysatoren. Die potentielle Größe des Marktes für diese Instrumente war damals überhaupt noch nicht abzusehen, weil es ihn einfach noch nicht gab.

II. Der Markt

Erst ab 1980 sind Zahlen über den Markt von Logic Analysatoren erhältlich. Zuvor existierte kaum ein Markt und es gab keine Untersuchungen. Für ein Unternehmen in dieser Branche ist der Weltmarkt Orientierungsgröße. Der Weltmarkt teilt sich in drei Zonen auf, das sind die USA, dann kommen Europa und Japan. Teilt man Europa noch in die einzelnen Länder auf, so bleiben für Deutschland max. 10 % des Weltmarktanteils übrig. Dieses aber ist für ein technologisch aufwendiges Produkt zu wenig, denn nur über hohe Stückzahlen lassen sich die hohen Forschungsaufwendungen tragen, so daß man als Hersteller angewiesen ist, weltweit zu operieren, will man preislich konkurrenzfähig bleiben. Für ein entstehendes und kleines Unternehmen ist eine solche Perspektive natürlich außerordentlich erschreckend, denn wie will man mit den geringen Mitteln, die man zur Verfügung hat, im Konzert der multinationalen Unternehmungen den Weltmarkt erobern? Man könnte davon ausgehen, daß der Markt sehr stark wachsen wird und daß in einem solchen Markt im Mikroprozessorenbereich die Konkurrenz natürlich sehr groß sein wird. Als ersten Schritt zur Lösung dieser Probleme richtete ich von Anfang an das Firmenprofil auf Internationalität aus. Dieses äußerte sich nicht nur in dem Namen "Logic Instruments", sondern auch in den von vorneherein gegebenen angelsächsischen Einflüssen in unserer Unternehmung.

III. Die Entwicklung

Die Firma hat 1976 angefangen, den Mantel des 2 - 3 Mann-Ingenieur-Büros abzuwerfen und begann mit der serienmäßigen Produktion von elektronischen Geräten. 1979 wurde in den USA eine eigene Firma gegründet, in der Hoffnung, in Amerika als wichtigem Bestandteil des Weltmarktes eine schlagkräftige Organisation zu haben. 1980 entwickelten wir ein Produkt, welches eine bombastische Marktresonanz erfuhr, so daß hier ein wichtiger Schritt nach vorne getan wurde. Mittlerweile sind wir über 200 Leute und produzieren in 2 Werken. Wir machen einen Gruppenumsatz 1982 von ca. 35 Mio. DM. In Europa haben wir mittlerweile eine Marktführerposition erreicht, was einen Weltmarktanteil von 15 % bedeutet.

Dieser augenscheinliche Erfolgsweg war aber mit vielen Stolpersteinen gepflastert, speziell was die Finanzierungsfragen anbetrifft.

IV. Die Finanzierung

Als ich mich selbständig machte, hatte ich keine Vorstellung von den Kapitalbelastungen der Zukunft. Hätte ich von vorneherein den Kapitalbedarf zur Erreichung meiner Ziele evaluiert, hätte ich den Schritt in die Selbständigkeit wohl etwas langsamer vorgenommen.

Meine anfänglichen Eigenkapitalprobleme konnte ich weder mit Banken noch mit öffentlichen Förderungen beseitigen, sondern mit Hilfe der deutschen Wagnisfinanzierungsgesellschaft. Diese hat nach der ersten Kontaktaufnahme ca. 3/4 Jahre gebraucht, sich für eine Beteiligung an dem Projekt zu entschließen. Dieser Entscheidungsprozeß wurde sowohl von Kaufleuten, als auch Technikern gefällt. Das ist erwähnenswert, weil man mit Leuten zu tun hatte, die tatsächlich in der Lage waren, das technische Potential der geplanten Entwicklungen zu beurteilen. Die Kapitalzufuhr von Seiten der Wagnisfinanzierungsgesellschaft half uns in wesentlichen Dingen weiter. Ihr Hauptvorteil lag in der Hebelwirkung, die sie verursachte. Denn nun war es plötzlich kein Problem mehr, Wohlwollen bei den Banken zu finden. Aber auch der Einfluß auf das Management ist durchaus positiv zu beurteilen. Durch die zusätzliche Beteiligung war man gezwungen, die Bücher offenzulegen, Pläne und Budgets zu erstellen. Dieses wiederum bewirkte einen positiven Einfluß auf die Banken. Aus unserer Sicht war die DFG enorm wichtig, wer weiß, wo wir ohne sie heute stünden.

Durch unsere US-Gesellschaft war es mir möglich, auch den amerikanischen Venture Kapitalmarkt kennenzulernen. Das starke Wachstum der amerikanischen Tochtergesellschaft zwang uns, den lokalen Geldmarkt anzugehen. Die dabei gemachten Erfahrungen waren außerordentlich positiv. Als Vorteil hat sich vor allem, so merkwürdig sich dieses anhört, das unbedingte und explizierte Profitstreben der Venture Capital Gesellschaften herausgestellt. Das so geprägte Klima ist für ein innovatives Unternehmen angenehm und fördernd.

Sehr bald nach Kontaktaufnahme mit dem amerikanischen Kapitalmarkt kaufte unsere amerikanische Tochter die deutsche Mutter, so daß wir nun eine US-Kooperation sind. Die Hintergründe waren vielfältig. Sie lassen sich wie folgt zusammenfassen:

Die Bewertung eines Unternehmens in Deutschland findet in langen Verhandlungen statt, während sie in den USA über den Markt reguliert wird. An den amerikanischen Aktienmarkt kann man nicht erst nach 5 Jahren des hohen Gewinnerzielens, sondern man kann sogar plaziert werden, bevor man einen Pfennig umgesetzt hat. Es gibt also ein Marktregulativ, was vor allem die Desinvestitionsproblematik gar nicht erst aufkommen läßt. Bewertungskriterien grundsätzlich sind weniger Vergangenheitsdaten als vielmehr die Zukunftschancen. Da spielt das Key-Management neben dem Produkt eine ganz besondere Rolle. Als deutsche Banker von der amerikanischen Bewertung unseres Unternehmens erfuhren, konnten sie nur den Kopf schütteln, weil sie lediglich die Vergangenheit im Visier hatten. In Deutschland ist es unmöglich, einen Business-Plan und ein Management-Team als Zukunftskapital zu verkaufen. Nicht zuletzt aus diesen Gründen haben wir unsere Gesellschaft in eine amerikanische Aktiengesellschaft umgewandelt mit dem Ziel, irgendwann an die Börse zu gehen. Mittlerweile haben wir ein kleines Placement an eine amerikanische Venture Capital Gesellschaft verkauft. Die Zusammenarbeit ist bisher ausnahmslos erfolgreich verlaufen.

C. Schlußbemerkungen

Obwohl wir mittlerweile in den USA unser Mutterhaus haben, wäre uns dieser Schritt nicht gelungen, hätten wir von Deutschland keine Starthilfen bekommen. Es ist also nicht sehr sinnvoll, die deutschen Verhältnisse in einer Schwarz-Weiß-Betrachtung als negativ darzustellen. So wurde beispielsweise die personelle Immobilität der Deutschen als negativ dargestellt. Wir haben dieses Phänomen als positiv bisher empfunden, denn wir haben seit Gründung unseres Unternehmens noch keinen Entwickler verloren. Diese für die USA ungewöhnliche Loyalität kommt uns sehr zugute. Auf der anderen Seite hat die Mobilität in den USA auch Vorzüge, so läßt sich nur mühsam in Eigenarbeit zu erreichendes Know-how leichter durch Personalanwerbung erzielen. Mir scheint vor allem außerordentlich wichtig, daß in Deutschland eine Szene entsteht, die Venture Capital zur Verfügung stellt. Ist dieses der Fall, sehe ich durchaus große Chancen für junge und innovative Unternehmungen, auf dem deutschen Markt erfolgreich zu werden.

Peter Langendorf

Aktuelle Finanzierungserfahrungen einer deutschen Textil-Unternehmung

A. Zur Lage der Textilindustrie

B. Zur Umsatzentwicklung

C. Zur Notwendigkeit der Technologisierung

D. Zur Veränderung der Umfeldbedingungen

A. Zur Lage der Textilindustrie

Von der Logik des Herrn Dolch, kraft seines Namens, sind wir also vom Diagnostiker über den Patienten zur Leiche befördert worden.

Zunächst einige Sätze zu meiner Person:

Ich habe keine Ausbildung als Diplomkaufmann - sondern mein Wissen weitgehend durch Seminare erworben. Die mittelständischen Unternehmer sind eben keine Spezialisten, sondern letztlich Generalisten, die sich um alle möglichen Geschichten kümmern. Ich habe eine Textilingenieurs-Ausbildung genossen. Von der Praxis unbeleckt bin ich ins väterliche Unternehmen eingestiegen und habe geglaubt, im Chefsessel meines Vaters Platz nehmen zu können. Nachdem ich dann 1976 voll verantwortlich war, wurde mir bewußt, daß das eine Art elektrischer Stuhl ist, denn der Textilbereich hat sich ertragsmäßig in etwa folgendermaßen entwickelt (Abb. 1).

Unternehmen im Textilbereich sind also keine "High-Flyer". Seit 1970 haben sich die Beschäftigten von rund 500.000 auf 260.000, also auf rund die Hälfte, vermindert. Die Unternehmen sind von 2.300 auf 1.500 zurückgegangen. Die Ausgaben für Textilien, in Prozent des verfügbaren Einkommens eines 4-Personen-Haushaltes, haben sich von durchschnittlich 10 % auf 8,4 % verringert. In der gleichen Zeit ist der Staatsverbrauch von 108 Mrd. DM auf 331 Mrd. DM gestiegen.

Welche Entwicklung hat unser Unternehmen genommen? Auch wir haben einen Schrumpfungsprozeß hinter uns. Wir haben 1970 noch kräftig in einen Bereich investiert, der eigentlich zum Stapelwarenbereich der Textilindustrie gehört. Das waren Standardtextilien, nämlich Gummilitzen. Tendenziell war die Entwicklung schon erkennbar, allerdings haben wir nicht sofort darauf reagiert. Qualitäten, die für DM 8,30 per 100 mtr. Selbstkosten hergestellt wurden, konnten für DM 2,50 als Fertigware im Ausland bezogen werden. Wir hätten dieses Geschäft gerne selbst gemacht, aber wir hatten kein Geld, um im großen Stile selbst zuzukaufen. Wir waren auf jede Mark Deckungsbeitrag angewiesen und wollten so unsere eigenen Kapazitäten voll ausnützen. Es kam noch eine technologische Umwälzung hinzu. Als Drittes sind unsere traditionellen Kunden ins Ausland gegangen - damals in erster Linie nach Jugoslawien. Dort wurde konfektioniert. Es hat nicht lange gedauert, daß der Zukauf von Zubehör auch innerhalb des Landes, also zum Beispiel in Jugoslawien, getätigt wurde. Der Export war dadurch in diese Länder unmöglich geworden. Die Umstrukturierungen im Hause, d. h. die Techniken, die Deckungsbeiträge, die einen ROI erbrachten, mußten mit einem enormen Kapitalaufwand ausgebaut werden. Dies waren bei uns die Klöppelspitzen und die Häkelborten. Vor allem Klöppelspitzen sind mit einer komplizierten Technologie herzustellen. Hier läßt sich auch nicht einfach mit angelernten Kräften arbeiten. Man muß eine langfristige und teure Personalentwicklung betreiben, um diese Technik überhaupt führen zu können; also auch hier wieder Kapitalaufwand.

In dem so forcierten Bereich liegen natürlich finanzielle Chancen durch höhere Gewinne als auch entsprechende Risiken, da sich der Markt schlagartig von heute auf morgen durch modische Erdrutsche verändern kann. Oder einfacher, wenn jemand glaubt, die Mode ist nostalgisch, dann wird sehr viel Spitze verwendet und alle schweben in Nostalgie. Plötzlich kommt etwas völlig anderes, z. B. ausgelöst durch einen erfolgreichen Spielfilm. Dann verändern sich unsere Marktfelder, ohne daß wir die Entwicklung beeinflussen können. Aber dann muß eben wieder in den Markt investiert werden, um neue Märkte zu entwickeln und aufzubauen. Unser Unternehmen ist aus diesem Grunde in 24 Marktfeldern tätig, die ständig beobachtet und bearbeitet werden müssen. Wir haben uns zur eigenen Kontrolle ein Portfolio aufgebaut und versuchen, in bestimmten Zeiträumen, Zielmärkte zu entwickeln.

B. Zur Umsatzentwicklung

Nun noch zur eigenen Umsatzentwicklung: 1974 haben wir einen unwirtschaftlichen Zweigbetrieb geschlossen und uns auf bestimmte, die vorhin erwähnten Bereiche konzentriert. Die Konsolidierungsphase dauerte bis zum Jahr 1976. Seitdem haben wir ein Umsatzwachstum auf 10 Millionen DM gehabt (Abb. 2).

Wir sind eigentlich recht zuversichtlich, daß wir in der Zukunft noch sehr gute Chancen haben werden mit den Produkten, die wir herstellen und mit der Technologie.

Im Gegensatz zu vielen kleinen Unternehmen nehmen wir an Branchenvergleichen teil, weil wir glauben, daß man dadurch die eigene Sicherheit, richtig zu wirtschaften, erhöht. Man sieht, wie es bei den Konkurrenten und dem eigenen Unternehmen läuft und was verkehrt gemacht wird. Wir kennen natürlich unsere Nachteile genau, aber wir wissen auch, wo unsere Vorteile liegen, und danach müssen wir versuchen zu handeln.

Aus der Abbildung 3 a ist ersichtlich, daß im Branchenvergleich (beim Kollektiv) langsam aber sicher die Bilanzsumme angewachsen ist. Bei uns ist dies nicht passiert (vgl. Abb. 3 b). Mit der Bilanzsumme sind wir ständig im unteren Bereich geblieben. Das hing damit zusammen, daß wir durch die neue Technologie ständig wachsende Umsätze erreichten. Des weiteren sind auch unsere Erträge angestiegen. Aber wir haben versucht, die Erträge dadurch abzuschöpfen, daß wir ständig Sonderabschreibungen in Anspruch genommen haben, um kein Kapital in Richtung Fiskus abwandern zu lassen. Das führt dann allerdings zu gewissen Eigenheiten. Wenn man die Kapitalnutzungsrate in Prozent der Bilanzsumme betrachtet (Abb. 4), dann haben wir vor der Sanierung weit hinter der Konkurrenz gelegen. Danach wurde aber von unserer Seite kräftig aufgeholt. Heute haben wir einen wesentlich höheren Kapitalumschlag als ein Teil unserer Konkurrenz.

Nun zu unserem Investitions- und Überschußniveau (Abb. 5).

Man sieht, so wie sich das Ertragsniveau verbessert hat, sind auch die Investitionen angestiegen. Verschlechterte sich das Ertragsniveau, so wurden natürlich auch die Investitionen entsprechend angepaßt. Das Ziel war hierbei, die Bilanzsumme möglichst konstant zu halten, damit die vertikale Eigenkapitalquote in etwa konstant blieb. Auf der anderen Seite haben wir ein ständig steigendes Geschäftsvolumen gehabt. Um auch das Umlaufvermögen nicht anwachsen zu lassen, waren wir gezwungen, eine bessere Logistik aufzubauen.

C. Zur Notwendigkeit der Technologisierung

In Prozent vom Umsatz hat praktisch keiner so viel wie wir investieren können. Dies gibt uns eine gewisse Garantie, daß wir aufgeholt haben, technisch auf dem neuesten Stand sind und Aussichten haben, in der Zukunft mit einer besseren Technologie gegen die Konkurrenz antreten zu können. Es hat noch einen anderen Hintergrund. Im Augenblick sind wir dabei, einen Technologiesprung zu vollziehen. Und zwar gibt es inzwischen elektronisch gesteuerte Klöppelspitzenmaschinen. Wir sind das erste Unternehmen in der Welt, das sich überhaupt mit dieser neuen Technik befaßt. Wir haben jetzt Maschinen und experimentieren damit. Das eingesetzte Kapital setzt sich natürlich nicht von heute auf morgen um. Aber das ist ein Bereich, in dem wir für andere Unternehmen Dienstleistungen erbringen könnten. Ob und inwieweit das gelingt, wird sich noch herausstellen. Wir haben 120 Klöppelmaschinen (eine Maschine kostet im Durchschnitt in etwa DM 45.000) und eine Kollektion im Klöppelbereich von bestimmt 250 - 300 Artikeln. In den USA gibt es Firmen mit 700 Maschinen, die jedoch seit 1950 nur 36 Artikel unverändert in der Kollektion haben.

Die Textilindustrie in Amerika erreicht vom Ausstoß pro Beschäftigten sehr hohe Werte, aber ist eben doch zum Teil mit einer sehr alten Technologie ausgestattet. Wir könnten z. B. mit so einem Betrieb eines Tages zusammenarbeiten, indem wir eben unsere Dienstleistungen in den USA verkaufen. Das ist eigentlich auch ein Ziel unserer Entwicklung im technischen Bereich. Wenn wir unsere Produktivität mit der Konkurrenz vergleichen, dann haben wir eine Steigerung der Bruttoproduktion pro Kopf von 1973 - 1981 von 100 auf 186 gegenüber 100 auf 146 bei den anderen Unternehmen. Deshalb glauben wir, gute Zukunftschancen zu haben.

Jetzt kommt der Punkt der Finanzierung. Man muß sich hin und wieder Gedanken machen, wie man eigentlich mit welchen Produkten wo arbeitet. Wie schon erwähnt, haben wir uns ein Portfolio aufgebaut. Ein Bereich sei dabei besonders herausgegriffen, nämlich das Marktfeld "Technik". Wir glauben, daß hier in der Zukunft noch erhebliche Möglichkeiten für uns liegen. Einsatzmaterialien hierfür sind Glasfasern, Kevlar oder Karbonfasern, die auf besondere Art und Weise verarbeitet werden müssen. Es zeichnet sich ein Bedarf für den GFK-Bereich ab, aber eine Erstinvestition beinhaltet einen Kapitalaufwand von mindestens 500.000 - 600.000 DM, ohne daß sofort entsprechende Ertragschancen daraus resultieren würden. Dazu fehlen natürlich einem mittelständischen Unternehmen wie dem unsrigen die Finanzierungsmöglichkeiten. Selbst wenn die Finanzierung möglich wäre, müßten erhebliche Zusatzinvestitionen in den Markt erfolgen, um das Produkt marktreif zu machen und auf breiter Basis auch bei allen potentiellen Anwendern einzuführen. Die Gegebenheiten in diesem Bereich führen uns zu der Entscheidung, diesen Bereich nicht zu entwickeln und damit auf die Risiken, aber auch auf die Chancen zu verzichten.

D. Zur Veränderung der Umfeldbedingungen

Wenn man das unternehmerische Umfeld betrachtet, dann haben wir früher selten Krisen gehabt. Das politisch-soziale Klima war früher beständiger als heute. Man war in geringerem Maße von Energie- und Rohstoffbeständen abhängig. Die Inflation war früher relativ begrenzt und wird demnächst wahrscheinlich hoher sein oder zumindest stark schwanken.

Zu den Kosten und der Verfügbarkeit von Kapital: Früher niedrige Kosten und ein großes Angebot; heute hohe Kosten und ein eher geringes Angebot, obwohl an sich genügend Kapital existiert.

Das Wirtschaftswachstum: Früher eine stetige Erscheinung, heute nur in Teilbereichen noch immer vorhanden, z. B. bei der Elektronik oder beim Bildschirmtext. Wenn früher die Chancen der Videorecorder beurteilt wurden, hat keiner geglaubt, wie schnell die Entwicklung geht. Heute ist der Markt schon wieder übersättigt und das innerhalb von 3 Jahren. Das Wirtschaftswachstum ist zumindest nicht so sicher wie in der Vergangenheit. Der Wettbewerb wird immer stärker werden. Im Textilbereich haben wir einen weltweiten Wettbewerb, bei dem wir auch mit Entwicklungsländern in Konkurrenz treten müssen oder auch mit Ländern, die einfach anders arbeiten als wir, wo das soziale Umfeld im Unternehmen völlig anders gestaltet ist.

Auf diesem weltweiten Markt können wir gegen Niedriglohnländer nur durch höhere Technisierung und bessere Bildungs- und Informationssysteme bestehen, die eben wiederum einen erheblichen Finanzbedarf auslösen.

Produktivitätsverbesserungen ziehen automatisch erhebliche Investitionen für Logistiksysteme nach sich.

Denken Sie dabei nur an den Bereich der CAD und CAM Systeme, die mit immensen Aufwendungen, ohne tatsächlich beweisbare Wirtschaftlichkeitsverbesserungen zu gewährleisten, eingeführt werden müssen und zunächst nur Zeichenbüros "rationalisieren". Zwangsläufig werden sich alle nachgeordneten Bereiche auch verändern müssen. Dies erfordert einen weiteren Kapitalbedarf. Nicht immer gelingt es, derartige Investitionen schon in der ersten Phase durch entsprechende Gewinne zu finanzieren. Genau dieser Komplex ist es aber, der kleinen und mittleren Unternehmen besonders zu schaffen macht. Für Mittelständler und Kleinbetriebe scheint es manchmal schier unmöglich, Finanzexperten zu überzeugen. Großbetriebe tun sich da wahrscheinlich leichter. Die haben aber dafür kein so großes Interesse an Risikoinvestitionen in Randbereichen. Man muß wirklich die Frage stellen, wie lange wir es uns volkswirtschaftlich noch leisten können, potentielle Investitionen - die übrigens auch Arbeitsplätze schaffen - ob besonders zukunftsträchtig oder nicht, durch unsere Finanz- und Steuerpolitik zu unterlassen und uns damit programmierte Wettbewerbsnachteile einzuhandeln. Es scheint auch so zu sein, daß bestimmte Branchen bei Kreditverhandlungen von vornherein mit bestimmten Negativpunkten belegt werden, da in der öffentlichen Meinung nur einige wenige Bereiche als zukunftsträchtig herausgestellt werden. Man vergißt dabei aber immer völlig, daß in den Traditionsbereichen zunächst einmal erheblich mehr Arbeitsplätze vorhanden sind.

Wir haben eine Investition in größerem Umfang getätigt und sind von allen unseren Finanzpartnern doch gut unterstützt worden. Mir scheint, daß, egal für welches Vorhaben, zunächst einmal ausführliche Unterlagen vorbereitet werden müssen und jeder Punkt dreimal überlegt werden sollte, bevor man überhaupt mit Finanzpartnern über sein Vorhaben spricht.

Eine völlig andere Finanzierungsform, die ich hier am Rande noch erwähnen möchte, werden wir in der nächsten Zeit einzuführen versuchen - die Mitarbeiterbeteiligung. Auf eine einfache Formel gebracht bedeutet dies, Gewinne über die Mitarbeiterbeteiligung möglichst steuersparend in das Unternehmen wieder zurückzuführen. So könnte sowohl die Bindung der Mitarbeiter an das Unternehmen als auch die Wirtschaftlichkeit aller Faktoren verbessert werden. Mir scheint diese Finanzierungsform wegen ihrer Gestaltungsmöglichkeiten für Klein- und Mittelbetriebe besonders geeignet, da das betriebliche Geschehen noch überschaubar und für den Mitarbeiter verständlich ist.

Abb. 1: Die Talfahrt der Gewinne
Umsatzrendite (brutto)

1 Verarbeitende Industrie
2 Gesamtwirtschaft
3 Textilindustrie

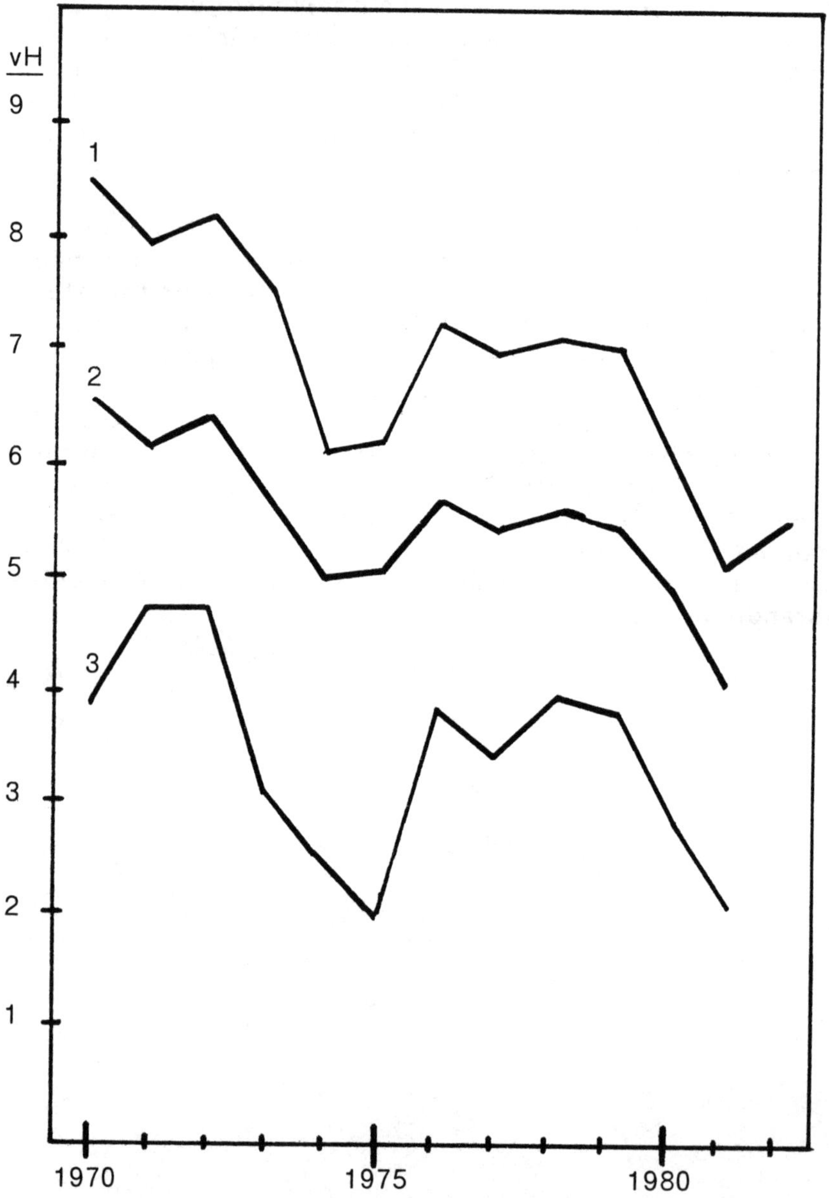

Abb. 2: Umsatzentwicklung der Fa. Langendorf GmbH

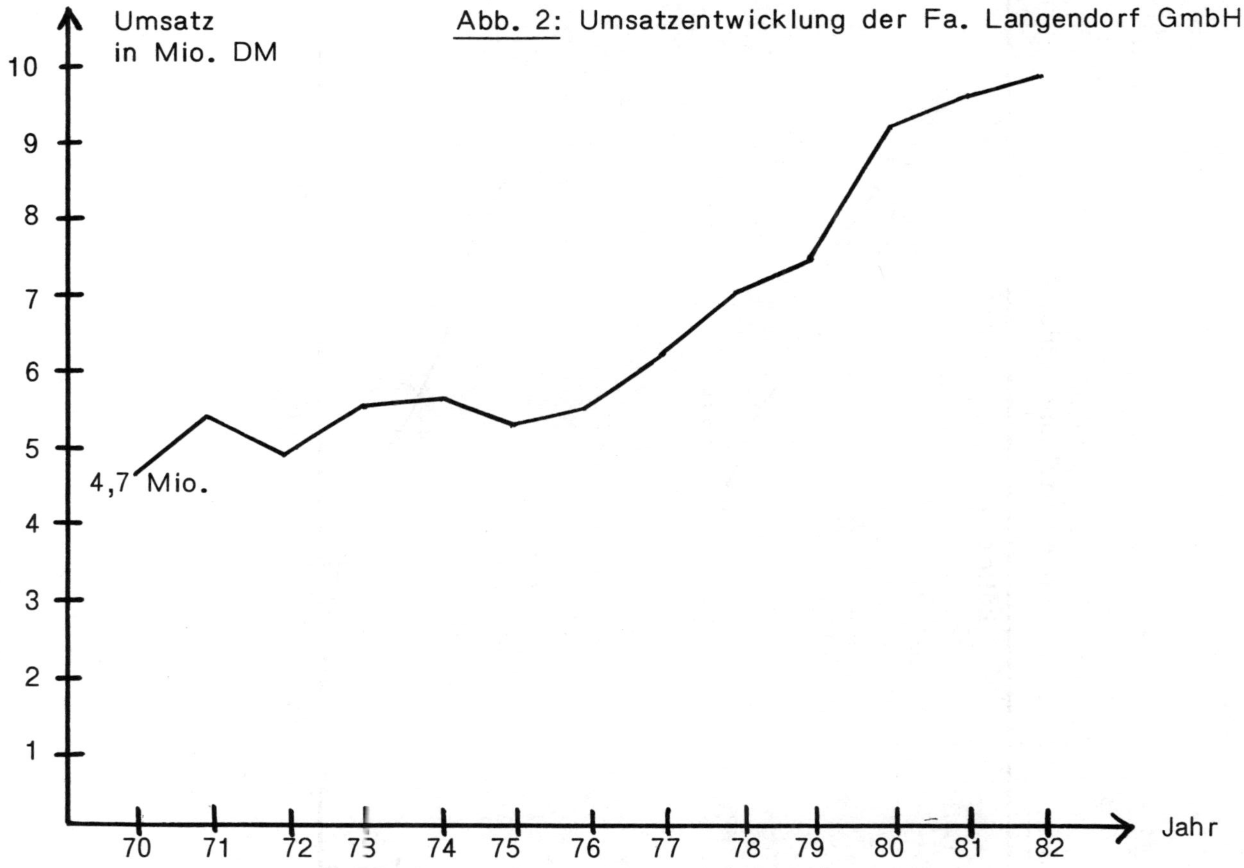

Abb. 3 a: Wachstum von Kapital und Leistung

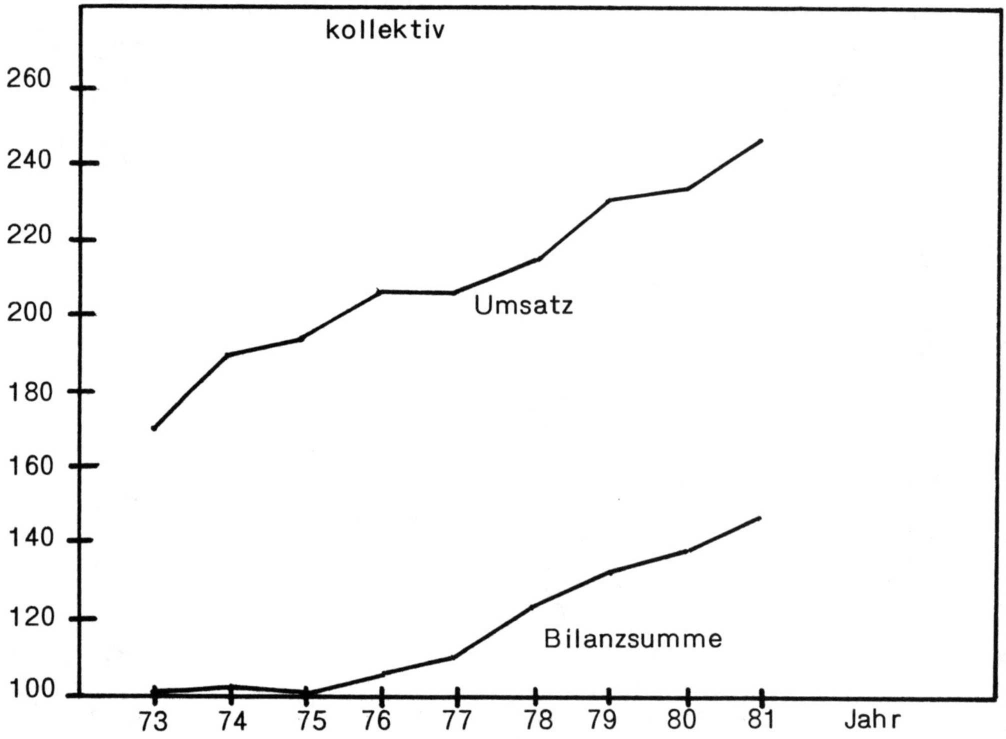

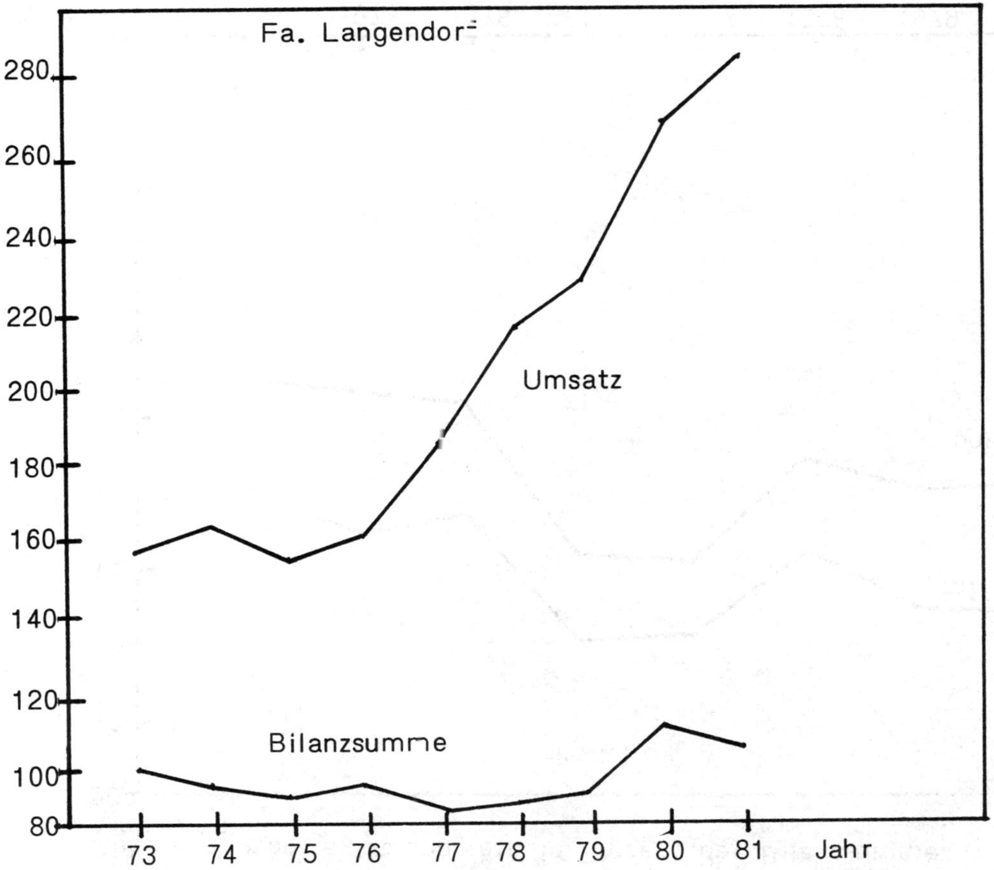

Abb. 3 b: Wachstum von Kapital und Leistung

Abb. 4 a: Kapitalnutzungsrate in Prozent der Bilanzsumme

Abb. 4 b: Kapitalnutzungsrate in Prozent der Bilanzsumme

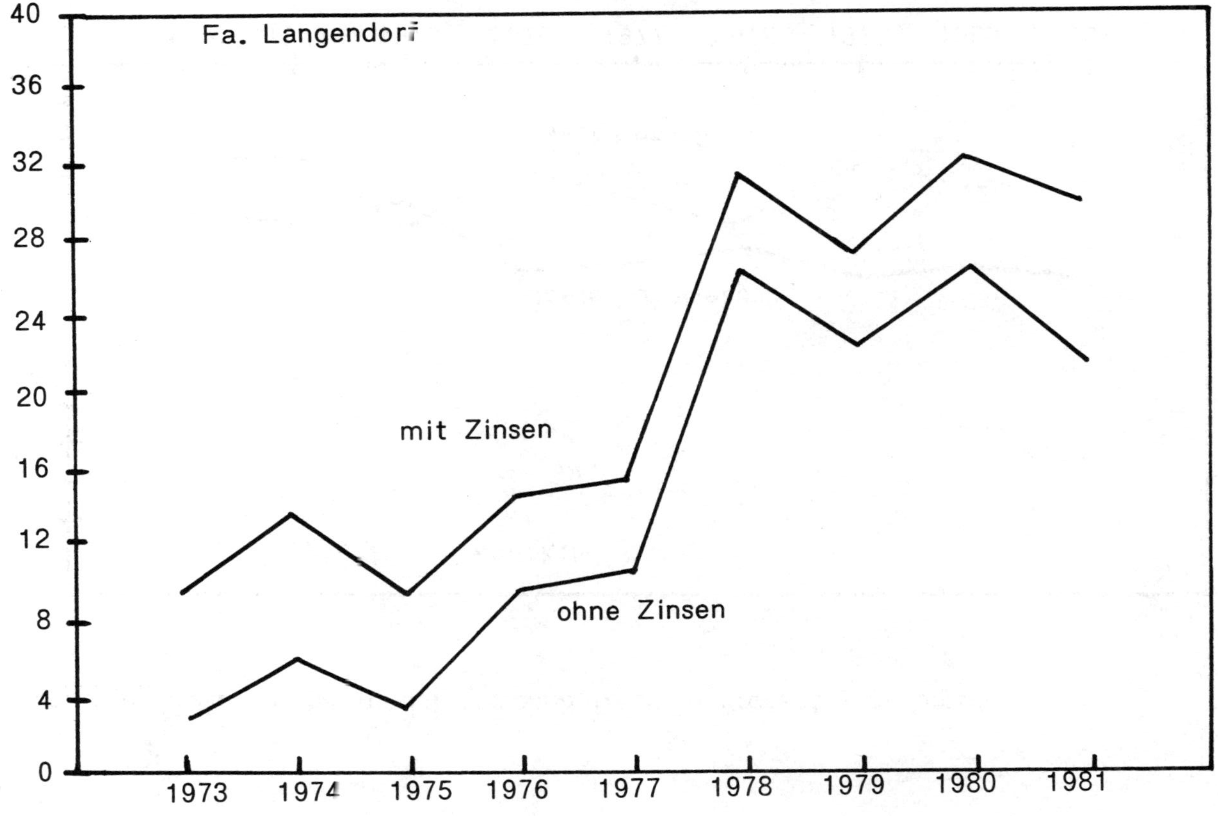

Abb. 5 a: Investitions- und Überschußniveau in Prozent vom Umsatz

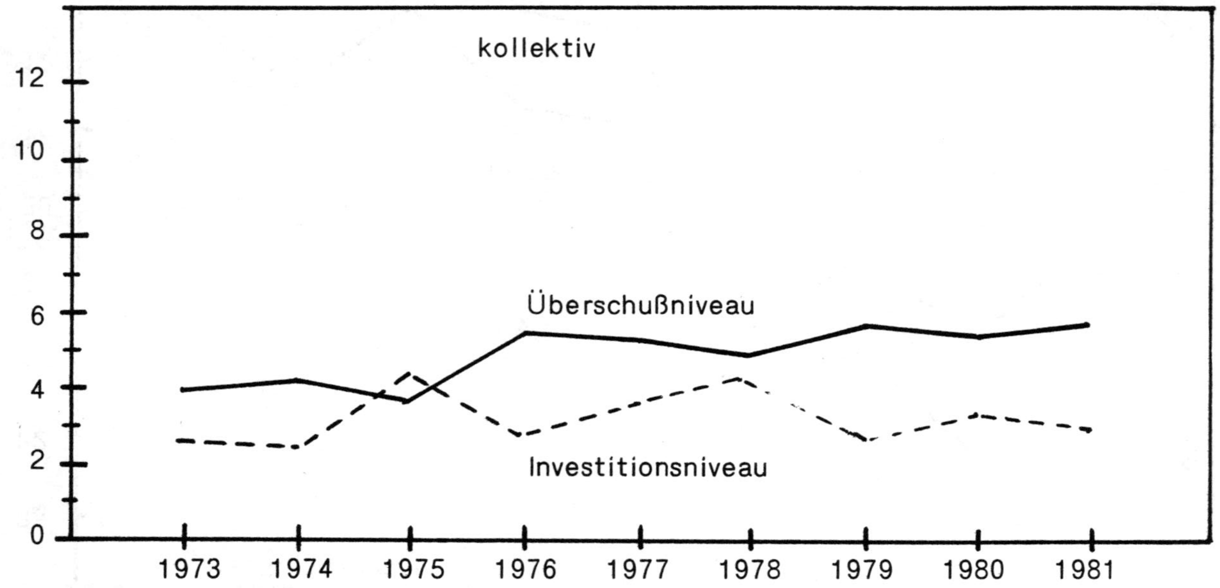

Abb. 5 b: Investitions- und Überschußniveau in Prozent vom Umsatz

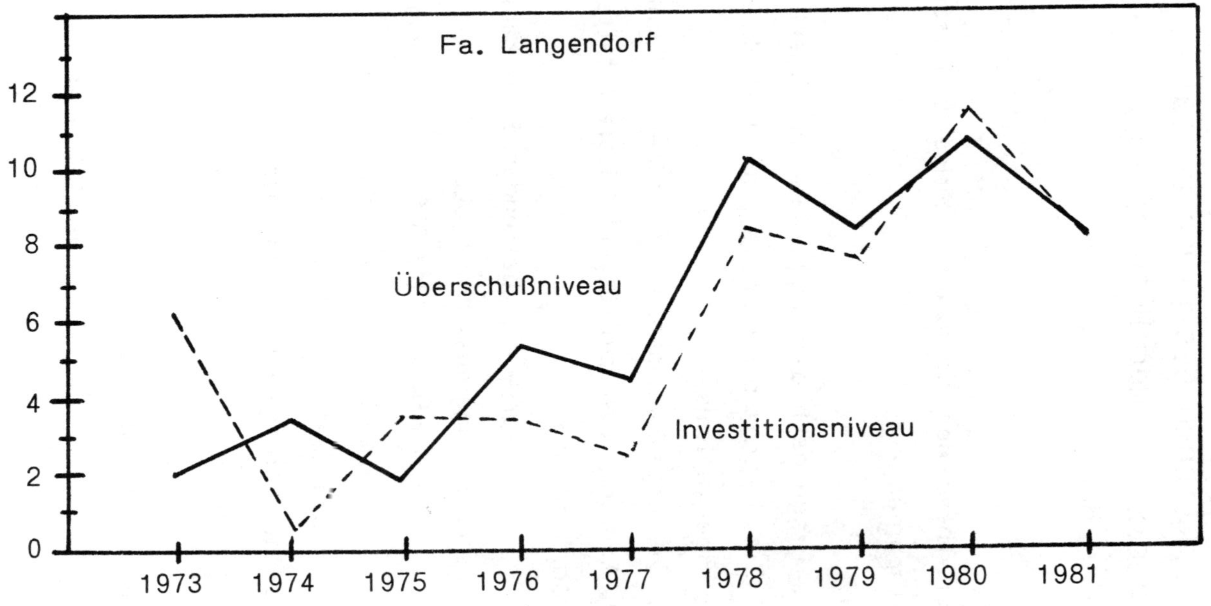

Dr. Karl Gerhard Schmidt

Die Funktionen des Eigenkapitals aus der Sicht der Unternehmungen und der Banken

A. Zur These der finanziellen Krise bundesdeutscher Unternehmungen

B. Die Frage nach dem angemessenen Eigenkapital

I. Zur Begriffsbestimmung und Charakterisierung des Eigenkapitals

II. Die Eigenkapitalausstattung der Unternehmungen

III. Anmerkungen zur Eigenkapitalausstattung von Kreditinstituten

1. Der Begriff des haftenden Eigenkapitals

2. Die Angemessenheit des haftenden Eigenkapitals im Lichte des KWG und der vom Bundesaufsichtsamt für das Kreditwesen aufgestellten Grundsätze

IV. Finanzierungsregeln im Urteil von Theorie und Praxis

C. Die Funktionen des Eigenkapitals

I. Das Prinzip der risikoentsprechenden Finanzierung

II. Das Eigenkapital als Schutz in Krisenzeiten

III. Das Eigenkapital zur Sicherung der Unabhängigkeit

A. Zur These der finanziellen Krise bundesdeutscher Unternehmungen

Die deutsche Wirtschaft ist in den letzten Jahren einem starken Anstieg von Insolvenzen ausgesetzt. Das Jahr 1982 wurde mit der bisher höchsten Anzahl von Insolvenzen in der Geschichte der Bundesrepublik Deutschland abgeschlossen. Von den insgesamt 11.916 Unternehmungsinsolvenzen betrafen nach Angaben des Statistischen Bundesamtes 2.393 Fälle das verarbeitende Gewerbe (+ 30,5 % gegenüber 1981), 2.726 Fälle das Baugewerbe (+ 40,4 % gegenüber 1981), 3.110 Fälle den Handel (+ 43,8 % gegenüber 1981) und 2.855 Fälle den Dienstleistungsbereich (+ 46,4 % gegenüber 1981). Gegenüber dem Vorjahr ist das eine Steigerung von ca. 40 % der Unternehmungsinsolvenzen. (1)

Statistisch betrachtet läßt sich aufgrund dieser traurigen Entwicklung eine enge Korrelation zwischen der verminderten Eigenkapitalausstattung der Unternehmungen und der Anzahl der Insolvenzen feststellen. Auch Untersuchungen von Handelsauskunfteien haben ergeben, daß neben Managementschwächen der Eigenkapitalmangel als häufigste Konkursursache genannt wird. (2)

Bei einer Insolvenzanalyse aus dem Institut für Mittelstandsforschung wurde deutlich, daß bei 80,3 % der untersuchten Unternehmungen die Ursachen für den Zusammenbruch im Finanzbereich lagen. Innerhalb des Finanzbereichs wiederum ist der Eigenkapitalmangel als Einzelursache am häufigsten. (3)

In der gegenwärtigen Situation steigt das allgemeine wirtschaftliche Risiko der Unternehmungen, demgegenüber sinkt das Eigenkapital. Mit zunehmendem Verschuldungsgrad sind die potentiellen Insolvenzgefahren um so höher,

---

1) Vgl. zu diesen Angaben o. V., Insolvenzen, (Süddeutsche Zeitung Nr. 33/1983), S. 23.

2) Vgl. Schimmelpfeng, Konkursursachen (1977), S. 81.

3) Vgl. Reske, W./Brandenburg, A./Mortsiefer, H.-J., Insolvenzursachen (1978), S. 105.

je stärker die Unsicherheit der zukünftigen Ertragskraft der Unternehmung zunimmt. Die vertikale Eigenkapitalquote, die im Durchschnitt heute wohl unter 20 % liegt, läßt das Durchhaltevermögen mancher Unternehmung und vielleicht sogar ganzer Wirtschaftsbereiche fraglich erscheinen.

Hinzu kommt: der Kapitalbedarf für zukunftsorientierte Umstrukturierungsmaßnahmen wird künftig viel höher sein als bisher. Sicherlich ist es nicht übertrieben zu behaupten, daß in einzelnen Unternehmungen das Fremdkapital begonnen hat, eigenkapitalähnliche Funktionen wahrzunehmen. Eine Entwicklung, die nicht nur gefährlich für die jeweilige Unternehmung ist, sondern auch die Risiken der Banken und Lieferanten beträchtlich erhöht. (1)

B. Die Frage nach dem angemessenen Eigenkapital

I. Zur Begriffsbestimmung und Charakterisierung des Eigenkapitals

Die Frage nach dem angemessenen Eigenkapital und der Einhaltung von Finanzierungsregeln geht von der modelltheoretisch sinnvollen Annahme aus, daß eine eindeutige Trennung zwischen Eigenkapital und Fremdkapital möglich ist. In der Praxis haben sich heute allerdings Zwischenformen herausgebildet. Beispielhaft seien an dieser Stelle nur die eigenkapitalähnlichen Formen der Fremdfinanzierung, wie das partiarische Darlehen oder die Gesellschafterdarlehen genannt. Als Beispiele für fremdkapitalähnliche Formen der Eigenfinanzierung seien die Ausgabe von Genußscheinen und die Kommanditeinlagen von Kapitalbeteiligungsgesellschaften angesprochen. (2)

Die aus unversteuerten Gewinnen gebildeten Rücklagen sollten nicht zu 100 % dem Eigenkapital zugerechnet werden.

Bei der Berechnung des Eigenkapitals wird oft auch auf

---

1) Vgl. Büschgen, H. E., Banken, (ZfB 1982), S. 9.
2) Vgl. u. a. Albach, H., Finanzierungsregeln (1980), S. 415.

die nicht erkennbaren "stillen Reserven" verwiesen. Hiervor muß allerdings gewarnt werden, denn "stille Reserven" sind meist nur so lange vorhanden, wie sie nicht realisiert werden müssen. Verkaufsbemühungen für Anlagegüter in Notsituationen schlagen oft fehl oder führen zu enttäuschenden Erlösen.

Je nachdem, ob die oben angesprochenen Mischformen und Übergangsformen dem Eigenkapital oder dem Fremdkapital zugerechnet werden, ergeben sich naturgemäß andere Aussagen über die Kapitalstruktur der Unternehmungen.

Gutenberg spricht "von Eigenkapital, wenn die Kapitalgeber rechtlich die Stellung von Eigentümern haben, und von Fremdkapital, wenn die Geldgeber dem Unternehmen als Gläubiger gegenüberstehen". (1) Im folgenden seien die vier Kriterien genannt, die in der Literatur zur Abgrenzung des Eigenkapitals vom Fremdkapital als dominant herausgestellt werden: (2)

- die nachrangige Befriedigung im Konkursfall
- die erfolgsabhängige Kapitalvergütung
- die Mitwirkung bei der Geschäftsführung und
- die Dauer der Kapitalüberlassung.

Auch im Bankwesen spielt der Begriff des "haftenden Eigenkapitals" eine zentrale Rolle. Das haftende Eigenkapital ist im Kreditwesengesetz § 10 Abs. 2 definiert. Wir werden darauf noch zurückkommen.

Anzumerken sei noch, daß das Eigenkapital nur einen Teilaspekt darstellt, wenn wir ein Unternehmen beurteilen wollen. Es sagt nichts aus über die technische und organisatorische Verfassung eines Unternehmens, auch nichts über seine Stellung im Markt. All das ist jedoch entscheidend für die Existenzfähigkeit eines Unternehmens.

---

1) Vgl. Gutenberg, E., Finanzen (1975), S. 128.

2) Vgl. z. B. von Arnim, B., Eigenkapital (1976), Sp. 285 ff.; von Köppen, J., Eigenkapital (1966), S. 39.

II. Die Eigenkapitalausstattung der Unternehmungen

Vorab sei angemerkt, daß es eine grundlegende Untersuchung über die Eigenkapitalausstattung deutscher Unternehmungen nicht gibt. Eine generalisierende Aussage ist somit kaum zu treffen. Jede Untersuchung, an dieser Stelle seien nur die Untersuchungen der Deutschen Bundesbank, der Creditreform, der Kreditanstalt für Wiederaufbau, der Industriekreditbank und die Berechnungen unseres Betriebswirtschaftlichen Forschungszentrums genannt, bezieht sich auf Teilbereiche. (1) Hiervon werden Entwicklungen und Tendenzen abgeleitet, um generelle Aussagen zur Eigenkapitalausstattung zu treffen.

Aus den verschiedenen Untersuchungen und Veröffentlichungen geht eindeutig hervor, daß die Eigenkapitalausstattung der deutschen Unternehmungen seit den 50er Jahren ständig zurückgegangen ist. So ergeben z. B. die Daten aus einer von der Deutschen Bundesbank vorgenommenen Bilanzanalyse der Jahresabschlüsse von Unternehmungen, daß sich die vertikale Eigenkapitalquote von 30 % im Jahre 1965 auf 21 % im Jahre 1979 verringerte. Aufgegliedert nach Wirtschaftsbereichen läßt sich feststellen, daß das verarbeitende Gewerbe im Jahre 1979 mit einer vertikalen Eigenkapitalquote von 25,5 % noch wesentlich besser mit Eigenkapital ausgestattet ist, als der Einzelhandel und der Großhandel, deren Eigenkapitalquote sich bei 17 % einpendelte. Das Baugewerbe weist die erschreckend niedrige vertikale Eigenkapitalquote von 7 % auf. (2)

Auch im internationalen Vergleich schneiden die bundesdeutschen Unternehmungen nicht gerade günstig ab. Obwohl die Aussagekraft solcher Finanzierungsvergleiche aufgrund unterschiedlicher Bewertungsmethoden, Bilanzierungsgrundsätze und Abschreibungsmodalitäten in den verschiedenen Ländern begrenzt ist, bleibt festzuhalten,

1) Vgl. hierzu die ausführlichen Angaben in Wossidlo, P. R./Arnold, W./Ruda, W., 1. Zwischenbericht (1982).

2) Vgl. ausführlicher Wossidlo, P. R., Finanzielle Führung, (BFuP 1982). S. 448.

daß die Eigenkapitalausstattung z. B. in den USA und in Großbritannien bedeutend höher ist als in der Bundesrepublik Deutschland. (1)

In jeder Unternehmung ist das Vorhandensein von Eigenkapital in ausreichender Höhe die Basis allen unternehmerischen Handelns. Der Sachverständigenrat hat wiederholt darauf hingewiesen, daß zur Wiederbelebung der Innovations- und Investitionsbereitschaft bei steigenden Investitionsrisiken eine bessere Ausstattung mit Eigenkapital erforderlich ist. (2) Aber nicht nur für die Entwicklung neuer Produkte sind Eigenmittel notwendig, sondern auch um diese marktreif zu machen und sie schließlich im Markt durchzusetzen.

Angesichts der Wachstumsnotwendigkeit sowie eines beschleunigten Strukturwandels wird der Gesichtspunkt des Eigenkapitals zunehmend wichtiger. Je innovativer und somit je risikoreicher Investitionen sind, desto höher muß der Eigenkapitalanteil sein. Im Falle eines Mißerfolges einer Innovation laufen bei hoher Fremdfinanzierung die Zinsen und die Tilgungen für die Unternehmung weiter. Dies kann schicksalhafte Konsequenzen nach sich ziehen.(3)

Rein rechnerisch gesehen führt die Abnahme des Eigenkapitals zunächst zu einer Verbesserung der Eigenkapitalrendite, solange der Fremdkapitalzins unter der Gesamtkapitalrendite bleibt. Dem "Leverage Effekt" sind jedoch Grenzen gesetzt. Eine hohe Verschuldungsrate macht konjunkturanfälliger. Gerade die letzte Phase hoher Zinsen hat deutlich vor Augen geführt, wie gefährlich es für die Unternehmungen ist, sich überwiegend mit Bankkrediten zu finanzieren. Mit steigender Zinsbelastung geraten diese Unternehmungen schnell in Ertragsnöte und in Zahlungsschwierigkeiten.

Für die Angemessenheit der Eigenkapitalausstattung einer

---

1) Vgl. u. a. Fritsch, U., Eigenkapitallücke (1981), S. 28.
2) Vgl. Sachverständigenrat, Investieren (1981), S. 47 f.
3) Vgl. z. B. Arnold, W./Ruda, W., Finanzierungsformen (Mittelstand und Betriebswirtschaft 1983), S. 8 f.

Unternehmung gibt es keine starren Grundsätze, wohl aber Erfahrungsregeln.

Als Kriterien zur Beurteilung der Eigenkapitalausstattung können angesehen werden: (1)

- die Unternehmensgröße
- die Rechtsform
- der Wirtschaftsbereich
- das Risikoverhalten des Managements
- die Gewinnbeteiligungsansprüche und
- die Beachtung von Finanzierungsregeln.

So soll z. B. nach der goldenen Bilanzregel das Anlagevermögen mit Eigenkapital finanziert werden, weil hier das Investitionsrisiko aufgrund der längeren Amortisationsdauer am stärksten ausgeprägt ist. Wird die wünschenswerte Eigenkapitalausstattung wesentlich unterschritten, so verengt sich der unternehmerische Handlungsspielraum. Die Möglichkeit, neue Vorhaben mit zusätzlichem Fremdkapital zu finanzieren, nimmt ebenso ab wie die Bereitschaft zum Innovations- und Investitionsrisiko.

III. Anmerkungen zur Eigenkapitalausstattung von Kreditinstituten

Wenn wir der Frage nach der Angemessenheit der Eigenkapitalausstattung nachgehen und uns hierbei den Kreditinstituten zuwenden, so stoßen wir auf einige markante Bestimmungen des Kreditwesengesetzes.

Der § 10 des Kreditwesengesetzes (Eigenkapitalausstattung) beginnt: "Die Kreditinstitute müssen im Interesse der Erfüllung ihrer Verpflichtungen gegenüber ihren Gläubigern, insbesondere zur Sicherheit der ihnen anvertrauten Vermögenswerte ein angemessenes haftendes Eigenkapital haben. Das Bundesaufsichtsamt stellt im Einvernehmen mit der Deutschen Bundesbank Grundsätze auf, nach denen es für den Regelfall beurteilt, ob die Anforderungen des Satzes 1 erfüllt sind; ...".

---

1) Vgl. z. B. von Köppen, J., Eigenkapital (1966), S. 255.

Wenn das KWG die Erfüllung der Verpflichtungen gegenüber den Gläubigern, also den Schutz der Einleger, als Hauptfunktion des Eigenkapitals benennt, so ist das nur zu unterstreichen. Das KWG spricht davon, daß das Eigenkapital angemessen zu sein hat, wobei der Begriff "haftendes Eigenkapital" gebraucht wird. Im folgenden wird zunächst dieser Begriff erläutert. Danach wird die Frage der Angemessenheit des haftenden Eigenkapitals unter verschiedenen Aspekten behandelt, wobei wir uns an den Bestimmungen des KWG und den vom Bundesaufsichtsamt für das Kreditwesen festgelegten Grundsätzen orientieren.

1. Der Begriff des haftenden Eigenkapitals

Das KWG (§ 10 Abs. 2 Ziffern 1 - 6) definiert das haftende Eigenkapital im großen und ganzen als bilanzielles Eigenkapital. Hierbei wird selbstverständlich nur das eingezahlte Geschäftskapital berücksichtigt, Aktiv-Positionen werden abgezogen, Gewinne werden hinzugerechnet, soweit die Zuweisung zum Eigenkapital beschlossen ist, entstandene Verluste werden ebenfalls abgezogen. Maßgebend für die Bemessung ist die letzte festgestellte Bilanz.

Das haftende Eigenkapital unterscheidet sich vom bilanziellen Eigenkapital dadurch, daß in zwei Fällen die Haftungsverhältnisse in die Berechnung einbezogen werden, und zwar bei den Privatbankiers und bei den Kreditgenossenschaften. Die Privatbankiers können sogenanntes freies Vermögen nachweisen, das dann auf Antrag in einem vom Bundesaufsichtsamt zu bestimmenden Umfang als haftendes Eigenkapital berücksichtigt werden kann. Bei eingetragenen Genossenschaften kann ein Zuschlag festgesetzt werden, welcher der Haftsummenverpflichtung der Genossen Rechnung trägt.

Vom Eigenkapital als solchem unterscheidet sich das haftende Eigenkapital des KWG insofern, als beim haftenden Eigenkapital stille Reserven nicht berücksichtigt werden.

2. Die Angemessenheit des haftenden Eigenkapitals im Lichte des KWG und der vom Bundesaufsichtsamt für das Kreditwesen aufgestellten Grundsätze

a) Die wichtigste Funktion des Eigenkapitals formuliert § 10 des KWG folgendermaßen: "Die Kreditinstitute müssen im Interesse der Erfüllung ihrer Verpflichtungen gegenüber ihren Gläubigern, insbes. zur Sicherung der ihnen anvertrauten Vermögenswerte, ein angemessenes haftendes Eigenkapital haben."

Das Bundesaufsichtsamt hat im übrigen auch Mindestbeträge für das Eigenkapital von Kreditinstituten festgelegt, und zwar DM 6 Mio., was allerdings unseres Wissens nicht für Sparkassen und Kreditgenossenschaften gilt. Für Hypothekenbanken ist ein Mindestkapital von DM 8 Mio. gefordert.

b) Das KWG spricht aber auch die Finanzierungsfunktion des Eigenkapitals an. § 12 bestimmt, daß die "dauernden Anlagen" eines Kreditinstitutes, nämlich das Anlagevermögen, nach den Buchwerten gerechnet, das haftende Eigenkapital nicht übersteigen dürfen. Das KWG folgt hier also der klassischen Finanzierungsregel. Auch wenn nach dem Gesetz Ausnahmen zugelassen werden können, ist uns persönlich kein Fall konkret bekannt.

c) Das Bundesaufsichtsamt für das Kreditwesen hat vier Grundsätze über das Eigenkapital und die Liquidität der Kreditinstitute aufgestellt. Grundsatz II und Grundsatz III behandeln die Liquidität der Kreditinstitute, was uns in unserem Zusammenhang nicht weiter interessieren soll. Grundsatz Ia befaßt sich mit den offenen Devisenpositionen, die, unabhängig von ihrer Fälligkeit, täglich bei Geschäftsschluß 30 % des haftenden Eigenkapitals nicht übersteigen dürfen. Auch dieser Grundsatz, der nach dem Skandal um die Herstatt-Bank eingeführt wurde, soll uns hier nicht näher interessieren.

Wir wollen uns ausschließlich dem Grundsatz I zuwenden: Hiernach sollen die Kredite und Beteiligungen eines Kreditinstitutes das 18fache des haftenden Eigenkapitals nicht übersteigen.

Wie das Bundesaufsichtsamt im einzelnen die Kredite definiert, damit wollen wir uns jetzt nicht aufhalten. Um so deutlicher müssen wir aber darauf hinweisen, welche große Bedeutung dieser Grundsatz I für die Geschäftspolitik des einzelnen Kreditinstitutes hat:
Die Kreditinstitute werden gezwungen, ihr haftendes Eigenkapital dem steigenden Kreditgeschäft, auch wenn diese Steigerung nur inflationsbedingt ist, anzupassen und im Kreditgeschäft nicht nur die Qualität des einzelnen Engagements zu beachten, sondern auch dafür Sorge zu tragen, daß die Quantitäten den Rahmen dieses Grundsatzes nicht sprengen. Die Relationen zwischen Geschäftsumfang und Eigenkapital müssen also gewahrt bleiben.

Vielleicht hat es prima vista den Anschein der Willkür, wenn festgelegt ist, daß die Kredite das 18fache des haftenden Eigenkapitals nicht überschreiten dürfen. Nach der Erfahrung hat sich diese Festlegung jedoch als angemessen erwiesen.

Diese Begrenzung übt einen heilsamen Zwang auf die Kreditinstitute aus. Überschreitet nämlich ein Kreditinstitut die in den Grundsätzen festgelegten Grenzen nicht nur geringfügig oder wiederholt, so ist in der Regel die Vermutung begründet, daß das Kreditinstitut nicht über das erforderliche Eigenkapital verfügt. Die Möglichkeiten des Bundesaufsichtsamts, die "Grundsätze" durchzusetzen, sind im übrigen vielfältig und nachhaltig.

Der Grundsatz I sollte bei den Kreditinstituten auch den Blick dafür schärfen, daß auch in anderen Wirtschaftszweigen, daß in allen Unternehmungen, die Eigenmittel in einer angemessenen Relation zum Geschäftsumfang eines Unternehmens stehen müssen.

d) Wenn im Kreditgrundsatz I des Bundesaufsichtsamtes die Kredithergabe der Kreditinstitute auf das 18fache des haftenden Eigenkapitals begrenzt wird, so legt § 13

des KWG Obergrenzen für den einzelnen Kredit fest bzw. erläßt Meldevorschriften.
So sind Kredite an einen Kreditnehmer, die insgesamt 15 % des haftenden Eigenkapitals des Kreditinstitutes übersteigen, unverzüglich der Deutschen Bundesbank anzuzeigen. Die fünf größten Großkredite eines Kreditinstitutes dürfen das 3fache, alle Großkredite zusammen dürfen das 8fache des haftenden Eigenkapitals nicht übersteigen. Der einzelne Großkredit darf 75 % des haftenden Eigenkapitals des Kreditinstitutes ebenfalls nicht übersteigen.

Mit diesen Regelungen will der Gesetzgeber dafür sorgen, daß das Risiko des Kreditgeschäftes der Banken breit gestreut wird und eine bestimmte Größe im Einzelfall nicht überschreitet. Diese Vorschriften wurden wesentlich umgestaltet, nachdem bei der Mehrzahl früherer Bankinsolvenzen der Ausfall von Großkrediten eine entscheidende Rolle gespielt hatte.

IV. Finanzierungsregeln im Urteil von Theorie und Praxis

Das Handeln der Banken wird durch Einwirkungen aus dem gesellschaftlichen, ökonomischen, rechtlichen und technologischen Umfeld beeinflußt. Angesichts des Ausmaßes und der Schnelligkeit, mit der die externe und interne Komplexität ständig zunimmt, stellt sich den Banken die Aufgabe, diejenigen Umweltfaktoren zu erkennen und in ihrer Wirkungsrichtung und -intensität zu beurteilen, die für den Erfolg einer Unternehmung bedeutungsvoll sind. (1)

Finanzierungsregeln sollen hier eine gewisse Orientierung geben; bei ihrer Anwendung wird allerdings oft übersehen, daß diese Regeln in ihrer Formalisierung als Kennziffern statischen Charakter aufweisen und somit die Dynamik der Prozesse im Unternehmen nicht realitätsgerecht abzubilden vermögen.

Bei den Finanzierungsregeln handelt es sich um Grundsätze, die in der Theorie und Praxis entwickelt wurden. Man

1) Vgl. Büschgen, H. E., Banken, (ZfB 1982), S. 3.

kann sie deshalb auch als "Grundsätze für die Wahl der Finanzierungsmittel zur Befriedigung eines gegebenen Kapitalbedarfs, als Normen für die Kapitalbeschaffung unter bestimmten Gesichtspunkten" (1) bezeichnen.

Im wesentlichen lassen sich zwei Gruppen unterscheiden:

- auf der einen Seite die vertikalen Finanzierungsregeln, die Aussagen über die Kapitalstruktur treffen und
- auf der anderen Seite die horizontalen Finanzierungsregeln, die Beziehungen zwischen der Kapitalüberlassung und der Kapitalverwendung herstellen.

Neben der sogenannten goldenen Finanzierungsregel, nach der das Anlagevermögen mit Eigenkapital finanziert sein soll, sollen noch einige weitere Beispiele für Strukturregeln angeführt werden: (2)

$$\text{Fremdkapitaldeckung} = \frac{\text{Eigenkapital}}{\text{Verbindlichkeiten}}$$

$$\text{Working-capital-Relation} = \frac{\text{kurzfristige Forderungen}}{\text{kurzfristige Verbindlichkeiten}}$$

$$\text{Eigenkapitalintensität} = \frac{\text{Eigenkapital}}{\text{Umsatz}}$$

$$\text{Dauer der Kapitalbindung} = \frac{\text{Debitoren}}{\text{Umsatz}}$$

Grundsätzlich verfolgen die Finanzierungsregeln zwei Zwecke:

- der Unternehmung dienen sie intern als Richtschnur für Finanzierungsentscheidungen und
- Außenstehenden, insbesondere Kreditgebern, dienen sie zur Beurteilung der finanziellen Lage und Kreditfähigkeit der Unternehmung.

---

1) Härle, D., Finanzierungsregeln (1970), S. 89.

2) Vgl. unter vielen Büschgen, H. E., Finanzwirtschaft (1979), S. 246.

Die Finanzierungsregeln informieren schnell, knapp und überschaubar über die finanzwirtschaftliche Lage einer Unternehmung. Allerdings sollten sich Kapitalnehmer und Kapitalgeber der Grenzen der Aussagefähigkeit bewußt sein. Deshalb beurteilen die Unternehmungen und die Kapitalgeber die Kapitalstruktur einer Unternehmung nicht anhand einer einzigen Finanzierungsregel. Grundsätzlich werden ganze Systeme solcher Regeln in ihren Veränderungen fortlaufend beobachtet. (1)

Der Diskussionsstand in Theorie und Praxis läßt sich dahingehend zusammenfassen, daß eine starre Norm heute nicht mehr gefordert wird. Es erfolgt vielmehr eine elastische Handhabung. Die Vorstellung von einer gesunden Kapitalstruktur hat sich in der deutschen Wirtschaft durch den ständigen Eigenkapitalrückgang leider zwangsläufig verwässert.

C. Die Funktionen des Eigenkapitals

Die Funktionen des Eigenkapitals sind in der betriebswirtschaftlichen Literatur (2) schon vielfach behandelt worden. Hierbei wird deutlich, daß die verschiedenen Autoren im großen und ganzen übereinstimmende Funktionen herausarbeiten. Im folgenden werden sechs Funktionen des Eigenkapitals näher untersucht. Gewisse Überschneidungen zwischen den einzelnen Funktionen lassen sich nicht vermeiden. Dies ist jedoch in Kauf zu nehmen, damit wir einen möglichst vollständigen Eindruck von der Vielfältigkeit der Funktionen des Eigenkapitals gewinnen.

Im einzelnen hat das Eigenkapital folgende Funktionen zu erfüllen:

1. Funktion der risikoentsprechenden Finanzierung
2. Schutzfunktion in Krisenzeiten

---

1) Vgl. z. B. Albach, H., Finanzierungsregeln (1980), S. 398.

2) Vgl. hierzu stellvertretend für viele Vormbaum, H., Finanzierung (1981), S. 33 ff.; Sonnentag, H., Eigenkapital (1982), S. 40 ff.

3. Funktion zur Sicherung der Unabhängigkeit
4. Maßstab für die Gewinn- und Verlustzuweisung
5. Haftungs- und Garantiefunktion
6. Funktion der Schaffung von Vertrauen.

I. Das Prinzip der risikoentsprechenden Finanzierung

Investitionen im Umweltschutzbereich und im Energiebereich werden zukünftig noch wesentlich mehr als bisher Kapital erfordern, das zum Großteil in Form von Risikokapital aufgebracht werden muß. Ganz allgemein stellen risikoreiche Projekte mit einer schwierigen Markteinschätzung hohe Anforderungen an die Finanzierung. Ausgehend von der Überlegung, daß das Fremdkapital nur zur Finanzierung von überschaubaren und ihrem Umfang nach begrenzten Risiken eingesetzt werden sollte, müssen die mit hohem Risiko verbundenen Projekte aus eigenen Mitteln finanziert werden. (1) Die fortschrittsbezogene Funktion des Eigenkapitals als die Grundlage für die Risikobereitschaft der Unternehmung gewinnt zunehmend an Gewicht.

Das Eigenkapital kann größeren Wagnissen ausgesetzt werden. Dies läßt sich einerseits ableiten aus dem Sicherheitsinteresse der Gläubiger und andererseits aus dem Streben der Kapitalgeber nach einer Risikoprämie in Gestalt des Gewinns. Das unternehmerische Risiko sollte möglichst nicht zu den Gläubigern durchschlagen. Hieraus erwächst die Forderung, daß Investitionen, je risikoreicher sie sind, desto höher mit Eigenkapital finanziert sein müssen. (2)

II. Das Eigenkapital als Schutz in Krisenzeiten

Eigenkapital bedeutet Sicherheit, denn nur mit einer ausreichenden Eigenkapitalbasis kann die Unternehmung auch Rezessions- oder Stagnationsphasen unbeschadet überstehen. Die Unbedingtheit der Zins- und Tilgungszahlungen für Kredite führt zu einer hohen und festen Kostenbela-

---

1) Vgl. Bering, R., Deckungsstockfähigkeit, (ZfB 1975), S.38.
2) Vgl. Egger, A., Problematik, (JfB 1977), S. 139 f.

stung. Das Eigenkapital ist liquiditätsschonend, weil es in mageren Zeiten nicht unbedingt mit Gewinnausschüttung bedient werden muß. (1) Eine hohe Fremdkapitalaufnahme bedeutet gerade in Hochzinsphasen eine erhebliche Beeinträchtigung der Kostensituation, eine Belastung der Kalkulation und damit eine Minderung der Konkurrenzfähigkeit. Je niedriger also die Belastung durch Fremdkapitalzinsen, desto flexibler ist die Kalkulation einer Unternehmung, desto besser ist auch die Zahlungsfähigkeit, was wiederum die Ertragslage verbessert (Skontoeinnahmen!).

III. Das Eigenkapital zur Sicherung der Unabhängigkeit

Der Einfluß des Eigenkapitalgebers auf die Geschäftsführung wird gemeinhin auch mit der Herrschaftsfunktion des Eigenkapitals umschrieben. Der Eigenkapitalgeber bestimmt grundsätzlich alle Fragen der Geschäftsführung mit. Eigenkapital bedeutet Unabhängigkeit von Kreditgebern und von Lieferanten. Es erweitert die Dispositionsfreiheit des Unternehmers hinsichtlich aller Entscheidungen. (2)

Vom Eigenkapital gehen grundsätzlich keine Störungen der Zahlungsströme aus. Dies gewährleistet die Unabhängigkeit der Unternehmung.

Bei einem hohen Fremdkapitalanteil besteht die Gefahr der unerwünschten Einflußnahme der Kreditgeber auf die unternehmerische Autonomie des Kreditnehmers. Fremdkapitalgeber können dann eine Machtposition erlangen, welche sich in der Geschäftspolitik der Unternehmungsführung niederschlägt, wenn es sich z. B. um Banken handelt, deren Kreditbereitstellung die Existenz der Unternehmung sichert.

IV. Das Eigenkapital als Maßstab für die Gewinn- und Verlustzuweisung

Während der Kreditlaufzeit hat die Bank als Fremdkapi-

---

1) Vgl. Wossidlo, P. R., Finanzielle Führung, (BFuP 1982), S. 450.
2) Vgl. z. B. Niederste-Ostholt, H., Eigenkapital (1978), S. 11.

talgeber und Gläubiger Anspruch auf eine feste Verzinsung und Anspruch auf Rückzahlung zu einer vereinbarten Zeit. Das Eigenkapital hingegen ist in seiner Verzinsung vom Unternehmungserfolg und vom Gesellschaftsvertrag abhängig. Es stellt somit die Basis für die Gewinnverteilung oder aber die Verlustzuweisung dar. Der Eigenkapitalgeber stellt sein Kapital als Risikoträger der Unternehmung zur Verfügung. Die Risikoübernahme ist als Leistung anzusehen. Die Risikoprämie in Gestalt des Gewinns ist eine der entscheidenden Antriebskräfte zur Eigenkapitalbereitstellung. (1)

V. Die Haftungs- und Garantiefunktion des Eigenkapitals

Zunächst trägt das Eigenkapital etwaige Verluste des Unternehmens. Erst wenn das Eigenkapital aufgezehrt ist, werden die Gläubiger der Unternehmung zur Verlustdekkung herangezogen. Der Fremdkapitalgeber genießt somit im Verhältnis zum Eigenkapitalgeber durch diese Voraushaftungsfunktion des Eigenkapitals größere Sicherheiten. Eigenkapitalgeber und Fremdkapitalgeber überlassen der Unternehmung ihr Kapital also jeweils unter ganz unterschiedlichen Aspekten.

Bei hoher Fremdkapitalaufnahme der Unternehmung wird für die Gläubiger anteilsmäßig die Haftungsfunktion des Eigenkapitals vermindert. In dem Maße, wie mögliche Verluste nicht durch haftendes Eigenkapital abgedeckt werden und das zur Ergänzung herangezogene Fremdkapital faktisch zu einem Risikokapitalersatz wird, vermindert sich der Gläubigerschutz.

VI. Das Eigenkapital als Basis für das Kreditpotential

Ganz allgemein kann gesagt werden, daß die Kreditwürdigkeit mit der Höhe des Eigenkapitals steigt. Als Bestimmungsfaktoren zur Beurteilung der Kreditwürdigkeit seien genannt:

---

1) Vgl. Zahn, J., Finanzierungsproblematik (zfbf 1974), S. 192.

- die allgemeine Wirtschaftslage
- Chancen und Risiken der Unternehmung
- die Ertragslage der Unternehmung
- die Kapitalausstattung
- Sicherheiten.

D. h., je höher der mögliche Kreditgeber das aus dem Verhältnis von Unternehmungsrisiko zur vorhandenen Kapitalstruktur resultierende Kapitalverlustrisiko veranschlagt, um so schwieriger ist es für die Unternehmung, zusätzliche Fremdmittel zu beschaffen. Ein hohes Eigenkapital erhöht die Kreditwürdigkeit und schafft Spielraum für weitere Finanzierungsquellen. (1) Hat die Unternehmung jedoch einen Verschuldungsgrad erreicht, der seitens der möglichen Kreditgeber als unternehmungsgefährdend angesehen wird, so werden zusätzliche Kredite entweder gar nicht mehr oder nur unter erschwerten Bedingungen, wie z. B. der Einräumung von Mitspracherechten, gewährt. Dies kann sich für die Unternehmung besonders dann nachteilig bemerkbar machen, wenn derartige Kredite nur vorübergehend zur Deckung kurzfristig auftretender Zahlungsschwierigkeiten benötigt werden.

D. Schlußbemerkung

In diesem Beitrag wurde versucht, das Eigenkapital der Unternehmungen in seinen verschiedenen Funktionen zu verdeutlichen. Vor allem haben wir herauszuarbeiten versucht, wie wichtig es ist, daß die Unternehmungen mit ausreichendem Eigenkapital ausgestattet sind. Allerdings wurde dabei nicht unterschieden zwischen dem Standpunkt der Unternehmungen und der Sicht der Banken, denn wir meinen, hier sollte es vom Prinzip her keine Unterschiede in der Betrachtung geben.

Vielleicht sollte dennoch mancher Unternehmer den Rat seiner Bank in Finanzierungsfragen ein wenig mehr beachten als in der Vergangenheit. Andererseits denken wir Banker oft zu wenig unternehmerisch. Wir sind weit da-

---

1) Vgl. Gieske, F., Finanzanalyse (1980), S. 522; Schäfer, F., Risikokapital (1978), S. 114.

von entfernt, hier das deutsche Kreditgewerbe anzugreifen, aber es wird manchmal doch etwas kompliziert, wenn Entscheidungen für z. B. mittelständische Kredite, die unternehmerisches und damit risikofreudiges Engagement beinhalten, im Rahmen der Organisation eines großen Bankkonzerns getroffen werden müssen.

Sicherlich spielt auch die allgemeine Tendenz unserer Zeit zur Verbürokratisierung eine Rolle. Auch sind immer weniger Menschen bereit, Verantwortung und Risiko zu tragen.

So möchten wir zum Schluß appellieren:
An die Unternehmer, sich mehr darauf zu besinnen, Unternehmer zu sein, an die Banken, etwas unternehmerischer zu denken und damit unseren Unternehmern verständige Partner zu sein, und schließlich an unsere Anleger, ihr Kapital nicht nur in festverzinsliche Wertpapiere oder in zweifelhafte Abschreibungsgesellschaften zu investieren, sondern auch mittelständischen Unternehmungen zur Verfügung zu stellen.

LITERATURVERZEICHNIS

Albach, H., (Finanzierungsregeln): "Finanzierungsregeln" und Kapitalstruktur der Unternehmung, in: Christians, F. W. (Hrsg.), Finanzierungshandbuch, Wiesbaden 1980, S. 393 - 416.

von Arnim, B., (Eigenkapital): Eigenkapital, in: Büschgen, H. E. (Hrsg.), Handwörterbuch der Finanzwirtschaft, Stuttgart 1976, Sp. 284 - 289.

Arnold, W./Ruda, W., (Finanzierungsformen): Forschungs-Projekt: Alternative Finanzierungsformen mit Haftungskapital für mittelständische Unternehmungen, Mittelstand und Betriebswirtschaft 1983, Band 3, S. 5 - 14.

Bering, R., (Deckungsstockfähigkeit): Prüfung der Dekkungsstockfähigkeit von Industriekrediten durch das Bundesaufsichtsamt für Versicherungswesen, ZfB 1975, S. 25 - 54.

Büschgen, H. E., (Finanzwirtschaft): Grundlagen betrieblicher Finanzwirtschaft, Unternehmensfinanzierung. 2., völlig neu bearbeitete Auflage, Frankfurt/M., 1979.

Büschgen, H. E., (Banken): Banken im sich verändernden Umfeld, ZfB 1982, S. 3 - 26.

Egger, A., (Problematik): Zur Feststellung und Problematik des Verschuldungsgrades, JfB 1977, S. 138 - 153.

Fritsch, U., (Eigenkapitallücke): Die Eigenkapitallücke in der Bundesrepublik, Köln 1981.

Gieske, F., (Finanzanalyse): Finanzanalyse, in: Christians, F. W. (Hrsg.), Finanzierungshandbuch, Wiesbaden 1980, S. 519 - 535.

Gutenberg, E., (Finanzen): Grundlagen der Betriebswirtschaftslehre. 3. Band. Die Finanzen, 7. Auflage, Berlin, Heidelberg, New York 1975.

Härle, P., (Finanzierungsregeln): Finanzierungsregeln und Liquiditätsbeurteilung, in: Janberg, H. (Hrsg.), Finanzierungshandbuch, Wiesbaden 1970, S. 89 - 110.

von Köppen, J., (Eigenkapital): Eigenkapital der Kreditinstitute, Wiesbaden 1966.

Niederste-Ostholt, H., (Eigenkapital): Die Rolle des Kapitalmarktes für Eigenkapital, in: Bruns, G./Häuser, K. (Hrsg.), Eigenkapital und Kapitalmarkt, Frankfurt/Main 1978, S. 9 - 29.

o. V., (Insolvenzen): Ein neuer Nachkriegsrekord an Insolvenzen, Süddeutsche Zeitung Nr. 33 vom 10.02.1983, S. 23.

Reske, W./Brandenburg, A./Mortsiefer, H.-J., (Insolvenzursachen): Insolvenzursachen mittelständischer Betriebe. Eine empirische Analyse, 2. Auflage, Göttingen 1978.

Sachverständigenrat, (Investieren): Investieren für mehr Beschäftigung. Jahresgutachten 1981/82, Stuttgart, Mainz 1981.

Schäfer, M., (Risikokapital): Der Einfluß des Steuersystems auf das Risikokapital und die Investitionsbereitschaft, in: Bruns, G./Häuser, K. (Hrsg.), Eigenkapital und Kapitalmarkt, Frankfurt/Main 1978, S. 109 - 130.

Schimmelpfeng, (Konkursursachen): Ergebnisse der Befragung von Konkursverwaltern über Konkursursachen, in: Schimmelpfeng (Hrsg.), Aktuelle Beiträge über Insolvenzen, 2. erweiterte Auflage, Frankfurt/Main 1977, S. 79 - 86.

Sonnentag, H., (Eigenkapital): Eigenkapital und Wachstum der Kreditinstitute. Eine theoretische und empirische Analyse unter Berücksichtigung des neuen Körperschaftsteuerrechts und aufsichtsrechtlicher Anforderungen, Wiesbaden 1982.

Vormbaum, H., (Finanzierung): Finanzierung der Betriebe, 6. durchgesehene Auflage, Wiesbaden 1981.

Wossidlo, P. R., (Finanzielle Führung): Probleme und Instrumente der finanziellen Führung in mittleren Unternehmungen, BFuP 1982, S. 442 - 456.

Wossidlo, P. R./Arnold, W./Ruda, W., (1. Zwischenbericht): 1. Unveröffentlichter Zwischenbericht zum Forschungsprojekt "Alternative Finanzierungsformen mit Haftungskapital für mittelständische Unternehmungen (Stichwort: Markt des kleinen Eigenkapitals)", Bayreuth 1982.

Zahn, J., (Finanzierungsproblematik): Die Finanzierungsproblematik bei sich verändernden Geldwerten, zfbf 1974, S. 186 - 196.

Dr. Walter Bergerhof

Die Anforderungen mittlerer Unternehmungen an Finanzierungsformen mit Eigenkapital

A. Kennzeichnung der Finanzierungssituation mittlerer Unternehmen

B. Anforderungen mittlerer Unternehmen an die Finanzierung

C. Entwicklungsmöglichkeiten der Mittelstandsfinanzierung in Deutschland

A. Kennzeichnung der Finanzierungssituation mittlerer Unternehmen

Die zunehmende Fremdfinanzierung bietet ganz eminente gesellschaftspolitische Risiken. Die Banken fühlen sich als Unternehmer überfordert. Die Bank ist eine Service-Institution. Sie ist der Mittler zwischen Kapitalgebern aus dem privaten Bereich und der Industrie oder dem mittelständischen Gewerbe. Die Bank ist mit Sicherheit überfordert, wenn sie unternehmerische Entscheidungen praktisch jeden Tag mittragen muß. Ich wundere mich nur über das Selbstverständnis verschiedener Bankfachleute, die über dieses Problem einfach hinweggehen. Es ist vieles im unternehmerischen Bereich sehr schwierig durch Außenstehende zu behandeln. Bankleute sollen sich auf Geldtransfer und die Sicherheiten konzentrieren. Die Leichtigkeit, mit der manchmal Kredite vergeben werden, führt häufig auch ins Abseits. Das ist eine bekannte Tatsache und soll keine Kritik am Bankengewerbe schlechthin sein. Ich möchte nur anregen, daß wir diese Diskussion Bank - Mittelstand etwas entkrampfen.

Unser Problem heute ist, daß wir zu sehr erstarrt sind. Wir sind erstarrt in der Gesetzgebung. Wir sind manchmal auch in unserer ganzen Struktur - die Unternehmer nicht ausgenommen - erstarrt. Das heißt, die flexible Anpassung an Marktmöglichkeiten, wie Herr Dolch sie an einem Beispiel aus den USA dargestellt hat, lassen wir oft vermissen.

Das Kapital von außen zur Aufstockung von Eigenkapital in mittelständischen Unternehmen ist im Prinzip vorhanden. Es ist also gar keine Frage, daß wir als nach wie vor relativ wohlhabende Volkswirtschaft in der Lage wären, speziell aus dem Mittelstandsbereich, aus dem Bereich der gut verdienenden Mittelständler - das müssen nicht nur Zahnärzte sein, es können auch gut verdienende Betriebsleiter, Facharbeiter etc. sein - diese Anlagemöglichkeit zu nutzen. Auch das Innovationspotential ist gegeben, welches letztlich über die Schaffung von neuen Arbeitsplätzen für die Zukunft entscheidet. Es ist also eine Verschwendung volkswirtschaftlicher Möglichkeiten, wenn wir den Weg dieser Zusammenarbeit nicht finden.

Die Frage ist, wie wir handfeste Strategien für eine machbare Politik entwickeln. Wenn wir alle zusammen erkennen, daß das zentrale Problem unserer Zeit die Arbeitsplatzsicherung ist und die Verminderung der Arbeitslosigkeit, dann müssen wir uns fragen: woher sollen neue Arbeitsplätze kommen? Sie können im wesentlichen nur aus diesem Innovationspotential des Mittelstandes kommen.
Wie die Erfahrung und auch verläßliche Untersuchungen zeigen, ist hier noch ein ganz beachtliches Feld, das wir nutzen können. Und hier ist auch unsere Verantwortung, der wir uns stellen müssen.

B. Anforderungen mittlerer Unternehmen an die Finanzierung

Wenn der Mittelstandsunternehmer nach Finanzierungsformen fragt, so bekommt er auf dem Silbertablett serviert "Was möchten Sie denn gerne?".
Welches ist die Ideal-Finanzierung für Mittelstandsbetriebe? Herr Dolch hat in seinem Beitrag ein sehr eindrucksvolles Beispiel dargestellt. Allerdings muß man als Unternehmer vielleicht eine eigene Idee haben, wie man die Finanzierung aufbaut. Es hängt auch von der Art ab, wie man das Unternehmen und seine wirtschaftlichen Möglichkeiten "verkauft". Die Produktgüte spielt eine entscheidende Rolle. Man kann sicher nicht sagen, man müsse das Produkt gut verkaufen, dann bekommt man auch das Eigenkapital. Das Gegenteil ist meistens der Fall. Je besser und zukunftsorientierter die Produktidee, um so undurchsichtiger erscheint das manchem Außenstehenden, z. B. dem Banker, der das nicht quantifizierbare Risiko bei der Einführung eines neuen Produktes einfach nicht verantworten kann und will.

Kommen wir zurück auf das Geld- oder Kapitalbeschaffungsproblem. Die Zahnärzte - als hier häufig zitierte mögliche kapitalgebende Berufsgruppe - wissen, wie sie an unser Geld herankommen. Unser Problem ist, wie wir als Kapitalsuchende an das Geld der Zahnärzte kommen.
Der Sektor der Kapitalbeschaffung ist ein ganz weites Feld, das einfach einmal mit mehr Kreativität beackert werden muß. Wir müssen uns darauf konzentrieren, daß

wir alle Möglichkeiten aktivieren. Kapitalaufnahme von außen kann keine Einbahnstraße sein. Das möchte ich auch an die Adresse der Unternehmerkollegen richten. Kapital erfordert Kontrollrechte und Informationsrechte, d. h. wenn wir sagen: das Ideale ist, wenn der Unternehmer die Kontrolle über sein Unternehmen behält, dann ist das meistens aus der Sache geboren, d. h. der Blick über die Schulter und das Auseinandersetzen mit inkompetenten Kapitalgebern macht viele Ideen kaputt und hindert das Wachstum. Andererseits muß man sachlich auch sehen, daß derjenige, welcher das Geld gibt, auch Informationsrechte hat.

Es gibt aber für Unternehmer und Kapitalgeber akzeptable Zwischenformen. Die Informationspflicht des Kapitalnehmers, in diesem Fall des Mittelstandsunternehmers, hat auch segensreiche Komponenten; er zwingt sich selbst, sein Unternehmen informationsmäßig auf dem Standard zu halten, wie es sich normalerweise gehört. Nur der kann im Prinzip etwas gegen Informationen haben, der etwas zu verbergen hat.
Man sollte vielleicht auch Verständnis haben. Wir haben im Mittelstandsbereich absterbende und aufsteigende Betriebe. Das ist ganz normal. Es verbirgt sich sehr viel Tragik auch in alt eingesessenen Unternehmen, die vielleicht eine Eigenkapitalquote von 50 % haben, aber keinen Impuls mehr geben können für die Gestaltung der Zukunft. Das Produkt ist nicht mehr marktfähig, die Unternehmensphilosophie veraltet. Das hängt manchmal mit Nachfolgefragen zusammen. Es ist also sicher nicht so, daß dies der Einfachheit halber auf die unternehmerische Unfähigkeit, einen Betrieb zu leiten, zurückzuführen ist. Hier müßte ein neuer Weg der Aufklärung gefunden werden, damit der Mittelstandsunternehmer, der Eigenkapitalzufuhr braucht und sie aufgrund seiner innovatorischen Fähigkeiten auch verdient, diese Hemmschwelle überwindet, sich nicht selbst im Wege steht und daß praktisch über eine klare Information auch die Fähigkeit entwickelt wird, überhaupt Beteiligungskapital aufzunehmen.

Die Frage, ob wir aus dem Innenfinanzierungskreis Geld zuführen können, möchte ich im wesentlichen verneinen. Keiner hat den berühmten "Erbonkel". Die Möglichkeit, aus dem Gewinn Eigenkapital zu schöpfen, ist äußerst beschränkt. Als Unternehmer müssen wir realistisch sein. Es hat gar keinen Sinn, darauf zu spekulieren, daß eine andere politische Konstellation vielleicht die Fähigkeit hat, die Besteuerung des Gewinns nachhaltig zu reduzieren. Bei der bekannten Finanzsituation des Staates ist das im Moment überhaupt nicht möglich.

Nach meiner persönlichen Meinung, die von vielen Unternehmern mitgetragen wird, kann man bei einer entsprechenden Stärkung der Wirtschaft, z. B. durch Steuerpräferenzen bei Innovationen, auch die Steuerkraft insgesamt steigern. Aus diesen Innovationen könnten neue Steuerquellen erschlossen werden, so daß der Saldo positiv auch für den Staat ist. Die Kurzsichtigkeit oder vielleicht auch der Zwang der Situation, die dazu führen, daß man die innovatorischen Möglichkeiten, die wir hatten, eingrenzt und praktisch die Steuerabschöpfung als das Maß aller Dinge sieht, sind ein echter Gefahrenpunkt für unsere Wirtschaft und sicher auch für unsere gesamte Zukunft.

In meiner ehrenamtlichen Tätigkeit als Vorsitzender der Vereinigung Mittelständischer Unternehmer sehe ich immer die Existenzprobleme des Mittelstandes und der mittelständischen Unternehmer im Vordergrund. Hierzu suchen wir ständig den Kontakt zu unseren Unternehmerkollegen. Das bringt uns auch dazu, daß wir Umfragen durchführen. Es gibt eine gewisse Hemmschwelle bei den Unternehmern, wenn ein neutrales Befragungsinstitut Meinungsforschung betreibt: "Wie geht es dir, was stellst du dir für die Zukunft vor?" Dies wird jeder entweder pessimistisch oder unrealistisch optimistisch beantworten. Die Meinungen, die in solchen Fällen geäußert werden, sind oft fragwürdig.
Wir haben den direkten Kontakt zu den Unternehmern und haben aus diesen Umfrageergebnissen ganz klar schätzen können, daß der Unternehmer für jede Form der Finanzierungshilfe dankbar ist. Allerdings möchte er keine weitreichende Mitsprache.
Zukunftsorientierte Unternehmer, die sich nicht in diesen alten Strukturen bewegen, die das Herrschaftsdenken nicht kennen, lösen sich von diesen alten Vorstellungen.

Sie sagen, der Unternehmenserfolg ist das wichtigste, und die Finanzierung ist eine Funktion, die erfüllt werden muß. Das heißt, das Mitspracherecht ist nur insoweit gefährlich als es das unternehmerische Konzept stören könnte.
Ich glaube, daß hier ein Prozeß des Umdenkens auch von seiten der Unternehmer stattfinden muß, wenn wir die Aufgabe bewältigen wollen, Eigenkapital - das Innovationen schafft und damit neue Arbeitsplätze - über außenstehende Kapitalgeber zu gewinnen.
Wir können heute nicht sagen: "Dadurch, daß es keine Steuerpräferenzen gibt, ist die Schaffung von Eigenkapital nicht möglich. Da wir kein Eigenkapital haben, können wir nichts weiterentwickeln. Wir können keine neuen Märkte aufbauen." Das wäre das Ende des Mittelstandes und auch sicher das Ende der deutschen Volkswirtschaft.

Nach wie vor sind die Chancen im unternehmerischen Bereich gegeben, und es besteht für junge Unternehmer die Chance, erfolgreich zu sein. Aber das Risiko gibt es auch, stärker als früher. Doch wo Risiken sind, sind auch Chancen. Unternehmerischer Mißerfolg gehört mit zu unserem Geschäft. Es ist ein ganz großes Problem in Deutschland, daß praktisch mit dem Untergang eines Unternehmens im Prinzip auch der Untergang der Existenz eines Unternehmers verbunden sein muß. In den USA ist man da etwas unkomplizierter. Man sollte unternehmerische Mißerfolge nicht nur so sehen, daß sie vielleicht Unfähigkeit bedeuten, sondern im Prinzip auch "Erfahrungssammlung" heißen können. Wenn wir diese Verkrampfung lösen, wird sicher auch die Wachstumschance gefördert.

C. Entwicklungsmöglichkeiten der Mittelstandsfinanzierung in Deutschland

Das Modell des lokalen, kleineren Marktes des Eigenkapitals für Mittelstandsunternehmer würde ich persönlich favorisieren, weil es etwas mittelstandsgerechter ist als andere Modelle zur Eigenkapitalbeschaffung. Man möchte dem Mann, der das Geld zur Verfügung stellt, ins Auge schauen, und umgekehrt möchte der Geldgeber den Mann kennen, dem er das Geld gibt. Hier sollte man mit kleinen Schritten erst einmal modellhaft versuchen, dieses Problem anzugehen. Ich glaube, das wäre die bessere Chance, bevor wir uns mit großen Konzepten beschäftigen.

Auf der anderen Seite: wenn wir fragen, was die Struktur der mittelständischen Eigenkapitalnachfrage ist, dann müßte man erst darüber sprechen "was ist die Struktur des Mittelstandes?". Charakteristisch für den Mittelstand ist im Prinzip, daß es nichts charakteristisches gibt. Der Mittelstand ist eine so heterogene Gruppe, daß wir auch nicht sagen können, d a s ist das Finanzierungskonzept für den Mittelstand schlechthin.
Ich glaube, daß es keine maßgeschneiderte Lösung gibt. Wir müssen in einem Gesamtkonzept verschiedene Möglichkeiten haben. Dazu gehört u. a. auch die Mitarbeiterbeteiligung. Ich möchte das einmal entkrampfen und von dem politischen Hindergrund wegnehmen. Das sollte aber nur der Unternehmer tun, welcher glaubt, daß es für sein Unternehmen in dieser Phase das Richtige ist.

Man sollte auch berücksichtigen, daß die Mitarbeiterbeteiligung eine Art Lernprozeß mit sich bringt. Der Mitarbeiter versteht plötzlich, die Wirtschaft unter einem anderen Blickwinkel zu sehen. Er lernt, daß er sich mit seinem Konsumverzicht an der Stärkung eines Unternehmens beteiligt, womit er seinen eigenen Arbeitsplatz sichern kann. Dabei darf die unternehmerische Motivation nicht verlorengehen.
Man sagt immer, der Unternehmer muß seine Mitarbeiter motivieren. Wer uns motiviert ist klar. Wir sind in einem Prozeß der permanenten Selbstmotivation. Es geht einfach darum, daß man die Sache etwas pragmatischer sieht und sich löst von ideologischen Betrachtungen oder politischen Aspekten. Der Unternehmer, welcher das für sich nicht als richtig ansieht, sollte andere Formen finden. Eines aber ist klar: Leute - soweit sie sich schon einmal vertraut gemacht haben mit der Möglichkeit der Beteiligung - können auch den Wunsch entwickeln, sich in anderen Betrieben zu beteiligen. Was dann anzustreben wäre, ist - über den Weg der Mitarbeiterbeteiligung - auch auf eine Beteiligung von Privatpersonen an anderen Unternehmen in Form eines regionalen Fonds hinzusteuern. Wenn ich sage "Beteiligung", so klingt das nach 100 % Beteiligung.

Wenn wir davon ausgehen, 15 % oder auch 40 % des Unternehmens für die Beteiligung freizugeben, so ist der Unternehmer mit 60 % in der Lage, geschickt das Unternehmen zu bestimmen. Man kann sicher nicht sagen, daß wir uns hier an inkompetente Kapitalgeber ausliefern, die dann das Unternehmen durch ihre Kontrollrechte vielleicht in eine Phase des langsameren Wachstums bringen.

Es geht darum, daß wir mit unternehmerischem Geist und mit diesem mehr pionierhaften Vorschlag in diese Finanzierungsfrage hineingehen. Es kann nicht nur ein Thema der Banken sein, sie wären da einfach überfordert. Hier muß man partnerschaftlich zusammenarbeiten. Wir müssen Wege finden, uns in der Richtung bewegen, daß wir die Existenz unserer Unternehmen und damit die Arbeitsplätze sichern und letztlich die Existenz unserer Volkswirtschaft.

Wolfgang Arnold

Zur Diskussion über die Struktur der mittelständischen Eigenkapitalnachfrage

C. Banken als Partner der mittelständischen Unternehmungen

I. Möglichkeiten zur Bereitstellung von Eigenkapital

II. Beratungstätigkeit der Banken

III. Zukunftsorientierte Kreditwürdigkeitsbeurteilung

D. Anregungen zur Verbesserung der Eigenkapitalausstattung mittelständischer Unternehmungen

A. Eigenkapitalschwäche mittelständischer Unternehmungen

I. Empirische Belege zur Kapitalstruktur

Die bisher höchsten Insolvenzzahlen seit Bestehen der Bundesrepublik Deutschland haben gerade in der letzten Zeit eine Vielzahl von Fachleuten bewogen, sich verstärkt mit der "tatsächlichen" Eigenkapitalentwicklung der (mittelständischen) Unternehmungen auseinanderzusetzen. Eine repräsentative Erhebung zum breiten Bereich der "mittelständischen Unternehmungen" liegt allerdings bislang nicht vor. Um dennoch Aussagen über diese heterogene Gruppe treffen zu können, wird häufig das verfügbare Datenmaterial unter Zugrundelegung von vereinfachenden Annahmen (z. B. mittlere Unternehmungen werden zumeist in der Rechtsform der Personengesellschaft geführt) ausgewertet.

Bei seinen Ausführungen zur Kapitalausstattung der mittelständischen Unternehmungen stützte sich Herr Gruhler (1) u. a. auf eine Tabelle, die für die Jahre 1977 und 1980 eine rechtsformspezifische und umsatzgrößenspezifische Darstellung umfaßt. Die Personenunternehmungen (bzw. umsatzschwächeren, d. h. kleineren Unternehmungen) haben darin einen geringeren Eigenkapitalanteil als die Kapitalgesellschaften (bzw. umsatzstärkeren, d. h. größeren Unternehmungen). Er hielt fest, daß mit abnehmender Unternehmensgröße auch die vertikale Eigenkapitalquote zurückgehe.

II. Auswertung der empirischen Belege

Zu Beginn der Diskussion griff Herr Irsch (2) die von Herrn Gruhler vertretene Hypothese des relativen Eigenkapitaldefizits der kleineren Unternehmungen gegenüber Großunternehmungen auf. Er bezweifelte, daß es einen gesicherten Zusammenhang zwischen der Betriebsgröße und der Eigenkapitalausstattung gäbe: Nicht die Betriebsgröße, sondern Einflüsse wie die Branchenstruktur, die Unter-

---

1) Wolfram Gruhler, Institut der deutschen Wirtschaft, Köln.
2) Dr. Norbert Irsch, Kreditanstalt für Wiederaufbau, Frankfurt/Main.

nehmensrendite, das Bilanzwachstum usw. seien seiner Meinung nach eher für die Entwicklung der Eigenkapitalausstattung ausschlaggebend. Zumal man beim Einsatz von multivariaten Untersuchungsverfahren bereits festgestellt hat, daß der Einfluß der Unternehmensgröße auf die Eigenkapitalausstattung vernachlässigbar gering sei. Dieses Ergebnis hätte man - so Herr Irsch - auch ansatzweise erhalten, wenn man die Bundesbank-Daten nach Branchen gegliedert untersucht. Daraus und aus den Aussagen anderer Untersuchungen ableitend, stellte Herr Irsch die These der geringeren Eigenkapitalausstattung der kleineren Unternehmungen - im Vergleich zu den Großunternehmungen - in Frage.

Herr Gruhler räumte ein, daß der Befund "Eigenkapitaldefizit der kleineren und mittleren Unternehmungen" natürlich noch nichts über die Ursachen der geringen Eigenmittelbasis aussage. Doch sei selbst bei einer Gleichverteilung der Eigenkapitalquoten über alle Unternehmensgrößenklassen der Grenznutzen einer zusätzlichen Eigenkapitalzuführung für kleinere Unternehmen sehr viel höher anzusetzen als für große Unternehmen, die regelmäßig über einen Zugang zu entsprechenden in- und ausländischen Kapitalmärkten verfügen. Hierzu stellte Herr Gabele (1) erweiternd fest, daß dies insbesondere für solche Unternehmungen gelte, deren Eigenkapitalausstattung unter dem Durchschnitt liegt, während es auf Unternehmungen mit überdurchschnittlicher Eigenmittelbasis im Hinblick auf den Leverage-Effekt nicht zutreffen muß. Vor der Ableitung von Aussagen aus Durchschnittsbetrachtungen für spezifische Fälle sei deshalb gewarnt.

III. Ursachen der Eigenkapitalentwicklung

Um Maßnahmen zur Abwendung der Eigenkapitalauszehrung ergreifen zu können, müssen die Ursachen der bislang beobachteten Entwicklung erforscht werden. In der Diskussion wurde eine Reihe von Ursachenkomplexen angesprochen.

---

1) Prof. Dr. Eduard Gabele, Universität Bamberg, Bamberg.

In seinen Ausführungen dazu, ging Herr Gruhler primär auf den Ertragsverfall der vergangenen Jahre ein. Dieser wirke sich in mehrfacher Hinsicht auf die Finanzierungssituation der Unternehmungen aus. Zum einen vermindere er die Gewinnthesaurierungsmöglichkeiten. Zum anderen verschlechtere er aufgrund mangelnder Renditeattraktivität die Anlagebereitschaft externer Kapitalanleger.

Ein von Herrn Gruhler durchgeführter Vergleich zwischen der Nettoeigenkapitalrendite und der Umlaufrendite festverzinslicher Wertpapiere erbrachte folgendes Bild:
Noch im Laufe der 60er Jahre realisierten die Eigenkapitalgeber eine Risikoprämie für ihr eingesetztes Kapital, da die Nettoeigenkapitalrendite größer war als die Umlaufrendite festverzinslicher Wertpapiere. Doch seit Beginn des darauffolgenden Jahrzehntes konnte nur noch äußerst selten eine Risikoprämie erzielt werden. Die Umlaufrendite der festverzinslichen Wertpapiere war erheblich höher als die vergleichbare Nettoeigenkapitalrendite. Eine Abschwächung der aus diesem Renditevergleich abgeleiteten Aussagen ergibt sich jedoch insofern, wie Herr Irsch einwandte, daß in die Berechnung der Nettoeigenkapitalrendite der Jahresüberschuß nach Unternehmenssteuern einfließe. Denn lasse man die "denkbare Möglichkeit" außer acht, daß die Besitzer festverzinslicher Wertpapiere keine Steuern zahlen, so sei die Bruttoeigenkapitalrendite für die Gegenüberstellung heranzuziehen.

Als alternative bzw. ergänzende Erklärungen für den Rückgang der Eigenkapitalquoten verwies Herr Irsch auf die "plausiblen" Einflüsse von Bilanzverlängerungen, der Inflation und der Sonderfinanzierungsmöglichkeiten:
In diesem Zusammenhang erinnerte er an Aussagen der Deutschen Bundesbank über die Existenz eines strukturellen Trends, wonach in vielen Unternehmungen die gleichzeitige Ausweitung der kurzfristigen Forderungen und liquiden Mittel einerseits und der kurzfristigen Schulden andererseits Bilanzverlängerungen hervorrufen.

Bei der Diskussion des Inflationseinflusses wurde insbesondere auf die Scheingewinnproblematik und die Bildung stiller Reserven verwiesen. Das in der Bundesrepublik

Deutschland praktizierte Nominalwertprinzip erlaubt nur Abschreibungen auf die Anschaffungskosten, nicht aber auf die Wiederbeschaffungskosten von abnutzbaren Wirtschaftsgütern. In Abhängigkeit von der Differenz zwischen Wiederbeschaffungs- und Anschaffungswerten beinhalten die Periodengewinne dann Scheingewinne, deren Besteuerung zum Abfluß betriebsnotwendigen Kapitals für (Ersatz-)Investitionen führt. Diesen Abflüssen steht aber die inflationsbedingte Bildung von stillen Reserven gegenüber, die Herr Irsch - selbst bei zurückhaltenden Annahmen - auf 3 bis 4 % p. a. der Bilanzsumme bezifferte. Gegen eine Aufrechnung stiller Reserven mit den Scheingewinnen gab Herr Gruhler jedoch zu bedenken, daß den stillen Reserven regelmäßig höhere, teilweise nicht einmal rückstellungsfähige Risiken gegenüberstehen (z. B. Dynamisierung der Betriebsrenten, Sozialplanverpflichtungen).

Die zunehmende Bedeutung von Sonderfinanzierungsmöglichkeiten (z. B. Pensionsrückstellungen, Sonderposten mit Rücklageanteil) werde von steuerlichen Überlegungen getragen. Auch ihre Inanspruchnahme führe zu einem überproportionalen Anstieg der langfristigen Fremdmittel, die sicherlich durch eine gewisse "Eigenkapitalähnlichkeit" gekennzeichnet sind, wenngleich sie keinesfalls die Haftungsfunktion des Eigenkapitals übernehmen.

Vor dem Hintergrund, daß die Eigenmittelausstattung bereits seit Mitte der 50er Jahre zurückgeht, wurde noch die Existenz von solchen Ursachen angesprochen, die langfristig wirken. Eine Diskussion kam jedoch zu diesem Problemkomplex nicht zustande.

B. Finanzierungserfahrungen mittelständischer Unternehmer

I. Darlegung der Ausgangspositionen

Über ihre, bei der Suche nach zusätzlichen Eigenmitteln gewonnenen Erfahrungen berichteten zwei mittelständische Unternehmer: Herr Dolch (1) und Herr Langen-

1) Volker Dolch, Dolch Logic Instruments GmbH, Dietzenbach.

dorf (1). Im Anschluß daran wurden zunächst die Marktverhältnisse und dann die eingeschlagenen Anpassungsstrategien diskutiert.

1. Marktverhältnisse und Finanzierungsanlässe

Wie sich in der Diskussion herausstellte, haben beide Unternehmer bei ihren Finanzierungsentscheidungen unterschiedliche Marktverhältnisse zu berücksichtigen. Während Herr Dolch mit selbstentwickelten und produzierten Logikanalysatoren ein stark wachsendes Marktsegment bedient, bewegt sich der Textilunternehmer Langendorf in einem schrumpfenden Markt. Die eine Unternehmung muß ein zumindest marktgerechtes Wachstum, die andere den Vorstoß in innovative (Textil-)Bereiche finanzieren.

Trotz guter Gewinnmargen sei das erforderliche Wachstum der Unternehmung, wie Herr Dolch meinte, nicht allein aus Abschreibungen und thesaurierten Gewinnen finanzierbar. Die Aufwendungen für den Aufbau einer Marktorganisation, für die Forschungs- und Entwicklungstätigkeiten etc. erfordern die Zuführung weiterer Eigenmittel von außen.

Um sich dem Schrumpfen des Textilmarktes zu entziehen, setzt Herr Langendorf neben den herkömmlichen Textilbereichen auf den Einsatz neuester Technologien. Hier müssen die sehr teure Technik und die häufig langwierige Erprobung - dem Risiko eines Fehlschlages entsprechend - mit Eigenkapital finanziert werden.

2. Anpassungsstrategien

Aus den spezifischen Unternehmens- und Marktverhältnissen heraus entwickeln die Unternehmer Konzepte, um ihre angestrebten (Wachstums-)Ziele zu erreichen. Auf die generellen Schwierigkeiten der Textilindustrie und das dennoch erfolgreiche Expandieren seiner Unternehmung angesprochen, umriß Herr Langendorf seine Strategie:

---

1) Peter Langendorf, Wilhelm Langendorf GmbH, Marktrodach.

Zu Beginn der Strukturkrise der Textilbranche stand die Entscheidung an, entweder die Unternehmung zu liquidieren oder eine Vorwärts-Strategie einzuschlagen. Nachdem ein - bei Aufgabe der Unternehmung fälliger - Sozialplan zu hohe Belastungen verursacht hätte, entschied man sich für die Weiterführung der Unternehmung und leitete gleichzeitig eine Reihe von Anpassungsmaßnahmen ein.
Der unrentable Zweigbetrieb wurde aufgelöst, das Rechnungswesen verbessert und die Organisationsform geändert. Außerdem tätigte man Ausbildungsinvestitionen, da mit der Einführung neuer Techniken verstärkt Fachpersonal zum Einsatz kommen mußte.

Um in dem schrumpfenden Textilbereich dennoch ein Wachstum zu erzielen, war eine Neustrukturierung der Verkaufsorganisation notwendig. Sie sollte eine flexible Anpassung an die - ständig wechselnden - attraktiven Teilmärkte gewährleisten. Eine einseitige Ausrichtung auf ausschließlich neue wachstumsversprechende Teilmärkte wurde allerdings bislang vermieden. Die praktizierte Zweigleisigkeit, d. h. der traditionelle Markt werde auch weiterhin bedient, solle die Unternehmung vor existenzbedrohenden Situationen bewahren.

II. Unkonventionelle Wege der Eigenkapitalbeschaffung

Um die vielfältigen Probleme seiner Finanzierungslage meistern zu können, muß sich der Unternehmer damit identifizieren. So zeigte sich Herr Viessmann (1) davon überzeugt, daß der Unternehmer auch dann einmal "von ausgetretenen Wegen abgeht" und neue, weniger bekannte Finanzierungsmöglichkeiten nutze. Zwei derartige Beispiele waren Gegenstand der Ausführungen von Herrn Dolch und Herrn Langendorf, wobei Herr Dolch schwerpunktmäßig seine Erfahrungen mit dem amerikanischen Kapitalmarkt und Herr Langendorf seine ersten Erfahrungen mit einer Kapitalbeteiligungsgesellschaft (KBG) in die Diskussion einbrachten.

---

1) Hans Viessmann, Viessmann KG, Hof/Saale.

1. Eigenkapitalaufnahme bei Kapitalbeteiligungsgesellschaften in Deutschland

Herr Langendorf führte aus, daß mit den Investitionsmaßnahmen und dem Umsatzwachstum die Finanzierungsbelastungen zunahmen. Der wachsenden Risiken bewußt, wurde auf Fristenkongruenz und Erhöhung des Eigenkapitalanteils durch Beteiligung einer KBG geachtet. Von Herrn Popp (1) nach seinen Erfahrungen mit der KBG befragt, nahm Herr Langendorf wie folgt Stellung:
Die Kontaktaufnahme und die Gespräche verliefen bislang nicht schwierig. Allerdings wurde gleich zu Beginn eine wichtige Vorbedingung erfüllt, indem eine Reihe von Unterlagen ausgearbeitet wurden.

Die vertragliche Ausgestaltung des Verhältnisses zwischen der KBG und der Unternehmung sei recht einfach. Restriktionen ergeben sich erst dann für das Unternehmen, wenn die Geschäftstätigkeit rückläufig sei oder unternehmensgefährdende Privatentnahmen getätigt werden. Ansonsten ließe sich die praktizierte Kontrolle auch als Positivum werten. Entscheidungen werden mehrfach durchdacht und unüberlegte Schritte eher unterlassen. Abschließend resümierte Herr Langendorf sein Verhältnis zur KBG als vorübergehende Hilfe - da man sich eines Tages wieder trenne -, das Eigenkapital aufzubessern.

Die Erfahrungen mit der Deutschen Wagnisfinanzierungsgesellschaft (WFG) waren Bestandteil der Beiträge von Herrn Dolch. Mit den zusätzlichen - von der WFG bereitgestellten - Eigenmitteln konnte er nicht nur Fremdkapital ersetzen und einen Zinsvorteil erzielen, sondern auch seine Kreditwürdigkeit stärken. Vordergründig sei sicherlich das "Mehr" an haftenden Mitteln dafür verantwortlich, doch dürfe der nicht quantifizierbare Einfluß "Beteiligung der WFG an der Unternehmung" den Banken gegenüber keineswegs unterschätzt werden. Die Vertrauensbeziehung zwischen Kreditnehmer und Kreditgebern erfahre hierdurch eine wesentliche Stärkung.

---

1) Horst Popp, Hassmann GmbH, Bayreuth.

Zu den Kapitalvergabe-Entscheidungen führte Herr Dolch aus, daß in Deutschland mehr vergangenheitsorientierte Daten (insbesondere die bisher realisierten Erträge) über das Zustandekommen eines Kredit- bzw. Beteiligungsengagements entschieden, während in den USA von den Kapitalgebern primär die zukünftigen Chancen der Unternehmung eingehend beurteilt werden.

2. Eigenkapitalaufnahme bei Venture Capital-Gesellschaften in den USA

Die gegenüber risikoreicheren Anlagen aufgeschlossenere Denkweise der Kapitalgeber in den USA hat Herrn Dolch veranlaßt, dort weitere Eigenmittel für sein Unternehmen zu erschließen. Eine seitens der Kapitalanbieter durchgeführte Unternehmensbewertung komme dabei zu ganz anderen Ergebnissen als vergleichsweise in der Bundesrepublik Deutschland: Es werden nämlich nicht nur die erzielten Gewinne, sondern auch das Management, das Produkt, das Innovationspotential sowie die generelle zukünftige Unternehmensentwicklung beurteilt. Die kapitalnachfragende Unternehmung werde also mehr hinsichtlich ihrer zu erwartenden Chancen analysiert. Die Bilanzen stellen neben den Marktstrategien, den Finanzierungsstrategien und dem technischen Know-how nur einen Beurteilungsmaßstab dar.

Um letztendlich Anteile seiner Unternehmung an eine Venture Capital-Gesellschaft veräußern zu können, mußte sich Herr Dolch noch in einem anderen Punkt an die Mentalität seiner Kapitalgeber anpassen. Da sie sich nicht an einem deutschen Unternehmen beteiligen, kaufte die amerikanische Tochtergesellschaft - auf dem Papier - die deutsche Muttergesellschaft. Diese Transaktion verhalf der nunmehr amerikanischen Gesellschaft in der US-Finanzwelt zu dem erforderlichen Ansehen, zumal normalerweise eine "foreign subsidiary" im europäischen Markt nur sehr viel größeren Unternehmen zusteht.

Von Herrn Freter (1) darauf angesprochen, wem die Unternehmung heute gehöre, führte Herr Dolch abschließend aus, daß er bislang von dem gesamten ausgegebenen Aktienkapital noch 83,5 % halte. In nächster Zeit sei jedoch mit einer Verringerung seines Anteils um 15 %, durch Übertragung auf seine Angestellten, zu rechnen. Entscheidend ist für ihn allerdings die Erhaltung der vollen Kontrolle über das Unternehmen.

C. Banken als Partner der mittelständischen Unternehmungen

I. Möglichkeiten zur Bereitstellung von Eigenkapital

Im Anschluß an den Beitrag von Herrn Schmidt (2) wurde die Rolle der Banken bei der Kapitalaufbringung diskutiert. Aus Unternehmersicht erfüllen sie ihre Kapitalbereitstellungsfunktion unzureichend. Es werde regelmäßig kein Eigenkapital zur Verfügung gestellt und auch die günstigste Fremdkapitalfinanzierung bleibt nur ein unzureichender Ersatz. Nach Herrn Mayer (3) kollidiert die Forderung nach Eigenkapitalaufbringung durch Banken mit den bankspezifischen Refinanzierungsressourcen. Zum größten Teil handele es sich doch um Mittel, die in Form von Sichtguthaben, Termin- und Spareinlagen bzw. durch Emission von Sparbriefen oder Schuldverschreibungen der Bank selbst als Gläubigerkapital zugeflossen sind. Deshalb sei die Forderung nach Bereitstellung von Risikokapital durch Banken nicht erfüllbar.

Nachdem die Banken den Eigenkapitalbedarf ihrer mittelständischen Klienten nicht zu befriedigen vermögen, wurde überlegt, ob von den Banken eingerichtete und getragene Institutionen diese Aufgabe übernehmen könnten. Herr Mayer erinnerte in diesem Zusammenhang an die derzeit eingeschlagenen Lösungswege (z. B. KBG, WFG), wobei

---

1) Prof. Dr. Hermann Freter, Universität Siegen, Siegen/Betriebswirtschaftliches Forschungszentrum (BF/M) e. V., Bayreuth.

2) Dr. Karl Gerhard Schmidt, Schmidt Bank KG, Hof/Saale.

3) Rupert Mayer, Deutsche Bank AG, München.

jedoch seiner Meinung nach damit bereits die Möglichkeiten des Bankensystems erschöpft sein dürften.

II. Beratungstätigkeit der Banken

Wie Herr Lambert (1) und Herr Mayer darlegten, habe sich auf dem Gebiet der Beratungstätigkeit der Banken im Vergleich zu früher eine ganz andere Denkweise durchgesetzt. Während die Unternehmungen vormals vom "Kreditsachbearbeiter" bedient wurden, berate sie heute ein "Firmenkundenbetreuer". Er verfüge über eine erweiterte Ausbildung und kümmere sich individuell um seine Kunden. Durch häufige Kontakte und gemeinsames Besprechen von anstehenden Entscheidungen kenne die Bank die Vorgänge in der Unternehmung genau. Auf diese Weise lasse sich eine vertrauensvolle Zusammenarbeit aufbauen. Natürlich sei das Zustandekommen eines derartigen Hausbank-Verhältnisses auch davon abhängig, daß die Unternehmung ihre Kreditbeziehungen nicht - z. B. wegen sehr geringer Unterschiede in den angebotenen Konditionen - auf eine Vielzahl von Bankinstituten verteile. Denn gerade die Hausbank werde bei vorübergehend schlechtem Geschäftsgang ihres Kunden nicht voreilig die Kredite aufkündigen. Die letzten Jahre haben dies deutlich gezeigt. In vielen Fällen sei es den Unternehmungen, die ihre Bank voll ins Vertrauen einbezogen haben, gelungen, gemeinsam mit dem Kreditinstitut die aufgetretenen Schwierigkeiten zu überwinden.

III. Zukunftsorientierte Kreditwürdigkeitsbeurteilung

Unter Bezug auf die von Herrn Schmidt referierten Finanzierungsregeln wurde die Kreditwürdigkeitsprüfung der Banken diskutiert. Die Teilnehmer stellten übereinstimmend fest, daß der Vergangenheitsbezug der verwendeten Bilanzkennzahlen nur sehr begrenzte Aussagen über die zukünftige Entwicklung der kreditnachfragenden Unternehmung zuläßt. Banken sollten - vor allem im Hinblick auf den nach der Kreditvergabe vom Kunden zu leistenden Kapitaldienst - wesentlich stärker eine zukunftsbezogene

1) Heinz Lambert, Endingen.

Analyse ihres Kreditengagements anstreben.

Der § 18 KWG schreibt den Kreditinstituten die Kreditwürdigkeitsprüfung des Kreditnehmers, dem insgesamt mehr als 50.000,-- DM gewährt werden, zwingend vor. Die Forderung nach einer zukunftsbezogenen Analyse wird darin - wie Herr Büttner (1) ausführte - nicht gestellt. Vielmehr weise die Formulierung des § 18 KWG zunächst mehr in die Vergangenheit: Das Kreditinstitut habe sich die wirtschaftlichen Verhältnisse "insbesondere durch Vorlage der Jahresabschlüsse" offenlegen zu lassen. Der Begriff "insbesondere" läßt sich jedoch zusätzlich dahingehend interpretieren, daß neben den Bilanzen noch weitere Unterlagen heranzuziehen sind. Nach Gabele reicht die Analyse von Jahresabschlüssen - auch mehrerer vorangegangener Jahre - für die Beurteilung eines Unternehmens keinesfalls aus. Um dem Zukunftsaspekt Rechnung zu tragen, seien vielmehr zukunftsorientierte Unterlagen (wie z. B. Umsatzstatistiken, Lager- und Auftragsbestände) zu analysieren. Erst hieraus lasse sich ein Bild über die zu erwartende Unternehmensentwicklung ableiten.

Den Ausführungen der anwesenden Bankfachleute zufolge, orientieren sich die Banken heute mehr an den für die Zukunft relevanten Daten. Statische Bilanzgrößen spielen eine eher sekundäre Rolle bei der Kreditgewährung. Sie dienen höchstens als Ausgangsbasis für eine Grundlagenentscheidung. Ausschlaggebend für die Kreditentscheidung der Banken sind nunmehr zukunftsorientierte Kriterien, d. h. vor allem die erwartete Ertragskraft der kreditnachfragenden Unternehmung.

D. Anregungen zur Verbesserung der Eigenkapitalausstattung mittelständischer Unternehmungen

In der Diskussion wurde wiederholt auf die dringend erforderliche Verbesserung der Eigenkapitalausstattung der mittelständischen Unternehmungen verwiesen. Dabei kamen verschiedene Lösungsvorschläge zur Sprache, die sich auf unterschiedliche Initiatoren beziehen.

---

1) Carl Diethardt Büttner, Bayerische Vereinsbank AG, Bayreuth.

Von Herrn Schmidt wurden zunächst die von den Banken eingeschlagenen Wege der Etablierung spezieller Institutionen wie der KBG und der WFG grundsätzlich begrüßt. Jedoch sollten sie zukünftig den Umfang ihres Beteiligungsvolumens ausweiten.

Herr Schmidt und Herr Brückle (1) gaben weiterhin zu überlegen, inwieweit sich für risikofreudige Bankkunden auch Anlageformen - wie z. B. Fonds oder Beteiligungsgesellschaften - konstruieren ließen. Im Gegensatz zu einer Spareinlage, die keiner Verlustgefahr ausgesetzt sei, würden die Kunden hierbei wissen, daß ihr angelegtes Kapital einerseits eine hohe Rendite erzielen könne und andererseits bei Investitionsfehlschlägen auch Verluste mittrage.

Von der Seite der Unternehmungen selbst sind nach den Ausführungen von Herrn Bergerhof (2) Impulse zur Verbesserung der Eigenmittelsituation durch eine verstärkte Innenfinanzierung, z. B. in Form höherer Gewinnthesaurierung, als äußerst begrenzt zu beurteilen. Um dennoch unternehmensintern die bestehende Kapitalstruktur günstiger zu gestalten, gab Herr Markgraf (3) zu bedenken, ob dies nicht auch durch radikale Schnitte hinsichtlich der Unternehmensgröße, die dann eine Verkürzung der Bilanzsumme bewirken können, erreichbar sei. Denn gerade zur Bewältigung der Schwierigkeiten in einer komplexen Umwelt könne eine geringere Betriebsgröße beitragen.

Unterstellt man anlagebereites Kapital, das von mittelständischen Unternehmungen genutzt werden könnte, so müßte nach Herrn Bergerhof ein geeigneter Markt geschaffen werden. Für einen solchen Markt, auf dem nur Beteiligungen an mittelständischen Unternehmungen gehandelt werden, biete sich wegen des eingeschränkten Bekanntheitsgrades der möglichen Kapitalnehmer eine regionale Begrenzung an. Damit könnte dem Akzeptanz-

1) Wilhelm Brückle, Kulmbacher Spinnerei AG, Kulmbach.

2) Dr. Walter Bergerhof, Firma Knauer GmbH, Geretsried/Vereinigung Mittelständischer Unternehmer e. V., München.

3) Gerhard Markgraf, Wilhelm Markgraf GmbH & Co KG, Bayreuth.

problem von seiten der potentiellen Kapitalgeber Rechnung getragen werden. Die Umsetzung dieser Denkrichtung in die Realität setzt jedoch voraus, daß verkrustete (Gesetzes-)Strukturen aufgeweicht und flexibel handhabbare Finanzierungsformen entwickelt werden.

Prof. Dr. Jochen Sigloch

Der Einfluß der Besteuerung auf die Eigenkapitalbildung der Unternehmung

A. Problemstellung

Die Eigenkapitalausstattung der deutschen Unternehmen hat einen vielfach als bedrückend empfundenen niedrigen Stand erreicht. Die Eigenkapitalquote - berechnet als Anteil der offen ausgewiesenen Eigenmittel an der Bilanzsumme - ist seit dem Jahre 1967 rückläufig und wird derzeit mit 20,5 v. H. angesetzt. (1) Ohne gezielte Gegenmaßnahmen erscheint eine Fortsetzung des negativen Trends absehbar.

Geht man davon aus, daß eine fortschreitende Erosion der Eigenkapitalbasis für Bestand und Entwicklung einer Unternehmung negativ einzuschätzen ist (2), so stellt sich die Frage, welche Ursachen zur gegenwärtigen "Eigenkapitallücke" geführt haben und welche Wege Abhilfe schaffen können.

Bei der Suche nach Gründen stößt man auf allgemein bekannte Tatsachen: Einem durch Strukturwandel, technischen Fortschritt und/oder Wachstumsschüben erzwungenen steigenden Kapitalbedarf einerseits stehen auf der anderen Seite verringerte Unternehmensgewinne, eine -

---

1) Vgl. Deutsche Bundesbank (Hrsg.), Jahresabschlüsse 1965-1976 (1978) und verschiedene Monatsberichte der Deutschen Bundesbank.
Nach den Veröffentlichungen der Deutschen Bundesbank betragen die ausgewiesenen Eigenmittel in den Jahresabschlüssen 1981 nur noch 20,5 v. H. der Bilanzsumme; für 1982 wird eine Eigenkapitalquote von 18,5 v. H. errechnet (vgl. Monatsberichte der Deutschen Bundesbank (November 1982), S. 14 ff. und (November 1983), S. 14 ff.).

2) Trotz Fehlens einer stichhaltig begründbaren Aussage über die "notwendige", "angemessene" oder "richtige" Eigenkapitalausstattung erscheint diese These plausibel.
Vgl. hierzu auch die jüngste Kontroverse um die "Eigenkapitallegende" (vgl. Thormählen, T./Michalk, J., Mangelnde Eigenkapitalausstattung?, (Wirtschaftsdienst 1983), S. 87 ff.; Flassbeck, H./Knoll, W., Kapital und Rendite, (Wirtschaftswoche Nr. 21/1983), S. 72 ff.; Bofinger, P., Nur eine Legende?, (Wirtschaftswoche Nr. 27/1983), S. 48 ff.).

vor allem in "guten" Zeiten zu beobachtende - hohe Bereitschaft zur Kreditfinanzierung und eine deutlich verringerte Neigung aktueller und potentieller Anteilseigner zur Eigenkapitalzuführung gegenüber.

In diesem Zusammenhang wird u. a. auch dem Steuersystem der Vorwurf gemacht, am konstatierten Zustand der geringen Eigenkapitalausstattung in wesentlichem Maße mitverantwortlich zu sein. Dieser These nachzugehen, mögliche Ursachen offenzulegen und Lösungswege zur Diskussion zu stellen, ist Anliegen meiner Ausführungen. Dabei soll zunächst der Umfang der in die Untersuchung einzubeziehenden Unternehmensteuern abgegrenzt werden; ferner sind Betrachtungsstandpunkt und mögliche Maßstäbe zur Beurteilung von Positiv- oder Negativwirkungen der Besteuerung auf die Eigenkapitalbildung festzulegen. Darauf aufbauend wird der Einfluß der derzeitigen Besteuerung in der Bundesrepublik Deutschland auf die Eigenkapitalbildung, differenziert nach externer und interner Eigenkapitalbeschaffung, untersucht. Eine Zusammenfassung der wesentlichen Ergebnisse, einige Schlußfolgerungen und Hinweise auf Lösungswege schließen den Beitrag ab.

B. Grundlagen

I. Finanzierungsformen

Einer Unternehmung stehen im Rahmen der Kapitalbeschaffung verschiedenartige - nicht immer scharf abgrenzbare - Finanzierungswege zur Verfügung. Abb. 1 gibt eine mögliche Systematisierung wieder. (1)

II. Abgrenzung der Belastungssphäre

Wegen der unterschiedlichen steuerlichen Behandlung der Finanzierungsalternativen hängt die zieladäquate Finanzierungsentscheidung nicht zuletzt auch von ihrer steuerli-

---

1) Zu weiteren Systematisierungsansätzen vgl. Perridon, L./ Steiner, M., Finanzwirtschaft (1980), S. 169 ff.; Süchting, J., Finanzmanagement (1978), S. 32 ff.

Abb. 1: Finanzierungsformen

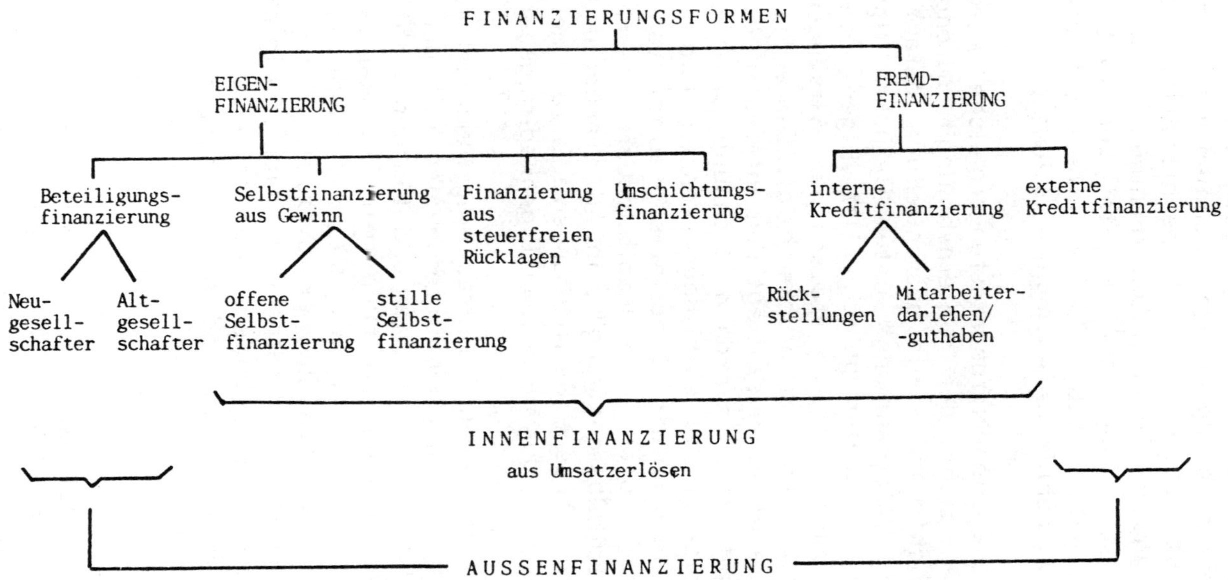

chen Belastung ab. Für den Umfang der dabei zu berücksichtigenden Auswirkungen ist zwischen "firmenbezogener" und "personenbezogener" Unternehmung (1) zu unterscheiden: Personenbezogene Unternehmen sind durch Identität von Kapitalgebern und Unternehmensleitung gekennzeichnet (Grundtyp Einmann-Unternehmung); bei firmenbezogenen Unternehmen sind Kapital und Leitung getrennt, womit naturgemäß Zielkonflikte auftreten können (Grundtyp Publikums-Aktiengesellschaft).

Steuerliche Finanzierungskostenvergleiche werden zumeist "aus der Sicht der Unternehmung" durchgeführt. (2) Diese Sichtweise stellt ausschließlich darauf ab, ob es für "die Unternehmung" unter Berücksichtigung steuerlicher Konsequenzen günstiger ist, Eigen- oder Fremdkapital aufzunehmen. Die steuerlichen Wirkungen beim Kapitalgeber bleiben unberücksichtigt. Diese "firmenbezogene" Betrachtungsweise trägt den Interessen der bisherigen Eigenkapitalgeber nur dann Rechnung, wenn diese weiteres Kapital nicht aufbringen können (wollen) und die Unternehmensleitung benötigtes Kapital von neuen Eigenkapital- oder Fremdkapitalgebern beschaffen muß ("Drittkapitalbeschaffung"). In allen anderen Fällen kann die firmenbezogene Betrachtungsweise zu einer Verletzung der Interessen der bisherigen Eigenkapitalgeber führen.

Die "firmenbezogene" Betrachtungsweise ist für den Bereich mittelständischer Unternehmen mit der dort gegebenen Identität von Kapital und Leitung nicht anwendbar. Die institutionelle Trennung von Eigenkapitalgebern und Unternehmungsleitung, wie sie bei Publikumsgesellschaften zu beobachten ist, existiert bei personenbezogenen mittelständischen Unternehmen nicht. Eigenkapitalgeber und Unternehmung bilden vielmehr eine wirtschaftliche Einheit. Folgerichtig sind bei einem steuerlichen Finanzierungskostenvergleich die Steuerwirkungen des Ganzen zu betrachten: Zu berücksichtigen sind damit nicht nur die

---

1) Zu dieser Differenzierung vgl. Schneider, D., Investition und Finanzierung (1980), S. 23 ff., 158 ff.

2) Statt vieler vgl. Bierich, M., Kapitalbeschaffung, (zfbf 1983), S. 41 ff., bes. S. 44 ff.

Steuern, die die Unternehmung zu entrichten hat, sondern auch die Steuerwirkungen auf der Ebene des Kapitalgebers. (1) Ob ein festgestellter Kapitalbedarf durch vorhandene Eigenmittel oder Fremdmittel gedeckt werden soll und - gegebenenfalls - ob die Eigenmittel als Eigenkapital oder als (Gesellschafter-)Darlehen zur Verfügung gestellt werden sollen, bestimmt sich damit unter Berücksichtigung der Steuerwirkungen auf Unternehmens- und Kapitalgeberebene.

III. Abgrenzung der Steuerarten

In den steuerlichen Finanzierungsvergleich werden die von der Finanzierungsentscheidung beeinflußten Steuerarten einbezogen. Steuerwirkungen ergeben sich vor allem bei der Einkommen- und Körperschaftsteuer, der Gewerbeertrag- und Gewerbekapitalsteuer sowie bei der Vermögensteuer. Darüber hinaus sind bei Kapitalgesellschaften die bei der Begebung von Nominalkapital erhobene Gesellschaftsteuer und die bei späteren Anteilstransaktionen anfallende Börsenumsatzsteuer von Bedeutung. Andere Steuerarten, wie etwa die Erbschaftsteuer und Schenkungsteuer, von denen im Einzelfall erhebliche finanzierungs- und rechtsformspezifische Steuerdifferenzierungen ausgehen können, bleiben unberücksichtigt.

IV. Beurteilungsmaßstab

Versucht man, die Steuerbelastungswirkungen der verschiedenen Kapitalbeschaffungsformen zu beurteilen, stellt sich das Problem des anzulegenden Beurteilungsmaßstabs. Mangels Kenntnis des "richtigen" Maßstabs bleibt man auf den Vergleich angewiesen. Mehrere Vergleichsmöglichkeiten bieten sich an (Abb. 2).

Je nach Fragestellung kann man gegenüberstellen

1) Unternehmensbesteuerung in Vergangenheit und Gegenwart

---

1) In gleichem Sinne stellt Hax fest: "Eine Vernachlässigung der Gesellschaftersphäre bei finanzwirtschaftlichen Entscheidungskalkülen ist also prinzipiell nicht zulässig" (Hax, H., Finanzwirtschaftliche Entscheidungen, (BFuP 1979), S. 319).

Abb. 2: Mögliche Vergleichskonstellationen

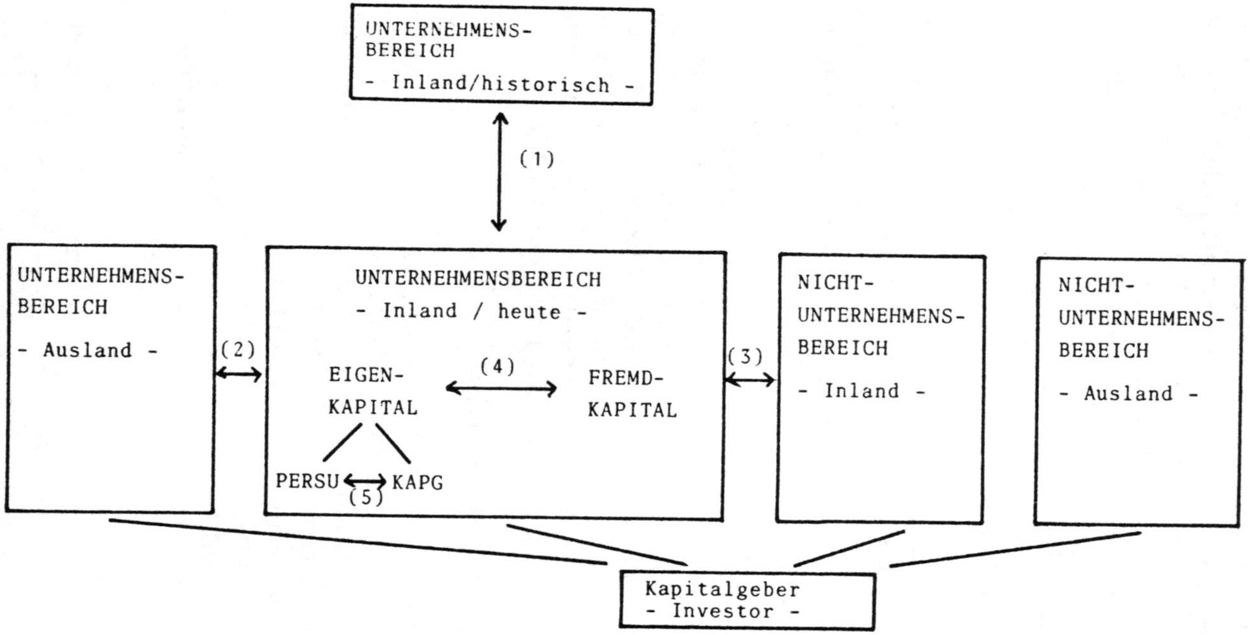

2) Unternehmensbesteuerung im In- und Ausland
3) Besteuerung des Unternehmens- und Nicht-Unternehmensbereichs
4) Besteuerung von Eigen- und Fremdkapital im Unternehmensbereich
5) Besteuerung des Eigenkapitals bei Personenunternehmen und Kapitalgesellschaften

Die Auswahl der Vergleichsobjekte wird von der Fragestellung bestimmt. So wird man etwa im Rahmen des Problems "internationale Wettbewerbsfähigkeit inländischer Unternehmen" einen Vergleich zwischen der Unternehmensbesteuerung im In- und Ausland ziehen; bei der Frage der "Rechtsformneutralität der Besteuerung" hingegen wird eine Gegenüberstellung der Besteuerung von Personenunternehmen und Kapitalgesellschaften erfolgen.

Die Durchführung steuerlicher Belastungsvergleiche alternativer Finanzierungsformen kann einmal auf der Basis von Nettogrößen nach Berücksichtigung aller Steuerwirkungen (sog. Nettobelastungsvergleiche - Anlage 1) oder auf der Basis von Bruttogrößen erfolgen, die zur Deckung der Steuern und vorgegebener Mindestvergütungen erforderlich sind (Mindestertragsbedarfsrechnungen - Anlage 2).

Will man die im konkreten Vergleich festgestellten Besteuerungsunterschiede beurteilen, bedingt dies die Festlegung eines Referenzpunktes, von dem aus die eine oder andere Besteuerungssituation als bevorzugt oder benachteiligt bezeichnet wird. Die Auswahl eines bestimmten Bezugspunktes stellt eine zunächst noch unbegründete Wertentscheidung dar. Zu beachten ist, daß Auswahl der Vergleichsobjekte und Festlegung des Referenzpunktes Ergebnisse und Folgerungen beeinflussen.

C. Einfluß der Besteuerung auf die Beteiligungsfinanzierung

Im Rahmen der Eigenkapitalzuführung von außen (Beteiligungsfinanzierung) lassen sich für den Kapitalgeber mit der Kapitalzuführung, der laufenden Kapitalnutzung und der Kapitalrückführung drei Phasen steuerlichen Einflusses unterscheiden.

I. Besteuerung der Zuführung von Beteiligungskapital

Die erstmalige Zuführung von Beteiligungskapital bei Gründung eines Unternehmens und weitere Eigenkapitalerhöhungen sind steuerlich grundsätzlich unbeachtlich.

Abweichend von dieser Grundsatzregelung unterliegt die Zuführung von Beteiligungskapital in inländische Kapitalgesellschaften der Gesellschaftsteuer in Höhe von 1 v. H.; spätere entgeltliche Transaktionen dieser Anteilswerte lösen Börsenumsatzsteuer in Höhe von 2,5 v. T. aus. (1)

Die genannten Kapitalverkehrsteuern "Gesellschaftsteuer" und " Börsenumsatzsteuer" waren ursprünglich als Stempelabgaben bei Beurkundungsvorgängen konzipiert und sind erst im Jahr 1922 in einem einheitlichen Kapitalverkehrsteuergesetz zusammmengefaßt worden. (2) Als Rechtfertigung wurde - und wird offenbar bis heute (3) - mangels besserer Begründung der sog. Bewertungsdifferenzgedanke herangezogen: Ein Käufer schätzt den Nutzen eines Kaufobjektes höher ein als der Verkäufer; an der Bewertungsdifferenz könne der Staat teilhaben. Insoweit konsequent unterlagen Gesellschaftsrechte an Kapital- und Personengesellschaften der Besteuerung. Unter dem Einfluß nationalsozialistischer Wirtschaftsauffassung wurden die Personengesellschaften im Kapitalverkehrsteuergesetz 1934 zunächst von der Besteuerung befreit; als Rechtfertigung der Kapitalverkehrsteuern für Kapitalgesellschaften diente nunmehr die Behauptung, daß dem unpersönlichen Kapitalanteil eine besondere Leistungsfähigkeit innewohne. (4)

---

1) Zu Einzelheiten und Ausnahmeregelungen vgl. §§ 2 ff., 17 ff. KVStG. Als Kapitalgesellschaft im Sinne des Kapitalverkehrsteuergesetzes gilt auch die GmbH & Co KG (§ 5 Abs. 2 Nr. 3 KVStG).

2) Kapitalverkehrsteuergesetz vom 20.4.1922, RGBl. I S. 354.

3) Vgl. hierzu Tipke, K., Steuerrecht (1983), S. 407, 456 f., 460.

4) Vgl. die amtliche Begründung zum Kapitalverkehrsteuergesetz vom 16.10.1934 (RGBl. I S. 1058), RStBl. 1934 S. 1460, insbes. S. 1462.

Weder der Bewertungsdifferenzgedanke noch die behauptete besondere Leistungsfähigkeit des anonymen Kapitals sind geeignet, die gegenwärtige Besteuerung nach dem Kapitalverkehrsteuergesetz zu begründen. Eher dürfte die Vermutung zutreffen, daß die Kapitalverkehrsteuern - wie die meisten Verkehrsteuern - keinen tieferen Sinn haben, als dem Staate Geld zu bringen. (1) Angesichts des relativ geringen Aufkommens beider Steuerarten (2), ihrer rechtlichen Kompliziertheit und der aufwendigen Verwaltung ist indes auch dieses Argument hinfällig, wohl eher ist es nur "gedankenloses Festhalten am Altüberkommenen" (3), daß die Kapitalverkehrsteuern mit ihren wettbewerbsverzerrenden und eigenkapitaldiskriminierenden Wirkungen beibehalten werden.

II. Laufende Besteuerung von Beteiligungskapital

In der Betriebsphase unterliegt das dem Unternehmen zugeführte Beteiligungskapital einmal mit seinen "Kapitalerträgnissen" der Körperschaft- bzw. Einkommensteuer und der Gewerbeertragsteuer, zum anderen wird die "Kapitalsubstanz" der Vermögensteuer und der Gewerbekapitalsteuer unterworfen.

Die Unternehmensbesteuerung ist dabei durch zwei Besonderheiten gekennzeichnet: Durch die Erhebung von Sondersteuern, der Gewerbesteuer und - faktisch - der Vermögensteuer, und durch eine starke Differenzierung der Besteuerung zwischen Personen- und Kapitalgesellschaften.

1. Sondersteuer "Gewerbesteuer"

Über die allgemein erhobenen Steuern hinaus unterliegt das in gewerblichen Unternehmen eingesetzte Kapital

1) So BFH vom 8.11.1972, II B 24/72, BStBl. 1973 II S. 94 (96).

2) Im Jahr 1982 betrug das Steueraufkommen bei der Gesellschaftsteuer ca. 313 Mio. DM, bei der Börsenumsatzsteuer ca. 196 Mio. DM, insgesamt weniger als 1,5 v. T. des Gesamtsteueraufkommens von ca. 379 Mrd. DM.

3) Schneider, D., Unternehmensbesteuerung (1982), S. 196 f.; vgl. auch Wöhe, G., Steuern (1983), S. 303 ff.

einer Sondersteuer, der Gewerbesteuer, die an die Komponenten "Gewerbeertrag" und "Gewerbekapital" anknüpft.

Die Gewerbesteuer, die ursprünglich als Ertragsteuer gleichsam als Vorläufer der Einkommensteuer konzipiert und deren Abschaffung bei Einführung der allgemeinen Einkommensteuer offenbar "übersehen" wurde, will die "objektive" Leistungskraft eines Betriebes erfassen. Subjektiv bedingte Unterschiede etwa in den Eigentumsverhältnissen bei den Potentialfaktoren (Eigentum oder Miete bzw. Pacht) oder in der Herkunft des Kapitals (Eigen- oder Fremdkapital) sollen durch Hinzurechnungen und Kürzungen ausgeschaltet werden.

Die Ermittlung der Gewerbesteuerbelastung folgt dem allgemeinen Grundmuster "Bemessungsgrundlage mal Steuersatz", wobei jedoch einige Besonderheiten zu beachten sind:

1) Die Bemessungsgrundlagen "Gewerbeertrag" und "Gewerbekapital" gehen von den Ausgangsgrößen "Gewinn aus Gewerbebetrieb" bzw. "Einkommen vor Verlustabzug" und "Einheitswert des gewerblichen Betriebs" aus, modifizieren diese aber erheblich durch Hinzurechnungen und Kürzungen, die die Erfassung der "objektiven" Ertragskraft sicherstellen sollen.

2) Der "Steuersatz" ergibt sich entsprechend der Ausgestaltung der Gewerbesteuer als Gemeindesteuer aus der Steuermeßzahl und dem gemeindlichen Hebesatz. Zu berücksichtigen ist dabei, daß die Gewerbesteuer Betriebsausgabe ist und daher bei ihrer eigenen Bemessungsgrundlage abzugsfähig ist.

Legt man einen gemeindlichen Hebesatz von 400 v. H. zugrunde, so ergeben sich bei den geltenden Meßzahlen zunächst nominelle Belastungen von 0,8 v. H. des Gewerbekapitals und von 20 v. H. des Reinertrags vor Gewerbesteuer. Infolge der Abzugsfähigkeit der Gewerbesteuer bei sich selbst stellt sich die Effektivbelastung für die Gewerbeertragsteuer auf ca. 16,67 v. H. des um die Gewerbekapitalsteuer verminderten Reinertrags. Insgesamt ergibt sich somit gegenüber einem Zustand ohne Gewerbesteuer eine gewerbesteuerliche Zusatzbelastung in Höhe der Gewerbekapitalsteuer von 0,8 v. H. des Gewerbekapitals und der Gewerbeertragsteuer in Höhe von 16,67 v. H. des um die Gewerbekapitalsteuer verminderten Reinertrags. (1)

Hierzu ein einfaches Beispiel, von gewerbesteuerlichen Hinzurechnungen und Kürzungen wurde abgesehen:

Tab. 1: Belastung durch Gewerbesteuer

Annahmen: - Reinertrag 100 - Gewerbekapital 1000 - Gewerbesteuermeßzahlen 2 v.T./5 v.H. - Gewerbesteuerhebesatz 400 v.H.	Belastung durch Gewerbesteuer
Reinertrag	100
./. Gewerbekapitalsteuer	8
= Reinertrag nach Gewerbekapitalsteuer	92
./. Gewerbeertragsteuer	15,33
= Gewerbeertrag (nach Gewerbesteuer)	76,67

---

1) In allgemeiner Darstellung (Symbolverzeichnis am Ende des Beitrags)

Effektiver Gewerbeertragsteuersatz

$$s_{GE} = \frac{s^*_{GE}}{1+s^*_{GE}}$$

Gewerbesteuerbelastung

$$S_G = B \cdot s_{GK} + (R - B \cdot s_{GK}) \cdot s_{GE}$$
$$= B \cdot s_{GK} + R \cdot s_{GE} - B \cdot s_{GK} \cdot s_{GE}$$

Berücksichtigt man schließlich, daß die Gewerbesteuer im Rahmen der Einkommen-/Körperschaftsteuer als abzugsfähige Betriebsausgabe anerkannt ist, können sich in Abhängigkeit vom Steuersatz kompensatorische Steuerentlastungen ergeben. Diese bemessen sich nach der abziehbaren Gewerbesteuer und dem anzuwendenden Differenzsteuersatz der Einkommen-/Körperschaftsteuer. Unter Berücksichtigung der Entlastungen ergeben sich im Beispiel aus Tab. 1 somit definitive Mehrbelastungen bei einem Einkommen- bzw. Körperschaftsteuersatz von Null in Höhe von DM 23,33 und beim Spitzensatz von 56 v. H. in Höhe von DM 10,27. (1)

Insgesamt erweist sich, daß die Gewerbesteuer aufgrund ihrer speziellen Ausgestaltung

- Ertragsunabhängigkeit der Gewerbekapitalsteuer,
- weitgehende Ertragsunabhängigkeit auch der Gewerbeertragsteuer wegen der Hinzurechnungsbestimmungen,
- fehlende Möglichkeit eines Verlustrücktrages und
- eingeschränkte Verlustvortragsmöglichkeit

vor allem bei rückläufigen Erträgen zu einer erdrückenden Belastung werden kann.

Die Gewerbesteuer, für deren Rechtfertigung teilweise noch heute das längst überwunden geglaubte Äquivalenzprinzip herangezogen wird, läßt sich mit einer Besteuerung nach der Leistungsfähigkeit nicht vereinbaren. (2) Dies gilt im Hinblick auf die Tatsache, daß für einen Bereich zusätzlich eine diskriminierende Sondersteuer erhoben wird, wie auch darauf, daß die Größen "objektivierter Gewerbeertrag" und "objektiviertes Gewerbeka-

---

1) In allgemeiner Darstellung beträgt die definitive Mehrbelastung durch die Existenz der Gewerbesteuer

$$s_{E/G} = (1-s_E)\,(B \cdot s_{GK} + R \cdot s_{GE} - B \cdot s_{GK} \cdot s_{GE})$$

Bei Einbeziehung der Kirchensteuer von 9 v. H. errechnet sich der Einkommensteuerhöchstsatz zu 58,111 v. H.

2) Vgl. hierzu Schneider, D., Unternehmensbesteuerung (1982), S. 163 und Wöhe, G., Steuern (1983), S. 173 ff.

pital" als steuerliche Bemessungsgrundlagen ökonomisch nicht begründbar und untauglich sind.

Die genannten Grundmängel und der Umstand, daß international eine Gewerbesteuer nicht oder in nicht vergleichbarer Weise erhoben wird und national erhebliche hebesatzbedingte Belastungsunterschiede bestehen, führen unter den konkurrierenden Unternehmen zu erheblichen Wettbewerbsverzerrungen auf den Absatzmärkten. Die Tatsache schließlich, daß nur die Kapitalanlage in der Unternehmung der Sondersteuer unterliegt, schafft für kapitalnachfragende Unternehmen Wettbewerbsnachteile gegenüber konkurrierenden gewerbesteuerfreien Anlageformen.

Auf ein Weiteres sei schließlich hingewiesen: Nach dem Zweck des Gesetzes soll die objektive "Ertragskraft" besteuert werden, soll der Zugriff der Besteuerung unabhängig von der subjektiv bedingten Finanzierungsstruktur erfolgen. Die Gleichbelastung von Eigen- und Fremdkapital ist dabei durch die Hinzurechnung des ständig verfügbaren Fremdkapitals und der entsprechenden Zinsen - sog. Dauerschulden und Dauerschuldzinsen - bewerkstelligt worden; der naheliegende Weg, die Gleichbehandlung durch Abzug des (angemessenen) Eigenkapitals und der (angemessenen) Eigenkapitalzinsen zu erreichen, wurde nicht beschritten. Abgesehen von der kaum lösbaren Abgrenzungsproblematik zwischen Dauerschulden und Nicht-Dauerschulden, die juristischen Dauerkonfliktstoff liefert, ist die Gleichbehandlung mit der Einführung von Freibeträgen für Dauerschulden bei der Gewerbekapitalsteuer durchbrochen worden. Die mit dem Haushaltsbegleitgesetz 1983 (1) eingeführte und ab dem Ermittlungszeitraum 1983 geltende eingeschränkte Hinzurechnung von Dauerschulden und Dauerschuldzinsen - ab 1983 erfolgt die Hinzurechnung nur noch zu 60 %, ab 1984 zu 50 % - schaffen weitere gewerbesteuerliche Erleichterungen für

---

1) Vgl. die Änderungen durch das Haushaltsbegleitgesetz 1983, BStBl. 1982 I S. 972.
Zu den steuerlichen Auswirkungen vgl. die steuerlichen Belastungsrechnungen im Anhang.

langfristiges Fremdkapital. Je nach Standpunkt wird man dies als systemwidrigen Eingriff bezeichnen oder von einer längst überfälligen Entlastung des Fremdkapitals sprechen können. Wie auch immer, es ist damit eine gewerbesteuerliche Ungleichbehandlung zu konstatieren, mit der gewerbesteuerliche Präferenzen für langfristiges Fremdkapital geschaffen werden. Ob diese Wirkung erwünscht und zeitgemäß ist, mag dahinstehen.

Mag man gewerbesteuerliche Entlastungsmaßnahmen wie Freibetragsregelungen, eingeschränkte Hinzurechnungen u. a. auch begrüßen, letztlich sind sie nur Stückwerk. Geht man davon aus, daß die entstehungsgeschichtlich begründbare Gewerbesteuer heute nicht mehr begründet werden kann, bleibt als Schlußfolgerung nur die vollständige Abschaffung dieses historischen Relikts. Daß der hierbei auftretende beträchtliche Einnahmenausfall - insbesondere für die kommunalen Haushalte - ausgeglichen werden muß, erscheint selbstverständlich. Auf die zahlreichen, im Rahmen der Gemeindesteuerreformdiskussion entwickelten Lösungsvorschläge sei hier nur hingewiesen. (1) Ebenso selbstverständlich sollte es allerdings auch sein, die eben abgeschaffte Gewerbesteuer nicht durch eine "Super-Gewerbesteuer" - wie sie teilweise in der vom Wissenschaftlichen Beirat empfohlenen Wertschöpfungsteuer (2) gesehen wird (3) - ersetzt wird.

2. Faktische Sondersteuer "Vermögensteuer"

Neben der Sonderbelastung durch Gewerbesteuer geht faktisch eine weitere steuerliche Zusatzbelastung für den Unternehmensbereich von der gegenwärtigen Praxis der Vermögensbesteuerung aus.

---

1) Vgl. hierzu die zusammenfassende Gegenüberstellung bei Ritter, W., Abbau der Gewerbesteuer, (BB 1983), S. 389 ff. mit Literaturnachweisen.

2) Für einen Überblick vgl. Wissenschaftlicher Beirat, Gutachten zur Reform der Gemeindesteuern (1982).

3) Vgl. Fischer, L., Belastungen, (BdW vom 9.9.1982, Nr. 173), S. 4.

Nach den vorliegenden Zahlen der Vermögensteuer-Statistiken, die im Anschluß an jede Hauptveranlagung erstellt werden, entfällt nach einer Untersuchung von Flume die Vermögensteuer im Jahr 1972 zu nahezu 93 v. H. auf Unternehmensvermögen (1). Nach den entsprechend aufbereiteten Zahlen der Vermögensteuerstatistik 1977 beträgt dieser Anteil ca. 88 v. H. (2) Diese starke Konzentration ist sicherlich zu einem Teil mit den Freibeträgen zu erklären, die natürliche Personen mit Vermögen unterhalb dieser Freibeträge vor Vermögensteuerzahlungen bewahrt. Bedeutsamer erscheinen indessen folgende Gründe:

1) Für den gewerblichen Unternehmensbereich ist alljährlich eine Vermögensaufstellung anzufertigen. Damit erfolgt eine laufende Dokumentation von Bestand und Entwicklung des Unternehmensvermögens; diese macht die Steuerquelle aktenkundig und liefert Hinweise für erforderliche Erst- oder Nachveranlagungen.

   Demgegenüber ist eine ähnliche Dokumentation für das "Sonstige Vermögen" nicht gegeben. Nach § 19 VStG wird dem "unbeschränkt Vermögensteuerpflichtigen" lediglich die Verpflichtung auferlegt, bei Überschreiten bestimmter Vermögensgrenzen eine Vermögensteuererklärung abzugeben. Man kann wohl davon ausgehen, daß Unkenntnis oder "Vergeßlichkeit" erhebliche Besteuerungslücken schaffen.

2) Gravierende Belastungsunterschiede sind ferner auf die unterschiedliche Bewertung der einzelnen Vermögensarten zurückzuführen. Betriebsvermögen ist grundsätzlich tageswertorientiert zu bewerten, lediglich enthaltene Grundstücke sind mit dem maßgebenden Einheitswert anzusetzen.

---

1) Vgl. Flume, W., Vermögensteuer, (StuW 1980), S. 185. Dem Betrieb eines Gewerbes steht nach dem Bewertungsgesetz die Ausübung eines freien Berufes iSd § 18 Abs. 1 Nr. 1 EStG gleich (vgl. § 96 Abs. 1 BewG).

2) Vgl. Statistisches Bundesamt (Hrsg.), Vermögensteuer 1977, S. 18 f.; eigene Berechnungen.

Demgegenüber erfolgt die Bewertung von Nicht-Betriebsvermögen - vom sonstigen Vermögen abgesehen - nicht tageswertorientiert. Land- und forstwirtschaftliche Vermögen werden weitgehend mit dem Ertragswert angesetzt, der erhebliche Subventionselemente enthält. (1) Grundvermögen wird zu zeitfernen, steuertechnischen "Einheitswerten" angesetzt, wobei die Gleichbehandlung zum betrieblichen Grundbesitz nur scheinbar ist. Zwar ist stets der gemeine Wert zu ermitteln, indes liefert das im Nicht-Unternehmensbereich regelmäßig angewandte Ertragswertverfahren erheblich geringere "gemeine Werte" als das im Unternehmensbereich regelmäßig zugrunde gelegte Sachwertverfahren.

3) Weitere Belastungsdifferenzierungen können sich schließlich aus der speziellen Abgrenzung von Vermögen und Schulden in der Vermögensaufstellung und aus der partiellen Nichterfassung privaten Vermögens (§§ 110, 111 BewG) ergeben.

Der Folgerung von Flume ist daher zuzustimmen: "Die Vermögensteuer ist vornehmlich zu sehen als Besteuerung des Unternehmensvermögens, sei es des Betriebsvermögens von Personalunternehmen oder des Vermögens von Kapitalgesellschaften." (2)

Geht man für eine erste Abschätzung der Vermögensteuerbelastung von einem Steuersatz von 0,5 v. H. aus, errechnet sich für das Ausgangsbeispiel wegen der Nichtabzugsfähigkeit der Vermögensteuer ein zur Deckung von Gewerbe- und Vermögensteuer erforderlicher Mindestertrag von DM 14 beim Einkommensteuersatz Null und

---

1) Nach Auffassung von Troll betragen die Einheitswerte bei land- und forstwirtschaftlichen Vermögen im Durchschnitt nur noch 1 bis 5 v. H., bei Grundvermögen noch 10 bis 20 v. H. des Verkehrswertes (vgl. Troll, M., Vermögensteuer, (BB-Beilage 6/1983), S. 6).

2) Flume, W., Vermögensteuer, (StuW 1980), S. 185.

von DM 21,64 beim Spitzensteuersatz. (1)

Aus der festgestellten einseitigen Vermögensbesteuerung des Unternehmensbereichs werden unterschiedliche Folgerungen gezogen: Ein Reformvorschlag trägt der gegenwärtig zu beobachtenden faktischen Nichtbesteuerung des Nicht-Unternehmensbereichs insoweit Rechnung, als er die Vermögensbesteuerung auch rechtlich auf das Unternehmensvermögen begrenzen möchte. (2) Der Vorschlag ist zweifellos konsequent, nur zementiert er unerwünschte und einseitige Sonderbelastungen des Unternehmensbereichs mit ihren negativen Wettbewerbswirkungen. Ein anderer Vorschlag zielt auf die gänzliche Abschaffung der Vermögensteuer ab. (3) Diese Forderung stützt sich vor allem darauf, daß die heutige Rechtfertigung der Vermögensteuer als Ergänzungsteuer zur Einkommensbesteuerung fundierter Einkommen ökonomisch nicht zu begründen ist. (4) Erscheint dieser Vorschlag zu weitgehend und - zumindest derzeit - kaum finanzierbar, müssen sich die Überlegungen auf eine weitestgehende Gleichbehandlung im Rahmen der Vermögensbesteuerung richten. (5) Notwendig ist dabei auch, gleichwertige verfahrensmäßige Voraussetzungen für eine möglichst vollständige Erfassung des steuerpflichtigen Vermögens zu schaffen und

---

1) In allgemeiner Darstellung:

$$BE = B \quad s_{GK} + B \cdot \frac{s_V}{(1-s_{GE})(1-s_E)}$$

2) Vgl. Flume, W., Vermögensteuer, (StuW 1980), S. 186 ff.

3) Vgl. insbesondere Schneider, D., Vermögensbesteuerung, (Finanzarchiv 1979), S. 26 ff.; ders., Rechtfertigung, (StuW 1979), S. 38 ff.

4) Vgl. Schneider, D., Unternehmensbesteuerung (1982), S. 206 f.

5) Der im Rahmen des Steuerentlastungsgesetzes 1984 vorgesehene Freibetrag für Betriebsvermögen, die Regelung, Betriebsvermögen generell nur mit 75 v. H. des festgestellten Wertes für die Vermögensteuer heranzuziehen, sowie die geplante Senkung des Vermögensteuersatzes für Kapitalgesellschaften auf 0,6 v. H. (vgl. §§ 117 a BewG, 10 Nr. 2 VStG, gemäß Entwurf-StEntlG 1984, BT-Drs. 10/336, S. 5 f.) kann insoweit auch als erster Schritt zur Abschaffung der Vermögensteuer oder zur Angleichung der Bemessungsgrundlagen interpretiert werden.

Verfahren zu entwickeln, die unabhängig von der Art des zu bewertenden Vermögens vergleichbare steuerliche Bemessungsgrundlagen ermitteln.

3. Besteuerungsunterschiede zwischen Personenunternehmen und Kapitalgesellschaften

Der Unternehmensbereich wird durch die Erhebung der Sondersteuer "Gewerbesteuer" und die faktische Sonderbesteuerung durch die Vermögensteuer gegenüber dem Nicht-Unternehmensbereich steuerlich höher belastet. Darüber hinaus zeigen sich innerhalb des Unternehmensbereichs erhebliche, rechtsformabhängige Besteuerungsunterschiede zwischen Personenunternehmen und Kapitalgesellschaften. Diese treten im Rahmen der Einkommen- und Körperschaftsteuer, der Gewerbesteuer und der Vermögensteuer auf.

a) Besteuerungsunterschiede bei der Einkommen- und Körperschaftsteuer

Besteuerungsunterschiede im Rahmen der Einkommen- und Körperschaftsteuer beruhen grundlegend darauf, daß bei Personengesellschaften - anders als bei Kapitalgesellschaften - zivilrechtlich wirksame Verträge der Gesellschaft mit ihren Gesellschaftern steuerrechtlich keine Anerkennung finden. Dies äußert sich zum einen darin, daß aufgrund solcher Verträge geleistete Vergütungen als im Gesellschaftsverhältnis begründet gelten und als Entnahme eines Gewinnanteils oder als Einlage behandelt werden. Die Vergütungen sind damit z. B. nicht Einkünfte aus nichtselbständiger Tätigkeit oder aus Kapitalvermögen, die dort anwendbaren Freibeträge und diversen Sonderregelungen kommen nicht in Betracht. In konsequenter Fortführung dieser Erwägungen werden ferner die vom Gesellschafter seiner Personenunternehmung überlassenen Wirtschaftsgüter dem Betriebsvermögen zugeordnet mit der steuerlich nachteiligen Folge, daß künftig entstehende stille Reserven der Steuerpflicht unterliegen.

Besteuerungsunterschiede zeigen sich weiterhin darin,

daß wegen der fehlenden steuerlichen Rechtspersönlichkeit bei Personenunternehmen Gewinne und Verluste mit steuerlicher Wirkung unmittelbar den Eigenkapitalgebern zugerechnet und bei ihnen dem progressiven Einkommensteuertarif unterworfen werden.

Bei Kapitalgesellschaften hingegen bewirkt die eigene juristische Rechtspersönlichkeit, daß Gewinne und Verluste zunächst auf der Ebene der Gesellschaft verbleiben und dort von der Körperschaftsteuer, deren Satz dem Höchstsatz der Einkommensteuer entspricht, erfaßt werden. Da die Körperschaftsteuer nach der Körperschaftsteuerreform 1977 gleichsam als vorwegbezahlte Einkommensteuer ("Interimsteuer") anzusehen ist, bedeutet dies, daß sich die Steuervorauszahlungen der Anteilseigner von ihrer individuellen Einkommensteuerprogression immer nach dem Höchstsatz bemessen. Erst im Falle der Ausschüttung wird die vorwegbezahlte Körperschaftsteuer beim Anteilseigner in voller Höhe angerechnet und gegebenenfalls auf das individuelle Progressionsniveau herabgeschleust. Die skizzierte Erhebungstechnik kann zu Zinsverlusten aus überhöhten Vorauszahlungen führen, kann aber auch gezielt zur Gestaltung der steueroptimalen Ausschüttung eingesetzt werden. (1) Schließlich ergeben sich bedeutsame Auswirkungen aus dem Umstand, daß nur Gewinne ausschüttbar sind. Verluste bleiben auf der Ebene der Gesellschaft und können allenfalls im Wege des interperiodischen Verlustausgleichs - zweijähriger Rücktrag, fünfjähriger Vortrag - kompensiert werden.

b) Besteuerungsunterschiede bei der Vermögensteuer

Gravierende Besteuerungsunterschiede sind schließlich im Rahmen der Vermögensbesteuerung von Personen- und Kapitalgesellschaften festzustellen. Bei Personenunternehmen wird das Betriebsvermögen mit dem sog. Einheitswert direkt anteilig auf die Gesellschafter verteilt

---

1) Bei stark schwankendem Einkommen der Anteilseigner und einer Besteuerung im progressiven Tarifbereich kann die Ausschüttungspolitik zur Einkommensglättung und damit zur Minderung der absoluten Steuerzahlungen herangezogen werden.

und einem Steuersatz von 0,5 v. H. unterworfen. (1)

Demgegenüber wird das in Kapitalgesellschaften gebundene Vermögen in zweifacher Weise erfaßt. Zum einen erfolgt eine Vermögensbesteuerung auf der Ebene der Kapitalgesellschaft. Hier wird der Einheitswert des Betriebsvermögens dem Vermögensteuersatz von 0,7 v. H. unterworfen. (2) Wegen der Behandlung der Vermögensteuer als nichtabziehbare Aufwendung kann es in bestimmten Fällen zu einer nicht kompensierten Schattenwirkung durch Körperschaftsteuer in Höhe von (56/44=) 127 v. H. der Vermögensteuer kommen. (3) Zum zweiten werden die Gesellschafter für ihre Anteile mit einem Steuersatz von 0,5 v. H. auf den gemeinen Wert (= Verkehrswert) zur Vermögensteuer herangezogen.

Zum erwähnten Schatteneffekt eine kurze Anmerkung: Berücksichtigt man die Einkommensbesteuerung des Anteilseigners, so zeigt sich, daß bei vollständiger Gewinnausschüttung die Schattenwirkung nur bei einem individuellen Steuersatz von 0 v. H. in voller Höhe besteht. Mit steigendem Einkommensteuersatz nimmt die körperschaftsteuerliche Schattenwirkung ab und wird bei einem Steuersatz von 56 v. H. schließlich voll durch Einkom-

---

1) Nach dem Entwurf eines Steuerentlastungsgesetzes 1984 ist in § 117 a BewG vorgesehen, einen Freibetrag von DM 125.000 steuerfrei zu belassen und den übersteigenden Wert nur zu 75 v. H. zur Besteuerung heranzuziehen (Entwurf-StEntlG 1984, BT-Drs. 10/336, S. 5).

2) Eine Reduzierung des Vermögensteuersatzes auf 0,6 v. H. ist durch das Steuerentlastungsgesetz 1984 vorgesehen (Entwurf-StEntlG 1984, BT-Drs. 10/336, S. 6).

3) Man beziffert daher den "effektiven" Vermögensteuersatz der Kapitalgesellschaft auf

$$\frac{s_{VK}}{(1-s_K)} \Rightarrow \frac{0{,}7}{1-0{,}56} = 1{,}59 \text{ (ohne Gewerbeertragsteuer)}$$

oder

$$\frac{s_{VK}}{(1-s_K)(1-s_{GE})} \Rightarrow \frac{0{,}7}{0{,}44 \cdot 0{,}833} = 1{,}91 \text{ (mit Gewerbeertragsteuer)}$$

mensteuerminderzahlungen kompensiert. Bei höheren Steuersätzen (unter Berücksichtigung der Kirchensteuer) kann es damit sogar zu einer Überkompensation, einer "negativen Schattenwirkung", kommen. (1) Unter diesen Gegebenheiten trifft die Schattenwirkung typischerweise eher den Kleinaktionär als den Großaktionär.

Die ausgeführte Zwei- und Mehrfachbelastung wirtschaftlich identischen Vermögens (2) und die Schattenwirkung der Körperschaftsteuer, die vor allem den Klein-Aktionär trifft, lassen eine Beseitigung dieser vermögensteuerlichen Mehrbelastung dringend geboten erscheinen. An Reformvorschlägen mangelt es nicht. (3)

c) Besteuerungsunterschiede bei der Gewerbesteuer

Besteuerungsunterschiede zwischen Personen- und Kapitalgesellschaften ergeben sich bei der Gewerbesteuer durch Unterschiede in der Bemessungsgrundlage und im Tarif.

Erhebliche Unterschiede in der Bemessungsgrundlage beruhen darauf, daß die Ausgangsgröße zur Ermittlung von Gewerbeertrag und Gewerbekapital bei Personenunternehmen - anders als bei Kapitalgesellschaften - die Beziehungen zwischen Gesellschaft und ihren Gesellschaftern nicht berücksichtigt. Auch können in der Ausgangsgröße "Gewinn aus dem Gewerbebetrieb" Gewinne aus Sonderbetriebsvermögen enthalten sein, die bei entsprechender Gestaltung mit einer Kapitalgesellschaft im Regelfalle steuerfrei belassen würden

Die gewerbesteuerlichen Nachteile der Personenunterneh-

---

1) Vgl. auch Siegel, T., Steuerwirkungen (1982), S. 223 f.

2) Eine Mehrfachbelastung tritt auf, wenn Kapitalgesellschaften Anteile an anderen Kapitalgesellschaften halten. Sie greift allerdings nicht ein, wenn das sog. Schachtelprivileg Anwendung findet (§ 102 BewG; eine Senkung der "Schachtelgrenze" von 25 v. H. auf 10 v. H. ist vorgesehen (Entwurf-StEntlG 1984, BT-Drs. 10/336, S. 5).

3) Für einen aktuellen Überblick vgl. Institut "Finanzen und Steuern", Zur Beseitigung (1982).

mung in bezug auf die Bemessungsgrundlagen werden durch die Gewährung eines speziellen tariflichen Freibetrages für Personenunternehmen bei der Gewerbeertragsteuer in Höhe von derzeit DM 36.000 nur unzureichend ausgeglichen.

Man kann die in der Regel geringere Gewerbesteuerbelastung der Kapitalgesellschaft gegenüber der Personenunternehmung als gewissen Ausgleich zur sonst zu beobachtenden Höherbesteuerung der Kapitalgesellschaft sehen. Allerdings erscheint der Ausgleich eher zufällig und willkürlich. Sicherlich aber wäre eine Beseitigung der Gewerbesteuer ein guter Beitrag auch zu der vielfach geforderten rechtsformneutralen Besteuerung.

III. Besteuerung der Rückzahlung von Beteiligungskapital

Die Rückzahlung von Beteiligungskapital an die Anteilseigner gestaltet sich bei Personenunternehmen wie auch bei Kapitalgesellschaften grundsätzlich steuerneutral.

Ausnahmen können sich bei Personenunternehmen ergeben, wenn steuerwirksam gebildete stille Reserven aufgrund steuerlicher Begünstigungsvorschriften für Veräußerungsgewinne nicht voll besteuert werden. (1) Darüber hinaus unterliegen Gewinne aus der Veräußerung oder Aufgabe von Personenunternehmen nicht der Gewerbeertragsteuer, (2) während diese Befreiung für Veräußerungsgewinne bei Kapitalgesellschaften keine Geltung hat.

IV. Zwischenergebnis

Die Zuführung von Beteiligungskapital in der Unternehmenssphäre steht steuerlich unter keinem guten Stern:

---

1) Nach §§ 16, 34 EStG wird für Veräußerungsgewinne eine Freigrenze eingeräumt und unterliegen übersteigende Gewinne dem halben durchschnittlichen Steuersatz. Daß eine solche Regelung mit ihrer "Transformationswirkung" auch gezielt bei den sog. steuerbegünstigten Kapitalanlagen eingesetzt wird, kann nicht überraschen.

2) Vgl. Abschn. 39 Abs. 3, 41 GewStR.

Im gesamten gewerblichen Unternehmensbereich wird eine Sondersteuer, die Gewerbesteuer, erhoben. Dies bedeutet c. p. eine steuerliche Diskriminierung des Kapitaleinsatzes - namentlich des Eigenkapitaleinsatzes - im Unternehmen gegenüber einer Anlage außerhalb des Unternehmensbereichs. Daran vermag auch der gelegentliche Hinweis auf die Überwälzbarkeit dieser Steuern grundsätzlich nichts zu ändern: Für eine Überwälzung besteht in Konkurrenz zu Unternehmen oder Anlageformen, die dieser Sondersteuer nicht unterliegen, kein Raum. In gleicher Richtung wirkt die faktisch zu einer Unternehmens-Vermögensteuer denaturierte Vermögensteuer.

Besonders widrige Verhältnisse gelten dabei für Kapitalgesellschaften: Die Erhebung eines "steuerlichen Eintrittsgeldes" für Beteiligungskapital, der fehlende innerperiodische Verlustausgleich sowie die Zwei- oder Mehrfachbelastung des investierten Vermögens machen die Kapitalgesellschaft steuerlich zu einem wenig reizvollen Anlagefeld.

D. Einfluß der Besteuerung auf die interne Eigenfinanzierung

Interne Eigenfinanzierung wird hier als Sammelbegriff für offene und stille Selbstfinanzierung, die Finanzierung aus steuerfreien Rücklagen und Umschichtungsfinanzierung verwendet. Zusammen mit der internen Fremdfinanzierung - der erfolgswirksamen Mittelzuweisung zu Pensionsrückstellungen, Mitarbeiterguthabenkonten u. a. - bildet sie die aus Umsatzerlösen gespeiste Innenfinanzierung. Die genannte Unterscheidung der internen Eigenfinanzierung ist nicht ohne Abgrenzungsprobleme, insbesondere hängt sie entscheidend vom zugrundegelegten Gewinnbegriff ab. Im folgenden wird vom Gewinnbegriff des geltenden Bilanzrechts ausgegangen.

I. Steuerwirkungen bei offener Selbstfinanzierung

Als offene Selbstfinanzierung bezeichnet man die Zurückbehaltung offen ausgewiesener Gewinne. Bisweilen wird in direkte und indirekte offene Selbstfinanzierung unterschieden. (1) Erstere liegt vor, wenn Gewinne direkt thesauriert werden, letztere, wenn Gewinne - in der Regel mit einer besonderen Wiederanlageverpflichtung - ausgeschüttet werden und umgehend wieder zurückgeführt werden (sog. "Schütt-aus-hol-zurück-Verfahren"). (2)

Die offene Selbstfinanzierung löst unmittelbare und mittelbare steuerliche Belastungen aus. Unmittelbare Steuerfolge ist die Belastung durch Ertragsteuern im Gewinnjahr, mittelbare Steuerfolgen ergeben sich aus den erhöhten substanzsteuerlichen Bemessungsgrundlagen in den Folgeperioden. Die Steuerwirkungen seien an einem einfachen Beispiel veranschaulicht.

In einer gewerblichen Unternehmung ergebe sich durch einen Warenverkauf ein zusätzlicher Ertragsüberschuß von DM 100. Dieser löst unter den bisherigen Annahmen (3) Gewerbeertragsteuer in Höhe von DM 16,67 aus. Der verbleibende Betrag von DM 83,33 wird als "Gewinn" der Besteuerung unterworfen.

Im Personenunternehmen unterliegt der Gewinn als "Einkünfte aus Gewerbebetrieb" der progressiven Einkommensteuer. Je nach individueller Einkommensprogression stehen daher bei einem Einkommensteuersatz von 0 v. H. der volle Betrag von DM 83,33, bei Spitzenbelastung von 56 v. H. (4) nur DM 36,67 der offenen Selbstfinanzierung zur Verfügung. Der verbleibende Nettobetrag hängt also unmittelbar vom persönlichen Einkommensteuersatz ab.

In der Kapitalgesellschaft unterliegt der Gewinn zunächst der körperschaftsteuerlichen Tarifbelastung von 56 v. H.

---

1) Vgl. Siegel, T., Steuerwirkungen (1982), S. 154 f.

2) Zu Einzelheiten vgl. Hockmann, H. J., Gewinnverwendungspolitik (1981), S. 83 ff.; Kruschwitz, L., Schütt-aus-hol-zurück-Politik, (DB 1983), S. 683 ff.

3) Steuermeßzahl 5 v. H.; Hebesatz 400 v. H.

4) Es ist hier nur die Einkommensteuer berücksichtigt, unter Einschluß einer Kirchensteuer von 9 v. H. ergäbe sich ein kombinierter Spitzensatz von 58,111 v. H.

Diese Körperschaftsteuer, die im Falle der Ausschüttung an anrechnungsberechtigte Anteilseigner in voller Höhe angerechnet würde, bleibt bei Thesaurierung vorläufig bestehen. Unabhängig davon, ob die Anteilseigner einer Einkommensteuerbelastung von 0 v. H. oder von 56 v. H. unterworfen sind, verbleiben der Kapitalgesellschaft bei Gewinneinbehalt im Regelfalle nur 44 v. H., im Beispiel also DM 36,67, zur Selbstfinanzierung.

Abhilfe kann hier durch indirekte Selbstfinanzierung im Wege des "Schütt-aus-hol-zurück-Verfahrens" erreicht werden. Sieht man von der Gesellschaftsteuer ab, (1) kann sich bei vollständiger Ausschüttung und Wiedereinlage abhängig von den individuellen Einkommensteuersätzen ein höheres Finanzierungsvolumen ergeben. Wie beim Personenunternehmen beträgt es im Beispiel beim Einkommensteuersatz von Null DM 83,33, beim Spitzensteuersatz DM 36,67. Vor allem bei einer Struktur von Anteilseignern, deren Grenzsteuerbelastung unter der Körperschaftsteuertarifbelastung von 56 v. H. liegt, kann durch das "Schütt-aus-hol-zurück-Verfahren", soweit die Rückzahlung sichergestellt werden kann, (2) für die Unternehmung ein höheres Eigenkapital verfügbar gemacht werden.

In den Folgeperioden lösen die einbehaltenen Selbstfinanzierungsbeträge durch Erhöhung der substanzsteuerlichen Bemessungsgrundlagen Substanzsteuerwirkungen aus. Substanzsteuerbelastungen ergeben sich auf Unternehmensebene wie auch beim Anteilseigner. Dabei soll sehr vereinfachend einmal davon ausgegangen werden, daß Selbstfinanzierungsbeträge in ihrer nominalen Höhe auch den Einheitswert des Betriebsvermögens und den gemeinen Wert des Anteils erhöhen. Der Mindestertragsbedarf, der notwendig ist, um die ausgelösten Substanzsteuern auf

1) Die Gesellschaftsteuer kann bei einer Wiedereinlage des ausgeschütteten Gewinns als Gesellschafterdarlehen in der Regel vermieden werden.

2) Zu den Problemen und Grenzen der Anwendung des Schütt-aus-hol-zurück-Verfahrens vgl. Hockmann, H. J., Gewinnverwendungspolitik (1981), S. 95 ff.

Unternehmens- und Gesellschafterebene zu decken und das Finanzierungsvolumen nominell zu erhalten, ist in der Tab. 2 zusammengestellt.

Tab. 2: Mindestertragsbedarf bei Selbstfinanzierung

Selbstfinanzierungsbetrag 1000	PersG		KapG	
	$s_E = 0$	$s_E = 0{,}56$	$s_E = 0$	$s_E = 0{,}56$
Ebene der Kapitalgesellschaft				
Mindestertragsbedarf	14	21.637	33.090	40.727
./. Gewerbekapitalsteuer	8	8	8	8
./. Gewerbeertragsteuer	1	2.273	4.181	5.454
./. Vermögensteuer der KapG	-	-	7	7
./. Körperschaftsteuer auf Vermögensteuer	-	-	8.909	8.909
Ebene der Anteilseigner				
Burttoeinkommensbedarf	5	11.364	5	11.364
./. Einkommensteuer-Belastung	0	6.364	0	6.364
= Nettoposition vor Vermögensteuer	5			
./. Vermögensteuerbelastung der Anteilseigner	5			
Nettoposition nach Vermögensteuer	0			

Tab. 2 weist in ihrer ersten Zeile die erforderlichen Mindesterträge aus; bezogen auf das Selbstfinanzierungsvolumen ergibt sich beim Steuersatz vom 56 v. H. eine erforderliche Mindestverzinsung von ca. 2,2 v. H. bei Personenunternehmen und ca. 4,1 v. H. bei Kapitalgesellschaften. Die Besteuerungsunterschiede zwischen Personenunternehmung und Kapitalgesellschaft sind damit auch bei der offenen Selbstfinanzierung deutlich. Der Mehrbetrag von DM 19,09 bei der Kapitalgesellschaft erklärt sich aus ihrer zusätzlichen Vermögensteuerbelastung (7), aus der Schattenwirkung der Vermögensteuer bei der Körperschaftsteuer (8,909) und der "Schattenwirkung" der Vermögen- und Körperschaftsteuer bei der Gewerbeertragsteuer (3,181).

II. Steuerwirkungen bei stiller Selbstfinanzierung

Als stille Selbstfinanzierung bezeichnet man die Finanzierung aus stillen Rücklagen, die aus einer zu niedrigen Bewertung der Aktiva und einem erhöhten Wertansatz für Passiva entstehen können. Finanzierung aus stillen Reserven oder stillem Gewinn deutet darauf hin, daß man, zumindest soweit stille Reserven zulässigerweise gebildet worden sind, ein offenbar zutreffenderes Erfolgsmaß "Gewinn" vor Augen hat. (1) Die Finanzierungswirkung beruht darauf, daß "Gewinne" nicht ausgewiesen und damit gewinnabhängige Zahlungen verhindert werden. (2)

Die stille Selbstfinanzierung löst keine unmittelbaren Gewinnsteuerzahlungen aus. Die infolge der überhöhten Aufwandsverrechnung oder des zu geringen Ertragsausweises aufgeschobenen Gewinne bewirken in der Regel allerdings nur einen Steueraufschub. Die Auflösung der stillen Reserven in spätere Perioden führt zu einer Nachversteuerung. In Höhe der latenten Ertragsteuerlast liegt somit 'nur' ein Steuerkredit vor, der zinslos, aber grundsätzlich rückzahlbar ist. Erwirtschaftete stille Reserven stehen daher zunächst ungekürzt als Finanzierungsmittel zur Verfügung.

Die ertragsteuerliche Schonung stiller Reserven gilt indessen nicht auf substanzsteuerlichem Gebiet. Wegen der speziellen bewertungsrechtlichen Ansatz- und Bewertungsvorschriften findet in der Vermögensaufstellung eine weitgehende Aufdeckung stiller Reserven statt, die damit wie bei offener Selbstfinanzierung in den Folgeperioden dem substanzsteuerlichen Zugriff durch die Vermögen- und Gewerbekapitalsteuer unterliegen.

---

1) Vgl. auch Wagner, F. W./Dirrigl, H., Steuerplanung (1980), S. 69. Dieser gedachte Maßstab kann dabei der bilanzielle Gewinn ohne "verfälschende" Sonderabschreibungen u. a. sein oder aber von einer gänzlich andersartigen Gewinnvorstellung ausgehen.

2) Vgl. hierzu Schneider, D., Investition und Finanzierung (1980), S. 155 f.

III. Steuerwirkungen bei Finanzierung aus steuerfreien Rücklagen

Steuerfreie Rücklagen werden als Billigkeitsmaßnahme oder als gezieltes wirtschaftspolitisches Anreizinstrument eingesetzt. (1) Aufgabe der steuerfreien Rücklagen ist es, eingetretene Gewinne durch einen Sonderposten (mit Rücklageanteil) vorübergehend zu neutralisieren. Ihre Finanzierungswirkung besteht darin, daß gewinnabhängige Zahlungen an den Fiskus, in der Regel aber auch an andere Gewinnbeteiligte temporär aufgeschoben werden. Die erfolgswirksame Auflösung solcher Rücklagen ergibt sich entweder durch ein vorgegebenes Auflösungsschema bzw. im Falle der Übertragung auf ein "Ersatzwirtschaftsgut" über die verringerte Aufwandsverrechnung; nur im Ausnahmefall kann eine steuerfreie Auflösung vorgesehen sein. (2) Die Ertragsteuerwirkungen steuerfreier Rücklagen entsprechen damit denen der stillen Rücklagen.

Auch substanzsteuerlich sind Ähnlichkeiten feststellbar: Steuerfreie Rücklagen dürfen bei der Ermittlung des Einheitswertes des gewerblichen Betriebs in der Regel nicht abgesetzt werden. Ausnahmen bestätigen auch hier die Regel. (3) Die Nichtabzugsfähigkeit steuerfreier Rücklagen führt zu einer Erhöhung der substanzsteuerlichen Bemessungsgrundlage und damit in den Folgeperioden zu einer Substanzbesteuerung.

---

1) Zu Einzelheiten vgl. Biergans, E., Einkommensteuer (1983), S. 336 ff.

2) So etwa unter bestimmten Voraussetzungen bei der Auflösung von Rücklagen nach dem Gesetz zur Förderung der Verwendung von Steinkohle in Kraftwerken, deren Bildung nur im Zeitraum vom 30.6.1964 bis 1.7.1971 möglich war (vgl. Gesetz vom 12.8.1965, BGBl. I S. 777 idF des Änderungsgesetzes vom 8.8.1969, BGBl. I S. 1083).

3) Vgl. Abschn. 28 Abs. 4 VStR 1983, in dem als Ausnahme die Rücklagen nach dem Gesetz zur Förderung der Verwendung von Steinkohle in Kraftwerken und nach dem Entwicklungsländer-Steuergesetz aufgeführt sind.

IV. Steuerwirkungen bei Umschichtungsfinanzierung

Umschichtungsfinanzierung entspricht der Rückgewinnung des eingesetzten Kapitals, Umschichtungsvorgänge lassen sich insoweit auch als Desinvestitionsvorgänge auffassen. Umschichtungsvorgänge können in Form von Abschreibungen, dem Abgang von Waren oder sonstigen nicht benötigten Wirtschaftsgütern auftreten. Bei buchmäßiger Betrachtung korrespondiert die Umschichtungsfinanzierung mit der Aufwandsverrechnung, die im geltenden Bilanzrecht auf die historischen Anschaffungs- oder Herstellungskosten begrenzt ist.

Umschichtungsvorgänge sind gewinneutral und lösen daher auch keine Ertragsteuerzahlungen aus. Werden Wirtschaftsgut und buchmäßig entsprechender Gegenwert nach der Umschichtung - darüber hinaus liegt Selbstfinanzierung vor - unterschiedlich bewertet, können in den Folgeperioden Substanzsteuerwirkungen auftreten.

V. Zwischenergebnis

Interne Eigenfinanzierung setzt hinreichende Umsatzerlöse voraus: Die offene Selbstfinanzierung löst Gewinnsteuerwirkungen aus, die das verfügbare Selbstfinanzierungsvolumen mit steigendem Ertragsteuersatz verringern. Im Rahmen des "Schütt-aus-hol-zurück-Verfahrens" bietet sich bei Kapitalgesellschaften die Möglichkeit, ein etwaiges Steuersatzgefälle zu den Anteilseignern zu nutzen. Abgesehen von der Umschichtungsfinanzierung kann die Finanzierung aus stillen und steuerfreien Rücklagen die Gewinnsteuerzahlungen zunächst vermeiden; erreicht wird allerdings nur ein Steuerkredit, der zinslos, aber grundsätzlich rückzahlbar ist.

Selbstfinanzierung aus versteuertem oder unversteuertem Gewinn führt in den Folgeperioden zu Substanzsteuerzahlungen. Soll das erreichte Finanzierungsvolumen nominell erhalten werden, muß wegen der grundsätzlichen Ertragsunabhängigkeit der Substanzbesteuerung ein Mindestertrag erwirtschaftet werden. Unter den getroffenen Annahmen und einem Einkommen-/Körperschaftsteuersatz von 56 v. H. beläuft sich der erforderliche Mindestertrag des eingesetzten Kapitals auf ca. 2,2 v. H. bei Personenunternehmen und ca. 4,1 v. H. bei Kapitalgesellschaften (vgl. Tab. 2).

E. Ergebnisse und Folgerungen

I. Zusammenfassende Thesen

Gegenstand der Untersuchung war die Frage nach dem Einfluß der Besteuerung auf die Eigenkapitalbildung der Unternehmen. Als Ergebnis kann festgehalten werden, daß die derzeitige Besteuerungssituation einen deutlich negativen Einfluß auf die Eigenkapitalbildung ausübt. Folgende Thesen kennzeichnen die Lage:

> <u>These 1:</u>
> Investitionen im Unternehmensbereich werden gegenüber Kapitalanlagen im Nicht-Unternehmensbereich durch die Erhebung von Sondersteuern, der Gewerbesteuer und - faktisch - der Vermögensteuer steuerlich diskriminiert.
>
> <u>These 2:</u>
> Im Unternehmensbereich wird Fremdkapital im Verhältnis zum Eigenkapital gewerbesteuerlich weniger belastet.
>
> <u>These 3:</u>
> Im Unternehmensbereich wird die Eigenkapitalbildung von Kapitalgesellschaften gegenüber Personengesellschaften durch weitere Steuern (Kapitalverkehrsteuern, vermögensteuerliche Doppelbelastung) zusätzlich belastet.
>
> <u>These 4:</u>
> Kapitalgesellschaften sind aufgrund der geltenden Regelungen zum Verlustausgleich derzeit als Sammelbecken für Risikokapital ungeeignet.

These 5:
Kapitalanlagen im Nicht-Unternehmensbereich genießen vielfältige steuerliche Freiheiten. (1)

II. Folgerungen

Aufgrund dieser Thesen erscheint unmittelbar einsichtig, daß ein rationaler Investor c. p. sein Kapital nicht als Eigenkapital im Unternehmensbereich investieren wird. Sicherlich ist der Kapitalanleger kein "homo oeconomicus", doch warum sollte er stets wider die wirtschaftliche Vernunft handeln?

Vordringlich ist es bei dieser Lagebeschreibung zunächst, gleiche steuerliche Rahmenbedingungen für alternative Investitionsmöglichkeiten zu schaffen. Dies würde einerseits die konsequente Abschaffung aller diskriminierenden Unternehmenssteuern wie Gewerbesteuer, 'doppelter' Vermögensteuer und Kapitalverkehrsteuern bei Kapitalgesellschaften sowie die Schaffung gleicher Besteuerungsbedingungen im Rahmen der Vermögenbesteuerung erfordern. Andererseits wären die im Nicht-Unternehmensbereich bestehenden steuerlichen Freiheiten und Begünstigungen für Kapitalanlagen zu überprüfen und müßten ggf. geändert werden. Gleiche steuerliche Start- und Rahmenbedingungen stünden im Einklang mit dem Grundsatz der Gleichmäßigkeit der Besteuerung und wären m. E. zugleich auch der entscheidende Schritt zur Verbesserung der Eigenkapitalbildung im Unternehmen. (2)

Der Grundsatz, "wirtschaftlich Gleiches steuerlich gleich zu behandeln" und "wirtschaftlich Gleiches nicht willkür-

---

1) Neben dem erwähnten "Vermögensteuerprivileg" von Nicht-Unternehmensvermögen sei beispielhaft hingewiesen auf die offenbar sehr lückenhafte Erfassung der Einkünfte aus (privatem) Kapitalvermögen, der Steuerbefreiung für Zinsen aus bestimmten Lebensversicherungen, die Steuerfreiheit privater Veräußerungsüberschüsse u. a. m.

2) Die im Rahmen des Steuerentlastungsgesetzes 1984 vorgesehenen Maßnahmen können als erste Schritte in dieser Richtung angesehen werden (vgl. Entwurf-StEntlG 1984, BT-Drs. 10/336).

lich ungleich zu behandeln", schließt Ungleichbehandlungen nicht von vornherein aus, doch bedürfen Differenzierungen stichhaltiger Begründungen. Die steuerliche Ungleichbehandlung kann dabei gezielt zur Förderung oder Begrenzung bestimmter Aktivitäten eingesetzt werden.

Geht man von der Notwendigkeit aus, die Eigenkapitalausstattung der deutschen Unternehmen zu verbessern, so bietet sich neben der hier nicht zu erörternden steuerlichen Diskriminierung alternativer Anlageformen die steuerliche Förderung der Investition im Unternehmensbereich an. Eine solche Förderung kann auf der Ebene des privaten Investors und/oder auf der Ebene der Unternehmung ansetzen.

Die Förderung der Kapitalbildung auf der Ebene des privaten Investors betrifft vor allem die Außenfinanzierung. Investitionsanreize können hier gewährt werden durch Prämien bei der Einlage von Eigenkapital in das Unternehmen. Beispielhaft sei verwiesen auf die steuerliche Belohnung des Aktienerwerbs etwa in Frankreich, Schweden und Belgien oder auf den in Österreich beschrittenen Weg der steuerlichen Begünstigung von Anteilen und Genußscheinen an Beteiligungsfonds. (1) Zu denken ist auch daran, Mitarbeitern, die sich an ihrem Unternehmen beteiligen wollen, steuerliche Anreize für die Überlassung von Kapital zu gewähren. Üblich sind derzeit solche Anreize in Form der lohnsteuerlich verbilligten Überlassung von Arbeitnehmer-Aktien, möglich auch steuerliche Vergünstigungen betrieblicher Anlagen im Rahmen des Vermögensbildungsgesetzes.

Auf Unternehmensebene können steuerliche Anreize offen im Rahmen der Gewinnverwendung gewährt werden. Denkbar ist etwa, den Steuersatz für einbehaltene Gewinne generell oder betragsmäßig begrenzt zu senken, um den nach Steuern verfügbaren Gewinnanteil zu erhöhen.

Steuerliche Anreize können auch weniger offen im Rah-

---

1) Vgl. hierzu Bierich, M., Kapitalbeschaffung, (zfbf 1983), S. 58 f. mit weiterführenden Literaturhinweisen.

men der Gewinnermittlung durch Modifikationen des "normalen" Steuerbilanzgewinns gegeben werden. Wesentliche Instrumente sind hier die erhöhten Absetzungen und Sonderabschreibungen bei Investitionen, die sich - gemessen an der normalen Gewinnermittlung - als zinslose, aber rückzahlbare Steuerkredite darstellen. Abschreibung bedeutet dabei Nachfinanzierung durch Beteiligung des Fiskus an den Investitionsausgaben. "Verbesserte" Abschreibungen sind daher stets nur Verbesserungen der Nachfinanzierung. Von daher wäre auch zu bedenken, statt der üblichen Nachfinanzierung über einen mehr oder minder langen Abschreibungszeitraum eine Sofortabschreibung zuzulassen oder verstärkt auch das Instrument der Vorfinanzierung von Investitionen durch Bildung steuerfreier Rücklagen einzusetzen. Dies würde die bisher eher ungleichgewichtige Teilhaberschaft des Fiskus - unbedingte Teilhabe am Gewinn, nur bedingte Teilhabe am Verlust - zu einer echten Mitunternehmerbeteiligung erweitern.

Wie immer man zu den einzelnen Maßnahmen stehen mag, vorrangig erscheint die Schaffung gleicher steuerlicher Rahmenbedingungen. Nach diesem notwendigen ersten Schritt, der nicht notwendig zu einem verringerten Steueraufkommen führen muß, könnten steuerliche Eingriffe in Form steuerlicher Anreize oder von Diskriminierungen gezielt und - unter mehreren Aspekten zweckmäßig - zeitlich limitiert eingesetzt werden.

ANHANG: Anlage 1

Tab. 3: Nettobelastungsrechnungen

Annahmen:

- Kapital 1000
- Reinertrag 100
- Gewerbesteuerhebesatz 400 v.H.
- Meßzahlen 2 v.T./5 v. H.
- vermögensteuerliche Bemessungsgrundlage 1000

			Form der Kapitalbereitstellung							
			Eigenkapital				(langfristiges) Fremdkapital			
			PersU		KapG		bei voller gewerbesteuerlicher Hinzurechnung		bei hälftiger gewerbesteuerlicher Hinzurechnung	
			$s_E=0$ %	$s_E=56$ %	$s_E=0$ %	$s_E=56$ %	$s_E=0$ %	$s_E=56$ %	$s_E=0$ %	$s_E=56$ %
Unternehmensebene		Reinertrag der Anlage	100		100		0		0	
	./.	Gewerbekapitalsteuer	8		8		8		4	
	./.	Gewerbeertragsteuer	15,333		15,333		15,333		7,667	
	./.	Vermögensteuer KapG	-		7		-		-	
	./.	Körperschaftsteuer definiti	-		8,909		-		-	
	=	Bruttoausschüttung	76,667		60,758		- 23,333[1]		- 11,667[1]	
Anteilseignerebene	+	Fremdkapitalzins (an Anteilseigner)	0		0		+ 100		+ 100	
	=	Bruttoeinkommen	76,667		60,758		76,667		88,333	
	./.	individuelle Einkommensteuer	0	42,934	0	34,024	0	42,934	0	49,466
	=	Nettoergebnis vor Vermögensteuer	76,667	33,733	60,758	26,734	76,667	33,733	88,333	38,867
	./.	Vermögensteuer	5	5	5	5	5	5	5	5
	=	Nettoergebnis nach Vermögensteuer	71,667	28,733	55,758	21,734	71,667	28,733	83,333	33,867

1) "Verlustausschüttung" im Wege eines internen Verlustausgleichs unterstellt.

Anlage 2

Tab. 4: Mindestertragsbedarfsrechnungen

		Form der Kapitalbereitstellung							
Annahmen: - Kapital 1000 - Gewerbesteuerhebesatz 400 % - Meßzahlen 2 v.T./5 v.H. - vermögensteuerliche Bemessungsgrundlagen 1000		Eigenkapital				(langfristiges) Fremdkapital			
		PersU		KapG		bei voller gewerbesteuerlicher Hinzurechnung		bei hälftiger gewerbesteuerlicher Hinzurechnung	
		s_E=0 %	s_E=56 %	s_E=0 %	s_E=56 %	s_E=0 %	s_E=56 %	s_E=0 %	s_E=56 %
Unternehmensebene	Ertragsbedarf	14	21,637	33,090	40,727	14	21,637	9,5	16,500
	./. Gewerbekapitalsteuer	8	8	8	8	8	8	4	4
	./. Gewerbeertragsteuer	1	2,273	4,101	5,454	1	2,273	0,5	1,136
	./. Vermögensteuer KapG	-	-	7	7	-	-	-	-
	./. Körperschaftsteuer	-	-	8,909	8,909	-	-	-	-
	= Bruttoeinkommen	5	11,364	5	11,364	5	11,364	5	11,364
Anteilseignerebene	./. individuelle Einkommensteuer	0	6,364	0	6,364	0	6,364	0	6,364
	= Nettoergebnis vor Vermögensteuer	5							
	./. Vermögensteuer	5							
	= Nettoergebnis nach Vermögensteuer	0							

Symbolverzeichnis

B	Einheitswert des Betriebsvermögens
BE	Mindestertragsbedarf
R	Reinertrag (vor Abzug aller berücksichtigten Steuern!)
$S_{E/G}$	Einkommen- und Gewerbesteuerlast
S_G	Gewerbesteuerlast
s_E	Einkommensteuersatz
s_{GE}	Gewerbeertragsteuersatz
s^*_{GE}	Gewerbeertragsteuersatz nominell
s_{GK}	Gewerbekapitalsteuersatz
s_K	Körperschaftsteuersatz
s_V	Vermögensteuersatz
s_{VK}	Vermögensteuersatz der Kapitalgesellschaft

LITERATURVERZEICHNIS

Biergans, E., (Einkommensteuer): Einkommensteuer und Steuerbilanz, 2. Aufl., München 1983.

Bierich, M., (Kapitalbeschaffung): Der Einfluß der Besteuerung auf die Kapitalbeschaffung der Unternehmen, zfbf 1983, S. 41 - 60.

Bofinger, P., (Nur eine Legende?): Nur eine Legende?, Wirtschaftswoche Nr. 27 vom 1.7.83, S. 48 - 50.

Deutsche Bundesbank (Hrsg.), Jahresabschlüsse der Unternehmen in der Bundesrepublik Deutschland 1965 bis 1976, Sonderdruck der Deutschen Bundesbank Nr. 5, 2. Aufl., Frankfurt 1978.

Deutsche Bundesbank (Hrsg.), Monatsberichte der Deutschen Bundesbank, November 1982, S. 14 - 31 und November 1983, S. 14 - 25.

Fischer, L., (Belastungen): Geradezu dramatische Belastungen für viele Unternehmen, BdW vom 9.9.1982, Nr. 173, S. 4.

Flassbeck, H./Koll, W., (Kapital und Rendite): Kapital und Rendite, Wirtschaftswoche Nr. 21 vom 20.5.83, S. 72 - 78.

Flume, W., (Vermögensteuer): Zur Reform der Vermögensteuer, StuW 1980, S. 185 - 189.

Hax, H., (Finanzwirtschaftliche Entscheidungen): Anwendung der Teilsteuerrechnung zur Vorbereitung von finanzwirtschaftlichen Entscheidungen, BFuP 1979, S. 309 - 324.

Hockmann, H. J., (Gewinnverwendungspolitik): Gewinnverwendungspolitik. Strategien nach der Körperschaftsteuerreform, Berlin 1981.

Institut "Finanzen und Steuern" (Zur Beseitigung): Zur Beseitigung der vermögensteuerlichen Doppelbelastung bei den Kapitalgesellschaften und ihren Anteilseignern, Brief Nr. 219, Bonn 1982.

Kruschwitz, L., ("Schütt-aus-hol-zurück-Politik"): Kritische Einkommensteuersätze für die Schütt-aus-hol-zurück-Politik nach dem Körperschaftsteuergesetz 1977, DB 1983, S. 683 - 686.

Perridon, L./Steiner, M., (Finanzwirtschaft): Finanzwirtschaft der Unternehmung, 2. Aufl., München 1980.

Ritter, W., (Abbau der Gewerbesteuer): Abbau der Gewerbesteuer. Ein Beitrag zur überfälligen Reform der Gemeindefinanzen und der Unternehmensbesteuerung, BB 1983, S. 389 - 397.

Schneider, D., (Rechtfertigung): Zur Rechtfertigung von Erbschaft- und Vermögensteuer, StuW 1979, S. 38 - 42.

Schneider, D., (Vermögensbesteuerung): Bezugsgrößen steuerlicher Leistungsfähigkeit und Vermögensbesteuerung, Finanzarchiv 1979, S. 26 - 49.

Schneider, D., (Investition und Finanzierung): Investition und Finanzierung. Lehrbuch der Investitions-, Finanzierungs- und Ungewißheitstheorie, 5. Aufl., Wiesbaden 1980.

Schneider, D., (Unternehmensbesteuerung): Grundzüge der Unternehmensbesteuerung, 3. Aufl., Wiesbaden 1982.

Siegel, T., (Steuerwirkungen): Steuerwirkungen und Steuerpolitik in der Unternehmung, Würzburg-Wien 1982.

Statistisches Bundesamt (Hrsg.), (Vermögensteuer 1977): Vermögensteuer-Hauptveranlagung 1977, Finanzen und Steuern, Fachserie 14, Reihe 7.4, Stuttgart und Mainz 1983.

Süchting, J., (Finanzmanagement): Finanzmanagement. Theorie und Politik der Unternehmensfinanzierung, 2. Aufl., Wiesbaden 1978.

Thormählen, T./Michalk, J., (Mangelnde Eigenkapitalausstattung): Leiden die deutschen Unternehmen an mangelnder Eigenkapitalausstattung?, Wirtschaftsdienst 1983, S. 87 - 95.

Tipke, K., (Steuerrecht): Steuerrecht. Ein systematischer Grundriß, 9. Aufl., Köln 1983.

Troll, M., (Vermögensteuer): Entlastung der Wirtschaft bei der Vermögensteuer, BB-Beilage Nr. 6/1983, S. 1 - 8.

Wagner, F. W./Dirrigl, H., (Steuerplanung): Die Steuerplanung der Unternehmung, Stuttgart-New York 1980.

Wissenschaftlicher Beirat beim Bundesminister für Finanzen, (Gutachten zur Reform der Gemeindesteuern): Gutachten zur Reform der Gemeindesteuern in der Bundesrepublik Deutschland, Schriftenreihe des Bundesministeriums der Finanzen, Heft 31, Bonn 1982.

Wöhe, G., (Steuern): Die Steuern des Unternehmens, 5. Aufl., München 1983.

(Haushaltsbegleitgesetz 1983): Gesetz zur Wiederbelebung der Wirtschaft und Beschäftigung und zur Entlastung des Bundeshaushalts (Haushaltsbegleitgesetz 1983) vom 20.12.1982, BStBl. 1982 I S. 972.

(Entwurf-StEntlG 1984): Entwurf eines Gesetzes zur Stärkung der Wettbewerbsfähigkeit der Wirtschaft und zur Einschränkung von steuerlichen Vorteilen (Steuerentlastungsgesetz 1984 - StEntlG 1984 -), BT-Drs. 10/336 vom 2.9.1983.

Dr. Ulrich Fritsch

Mittelständische Unternehmen - Kandidaten für die Börse?

A. Die Situation

B. Quantitative Merkmale für den Gang an die Börse

C. Qualitative Merkmale für den Gang an die Börse

D. Die Ausgestaltung der Emission

E. Die Einwände gegen die AG

- I. Überfremdung
- II. Publizität
- III. Mitbestimmung
- IV. Steuern
- V. Kosten

F. Ergebnis

A. Die Situation

1970 gab es noch 550 börsennotierte Aktiengesellschaften, 1982 nur noch 451.
Nach Reform der Körperschaftsteuer im Jahre 1977 gingen 17 Unternehmen zum ersten Mal an die Börse. Läßt man die Umwandlungen von Genossenschaften in Aktiengesellschaften unberücksichtigt und beschränkt man sich nur auf die Emissionen, bei denen es tatsächlich zu einer Finanzierung bzw. einer Plazierung im breiten Publikum gekommen ist, so sind bis heute sogar nur 10 Gesellschaften neu an die Börse gekommen.

Die Neuzugänge an der Börse werden nicht nur regelmäßig von den Abgängen überkompensiert, zusätzlich reduziert sich auch die Streuung des Aktienkapitals. Nach einer Untersuchung der Commerzbank AG befindet sich rund die Hälfte der deutschen Aktien in festen Händen. Im Jahre 1977 waren es erst 38 %. Der Konzentrationsprozeß schreitet demnach voran.

B. Quantitative Merkmale für den Gang an die Börse

Aspiranten für die Rechtsform der AG und für die Börse sind vom Volumen Gesellschaften mit Umsätzen von über 100 Mio. DM.

Hiervon gab es 1982:

52 in der Rechtsform des Einzelunternehmens
1.116 in der Rechtsform der Personengesellschaft
850 als GmbH.

Nach dieser Statistik sind rund 2.000 Gesellschaften in eine für die Börse interessante Größenordnung hineingewachsen.

Ein weiteres Kriterium für die Rechtsform der Aktiengesellschaft und den Gang an die Börse ist das Publizitätsgesetz (Gesetz über die Rechnungslegung von bestimmten Unternehmen und Konzernen vom 15. August 1969). Nach diesem Gesetz müssen Gesellschaften, die nicht die Rechtsform der Aktiengesellschaft oder Kommanditge-

Tab. 1: Börsen-Neulinge seit der Körperschaftsteuer-Reform vom 1.1.1977

Unternehmen		Branche	Umsatz 1981 (Mio.DM)	Grundkapital 1981 (TDM)	Eigenkapital-quote 1981 (%)	Kapital-erhöhungen 1982 (TDM)	Streubesitz (%)
Aachener und Münchener Versicherung		Versicherungen	933 3)	88.000	16		25
AGAB		Holding	4)	40.000	52		25
Altana	K	Diätetik	828	132.000	36		unter 50
ASKO	K	Einzelhandel	1051	14.670	26		50
Behrens		Befestigungstechnik	52	10.000	31		100
CEAG	K	Batterien	237	16.490	8	8.245 6)	unter 50
Deckel		Werkzeugmaschinen	255	60.000	47		25
Drägerwerk	K	Medizin-/ Sicherheitstechnik	551	53.900	26		21
Electronic 2000		Distributor	39	3.500 5)	36		50
Herlitz	K	Lehrmittel	279	36.000	30	24.000 7)	35
Knürr		Mechanik für die Elektronik	41	6.600	36		35
Leffers		Textileinzelhandel	134	12.000	50		49
Mauser Waldeck		Büromöbel	94	10.000	30		unter 75
Progress		Metallverarbeitung	77	5.500	37	1.500 7)	50
SEL		Elektro	3344	383.953	31		14
Vogel Draht- und Kabelwerke		Holding	4)	2.363	64		100
Vogtländische Baumwollspinnerei	K	Textil	220	11.500	25		10

1) Stammaktien
2) nur Vorzugsaktien notiert
3) Beitragseinnahmen (brutto)
4) keine Eigenumsätze
5) Eröffnungsbilanz per 1.1.1982
6) Übernahme durch ein Bankenkonsortium mit der Verpflichtung, die neuen Aktien den Aktionären im Verhältnis 2:1 zu 75 DM anzubieten.
7) aus Gesellschaftsmitteln und aufgrund von Bezugsrechten
8) bis Ende 1981 Rechtsform GmbH
K = Konzern; sonst AG-Zahlen

Fortsetzung der Tab. 1

Unternehmen	Ausgabekurs/ erster Kurs (bereinigt)	Höchst-/ Tiefstkurse[1] 1982 (bereinigt)	Kurs[1] 24.11.1982 (DM)	Dividende[1] 1981 (DM)	AG seit
Aachener und Münchener Versicherung	295	245/190	230	5,00	1979
AGAB	130	146/128	145	4,50	1978
Altana	199	301/257	292	9,00	1977
ASKO	190	215/200	210	-	1972
Behrens	110	66/ 49	58	-	1977
CEAG	120	84/ 55	79	-	1977
Deckel	125	140/ 75	85	2,50	1972
Drägerwerk	190	265/222 2)	231 2)	7,00 2)	1970
Electronic 2000	250	381/258	378	8)	1982
Herlitz	52	262/187	252	8,00	1972
Knürr	155	164/135 2)	142 2)	6,00 2)	1981
Leffers	122	225/154	210	9,00	1970
Mauser Waldeck	165	123/ 95	98	4,00	1979
Progress	108	146/116	145	7,00	1919
SEL	200	278/216	261	10,50	1923
Vogel Draht- und Kabelwerke	332	470/405	445	25,00	1891
Vogtländische Baumwollspinnerei	148	149/105	145	8,00	1884

Quelle: Börsenzettel schrumpft weiter, Die Bank 1982, S. 581.

sellschaft auf Aktien haben, ihre Jahresabschlüsse veröffentlichen, wenn sie an den Abschlußstichtagen von drei zusammenhängenden Geschäftsjahren mindestens zwei der folgenden Größenmerkmale übersteigen:

125 Mio. DM Bilanzsumme, 250 Mio. DM Außenumsatzerlöse, 5.000 Beschäftigte. Bis Mitte Juni 1982 haben 107 Konzerne (ohne Kreditinstitute und Versicherungsunternehmen) aufgrund des Publizitätsgesetzes einen Jahresabschluß für das Jahr 1980 veröffentlicht. Die leitenden Unternehmen der 107 Konzerne setzen sich wie folgt zusammen:

58 Gesellschaften mit beschränkter Haftung
46 Personengesellschaften oder Einzelkaufleute
1 Bergrechtliche Gewerkschaft
2 Stiftungen des bürgerlichen Rechts.

Auch die im Publizitätsgesetz genannten Kriterien sind kein letztgültiger Maßstab zur Beurteilung der Rechtsform und der Emissionsfähigkeit der Unternehmen. Trotzdem kann man allein aufgrund der Größenordnung und des Bekanntheitsgrades der Gesellschaften sagen, daß eine Anzahl von Unternehmen den Börsenzettel bereichern würde.

C. Qualitative Merkmale für den Gang an die Börse

Das deutsche Börsenrecht nennt nur wenige quantitative und qualitative Kriterien für die Zulassung von Wertpapieren zum amtlichen Handel. So heißt es in den Zulassungsverordnungen, daß Wertpapiere zum Börsenhandel nur zugelassen werden dürfen, wenn von den Stücken vorhanden sind:

Bei der Börse zu Berlin ein Gesamtnennbetrag von
1 1/2 Millionen DM,
bei den Börsen zu Frankfurt und Hamburg ein Gesamtnennbetrag von
500.000 DM,
bei den übrigen Börsen ein Gesamtnennbetrag von
250.000 DM.
In der Praxis hat sich herausgebildet, daß mindestens

Stücke zu einem Gesamtnennbetrag von 500.000 DM vorhanden sein müssen, bei Neuemittenten 3 - 5 Millionen DM.
Es gibt folgende qualitative Grundvoraussetzungen für den Gang an die Börse:

- Der Emittent sollte in der Vergangenheit - sei es für drei oder fünf Jahre - seine Ertragskraft unter Beweis gestellt haben. Ob er unbedingt fünf Jahre lang in kontinuierlicher Reihenfolge Dividenden ausgeschüttet haben muß, sei dahingestellt. Die diesbezügliche Publizität oder auch eine Steigerung der Gewinnzuwachsraten über einen bestimmten Zeitraum hinweg erscheint hier wesentlicher.

- Von der Rechtsform einer GmbH in eine AG umzuwandelnde Unternehmen (wie z. B. die Bosch GmbH), die ein gutes Standing im Markt haben, sind sofort zum amtlichen Börsenhandel zulassungsfähig, selbstverständlich aufgrund eines ordnungsgemäßen Zulassungsverfahren.

- Zwecks Vermeidung einer anderenfalls möglicherweise sehr schnell eintretenden Marktenge sollte der Emissionsbetrag bei Neuemittenten mindestens 5 Mio. DM betragen. Er sollte auch deshalb ausreichend bemessen sein, damit der Emittent zwecks Wahrung seines Emissionskredites den Kapitalmarkt nicht zu schnell erneut in Anspruch nehmen muß.

- Jüngere Unternehmen oder absolute Newcomer sollten den ersten Schritt auf dem Börsenmarkt innerhalb des geregelten Freiverkehrs machen.

D. Die Ausgestaltung der Emission

Zur Beurteilung der Emissionsfähigkeit eines Unternehmens muß der voraussichtliche Emissionskurs ermittelt werden. Die Börsenbewertung ist deshalb eine schwierige Aufgabe, weil hierbei auch Faktoren Berücksichtigung finden, die mit der Unternehmensbewertung von Wirtschaftsprüfungsgesellschaften nichts gemein haben.

Will man schrittweise den Emissionskurs ausloten, dann bietet sich als erster Anhaltspunkt der Bilanzwert der Aktien an. Dieser Wert drückt die in der Jahresbilanz ausgewiesenen Eigenmittel in Prozent zum Grundkapital aus. Gelegentlich greifen nichtbörsennotierte Aktiengesellschaften auf diesen Bewertungsmaßstab bei der Ausgabe von Belegschaftsaktien zurück.

Im Bilanzkurs kommen nicht die stillen Reserven zum Ausdruck. Außerdem müssen im Emissionskurs Ertragskraft und Gewinnerwartungen berücksichtigt werden.

Im nächsten Schritt werden Fakten der Börse ins Kalkül gezogen. Hier spielen das Standing des Unternehmens im Markt, das Kursgewinnverhältnis vergleichbarer börsennotierter Aktien, die Entwicklung und Stimmung auf dem Aktienmarkt und der Konjunkturverlauf eine Rolle.

Letztlich werden Unternehmen und Emissionshaus bei der Kursfestlegung darauf achten, daß der Preis für die Aktie eher etwas zu niedrig als zu hoch angesetzt wird. Dem Publikum muß ein Anreiz zur Zeichnung der Aktien gegeben werden.

Es ist selbstverständlich, daß im Laufe der Zeit der Kurs der neuen Aktie Schwankungen ausgesetzt ist und auch unter den Emissionskurs fallen kann. In den USA wird eine solche Entwicklung als selbstverständlich hingenommen. In der Bundesrepublik zeigt sich der Anleger in diesem Punkt besonders kritisch

Was den Anteil am Grundkapital betrifft, so sind 25 % als relative Untergrenze für das Plazierungsvolumen anzusehen. Mit dieser Marke dokumentiert sich die Bereitschaft der Altgesellschafter, den Neuaktionären die Rechte einer qualifizierten Minderheit einzuräumen. Andererseits wird beim ersten Schritt an den Markt ein Volumen von 50 % des Grundkapitals im allgemeinen als obere Grenze anzusehen sein, weil der Fortbestand der maßgebenden Majorität als Zeichen des Vertrauens in das Unternehmen verkaufsfördernd wirkt. Zumindest ist das Beibehalten der Majorität für eine gewisse Zeitspanne anzustreben.

Fragt man nach der Aktiengattung, dann ist das geeignete Instrument für eine breitgestreute Erstplazierung die auf den Inhaber lautende Stammaktie. Hiermit wird dokumentiert, daß die Anleger sofort die vollen Mitgliedschaftsrechte erwerben, eine vertrauensfördernde Maßnahme.

E. Die Einwände gegen die AG

I. Überfremdung

Emissionsfähige Unternehmen, die nicht an die Börse wollen, sehen im Aufkauf ihrer Aktien ein potentielles Hindernis. Selbst wenn weniger als 25 % des Grundkapitals emittiert werden, hat man Sorgen vor einer Überfremdung. Aus diesem Grund wird - zumindest in einer ersten Phase - die Emission von stimmrechtslosen Vorzugsaktien empfohlen. Für diese am Markt weniger beliebte Aktie muß ein Anreiz in der Weise geschaffen werden, daß sie mit einer Mehrdividende gegenüber der Stammaktie ausgestattet wird. Das Unternehmen sollte aber darauf hinweisen, daß zu einem späteren Zeitpunkt die Ausgabe stimmberechtigter Aktien geplant ist.

II. Publizität

Stark verbreitet ist die Furcht vor der Publizität. Man befürchtet, daß durch Veröffentlichungen und in der Hauptversammlung zuviel gesagt werden muß.

Bekanntlich wird sich nach der 4. EG-Richtlinie und nach dem Regierungsentwurf des Bilanzrichtliniengesetzes vom 10.02.82 künftig aber auch die GmbH schärferen Publizitätspflichten unterwerfen müssen. Nach dieser Richtlinie ist die GmbH künftig schon dann publizitätspflichtig, wenn zwei der folgenden Kriterien überschritten sind:

11,4 Millionen DM Bilanzsumme,
22,8 Millionen DM Umsatz und
250 Beschäftigte.

Damit werden also schon relativ kleine Gesellschaften erfaßt. Sie haben gegenüber den Publizitätspflichten der AG lediglich den einen Vorteil, daß mehrere Posten in

der Gewinn- und Verlustrechnung zusammengefaßt werden können. GmbHs über 11,4 Millionen DM Bilanzsumme, 22,8 Millionen DM Umsatz und 250 Beschäftigte sind publizitätsmäßig so gestellt wie die AGs.
Die Personengesellschaft ist dagegen nach dem Publizitätsgesetz von 1965 erst bei einer Bilanzsumme von über 125 Millionen DM, einem Umsatz von über 250 Millionen DM und bei mehr als 5.000 Beschäftigten (zwei dieser Schwellenwerte müssen vorliegen) publizitätspflichtig.

Nach dem bisher Gesagten sind mittlere und kleinere Personengesellschaften nicht publizitätspflichtig und haben offenbar einen Vorteil gegenüber den Kapitalgesellschaften. Allerdings muß berücksichtigt werden, daß die größeren mittelständischen Unternehmen meistens in der Rechtsform der GmbH & Co KG organisiert sind, die in der 4. EG-Richtlinie nicht erwähnt ist. Der maßgebliche Artikel 1 geht lediglich von der Publizitätspflicht der AG und GmbH aus. Die Einbeziehung der GmbH & Co KG unterliegt allein der nationalen deutschen Wertung. Hier müssen alle Gesetzgebungsorgane befragt werden.

Nach dem Vorentwurf eines deutschen Durchführungsgesetzes zur 4. EG-Bilanzrichtlinie soll künftig die GmbH & Co KG genauso behandelt werden wie die GmbH, d. h. sie ist ab der genannten Größenordnung zur Publizität und Pflichtprüfung verpflichtet. Es entstehen damit keine neuen Anreize für die Wahl dieser Rechtsform.

Über die 7. EG-Richtlinie wird unter Umständen auch die mittlere bis größere KG oder OHG publizitätspflichtig, und zwar für den Fall, daß die Personengesellschaft als Holding zu verstehen ist.

Zusammenfassend läßt sich sagen, daß im Bereich der Publizität schon in absehbarer Zeit mittlere oder größere Personengesellschaften, die auch für die Börse interessant wären, mit der Kapitalgesellschaft gleichgestellt sein werden.

III. Mitbestimmung

Viele Personengesellschaften wandeln auch deshalb nicht

in die Rechtsform der AG um, weil sie damit mitbestimmungspflichtig würden.
Das Gesetz über die Mitbestimmung der Arbeitnehmer vom 1. Juli 1976 erfaßt Unternehmen in der Rechtsform der AG, KGaA, GmbH, Bergrechtlichen Gewerkschaft und Genossenschaft, sofern sie in der Regel mehr als 2.000 Arbeitnehmer beschäftigen.

Die GmbH & Co KG ist nicht unmittelbar mitbestimmungspflichtig. Bei mehr als 2.000 Beschäftigten fällt sie über die Komplementär-GmbH unter die Mitbestimmungsregelung im allgemeinen dann, wenn die Mehrheit der Kommanditisten die Mehrheit der Anteile oder Stimmen der Komplementär-GmbH hat. Da sich die Mitbestimmung über die GmbH nur dann praktizieren läßt, wenn sie zum Geschäftsführungsinstrument ausgestaltet ist, sieht das Gesetz vor, daß die Komplementär-GmbH von der Führung der Geschäfte der Kommanditgesellschaft nicht ausgeschlossen werden soll.

Nach dem Betriebsverfassungsgesetz ist die Drittelmitbestimmung grundsätzlich für alle Aktiengesellschaften und KGaA ohne Rücksicht auf ihre Arbeitnehmerzahl vorgeschrieben. Für die GmbH ist die Drittelmitbestimmung bei mehr als 500 Arbeitnehmern Pflicht.

Erwähnenswert ist in diesem Zusammenhang, daß bei kleineren Familienaktiengesellschaften der Aufsichtsrat weder nach dem Mitbestimmungs- noch nach dem Betriebsverfassungsgesetz mit Vertretern der Arbeitnehmer zu besetzen ist. Nach dem Betriebsverfassungsgesetz brauchen Familienaktiengesellschaften mit weniger als 500 Arbeitnehmern nicht die Drittelparität einzuführen.

Diese Befreiungsvorschrift ergibt sich aus § 76 Abs. 6 Betriebsverfassungsgesetz, der über § 129 BetrVG 1972 in das neue Recht übernommen wurde.

Die OHG und KG sind überhaupt nicht mitbestimmungspflichtig. So erklärt es sich, daß in letzter Zeit einige größere Gesellschaften aus der Rechtsform der Kapitalgesellschaft in die der Personengesellschaft umwandelten.

Hier liegt der entscheidende Vorteil der Personengesellschaft.

IV. Steuern

Ein weiteres Hindernis auf dem Weg zur Kapitalgesellschaft stellen die Steuern dar. Auf dieses Kapitel wird in einem anderen Referat eingegangen. Deshalb kann ich mich hier kurzfassen.
Bekannt ist das Problem der doppelten Vermögensteuer im Bereich der Kapitalgesellschaften. Allem Anschein nach soll diese Doppelbelastung nicht beseitigt, sondern durch Senkung der Steuersätze gemindert werden.

Das zweite steuerliche Hemmnis ist die Erhebung der Gesellschaft in eine Aktiengesellschaft als auch bei Kapitalerhöhungen. Immerhin werden 1 % vom emittierten Betrag als Steuer erhoben. Seit dem 1. Januar 1982 ist eine Steuerart wieder eingeführt worden, auf die der Gesetzgeber im Rahmen des Umwandlungssteuergesetzes verzichtet hatte, nämlich auf die Erhebung der Grunderwerbsteuer. Bei Umwandlung in eine Rechtsform wird ein Steuersatz von 7 % auf den Verkehrswert der Immobilien erhoben. Schließlich spielen Kosten eine Rolle; die Öffnung eines Unternehmens für Aktionäre erscheint aufwendig.

V. Kosten

Die Börseneinführung verursacht einmalige und laufende Kosten:

Einmalige Kosten:

- Die Gebühren, die einmalig an die Zulassungsstelle zu entrichten sind, hängen von der Höhe des zugelassenen Grundkapitals ab. Die Zulassungsgebühren betragen:

  für jede angefangene Million
  für die ersten 20 Mio. DM des zuzulassenden Kapitals
  DM 300,--

für die weiteren	21-50 Mio. DM des zuzulassenden Kapitals	DM 200,--
über	50 Mio. des zuzulassenden Kapitals	DM 100,--
Mindestgebühr		DM 500,--

- Bankenprovision: Die Banken erhalten für die Emissionsvorbereitung die Begebung (Emission) der Aktien und die Börseneinführung als Aufwandentschädigung und für die Übernahme des Plazierungsrisikos sowie der Prospekthaftung eine Provision um 5 % des zuzulassenden Grundkapitals.

- Druckkosten des Prospekts und Veröffentlichungskosten für Zulassungsantrag und Prospekt: ca. 50.000 DM bis 100.000 DM;

- Druckkosten der Aktien: je nach Volumen zwischen 1,50 DM bis 2,00 DM je Urkunde (Mantel und Bogen).

Laufende Kosten:

- Kosten für die Veröffentlichung des Jahresabschlusses, Dividendenbekanntmachung, Organisation der Hauptversammlung, Einladungsschreiben etc.;

- Druckkosten für die Geschäftsberichte und Zwischenberichte;

- Provision der Banken für die Übernahme des Zahlstellendienstes;

- Beurkundung von wesentlichen HV-Beschlüssen: max. 10.000 DM;

- Gerichtskosten für Eintragungen in das Handelsregister (z. B. Kapitalerhöhungen: max. 0,15 % vom Nennwert der Erhöhungen).

F. Ergebnis

Bei einer Gegenüberstellung der Vor- und Nachteile einer Aktiengesellschaft überwiegen die Vorteile. In jüngster Vergangenheit ist häufig darüber diskutiert worden, ob es Alternativen zur börsennotierten Aktiengesellschaft gibt. Je mehr man sich mit dieser Materie beschäftigt, um so klarer wird das Urteil:
Der Weg an die Börse ist für größere mittelständische Gesellschaften die beste Lösung, mit den großen wirtschaftlichen Aufgaben unserer Zeit fertigzuwerden.

Bernd Ertl

Die Einführung mittelständischer Unternehmen an die Börse
- Techniken und Erfahrungen -

A. Der Kapitalmarkt in den USA

Im Jahr 1981 gingen in den USA 448 Unternehmen zum ersten Mal an die Börse. 170 dieser Gesellschaften waren im Bereich der Spitzentechnologie tätig, wie der Lasertechnik, Elektronik und Robotertechnik oder der Gen-Technologie. Von diesen 448 Unternehmen waren 200 sogenannte "Start Ups", Gründungsunternehmen, die einen Umsatz von unter 500.000 $ pro Jahr ausgewiesen hatten. Diese 448 Unternehmen wurden von 181 Emissionsbanken an der Börse (Over the Counter Market OTC) eingeführt. Das gesamte Volumen dieser Emissionen machte im Jahr 1981 3,215 Mrd. $ aus.

In Deutschland waren zur gleichen Zeit zwei neue Emissionen zu verzeichnen. Das Emissionsvolumen machte insgesamt 55,5 Mio. DM aus, und es gab nur zwei Konsortialführer, die bei diesen Emissionen mitwirkten.

Dies macht deutlich, wie brach der deutsche Kapitalmarkt noch liegt; dies gilt vor allem, wenn es um die Finanzierung von jungen Unternehmen geht. Zur Begründung wird hier immer wieder angeführt: So etwas wie in den Vereinigten Staaten (also einen funktionsfähigen Kapitalmarkt) gäbe es in Deutschland nicht, wird es auch nie geben, da die Mentalität der Anleger in den USA und der Bundesrepublik eine völlig unterschiedliche sei.

B. Der deutsche Kapitalmarkt

I. Das Anlegerverhalten

Wir haben in der Bundesrepublik 3,2 Mio. Privataktionäre. Damit ist die Bundesrepublik immer noch die drittgrößte Aktionärsnation der Welt. Es gibt 630 Investmentfonds in der Bundesrepublik, die in Aktien anlegen können. Der Umsatz, also die Transaktionen an den Aktienbörsen der Bundesrepublik sind nicht gering. Es ist schon etwas, wenn man liest, daß an regen Tagen an allen deutschen Börsen zusammengenommen immerhin für 500 Mio. DM Aktien umgesetzt werden.

Der deutsche Kapitalmarkt kann ähnlich leistungsfähig sein

wie der amerikanische - zumindest was die Anlegerseite betrifft. Beispielhaft dafür sind die Emissionen, die in der Bundesrepublik in den letzten Jahren durchgeführt worden sind.

Im Jahr 1977, in dem die Körperschaftsteuerreform erstmals wirksam wurde, wurden die Aktien der Herlitz AG emittiert. Das Emissionsvolumen machte 9,9 Mio. DM aus. Nach Zeichnungsschluß waren für 250 Mio. DM neue Herlitz-Aktien gezeichnet worden; die Emission war also 24mal überzeichnet worden.

Die Knürr Aktiengesellschaft hatte 1981 einen Umsatz von 40 Mio. DM. Emittiert wurden im Jahr 1981 für 7,1 Mio. DM ausmachend Aktien dieses Unternehmens. Nach Zeichnungsschluß - die Zeichnung dauerte eine Woche - hatte das Publikum für 50 Mio. DM Aktien gezeichnet. Der angebotene Betrag war also sechsmal überzeichnet worden.

1983 wurde Tewidata Aktiengesellschaft für technisch-wissenschaftliche Datenverarbeitung dem Publikum angeboten. Die Gesellschaft war etwas kleiner als Knürr (Umsatz 1982: ca. 25 Mio. DM). Das Emissionsvolumen betrug 11,34 Mio. DM. Nach vorzeitigem Zeichnungsschluß waren für 170 Mio. DM Aktien gezeichnet worden (14fache Überzeichnung). Auch hier mußte sehr stark repartiert werden.

Seit Kriegsende sind alle Neuemissionen in Deutschland - bis auf eine einzige - sehr hoch überzeichnet gewesen (vgl. Tabelle 1). Der Anleger in der Bundesrepublik kann also gar nicht so uninteressiert an neuen Aktien sein, wie das sehr oft dargestellt wird.

II. Der institutionelle Rahmen

Die Institutionen für einen funktionsfähigen Kapitalmarkt sind vorhanden: Wir haben in der Bundesrepublik amtliche Börsen, an denen Aktien zum Handel zugelassen werden können, den sogenannten "geregelten Freiverkehr", eine Art zweite Börse, weiterhin noch den Telefonverkehr, in dem der Handel von Aktien stattfinden kann, die nicht

Tab. 1: Deutsche Neuemissionen seit 1977 (Stand 1. August 1983)

Unternehmen	Jahr	Emissionsvolumen DM	davon für die Gesellschaft DM	für die Altaktionäre DM	im Besitz der Altaktionäre verblieben	Emissionserfolg	federführendes Emissionshaus
Herlitz (Lernmittel)	1977	9,9 Mio	9,9 Mio	-	77 %	24 x überzeichnet	Deutsche Bank
Leffers (Textilkaufhäuser)	1977	14,6 Mio	-	14,6 Mio	50 %	7 x überzeichnet	Deutsche Bank
Progress (Metallverarbeitung)	1978	6,6 Mio	3,6 Mio	3,0 Mio	50 %	mehrfach überzeichnet	Baden-Württemberg Bank
Drägerwerk AG (med. Geräte)	1979	52,25 Mio	15,2 Mio	37,05 Mio	72 %	mehrfach überzeichnet	Dresdner Bank
Mauser-Waldeck (Büroschranksysteme)	1979	24,8 Mio	-	24,8 Mio	25 %	4,5 x überzeichnet	Westdeutsche Landesbank
Knürr (Einschubtechnik)	1981	7,13 Mio	6,58 Mio	1,55 Mio	65,15 %	6 x überzeichnet	PM Portfolio Management
Deckel (Maschinenbau)	1981	48,4 Mio	37,5 Mio	10,9 Mio	67 %	2 x überzeichnet	Bayerische Vereinsbank
Electronic 2000 (Distributor)	1982	8,75 Mio	2,5 Mio	6,25 Mio	50 %	5 x überzeichnet	PM Portfolio Management
Rückforth (Wohnungs- und Gewerbebau)	1982	8,55 Mio	8,55 Mio	-	68,33 %	12 x überzeichnet	PM Portfolio Management
Kerkerbachbahn (Wohnungsbau)	1983	3,25 Mio	3,25 Mio	-	73,47 %	mehrfach überzeichnet	PM Portfolio Management
SM Software (Datenverarbeitung)	1983	1,0 Mio	1,0 Mio	-	66,67 %	mehrfach überzeichnet	PM Portfolio Management
Vögele (Baumaschinen)	1983	5,0 Mio	5,0 Mio	-	80 %	8 x überzeichnet	Deutsche Bank
Tewidata (EDV-Systeme)	1983	11,34 Mio	8,1 Mio	3,24 Mio	53,33 %	14 x überzeichnet	PM Portfolio Management

an der Börse zugelassen werden.

Mit dem Telefonverkehr besteht derzeit ein Markt für geringes Eigenkapital. An diesem Telefonverkehr kann jedes Geldinstitut teilnehmen; der Handel in Aktien ist von der technischen Seite her geregelt und funktioniert problemlos.

Von verschiedenen Seiten wird zusätzlich ein Handel in Anteilen an Kommanditgesellschaften und in GmbH-Anteilen gefordert. Es ist aber wohl nicht sinnvoll, Anteile an Kommanditgesellschaften oder GmbHs in den geregelten Freiverkehr oder in den Telefonverkehr einzuführen; denn vom Anlegerschutz her ist die Rechtsform der KG und der GmbH völlig ungenügend. Wer aber Geld von fremden Anlegern haben will, der muß im Gegenzug gewisse Anleger-Schutzvorschriften einhalten. Oft wird auch die Möglichkeit der Umgestaltung von Kommanditgesellschaften oder GmbHs, die Publikumsgesellschaften werden wollen, in ein Rechtskleid ähnlich dem einer Aktiengesellschaft gefordert. Aber wenn man schon diesen Unternehmen ähnliche Schutzvorschriften auferlegt wie der AG, wäre zu erwägen, die bestehenden Kommanditgesellschaften und GmbHs aufzufordern, sich direkt in eine Aktiengesellschaft umzuwandeln. Somit wäre der Telefonverkehr ein hier geeigneter Markt für den Handel mit Anteilen an diesen Gesellschaften, denn die Formvorschriften der Aktiengesellschaft sind von den meisten Unternehmen zu erfüllen.

Der bestehende institutionelle Rahmen für die Plazierung und den Handel in Titeln von neuen Unternehmen ist in der Bundesrepublik ausreichend.

C. Voraussetzungen für den Gang an die Börse

Im folgenden soll dargestellt werden, welche Kriterien sich in unserer Praxis herausgebildet haben, wenn Gesellschaften an der Börse eingeführt bzw. im Publikum plaziert werden sollen. Zwei Fälle sind zu unterscheiden:

I. Der Normalfall

1. Wir setzen zunächst voraus, daß die Gesellschaft etwa

5 Jahre als Unternehmen existiert hat, allerdings nicht unbedingt in der Rechtsform der AG.

2. Der Gewinn pro Jahr sollte etwa eine halbe Million DM ausmachen.

3. Das Emissionsvolumen sollte mindestens rund 4 Mio. DM betragen. Es finden sich bei einem kleineren Volumen schwer Anleger, weil der spätere Handel in den Titeln dieser Aktiengesellschaft sehr eng wäre.

4. Der Unternehmer sollte nicht mehr als 50 % seiner Gesellschaft veräußern. Anderenfalls kann der Altaktionär sehr leicht in den Verdacht geraten, sich aus einem dem Anleger nicht bekannten Grunde von der Gesellschaft trennen zu wollen.

5. Eine Gesellschaft sollte einen deutlichen Gewinnaufwärtstrend aufzuweisen haben. Zumindest sollte aber in Zukunft mit großer Wahrscheinlichkeit ein deutlicher Gewinnaufwärtstrend zu erkennen sein. Da in der Regel die Dividendenrenditen bei Aktiengesellschaften sehr gering sind, kauft ein Anleger nur dann eine Aktie, wenn er sich Kursgewinne verspricht. Diese hängen stark von einer absehbaren Gewinnsteigerung ab.

6. Wir wünschen mehr Publizität, als es das Aktiengesetz vorschreibt. Bei allen Emissionen, die wir durchführen, muß sich der Emittent verpflichten, Quartalsberichte herauszugeben, in denen er über Umsatz, Gewinn und Auftragseingang berichtet.

   Weiterhin verpflichten wir das Unternehmen, den echten Gewinn nach DVFA (Deutsche Vereinigung für Finanzanalyse und Anlagenberatung) im Jahresabschluß zu veröffentlichen und vom Wirtschaftsprüfer bestätigen zu lassen. Denn nur dann hat der Anleger einen konkreten Anhaltspunkt über die Höhe des Gewinns seiner Gesellschaft und kann den aktuellen Börsenkurs bewerten.

II. Der Ausnahmefall

Hierbei handelt es sich um Unternehmen aus dem Bereich der Spitzentechnologie, z. B. aus dem Roboterbereich, aus der Lasertechnik, der Elektronik oder dem Kabelfernsehen. Hier sind unsere Anforderungen für den Gang an die Börse wesentlich niedriger.

1. Wir geben uns zufrieden, wenn die Firma nur 2 Jahre existiert hat.

2. In der Vergangenheit braucht nur ein geringer oder noch gar kein Gewinn erwirtschaftet worden zu sein. Mit einem Volumen von 1 Mio. DM wurde im Juli 1983 ein derartiges Unternehmen, die SM Software AG, am Kapitalmarkt eingeführt. Wir würden allerdings nicht eine Gesellschaft emittieren, die gerade einen Prototyp entwickelt, aber noch nicht den Markt für die eigenen Produkte erschlossen hat.

D. Wie man an die Börse geht

I. Die Unterlagen

Es muß in ersten Gesprächen dargestellt werden:

1. Die Entwicklung der letzten 5 Jahre.

2. Die augenblickliche Situation des Unternehmens (Beschäftigte, Grundbesitz, Patente usw.).

3. Der Markt des Unternehmens.

4. Die Marktstellung des Unternehmens, der Konkurrenten sowie die Marktanteile; sehr oft gibt es über die Branchen dieser Unternehmen Marktforschungsberichte.

5. Sofern vorhanden, sind die Wirtschaftsprüfungsberichte der letzten 5 Jahre vorzulegen.

6. Die Planung des Unternehmens für die kommenden 5 Jahre im Hinblick auf Umsatzdaten, auf Gewinndaten sowie auch auf sämtliche Strukturdaten.

Aus diesen Daten erstellen wir dann ein Emissions-Gutachten. Dieses Gutachten enthält eine wirtschaftliche Analyse des Unternehmens und der Branche, vor allem aus dem Blickwinkel einer möglichen Börseneinführung. Geklärt werden im Gutachten folgende Punkte:

1. Wo liegen die speziellen Vorteile für das Unternehmen bei der Umwandlung in eine AG?

2. Welches Emissionsverfahren ist am sinnvollsten?

3. Welcher Anteil des Grundkapitals sollte emittiert werden?

4. Zu welchem Kurs sollen die Aktien ausgegeben werden?

5. Sollen Belegschaftsaktien ausgegeben werden?

6. Zu welchen Terminen sollten Plazierung und Börseneinführung erfolgen?

7. Welche Emissionskosten entstehen?

II. Die Finanzierungsinstrumente

1. Vorzugsaktien

Aus der Sicht des Unternehmers scheint die stimmrechtslose Vorzugsaktie besonders interessant zu sein. Wir haben von vier durchgeführten Emissionen drei in stimmrechtslosen Vorzugsaktien vorgenommen. Das Aktienrecht legt fest, daß immerhin 50 % des Grundkapitals einer Aktiengesellschaft aus stimmrechtslosen Vorzugsaktien bestehen können.

2. Stammaktien

Ein Großaktionär kann zusätzlich noch einmal 25 % der Stammaktien verkaufen (unterhalb der Schachtelbeteiligungsgrenze). Man kann also immerhin 62,5 % veräußern, ohne daß jemand in die Geschäftspolitik der Gesellschaft hineinreden kann. Die Altaktionäre haben noch mit 37,5 %

die volle Kontrolle. Diese Tatsache kann viele Unternehmer dazu bringen, ihre Gesellschaft in eine Aktiengesellschaft umzuwandeln und sich so neue Finanzierungsmittel für weiteres Wachstum zu beschaffen.

3. Genußscheine

Der Genußschein kann in verschiedenen Arten konstruiert werden; es gibt keine eindeutigen gesetzlichen Regelungen. Man kann ihn ausgestalten wie eine stimmrechtslose Vorzugsaktie, allerdings ohne die Vorzugsdividende. In schlechten Zeiten hat der Anleger dann kein Recht auf eine Dividende. Es kann auch ein relativ hoher Betrag ausgegeben werden, man ist nicht begrenzt wie bei der Vorzugsaktie auf die Hälfte des Grundkapitals.

Ein Genußschein kann so gestaltet werden, daß er durch den Eigenkapitalcharakter auch die Körperschaftsteuer-Gutschrift hat, oder er kann als Fremdkapital gestaltet werden, wobei die Kosten für die Dividende dann von der Steuer abgesetzt werden können. Wirtschaftlich bleibt er dennoch Eigenkapital.

Der Genußschein empfiehlt sich allerdings in der ersten Stufe der Emission noch nicht.

III. Die Ermittlung des Emissionskurses

In die Kursbildung gehen die Branche, die Marktstellung der Gesellschaft, die Gewinnaussichten und die Finanzierungsrelationen ein. Wesentlich für die Ermittlung des Emissionskurses ist der augenblickliche Gewinn und der zu erwartende Gewinn je Aktie.

Wenn an der deutschen Börse bereits vergleichbare Unternehmen existieren, wird man die Emissionskurse mit den Börsenkursen dieser bestehenden Unternehmen vergleichen. Es ist bisher allerdings eine Ausnahme, daß in Deutschland vergleichbare interessante Gesellschaften an der Börse sind. Wir orientieren uns dann an in den USA, in Großbritannien oder in Frankreich notierten Titeln.

Mit einem Abschlag von 10 bis 15 % vom so ermittelten

Emissionskurs wird man die Aktien anbieten, um den Anlegern damit einen Anreiz zur Zeichnung zu geben. Bei Vorzugsaktien kommen noch einmal etwa 10 % in Abschlag. Vorzugsaktien werden - aus welchen Gründen auch immer - an der Börse im Schnitt 10 % niedriger als Stammaktien gehandelt.

Generell gilt: Man sollte eher einen niedrigeren Kurs nehmen als einen zu hohen. Das ist nicht nur im Sinne der Emissionshäuser, die bestrebt sind, daß der Börsenkurs nicht unter den Emissionskurs fällt; es ist auch im Sinne des Emittenten: Wenn der Kurs nach der Emission deutlich unter den Ausgabenkurs fällt, wird es das Unternehmen später recht schwer haben, Kapitalerhöhungen durchzuführen. Die Anleger werden einer Gesellschaft, die sie negativ in Erinnerung haben, nur zögernd neue Finanzmittel zur Verfügung stellen wollen.

IV. Die Umwandlung in eine Aktiengesellschaft

Die Mehrzahl der von uns an die Börse gebrachten Firmen war bisher nicht in der Rechtsform der Aktiengesellschaft geführt. Bei der anstehenden Umwandlung ist eine ganze Reihe von Voraussetzungen zu beachten, obwohl die Umwandlung in eine Aktiengesellschaft nicht so schwierig ist, wie das oft angenommen wird:

1. Die Bilanz darf nicht älter als 6 Monate sein.

2. Es sollte über steuerliche Aspekte Klarheit bestehen. So kann man sich bei der Umwandlung von der Personengesellschaft in eine Aktiengesellschaft entscheiden, ob die Werte der Bilanz zum Buchwert übernommen oder die stillen Reserven aufgelöst werden sollen. Wenn man letzteres tut, sind die aufgelösten stillen Reserven mit 28 % zu versteuern, können aber wieder zu dem vollen Steuersatz von ca. 63 % abgeschrieben werden.

3. Etwa drei Monate vor der anstehenden Umwandlung sollte ein grundsätzliches Gespräch über die Maßnahmen der Umwandlung mit dem Notar und dem Registerrichter geführt werden. Bei einer Umwandlung ist

zudem gemäß AktG ein Gründungsprüfer zu bestellen. Oft bestellt der Registerrichter den Wirtschaftsprüfer der Gesellschaft zum Gründungsprüfer.

4. Etwa eine Woche vor der Plazierung läßt man die Eintragung der Umwandlung durchführen. Durch Absprache sollte unbedingt sichergestellt sein, daß der Registerrichter in der Lage ist, diesen Termin zu halten. Anderenfalls kostet es erhebliche Zinsen, wenn das Emissionskonsortium bereits zwei, drei oder noch mehr Monate vor der Plazierung die Finanzmittel an die Gesellschaft zahlt. Man sollte erst dann eine Emission durchführen, wenn sichergestellt ist, daß zwischen dem Zeitpunkt der Kapitaleinzahlung und der Emission selbst eine relativ kurze Zeitspanne liegt.

V. Das Zeichnungsverfahren

Wir empfehlen, daß bei der Zuteilung an das Publikum die Aktien so breit wie möglich gestreut werden. Es sollten bei absehbarer Überzeichnung jedem Zeichner zunächst 10 - 20 Aktien zugeteilt werden, um erst dann die großen Zeichnungen zu bedienen. Das hat den Vorteil, daß bei der Hauptversammlung

1. der Großaktionär einer nicht sehr einflußreichen Vielzahl von Aktionären gegenübersteht und

2. ein aktiverer Handel in den Aktien der Gesellschaft stattfinden kann. Je mehr Aktionäre beteiligt sind, um so lebendiger ist ein Handel in den Titeln der Gesellschaft und um so geringer ist die Gefahr größerer Kursausschläge.

Die Zeichnungsfrist beträgt etwa eine Woche. Früheren Zeichnungsschluß behalten wir uns vor. Bei der letzten Zeichnung war die Nachfrage so groß, daß wir schon am ersten Tag unsere Bücher schließen mußten.

VI. Der günstigste Emissionszeitpunkt

Man sollte sich bei der Wahl des Emissionszeitraums nicht zu sehr von der Börse abhängig machen. Ob die Börse aufwärts oder abwärts tendiert, spielt für die Emission - bisher zumindest in der Bundesrepublik - keine große Rolle. Entscheidend sind mehr andere Kriterien: Man sollte darauf schauen, daß der augenblickliche Gewinntrend der Gesellschaft nach oben gerichtet ist.

Von der Entscheidung des Unternehmens, an die Börse zu gehen, bis zur Plazierung vergehen mit allen Formalitäten rund 5 Monate. Gesellschaften, die bereits in der Rechtsform einer Aktiengesellschaft existieren, können schneller an die Börse gehen. Hier rechnet man mit ca. 2 Monaten (vgl. Tabelle 2).

Tab. 2: Terminplan der Knürr-Emission

Eintragung der Umwandlung in die AG ins Handelsregister	22.4.1981
Pressekonferenz zur Emission	7.5.1981
Eintragung der Kapitalerhöhung von 4,8 Mio. auf 6,6 Mio. DM ins Handelsregister	8.5.1981
Presseveröffentlichung und Prospektveröffentlichung in der Presse	8.5.1981
Zeichnung durch das Publikum	11. - 15.5.1981
Aufnahme der Kursnotiz im Telefonverkehr in München	18.5.1981
Einführung in den geregelten Freiverkehr der Münchner Börse	10.6.1981

Im Fall der von uns betreuten Electronic 2000 entschloß sich der Unternehmer Ende 1981, an die Börse zu gehen. Am 21.5.1982 war das Unternehmen bereits an der Börse notiert.

VII. Die Börseneinführung

1. Der Telefonverkehr ist der Handel unter Banken; hier braucht man keinerlei Formvorschriften zu beachten. Man hat allerdings den großen Nachteil, daß Titel dieser Gesellschaften überwiegend von privaten Anlegern gekauft werden. Versicherungsgesellschaften und Investmentfonds haben keinerlei Möglichkeiten, Aktien in diesem Markt zu kaufen (Versicherungen wohl für das freie Vermögen, aber auch da ist die Erfahrung, daß sie das sehr selten tun). An diesem Markt sind überwiegend kleine Gesellschaften notiert.

2. Aktien, die im geregelten Freiverkehr notiert sind, können von Versicherungen ins gebundene Vermögen übernommen und von Investmentfonds gekauft werden. Für die Zulassung an der Börse im geregelten Freiverkehr muß das Emissionshaus ein Exposé auflegen. Die Vorschriften sind leider noch so ähnlich wie im amtlichen Handel, sie werden aber nicht ganz so streng gehandhabt. Es gibt hier keine Prospekthaftung nach dem Börsengesetz.

3. Im amtlichen Handel können die Aktien von Versicherungen und Investmentfonds ohne Ausnahme gekauft werden. Hier gibt es die Prospekthaftung nach dem Börsengesetz. Die sonstigen Voraussetzungen: Das zugelassene Grundkapital braucht nur 500.000,-- DM nominal auszumachen. Es muß mindestens schon einmal ein Jahresabschluß in der Rechtsform einer Aktiengesellschaft vorgelegen haben. Die Zulassung zum Börsenhandel ist erst ein Jahr nach der Eintragung in das Handelsregister möglich. Weiterhin *sollte* die Gesellschaft eine Reihe von Jahren positive wirtschaftliche Ergebnisse als AG erzielt und Dividenden gezahlt haben.

VIII. Die Emissionskosten

Die Kosten für die Emission schwanken je nach ihrer Größe, nach Risikograd für das Emissionskonsortium und einer Reihe anderer Faktoren. Insgesamt kann man davon ausgehen, daß sie einschließlich der Kosten für die Eintragung ins Handelsregister, Verkaufsprospekt, Finanzanzeigen, Öffentlichkeitsarbeit, Stücke-Druck und Provision für das Emissionskonsortium (Abgeltung des Übernahmerisikos) bei 7 bis 10 Prozent des emittierten Betrages liegen.

Im Vergleich dazu: In den USA liegen die Kosten bei 10 % manchmal sogar bei bis zu 15 %.

Darüber hinaus sind die Emissionskosten, also die Kosten für die Emission an der Börse und die Plazierung der Aktien im Publikum, bisher steuerlich nicht absetzbar.

Zu erwarten steht allerdings nach dem Grundsatzbeschluß der Bundesregierung zum Bundeshaushalt 1984, daß ab 1.1.1984 die Kosten der Ausgabe von Gesellschaftsanteilen uneingeschränkt abzugsfähig sind.

Zu den Kosten der Emission soll jemand zitiert werden, der ein Unternehmen leitet, das bereits sehr erfolgreich den Gang an die Börse hinter sich hat, Dr. Peter Herlitz (Börsenzeitung vom 13. Februar 1982):

"Bezüglich der Kosten der Börseneinführung - das sind neben den Steuern insbesondere die Provisionen für das Bankenkonsortium - kann man zwar viel Geld sparen, aber für die Entscheidung, ob man an die Börse gehen soll oder nicht, sind sie belanglos. Würde man die Investition "Gang an die Börse" wie eine sonstige Investition auf ihre Rentabiltät hin untersuchen können, und auch im nachhinein kann man das nur bedingt, dann würde zumindest für unseren Fall gelten, daß man schon aus Versehen auf eine Erdölquelle stoßen muß, um eine vergleichbar rentable Investition zu finden."

E. Ausblick

Sicherlich sind die Kosten einer Emission nicht unbeachtlich. Jedoch überwiegen die Vorteile für ein Unternehmen, das den Weg an die Börse beschreiten will:

1. Die Finanzierung der Expansion ohne Aufgabe der Kontrolle.

2. Realisierung eines Teils des Wertzuwachses des Unternehmens durch Verkauf von Aktien; Abgeltung des Gründungsrisikos für den Unternehmer, ohne daß er die Kontrolle über die Gesellschaft verliert.

3. Erhöhung des Eigenkapitals (Ablösung von Fremdmitteln).

4. Flexiblere und sichere Finanzierungsmöglichkeiten.

5. Beteiligung der Mitarbeiter am Unternehmen, um eine dauernde Betriebsbindung zu gewährleisten (Belegschaftsaktien).

6. Verbesserung und Erweiterung der Publizität.

7. Schaffung einer finanziellen Basis für die Aufnahme zusätzlicher Geschäftstätigkeiten (Diversifikation).

8. Finanzielle Absicherung bei Anpassung an Strukturveränderungen der Branche.

9. Übernahme fremder Gesellschaften durch Ausgabe eigener Aktien (kein Liquiditätsentzug).

10. Wahrung der Vorteile des Umwandlung-Steuergesetzes (Schaffung neuen Abschreibungsspielraums).

11. Klare Gliederung der Verantwortungsbereiche (Aufsichtsrat, Vorstand, Hauptversammlung).

Insgesamt sind der Erfahrung nach die Börsenzulassungsbestimmungen in Deutschland relativ flexibel. Sie sind für das junge Unternehmen, zumindest was den geregelten Freiverkehr betrifft, in Deutschland zum gegenwärtigen Zeitpunkt erfüllbar und weniger restriktiv als in den Vereinigten Staaten oder in Großbritannien.

Fritz Schwab

Das österreichische Beteiligungsmodell

A. Einführung

B. Das Beteiligungsfondsgeschäft

I. Allgemeines

II. Das Verfahren im Beteiligungsfondsgeschäft

1. Der Genußschein

2. Der Beteiligungsnehmer

3. Die Beteiligungsfondsgesellschaft

C. Das Treuhandgeschäft

D. Erfahrungen mit den bisherigen Fonds in Österreich

E. Vorschau

A. Einführung

Im Februar des Vorjahres wurde vom österreichischen Nationalrat das Bundesgesetz "über die Errichtung und Verwaltung von Beteiligungsfonds (Beteiligungsfondsgesetz)" mit den Stimmen aller drei im Parlament vertretenen Parteien einstimmig beschlossen. Im Motivenbericht, zu dem in Form eines Initiativantrages eingebrachten Gesetzesentwurf, heißt es u. a.:

"In den österreichischen Unternehmen ist ein kontinuierlicher Rückgang des Eigenkapitalanteils an der Bilanzsumme festzustellen. Dieses Übergewicht hat eine Reihe historischer, institutioneller und steuerpolitischer Gründe. Gerade für Klein- und Mittelbetriebe, die sich in einer oft kostspieligen Umstrukturierungs- bzw. Expansionsphase befinden, ist diese Finanzierungsstruktur von Nachteil. Sie können oft nicht die notwendigen Sicherheiten für einen Investitionskredit aufbringen und scheitern daher, obwohl ihr Produkt möglicherweise gute Marktchancen hätte. Dies gilt insbesondere für die Industrie und das produzierende Gewerbe.

Um diesem Mangel abzuhelfen, wurde dieses Bundesgesetz über die Errichtung und Verwaltung von Beteiligungsfonds konzipiert. Ziel dieses Bundesgesetzes ist die Zuführung neuen Eigenkapitals an österreichische Wirtschaftsunternehmen. ....."

Bemerkenswert an der Gesetzwerdung ist außer der einstimmigen Annahme die Form, nämlich der Initiativantrag, und der Zeitpunkt. Es ist in Österreich unüblich, Gesetze mit steuerlichem Wirksamkeitsbeginn während eines Kalenderjahres zu beschließen. Die Form und die rasche Verabschiedung zeigen, daß die politischen Parteien Österreichs, nachdem sie sich die Erkenntnis der mangelnden Eigenkapitaldecke zu eigen gemacht haben, rasch - und soweit es das Beteiligungsfondsgesetz betrifft - auch wirksam gehandelt haben.

Zum Erkennen der negativen Auswirkungen der geringen Eigenkapitaldecke auf die Wirtschaft unseres Landes hat sicherlich die internationale Hochzinsphase mit beigetragen, die die Auswirkung des Fremdkapitalanteiles auf die Ertragslage der einzelnen Unternehmen augenscheinlich gemacht hat.

Dieses Gesetz regelt in seinem ersten Hauptstück gesellschaftsrechtliche und im zweiten Hauptstück abgabenrechtliche Vorschriften.

Das Bundesgesetz sieht zwei Arten von Geschäften vor. Nämlich

1. das Beteiligungsfondsgeschäft, für welches sowohl gesellschaftsrechtliche als auch abgabenrechtliche Vorschriften stipuliert sind, und

2. das Treuhandgeschäft, welches lediglich im abgabenrechtlichen Teil enthalten ist.

Zwar ist letzteres nicht Thema dieses Referates und außerdem herrschen noch beträchtliche steuerliche Unklarheiten, trotzdem sollen im Laufe des Referates einige Anmerkungen hierzu gemacht werden.

B. Das Beteiligungsfondsgeschäft

I. Allgemeines

Im Beteiligungsfondsgeschäft sind drei Rechtssubjekte tätig:

die Beteiligungsfondsgesellschaft
der Genußscheinzeichner
der Beteiligungsnehmer

Die B e t e i l i g u n g s f o n d s g e s e l l s c h a f t unterliegt dem Kreditwesengesetz und bedarf zu ihrer Gründung einer Konzession des Bundesministeriums für Finanzen. Bisher wurden fünf derartige Konzessionen erteilt. Die Gesellschaften sind in der Rechtsform einer Aktiengesellschaft mit einem Mindestgrundkapital von 150 Mio. S zu errichten. Alle Beteiligungsfondsgesellschaften unterliegen der Aufsicht des Bundesministeriums für Finanzen (Staatsaufsicht).

Der G e n u ß s c h e i n z e i c h n e r kann theoretisch jede juristische oder physische Person sein. Aufgrund der steuerlichen Begünstigungen, die ich später darstellen werde, ist der Kauf jedoch nur für jene physischen Personen sinnvoll, die über ein steuerpflichtiges Jahreseinkommen von über S 250.000,-- verfügen.

Der B e t e i l i g u n g s n e h m e r muß ein Unternehmen sein, dessen Firma in einem inländischen Handels- oder Genossenschaftsregister eingetragen ist und das seinen Sitz oder seine Hauptniederlassung im Inland hat. Beteiligungen können nur in der Rechtsform einer Kommanditbeteiligung, einer stillen Beteiligung oder einer Beteiligung an einer Kapitalgesellschaft erfolgen, wobei jedoch keine unbeschränkte Haftung und keine Nachschußpflicht eingegangen werden darf.

II. Das Verfahren im Beteiligungsfondsgeschäft

Ein Beteiligungsfonds ist die in einem gesonderten Rechnungskreis zusammengefaßte Summe von Beteiligungen an Unternehmen. Die Beteiligungen an den Unternehmen müssen vor Errichtung eines Fonds verbindlich vereinbart sein, und gemäß einem Agreement mit der Finanzverwaltung müssen in einem derartigen Fonds mindestens acht (früher fünf) Beteiligungen enthalten sein. Rechtlich gesehen geht die Beteiligungsfonds Aktiengesellschaft im eigenen Namen und für eigene Rechnung Beteiligungen an Unternehmen ein, die sie im Rahmen ihres Rechnungswesens in einem eigenen Rechnungskreis erfaßt. Zur Finanzierung dieser Beteiligungen werden Wertpapiere, sogenannte Genußscheine, emittiert. In der Bilanz der Beteiligungsfonds Aktiengesellschaft stehen daher als Aktivum die eingegangenen Beteiligungen und als Passivum die emittierten Genußscheine.

Wesentlich an dieser Konstruktion erscheint die Aufbringung des Risikokapitals, d. h. die Emission und der Verkauf von Genußscheinen. Es ist daher notwendig, über diese Form des Wertpapiers sowie über die steuerlichen Begünstigungen, die mit dem Erwerb der Genußscheine verbunden sind, näher einzugehen.

1. Der Genußschein

Der G e n u ß s c h e i n ist ein auf den Inhaber lautendes Wertpapier, das einen Anspruch auf einen aliquoten Teil an den Jahresüberschüssen (Erträgen) und am Realisierungserlös eines Beteiligungsfonds verbrieft. In Österreich wurde und wird der Genußschein immer wieder mit einer Anleihe verwechselt, und es liegt daher noch viel Aufklärungsarbeit vor uns, damit wir den Käufern klar machen, daß es sich hierbei um ein Risikopapier handelt, das kein Nominale - sondern nur einen Ausgabepreis - S 10.000,-- je Stück - hat, und daß die jährlichen Ausschüttungen auf den Erträgen jener Unternehmen beruhen, die im betreffenden Beteiligungsfonds zusammengefaßt sind und keine garantierten Zinserträge darstellen.

Wodurch wird nun das Risiko für derartige Genußscheine bestimmt?

Sicherlich hängt es in erster Linie mit der Auswahl und Betreuung der in einem Fonds zusammengefaßten Unternehmen zusammen. Bei der Konzessionsvergabe durch das Bundesministerium für Finanzen wurde diesem Aspekt insofern Rechnung getragen, als - wie schon gesagt - nur fünf Konzessionen vergeben wurden und diese an Gesellschaften erteilt sind, hinter denen große Bankinstitute bzw. Bankinstitutsgruppen stehen. Dadurch erscheint die Gewähr gegeben, daß sowohl die Auswahl als auch die Betreuung optimal erfolgt.

Wesentliches Augenmerk ist beim Eingehen der Beteiligungen darauf zu richten, daß die Erwartungen für das Beteiligungsunternehmen zukunftsbezogen abgeschätzt werden. Es werden hier bei der Beurteilung sowohl der Verlauf in der Vergangenheit als auch die voraussichtlichen Aussichten des Unternehmens bzw. der Branche miteinbezogen. Ebenfalls wird das Management eines Unternehmens einer kritischen Beurteilung unterzogen.

Auf den Grundsatz der Risikostreuung ist schon im Gesetz Bedacht genommen, da die einzelne Beteiligung bei einem Unternehmen (Konzerne werden zusammengezählt) nicht mehr als 20 % des Fondsvolumens betragen darf. Außerdem ist durch die Vereinbarung, daß mindestens acht Unternehmen in einem Fonds enthalten sein müssen, für eine noch weitergehende Risikostreuung vorgesorgt.

Eine weitere Risikoeinschränkung ist dadurch gegeben, daß ex lege keine Nachschußpflicht bei einer Beteiligung eingegangen werden darf und daher den Genußscheinzeichner auch keine solche treffen kann. Wie schon erwähnt, unterliegen die Beteiligungsfondsgesellschaften der Staatsaufsicht. Sie haben jährlich Rechenschaftsberichte über die einzelnen Fonds zu veröffentlichen, und der Genußscheinzeichner hat ein Zutritts- und Fragerecht in der Hauptversammlung der Beteiligungsfondsgesellschaft.

Außerdem - und das kann als gravierendste Risikoeinschränkung bezeichnet werden - kann der Kauf der Genußscheine bis zu einem bestimmten Betrag im Jahr der Anschaffung als zusätzliche Sonderausgabe steuerlich geltend gemacht werden, wodurch der Kapitaleinsatz für die Anschaffung eines derartigen Wertpapiers auf die Hälfte und darunter fällt. Auch weitere steuerliche Begünstigungen sind vorgesehen; diese wirken sich jedoch nicht auf die Risikobeurteilung aus.

Da diese steuerlichen Begünstigungen wesentlich zum Erfolg des Absatzes der Genußscheine beigetragen haben, soll darauf näher eingegangen werden.

Im Bereich der Einkommensteuer (Lohnsteuer) kann jährlich zusätzlich zu den bereits bestehenden Möglichkeiten der Absetzung als Sonderausgaben für den Steuerpflichtigen und für dessen Ehegatten je ein Betrag von S 40.000,-- sowie für jedes Kind ein weiterer Betrag von S 10.000,-- geltend gemacht werden. Die jährlichen Gewinnausschüttungen und der Abschichtungserlös sind ex lege einkommensteuerfrei. Vermögensteuerlich gibt es einen zusätzlichen Freibetrag von S 100.000,-- pro Person, wobei die Bewertung lediglich mit 80 % des Ausgabepreises bzw. eines eventuellen Börsenkurses erfolgt. Um in dem Genuß dieser großen steuerlichen Vorteile zu bleiben, ist es notwendig, die Genußscheine für mindestens zehn Jahre bei einem Kreditinstitut zu deponieren. Sollte eine vorzeitige Entnahme erfolgen, so ist eine

50 %ige Nachversteuerung des als Sonderausgabe abgesetzten Betrages vorgesehen.

Diese steuerlichen Vorteile wirken sich auch entsprechend auf die Renditeüberlegungen aus. Der österreichische Einkommensteuertarif sieht Progressionsstufen bis 62 % vor. Schon bei einem steuerpflichtigen Jahreseinkommen von S 250.000,-- entsteht für jeden weiteren verdienten Schilling eine Steuerpflicht von 51 %.

Tab. 1: Grenzsteuersatz (Steuertarif 1.1.83)

Einkommensteuer-bemess. Grdl. (pro Jahr)	Lohnsteuerbemess. Grdl. (pro Monat)	%-Grenzsteuer-satz Tarif
1 - 50.000	- 4.849	21
50.001 - 100.000	4.850 - 9.016	27
100.001 - 150.000	9.017 - 13.182	33
150.001 - 200.000	13.183 - 17.349	39
200.001 - 250.000	17.350 - 21.516	45
250.001 - 300.000	21.517 - 25.682	51
300.001 - 500.000	25.683 - 42.349	55
500.001 - 1.000.000	42.350 - 84.016	58
1.000.001 - 1.500.000	84.017 - 125.682	60
1.500.001 -	125.683 -	62

Durch die Möglichkeit der steuerlichen Absetzung reduziert sich daher das eingesetzte Kapital bei einem Einkommen über S 250.000,-- jährlich schon auf S 4.900,-- pro Genußschein (Ausgabepreis S 10.000,--) und vermindert sich bei einem Grenzsteuersatz von 62 % daher auf S 3.800,--. Dadurch ergeben sich bei einer angenommenen jährlichen Ausschüttung von 5 % für Einkommen über S 250.000,-- schon Renditen von 14,7 %, die bis zum höchsten Grenzsteuersatz auf 19 % steigen. Wenn man jetzt noch berücksichtigt, daß diese Erträge ex lege einkommensteuerfrei sind, so resultieren unwahrscheinlich hohe Renditen vor Steuern.

Ein Vergleich zwischen einem Anleihekauf (9 % p. a. Verzinsung, 10 Jahre Laufzeit) und dem Erwerb von Genußscheinen (angenommene Ausschüttung von 5 % p. a.,

Tab. 2: Renditetabelle

% Grenzsteuersatz	bei angenommener jährlicher Ausschüttung des Fonds von		
	5 %	5,5 %	6 %
21	7,58	8,18	8,77
27	8,68	9,31	9,94
33	9,91	10,58	11,25
39	11,29	12,01	12,72
45	12,87	13,64	14,41
51	14,69	15,53	16,38
55	16,09	16,99	17,89
58	17,26	18,21	19,16
60	18,10	19,09	20,09
62	19,01	20,04	21,08

Grenzsteuersatz 58 %) in der Höhe von S 100.000,-- verdeutlicht dies noch mehr. Im ersteren Fall ergibt sich innerhalb von 10 Jahren, bei einem eingesetzten Kapital von S 100.000,--, ein absoluter Zuwachs von S 95.000,--, das sind 95 %. Beim Genußscheinkauf resultiert bei einem eingesetzten Kapital von S 42.000,-- (Anschaffungswert S 100.000,-- abzüglich Steuerersparnis S 58.000,--) ein Zuwachs von S 101.000,--, somit von 240 %. Unter der Annahme der Wiederveranlagung der jährlich zugeflossenen Zinsen ergibt sich beim Anleihenkauf eine Rendite von 9,5 % und beim Genußscheinkauf eine solche von 17,3 %, somit eine Risikoprämie von 7,8 %!

Renditevergleich: Festverzinsliche Anleihe und Genußschein

Ein Beispiel:

Ein Erwerbstätiger (Alleinverdiener) mit zwei Kindern und einer Steuerbemessungsgrundlage von S 750.000,-- möchte S 100.000,-- veranlagen. Er zieht längerfristige Veranlagungen in Erwägung, nämlich den Kauf von steuerbegünstigten Anleihen (9,5 % p. a.) oder den Kauf von Genußscheinen (rd. 5 % p. a.). Sein zu versteuerndes Einkommen unterliegt einem marginalen Steuersatz (Grenzsteuersatz) von 58 %. Weiter gilt die Annahme, daß bei beiden Wertpapieren eine Laufzeit von 10 Jahren eingegangen wird. Eine vergleichende Darstellung der beiden Veranlagungsvarianten sieht wie folgt aus:

Tab. 3: Gegenüberstellung der Zahlungsflüsse

	Anleihe (9,5 % p.a.)	Genußschein (5 % p.a.)
zu veranlagendes Kapital	S 100.000,--	S 100.000,--
- ESt.-Vergütung	S --,--	S 58.000,--
eingesetztes Kapital	S 100.000,--	S 42.000,--
jährliche (erwartete) Zuflüsse kumuliert	S 95.000,--	S 50.000,--
Rücklösung zum Laufzeitende	S 100.000,--	S 93.000,--
gesamter Rückfluß	S 195.000,--	S 143.000,--
Zuwachs absolut	S 95.000,--	S 101.000,--
Zuwachs relativ	95 %	240 %

unter der Annahme der Wiederveranlagung der jährlich zugeflossenen Zinsen ergibt dies eine Rendite von

	Anleihe	Genußschein
	9,5 %	17,3 %
Risikoprämie	7,8 %	

Die erwähnten Steuervorteile sowie die vorher dargestellten Renditeüberlegungen haben dazu geführt, daß schon im Jahr 1982 - obwohl das Instrumentarium des Genußscheins nur von einem kleineren Personenkreis wirklich verstanden wurde - der Absatz dieser Wertpapiere wesentlich über den Erwartungen lag. Bemerkenswert ist hierbei auch, daß über 70 % der Genußscheinzeichner Lohnsteuerpflichtige, d. h. unselbständig Erwerbstätige, sind. Es ist daher als sicher anzunehmen, daß nur ein ganz geringer Prozentsatz dieser Zeichner bereit gewesen wäre, Geld direkt in Beteiligungen zu veranlagen, so daß durch diese Konstruktion ein vollkommen neuer Markt zur Aufbringung von Beteiligungsmitteln geschaffen wurde.

2. Der Beteiligungsnehmer

Die B e t e i l i g u n g s n e h m e r können - wie schon erwähnt - nur Unternehmen sein, deren Firma in einem österreichischen Handelsregister eingetragen ist und die ihren Sitz in Österreich haben. Wer der oder die Eigentümer an einem Beteiligungsunternehmen sind, ist irrelevant. Es können daher auch Unternehmer mit Sitz in Österreich, deren Eigentümer jedoch im Ausland sind (z. B. Konzerne), eine derartige Beteiligung erhalten. Aus der Textierung des Gesetzes geht jedoch hervor, daß nur bereits bestehende Unternehmen in einen Fonds aufgenommen werden dürfen. In der Praxis hat sich erwiesen, daß von den möglichen Rechtsformen der Beteiligungen bisher lediglich die Rechtsform der stillen Gesellschaft gewählt wurde, da sie sich als am besten praktikabel erwiesen hat. Um den Charakter des Risikokapitals zu betonen, ist im Gesetz vorgesehen, daß der stille Gesellschafter hinsichtlich der Einlage - soweit sie den Betrag des auf sie entfallenden Anteils am Verlust übersteigt - seine Forderung als Konkursgläubiger nicht geltend machen kann. Bei der Zusammensetzung des Fonds ist darauf zu achten, daß zumindest 2/3 des Fondsvermögens den Bereichen Gewerbe und Industrie zuzuzählen sind. Es ist hier eine stärkere Förderung dieser Unternehmensgruppen vorgesehen, da nach Ansicht des Gesetzgebers für andere Wirtschaftszweige schon Förderungen vorliegen.

Wieso kann hier von einer Förderung gesprochen werden?

Aus den vorigen Darstellungen ist ersichtlich, daß die Rendite für den Genußscheinzeichner schon bei relativ geringen Ausschüttungen sehr hoch ist. Es ist daher möglich, dem Beteiligungsnehmer das Beteiligungskapital zu relativ günstigen Bedingungen zur Verfügung zu stellen, wobei jedoch die Beteiligungsfonds Aktiengesellschaft das Problem hat, eine Art Schiedsrichterstellung zwischen den Erwartungen der Genußscheinzeichner und den Kostenüberlegungen des Beteiligungsunternehmens einzunehmen. Üblicherweise wird daher in den Beteiligungsverträgen eine garantierte Mindestgewinnausschüttung vereinbart, die sich nach der halben Sekundärmarktrendite für Anleihen zuzüglich 2 % p. a. bemißt. Darüber hinaus wird ein von Unternehmen zu Unternehmen verschiedener wirklich gewinnabhängiger Ertragsanteil vereinbart und eventuell auch eine höhere Abschichtung ins Auge gefaßt.

Wesentlich für das Unternehmen (aber auch für den Genußscheinzeichner) ist, daß die Beteiligung auf mindestens zehn Jahre gebunden ist (konform mit der Depotpflicht der Genußscheine). Durch das mindestens zehn Jahre ohne Rückzahlungsverpflichtung zur Verfügung stehende Kapital – das laut Beteiligungsfondsgesetz dem Beteiligungsunternehmen z u s ä t z l i c h zuzufließen hat – ist eine Qualität dieser Mittel gegeben, die mit einem üblicherweise in Österreich erhältlichen Kredit nicht verglichen werden kann, da bei letzterem jährliche Rückführungsverpflichtungen vereinbart werden oder – wie beim Kontokorrentkredit – Kündigungsmöglichkeiten bestehen.

Vorteilhaft wirkt sich auch auf die Kosten aus, daß gemäß dem Beteiligungsfondsgesetz keine Gesellschaftssteuer für die Errichtung des Beteiligungsvertrages erhoben wird und bei der Beteiligung in Form einer stillen Gesellschaft, die auf den stillen Gesellschafter entfallenden Gewinnanteile, eine Betriebsausgabe für das Unternehmen darstellen.

Die Gesamtkosten einer derartigen Beteiligung können derzeit etwas unter dem Primeratesatz angenommen werden.

Der Beteiligungsnehmer hat der Beteiligungsfondsgesellschaft – wie es im Gesetz heißt – "ausreichende Informations-, Kontroll- und Mitspracherechte" zu gewähren. Diese Rechte haben sich am Verhältnis zwischen eingegangener Beteiligung und Eigenkapital des Unternehmens zu orientieren und müssen in Beziehung zum geschätzten Risiko stehen. Sie werden daher von Fall zu Fall verschieden vereinbart. Sollte der Beteiligungsnehmer ein

Unternehmen sein, das keine Pflicht zur Veröffentlichung oder Auflegung seines Rechnungsabschlusses hat, so sind dennoch im Rechenschaftsbericht einige Kennzahlen für dieses Unternehmen anzugeben, und zwar lediglich Verhältniszahlen über die Eigenkapitalquote, den Cash-flow im Verhältnis zur Betriebsleistung, die Rentabilität des Gesamtkapitals und die Effektivverschuldung im Verhältnis zum Cash-flow. Außerdem ist die Zahl der Beschäftigten zu nennen.

Zu Beginn des Beteiligungsfondsgeschäftes stieß diese Forderung des Gesetzes auf Unverständnis bei einigen Unternehmen.

3. Die Beteiligungsfondsgesellschaft

Die Rolle der *Beteiligungsfondsgesellschaften* wurde schon vorher als die eines Schiedsrichters zwischen den Interessen der Genußscheinzeichner und der Beteiligungsnehmer beschrieben.

Welchen Vorteil hat nun die Beteiligungsfondsgesellschaft?

Die Beteiligungsfondsgesellschaft erhält nach den bisher generell gleichen Fondsrichtlinien bei der Errichtung eines Fonds ein Entgelt von 7 % des Ausgabepreises, mit dem sowohl die Werbekosten, die Verkaufsprovisionen als auch die gesamten Aufwendungen für die Prüfung und den Abschluß einer Beteiligung abgegolten sind. In den einzelnen Fondsjahren kann sich die Beteiligungsfondsgesellschaft für Verwaltungskosten einen fixen Prozentsatz von 2 % des Volumens sowie einen variablen Anteil von 10 % des Überschusses aus den Beteiligungen einbehalten. Diese geringen Kostenersätze führen sicherlich dazu, daß zumindest in den ersten Jahren (hohe Werbekosten) keine größeren Erträge aus der Fondsgestaltung resultieren werden. Das Interesse der hinter den Beteiligungsfondsgesellschaften stehenden Kreditinstitute ist daher vorweg nicht auf den Ertrag ausgerichtet, sondern es gibt diesen Kreditinstituten die Möglichkeit, für Anleger ein breiteres Spektrum der Veranlagungsform zu bieten und ihrer Kommerzkundschaft zu ermöglichen, günstige Beteiligungen zu erhalten.

C. Das Treuhandgeschäft

Wie schon eingangs erwähnt, sieht das Beteiligungsfondsgesetz in seinem abgabenrechtlichen Teil auch Bestimmungen über die sogenannten Treuhandbeteiligungen vor, wobei jedoch noch nähere Erläuterungen des zuständigen Ministeriums ausständig sind, so daß dieses Geschäft derzeit noch von keiner Beteiligungsfondsgesellschaft betrieben wird. Grundsätzlich wird dadurch nichts Neues geboten. Es handelt sich um Beteiligungen ebenfalls in Form von Kommanditbeteiligungen, stillen Gesellschaften oder Beteiligungen an einer Kapitalgesellschaft. Im Gegensatz zum Beteiligungsfondsgeschäft ist hier jedoch der Treugeber nicht an einer Mehrzahl von Unternehmen beteiligt, sondern an einem einzelnen Unternehmen.

Das für Österreich Neue bei diesem Modell ist jedoch, daß unter bestimmten Voraussetzungen, nämlich, daß die Beteiligung treuhändig durch eine Beteiligungsfondsgesellschaft gehalten wird, daß der Beteiligungsnehmer dem Gewerbe oder der Industrie zuzuzählen ist, und ebenfalls eine Behaltsfrist von 10 Jahren vorgesehen ist, auch hier steuerliche Erleichterungen vorgesehen sind. Eine Absetzbarkeit wie beim Genußschein im Jahr der Anschaffung ist nicht möglich, dafür ist aber die Vermögensteuerfreiheit bis S 500.000,-- gegeben und außerdem ein jährlicher Ertrag bis S 50.000,-- von der Einkommensteuer befreit. Ebenso sind derartige Verträge von allen Stempel- und Rechtsgebühren sowie der Gesellschaftssteuer befreit.

Leider sind noch nicht sämtliche im Gesetz verwendeten Begriffe voll definiert, so daß seriöserweise derzeit diese Beteiligungsform noch nicht durchgeführt wird. Denkbar erscheinen mir neben der üblichen Konstruktion (Beteiligung von Dritten an einem bestimmten Unternehmen), insbesondere die steuerlich begünstigte Beteiligung eines Unternehmers an seinem eigenen Unternehmen, die Beteiligung von Familienangehörigen (wodurch die Unternehmenskontinuität stärker gewährleistet erscheint) und die Beteiligung von leitenden Angestellten an Unternehmen (wodurch eine engere Bindung entstehen würde).

Obwohl wir in Österreich dieses Geschäft noch nicht betreiben, sollen diese Überlegungen diesem Forum mitgeteilt werden, denn gerade in dieser Treuhand- bzw. Direktbeteiligung ist ein steuerlich begünstigtes Modell zur Finanzierung kleiner Unternehmungen zu sehen.

D. Erfahrungen mit den bisherigen Fonds in Österreich

Das Bundesministerium für Finanzen hat im Juli 1982 die ersten vier Konzessionen gemäß dem Beteiligungsfondsgesetz erteilt. Die ersten Fonds wurden Anfang Oktober 1982 aufgelegt. Es blieb daher nur eine geringe Zeitspanne zum Aufbau der Fondsgesellschaften und zum Abschluß der Beteiligungsverträge. Es galt in diesem Zeitraum den Gedanken dieser Art der Beteiligung den Unternehmen nahe zu bringen, die entsprechenden Prüfungen durchzuführen und die Organbeschlüsse (Urlaubszeit!) durchzusetzen. Es war eine sehr hektische Zeit, da in dieser Aufbauphase die Veröffentlichungspflicht von Kennzahlen der Unternehmen auf teilweises Unverständnis stieß. Dadurch kam es, daß einzelne Unternehmen, die die günstige Finanzierung als erste erkannten, in mehreren oder allen Fonds aufscheinen.

Die Beteiligungsfondsgesellschaften ihrerseits versuchten, um den Genußscheinkäufern das Papier nahezubringen, möglichst sichere, d. h. große und aus der Art des Betriebes "unsinkbare" (z. B. Stromerzeugung) Beteiligungen einzugehen.

Es war eine sehr kostenintensive Aufgabe, dem Anlegerpublikum diese neue Anlageform nahezubringen. Daß die Überlegungen zu Beginn richtig waren, zeigt der durchschlagende Erfolg, der dem Genußscheinverkauf beschieden war. Ursprünglich wurde ein Verkaufsvolumen von 400 bis 500 Mio. S angenommen. Die ersten Fonds waren aber in kurzer Zeit ausverkauft, so daß weitere Fonds aufgelegt werden konnten.

Insgesamt wurden im letzten Quartal 1982 10 Fonds mit einem Gesamtvolumen von 920 Mio. S aufgelegt, von denen bis Jahresende ca. 870 Mio. S abgesetzt wurden.

Vom Gesamtvolumen von 920 Mio. S stand, nach Abzug der 7 %igen Errichtungskosten und geringen Veranlagungen in einer Fondsreserve, ein Betrag von 835 Mio. S für Beteiligungen zur Verfügung. Es wurden darüber mit 54 Unternehmen 69 Beteiligungsverträge abgeschlossen. Größenordnungsmäßig verteilen sich die Beteiligungen folgendermaßen:

Tab. 4: Anzahl der Unternehmen und Beteiligungshöhe

	Anzahl der Unternehmen	Beteiligungshöhe insgesamt
bis inkl. 10 Mio. S	31	239 Mio. S
über 10 bis inkl. 20 Mio. S	14	205 Mio. S
über 20 bis inkl. 50 Mio. S	8	284 Mio. S
über 100 Mio. S	1	107 Mio. S

Es wurden daher über 50 % des aufgebrachten Kapitals in Beteiligungen bis 20 Mio. S veranlagt, und es ist zu erwarten, daß nach den schon vorher geschilderten Anfangsschwierigkeiten die Tendenz zur Beteiligung an mittleren und kleineren Unternehmen noch stärker auftritt.

E. Vorschau

Aufgrund der guten Erfahrungen, die im Jahr 1982 gesammelt wurden, ist damit zu rechnen, daß in den Folgejahren das Beteiligungsfondsgeschäft noch ausgeweitet wird. Voraussichtlich werden im Jahr 1983 Emissionen von ungefähr dem doppelten Umfang des Jahres 1982 begeben werden. Das dadurch aufgebrachte Risikokapital - d. h. Beteiligungskapital - wird an die 1,5 Mrd. S herankommen. Sowohl auf der Seite der Beteiligungsnehmer als auch auf der Seite der Genußscheinzeichner ist noch ein großes nicht angesprochenes Potential vorhanden. Es wird auch zu überlegen sein, ob - um die Risikobereitschaft des Anlegerpublikums auszuloten - einzelne Fonds mit verstärkten Risiken und damit verbundenen höheren Ertragschancen ausgestattet werden können.

Es ist noch genügend Raum zur Ausweitung dieses Geschäftes, und es sind sicherlich noch nicht alle Facetten, die darinnen liegen, erfaßt und durchgearbeitet.

Das bemerkenswerteste Ergebnis dieses Weges zur Aufbringung von Beteiligungskapital ist, daß dadurch Anlegerschichten angesprochen werden, die üblicherweise nicht in Versuchung kommen, ihr Geld in Beteiligungen anzulegen. Ausschlaggebend ist hierfür die Tatsache, daß mit dem Erwerb der sogenannten Genußscheine einkommensteuerliche Vorteile verbunden sind - wer zahlt schon gerne Steuern? - und gemeinsam mit der Risikostreuung diese Wertpapiere dem Anleger attraktiv erscheinen.

Risikostreuung allein, bei noch so guter Auswahl und noch so guter Betreuung, hätte sicherlich nicht diesen Erfolg gebracht. Das Modell steht und fällt mit den steuerlichen Anreizen!

Rainer Schwarz

Zur Diskussion über die Möglichkeiten zur Schaffung eines organisierten Marktes des Eigenkapitals

Alternativen zum bestehenden Beteiligungsmarkt

I. Neue Organisationsformen für den Beteiligungshandel
   1. Innerbetriebliche Börse
   2. Regional begrenzter Markt des kleinen Eigenkapitals

II. Im Ausland praktizierte Finanzierungsvarianten
   1. Beteiligungsfonds-Gesellschaften in Österreich
   2. Schweizer Modell der kleinen Aktiengesellschaft
   3. Small Business Investment Companies in den USA

III. Mittelstandsgerechte Beteiligungsinstrumente
   1. Fungible KG-Anteile und GmbH-Anteile
   2. Stimmrechtslose Vorzugsaktien
   3. Genußscheine - Finanzierungsinstrumente ohne Mitgliedschaftsrechte

A. Beteiligungsmarkt als Untersuchungsobjekt

Der Problembereich "Beteiligungsmarkt" wurde von verschiedenen Ansatzpunkten her diskutiert. Ausgangspunkt der Diskussion war die Beurteilung bisher existierender Institutionen des Beteiligungsmarktes. Die Einführung erfolgte durch die Vorträge von Herrn Fritsch (1) und Herrn Ertl (2), die sich beide mit der Institution "Börse" beschäftigten.

Die gesetzlichen Rahmenbedingungen bildeten den zweiten Diskussionskomplex, der von Herrn Sigloch (3) mit einer Analyse zum Einfluß der Steuergesetzgebung eingeleitet wurde.

Der Bestandsaufnahme herrschender Bedingungen auf dem Beteiligungsmarkt schlossen sich letztlich Überlegungen nach konkreten Änderungsvorschlägen an. Zunächst wurden Fragen der Marktorganisation angesprochen. Im Anschluß an den Vortrag von Herrn Schwab (4) zum österreichischen Beteiligungsfondsmodell wurden die aus dem Ausland bekannten Lösungsansätze diskutiert. Den Abschluß bildeten Überlegungen zur Konstruktion deutscher mittelstandsgerechter Beteiligungsinstrumente.

B. Traditionelle Institutionen zur Beteiligungskapitalversorgung

I. Beitrag der Börse

Die Situation an den deutschen Börsen ist durch den Umstand gekennzeichnet, daß bis 1982 nur 2 - 3 Unternehmungen pro Jahr neu zugelassen wurden. Damit bewegt sich die Zahl der Neuemissionen in der Bundesrepublik Deutschland auf einem im internationalen Vergleich äußerst niedrigen Niveau. In den USA verzeichnet man z. B. rund 1000 Börsenzulassungen pro Jahr. Nach

1) Dr. Ulrich Fritsch, Arbeitskreis Aktie e. V., Düsseldorf.

2) Bernd Ertl, PM Portfolio Management GmbH, München.

3) Prof. Dr. Jochen Sigloch, Universität Bayreuth/Betriebswirtschaftliches Forschungszentrum (BF/M) e. V., Bayreuth.

4) Fritz Schwab, Z-Beteiligungsfonds AG, Wien.

Meinung von Herrn Ertl werden die Börsenzulassungsbestimmungen in Deutschland von den Unternehmen weitgehend überschätzt. Auch Herr Fritsch betonte, daß nur wenige Auflagen den Börsenzugang beschränken und diese zudem flexibel handhabbar seien. Entgegen weitverbreiteter Meinung beträgt der Mindestbetrag des Gesamtnennwertes einer Neuemission an den Börsen in Frankfurt und Hamburg laut Börsengesetz nur 500.000,-- DM, bei den übrigen Börsen liegt er sogar darunter. Die meisten Emissionen der letzten Jahre waren stark überzeichnet; nach Herrn Ertl ein Indiz für eine über dem Börsenangebot liegende Nachfrage der Anleger.

Herr Funkschmidt (1) machte auf die ständige Abnahme börsennotierter Aktiengesellschaften aufmerksam. Allein in den letzten Jahren ging ihre Zahl um über 100 auf rund 450 im Jahre 1982 zurück. Herr Ertl meinte, daß man bald von einer "negativen Auslese" an der Börse sprechen könne, da auf dem Börsenzettel keine Unternehmen aus den Zuwachsbranchen, wie z. B. der Gentechnologie, notiert seien, dafür aber fast ausschließlich Unternehmen aus den Gründerjahren. Zur Verbesserung der gegenwärtigen Situation regte er die verstärkte Nutzung zweier Möglichkeiten an, die weithin wenig bekannt seien: den Telefonverkehr unter den Banken und den geregelten Freiverkehr an der Börse. Herr Taiber (2) monierte die zu hohen Kosten einer Aktienemission. Die Reduzierung dieser Kosten könne auch eine Möglichkeit zur Förderung des Finanzierungsinstrumentes "Aktie" sein, wobei die steuerliche Abzugsfähigkeit der Emissionskosten, die ab Mitte 1983 gilt, als erster Schritt zu werten sei.

II. Rolle der deutschen Banken

Kritik wurde in der Diskussion an dem deutschen Universalbankensystem geübt. Herr Krahnen (3) beklagte das

---

1) Dr. Gerhard Funkschmidt, Bundesministerium für Wirtschaft, Bonn.

2) Johannes Taiber, Universität Bayreuth, Bayreuth.

3) Prof. Dr. Hans-Joachim Krahnen, Universität Frankfurt, Frankfurt/Main.

Fehlen von Spezialinstituten zur Börseneinführung von Unternehmen, etwa nach dem Beispiel US-amerikanischer Brokerfirmen. Herr Schmitt (1) äußerte die Vermutung, daß Banken, die in ihrem Geschäftsbereich sowohl den Eigenkapital- als auch den Darlehensmarkt abdecken, aus einem stark ausgeprägten Sicherheitsinteresse die Vergabe von Fremdkapital präferieren. Der Beteiligungskapitalmarkt erhalte von dieser Seite also zu wenig Impulse. Hinzu komme, daß Unternehmen wegen des starken Wettbewerbs unter den Banken auch dann noch Kredite erhielten, wenn dies beispielsweise nach den Finanzierungsregeln nicht mehr vertretbar erscheine.

Auch die unzureichende Beratungstätigkeit hinsichtlich der Anlagemöglichkeiten in Risikokapital wurde kritisiert. In diesem Punkt sind die Banken allerdings von den Wünschen der privaten Anleger abhängig, die nach Herrn Ertls Meinung sichere Anlagemöglichkeiten vorziehen würden.

C. Gesetzliche Rahmenbedingungen des Beteiligungsmarktes

I. Steuerliche Behandlung der Beteiligungsfinanzierung

Das von Herrn Schwab vorgestellte österreichische Beteiligungsfonds-Modell erhält seine entscheidenden Impulse von der einkommensteuerlichen Abzugsfähigkeit sowohl des Anlagebetrages selbst als auch der darauf entfallenden Gewinnausschüttungen. Dadurch können, abhängig von der Progressionsstufe des Anlegers, auf dem Beteiligungsmarkt konkurrenzlos hohe Renditen erzielt werden.

Herr Brückle (2) warf die Frage auf, ob auch in Deutschland eine ähnlich starke steuerliche Subventionierung der Eigenkapitalzuführung vertretbar sei. Herr Sigloch vertrat die Auffassung, daß man in Deutschland keine Subventionierung brauche. Er plädierte vielmehr für den Abbau von Ungleichgewichten und verwies auf die steuerliche Ungleichbehandlung von Investitionen im Unterneh-

---

1) Heinz Wilhelm Schmitt, Bayerisches Staatsministerium für Wirtschaft und Verkehr, München.

2) Wilhelm Brückle, Kulmbacher Spinnerei AG, Kulmbach.

mensbereich gegenüber denen im Nichtunternehmensbereich durch die Gewerbesteuer.

Im Arbeitskreis bestand Konsens darüber, daß unter der Prämisse eines konstanten staatlichen Steueraufkommens von zusätzlichen Subventionen Abstand genommen werden muß. Zu denken ist aber an eine Umverteilung der Steuervergünstigungen, z. B. vom sogenannten "grauen Kapitalmarkt" in den Beteiligungsmarkt für mittelständische Unternehmen.

II. Impulse durch das Vermögensbildungsgesetz

Ansatzpunkte für die Förderung der Eigenkapitalbildung kann auch das neue Vermögensbildungsgesetz erbringen. Herr Lezius (1) begrüßte in der Diskussion die Erweiterung des Anlagekataloges für vermögenswirksame Leistungen um Anteile an mittelständischen Unternehmen. Die Zielsetzung des Gesetzgebers sei daher zweiseitig: Verbesserung der Mitarbeiterbeteiligung einerseits und Erhöhung der Eigenkapitalausstattung andererseits.

Herr Krahnen verwies auf die Gefahr einer Verengung der Diskussion um die Eigenkapitalproblematik, indem die Fragen der Mitarbeiterbeteiligung zu stark in den Vordergrund gestellt werden. Ein weiteres Problem stelle das Fehlen geeigneter Märkte dar, an denen diese Anlagemöglichkeiten - wie z. B. Mitarbeiterbeteiligung in Form der stillen Beteiligung - handelbar sind.

III. Publizitätspflichten und Publizitätschancen

Die hohen Anforderungen des Aktienrechtes an die Publizität der Aktiengesellschaft werden immer wieder als Argument gegen die Aktiengesellschaft genannt. Die gesetzlichen Normen behindern letztlich den Zugang zum organisierten Kapitalmarkt. Gerade mittelständische Unternehmen mit ihrer starken Sensibilisierung in Autonomiefragen haben Bedenken gegenüber der Einsichtnahme in ihr Geschäftsgebaren.

---

1) Michael Lezius, Arbeitsgemeinschaft zur Förderung der Partnerschaft in der Wirtschaft e. V., Kassel.

1. Publizität zum Schutz der Anleger

Im Rahmen der EG-Richtlinien ist mit einer Verschärfung bestehender Publizitätsvorschriften zu rechnen. Wie Herr Fritsch betonte, werde die GmbH nach der 4. EG-Richtlinie publizitätspflichtig und ab einer bestimmten Mindestgröße sogar prüfungspflichtig. Nach der 7. EG-Richtlinie treffe dies möglicherweise dann auch auf Personengesellschaften zu, soweit sie Konzernunternehmen sind.

Von seiten des Gesetzgebers wurde die Erweiterung der Publizitätsnormen mit der Insolvenzsicherung begründet. Aber auch der Schutz des Anlegers spielte eine Rolle in der Argumentation. In der Diskussion wurde jedoch bezweifelt, ob allein die Publizitätsnormen dieser Zielsetzung gerecht werden, solange bei der GmbH und bei Personengesellschaften Gesellschaftsverträge flexibel gestaltet und permanent geändert werden können. Demgegenüber erweise sich die Aktiengesellschaft - so Herr Ertl - aufgrund ihrer Standardisierung und ihrer Bindung an gesetzliche Normen als vorteilhaft für die Anleger.

2. Publizität als Instrument zur Öffentlichkeitsarbeit der Unternehmen

Von Herrn Krahnen wurde ein grundsätzlicher Einstellungswandel der Unternehmer zur Publizität gefordert. Unternehmen sollten sich bewußt machen, daß die Zuführung neuer Kapitalien immer eine Rechenschaftspflicht, also die Bereitstellung von Informationen, auslöse. Man müsse sich von der Auffassung trennen, die Publizität nur als ein gesetzliches Soll zu sehen. Publizität solle vielmehr als Mittel zur Durchsetzung von Unternehmenszielen begriffen werden. Durch Berichte der Presse werde der Bekanntheitsgrad des Unternehmens gestärkt, es komme ins Gespräch bei Banken, Anlageberatern und schließlich auch bei den Anlegern. Das Unternehmen bekomme ein "Standing" am Markt.

Publizität könne nicht zuletzt auch ein Instrument zur Selbstkontrolle sein, vor allem bei kleinen und mittleren Unternehmen. Herr Krahnen stellte die These auf, daß in den USA im Vergleich zu Deutschland deshalb höhere Erträge erzielt werden, weil dort die Publizitätsanforderungen weiter fortgeschritten seien. Die Preisgestaltung werde ertragsbewußter konzipiert, da man Gewinne und Verluste in der Öffentlichkeit darstellen müsse.

D. Alternativen zum bestehenden Beteiligungsmarkt

I. Neue Organisationsformen für den Beteiligungshandel

In der Analyse des deutschen Beteiligungsmarktes war zum Ausdruck gekommen, daß die Bedingungen für den Handel mittelständischer Beteiligungstitel unzureichend sind. Anregungen richteten sich zunächst auf neue Organisationsformen.

1. Innerbetriebliche Börse

Herr Lezius wies im Rahmen der Diskussion um die Verbesserung der Eigenkapitalausstattung durch die Mitarbeiterbeteiligung auf die Möglichkeiten einer innerbetrieblichen Börse hin. In Deutschland gäbe es mittlerweile ca. 20 Unternehmen, die eine solche innerbetriebliche Börse eingeführt haben. Die bekanntesten Beispiele seien die Unternehmen Bertelsmann und BMW.

Unter dem Aspekt einer generellen Eigenkapitalversorgung richtete sich die Kritik gegen die Begrenzung der potentiellen Anleger auf die Mitarbeiter. Bei kleineren und mittleren Unternehmen dürfte sich der Handel der Anteile mangels Marktteilnehmer träge gestalten. Als positiv für den Mittelstand mit seinen ausgeprägten Autonomiepräferenzen wurde herausgestellt, daß die Aufnahme unternehmensfremder Gesellschafter vermieden wird.

Belebt werden könnte die innerbetriebliche Börse durch die Förderung der Anteile im neuen Vermögensbeteiligungsgesetz.

2. Regional begrenzter Markt des kleinen Eigenkapitals

Unter der Prämisse fungibler Anteilsscheine für nichtemissionsfähige Unternehmen schlägt die Vereinigung mittelständischer Unternehmer (VMU) den Handel derartiger Beteiligungstitel auf einem "regional begrenzten Markt des kleinen Eigenkapitals" vor.

Wie Herr Metzger (1) ausführte, stelle man sich als kleinste geographische Einheit den Einzugsbereich einer Kammerorganisation vor. Der Vorteil dieser Begrenzung liege in einer gesteigerten Akzeptanz beim Anleger, da dieser bei einem ihm bekannten Unternehmen aus der näheren Umgebung eher zu einer Beteiligung bereit sei. Die Unternehmen müßten zudem einem, im Vergleich zur amtlichen Börse, vereinfachten Zulassungsverfahren unterworfen werden. Herr Metzger machte darauf aufmerksam, daß in den USA ein derartiger Handel auf regionalen Kapitalmärkten bereits praktiziert werde.

II. Im Ausland praktizierte Finanzierungsvarianten

In der Diskussion wurde u. a. auch versucht, aus im Ausland gewonnenen Erfahrungen Verbesserungsvorschläge abzuleiten. Nach einer kurzen Darstellung der dort praktizierten Finanzierungsvarianten galt die Erörterung insbesondere der Prüfung von Übernahmemöglichkeiten auf deutsche Verhältnisse.

1. Beteiligungsfonds-Gesellschaften in Österreich

In Österreich fungieren Beteiligungsfonds-Gesellschaften als Mittler zwischen Anleger und kapitalsuchenden Unternehmen.
Anleger beteiligen sich über Genußscheine an der Beteiligungsfonds-Gesellschaft, wofür ihnen steuerliche Erleichterungen gewährt werden. Herrn Schwabs Ausführungen zufolge haben diese steuerlichen Begünstigungen wesentlich die Verbreitung des Genußscheines gefördert. Der Fonds wiederum investiert nach dem Grundsatz der Risikostreuung maximal 20 % seines Vermögens in ein Unternehmen. Die Beteiligung wird zumeist in der Rechtsform der stillen Gesellschaft und ausschließlich an

---

1) Jürgen Metzger, Vereinigung Mittelständischer Unternehmer e. V., München.

österreichischen Unternehmen eingegangen. Herr Schwab hob hervor, daß völlig neue Anlegerschichten für die Beteiligungsfinanzierung österreichischer Unternehmen gewonnen werden konnten. 70 % der Genußscheinzeichner seien Lohnsteuerpflichtige gewesen.

In der Diskussion bestand weitgehende Einigkeit darüber, daß bei der augenblicklichen Haushaltslage in der Bundesrepublik Deutschland eine derart stark subventionierte Form der Kapitalbeteiligung nicht realisierbar ist.

2. Schweizer Modell der kleinen Aktiengesellschaft

Herr Krahnen regte eine weitere Diskussion über die "kleine Aktiengesellschaft" an, wie sie z. B. in der Schweiz existiert. So könne man in Deutschland neben der herkömmlichen Form der Aktiengesellschaft noch eine zweite Form konstruieren. Diese sei auf einen kleinen Kreis kundiger und risikobewußter Anleger auszurichten, so daß die umfangreichen Anlegerschutzbestimmungen der Aktiengesellschaften heutiger Ausprägung eingeschränkt werden könnten.
Herr Fritsch machte darauf aufmerksam, daß die Konstruktion einer solchen Aktiengesellschaft weder in die bestehende Rechtssystematik noch in die Regelungsvorstellung der neuen EG-Richtlinien passe.

3. Small Business Investment Companies in den USA

Unter Small Business Investment Companies (SBICs) versteht man in Privateigentum befindliche Beteiligungsgesellschaften, die kleinen und mittleren Unternehmen in den USA Eigenkapital zur Verfügung stellen. SBICs unterstehen zwar der Überwachung einer Bundesbehörde, der Small Business Administration, aber ihre Investitionsentscheidungen treffen sie autonom. Herr Metzger wies auf die Verknüpfung der Eigenkapitalzuführung mit einer Managementhilfe hin, da SBICs auch beratend bei den beteiligten Unternehmen auftreten. Zur Refinanzierung haben die SBICs Anspruch auf zinsgünstige Kredite von seiten des Staates in Höhe des dreifachen ihres eingezahlten Grundkapitals. Diese Ausgestaltung einer Kapitalbeteiligungsgesellschaft beruht also ebenso wie das österreichische Beteiligungsfonds-Modell auf Subventionen.

III. Mittelstandsgerechte Beteiligungsinstrumente

Als wesentliches Problem der Beteiligungsfinanzierung mittelständischer Unternehmen, die zumeist nicht in der Rechtsform der Aktiengesellschaft firmieren, ist die fehlende Fungibilität ihrer Anteile gesehen worden. Bei der Konstruktion neuer Beteiligungsinstrumente muß aber auch das im Mittelstand stark ausgeprägte Autonomiestreben mit berücksichtigt werden.

1. Fungible KG-Anteile und GmbH-Anteile

Vom geltenden Gesellschaftsrecht wird die Übertragbarkeit von Unternehmensanteilen an Personengesellschaften und an GmbHs erschwert. Diese Gesellschaftsformen sind individuell auf die einzelnen Gesellschafter hin konstruiert.

Von Herrn Metzger wurde zur Verbesserung der Finanzierungssituation die fungible Ausgestaltung von Anteilen insbesondere an der KG und der GmbH angeregt.
Neben gesellschaftsrechtlichen Änderungen seien hierzu auch Modifikationen in Steuergesetzen notwendig, um zu hohe Belastungen, die sich aus der einkommensteuerlichen Mitunternehmerfiktion von Personengesellschaftern ergeben, zu vermeiden.
Als Alternative für diese Rechtsformen wies Herr Ertl auf die Möglichkeit der Umwandlung in eine Aktiengesellschaft hin.

2. Stimmrechtslose Vorzugsaktien

Ein weiterer Vorteil der Aktiengesellschaft wurde in der Emissionsmöglichkeit stimmrechtsloser Vorzugsaktien gesehen. Diese Aktien dürfen bis zum Gesamtnennbetrag der Stammaktien ausgegeben werden und können dem Anleger eine nachzuzahlende Dividende als Ausgleich für den Stimmrechtsverlust garantieren. Die stimmrechtslose Vorzugsaktie kommt somit dem Autonomiestreben der Unternehmen entgegen. Jedoch bedeute selbst die Ausgabe von Stammaktien, wie Herr Fritsch ausführte, dann keine Autonomieeinbuße, wenn sie unterhalb der Schachtelbeteiligungsgrenze bleibe.

Herr Körfgen (1) berichtete über seine Erfahrungen, daß selbst die stimmrechtslose Vorzugsaktie teilweise noch auf Ressentiments der Unternehmen stoße, da bei Vernachlässigung der Vorzugsdividende das Stimmrecht wieder aufleben kann. Er verwies auf den Genußschein, der in dieser Beziehung Vorzüge aufweise.

3. Genußscheine - Finanzierungsinstrumente ohne Mitgliedschaftsrechte

Der Genußschein wurde als Finanzierungsinstrument bisher vorwiegend in der Schweiz eingesetzt. Die Befürchtung einer ausländischen Einflußnahme förderte seine Verbreitung, da der Genußschein keine Mitgliedschaftsrechte am Unternehmen gewährt. Genußscheininhaber sind niemals stimmberechtigt, sie haben ausschließlich Gläubigerrechte. Unkündbares Genußscheinkapital wird von den Banken aber als vollwertiges Eigenkapital anerkannt.

Herr Körfgen wies darauf hin, daß grundsätzlich Inhalt und Umfang der Genußrechte weitgehend frei gestaltbar seien. Auch Betrag und Laufzeit der Genußscheine können vom Emittenten ganz nach seinen Vorstellungen geregelt werden.

Es erweist sich als positiv, daß der Genußschein an keine Rechtsform gebunden ist. Hinzu kommt, daß die Ausschüttungen bei der Gesellschaft ertragsteuerlich wie Betriebsausgaben behandelt werden, wenn Rechte entweder nur am Gewinn oder nur am Liquidationserlös bestehen. Da eine Beteiligung am Liquidationserlös vom Markt in der Regel nicht angemessen honoriert wird, besteht das Genußrecht zumeist am Gewinn.

Die mangelnde Standardisierung stellt in den Augen po-

1) Dr. Kurt Körfgen, Institut für Recht und Wirtschaft GmbH, Frankfurt/Main.

tentieller Anleger allerdings einen erheblichen Nachteil dar. Ergreift man Maßnahmen in diese Richtung, könnte der Genußschein als Finanzierungsinstrument auf breitere Akzeptanz stoßen.

Dr. Rupert Pfeffer

Die anlagesuchenden Kapitalströme - Ansätze zur Nutzung für die mittelständische Wirtschaft

A. Zur Entwicklung der Finanzlage und der Investitionstätigkeit mittlerer Unternehmen

Die durchschnittliche Eigenkapitalausstattung der gewerblichen Unternehmen ist in der Bundesrepublik Deutschland insgesamt im letzten Jahrzehnt um rd. 1/3, d. h. von etwa 30 % auf etwa 20 % zurückgegangen. Noch interessanter als diese an sich schon bemerkenswerte Feststellung ist für uns im Hinblick auf die Mittelstandsfinanzierung, wie sich die Eigenkapitalausstattung bei mittelständischen Unternehmen entwickelt hat. Hier zeigen die Analysen der Deutschen Bundesbank eine eindeutige positive Korrelation zwischen der Eigenkapitalquote und der Unternehmensgröße. Stellt man die von der Bundesbank für 1977 und 1980 ermittelten Eigenkapitalquoten einander gegenüber, so zeigt sich, daß Einzelkaufleute und Personengesellschaften einen Rückgang, Kapitalgesellschaften demgegenüber einen Anstieg der Eigenkapitalquoten zu verzeichnen hatten; ferner, daß bei allen Rechtsformen mit zunehmender Unternehmensgröße der Rückgang der Eigenkapitalquoten kleiner wird. Unternehmen mit weniger als DM 10 Mio. Umsatz p. a. hatten einen Rückgang von 21,4 % auf 14,8 % zu verzeichnen. Die entsprechenden Zahlen für Unternehmen mit Umsätzen von DM 10 Mio. bis unter DM 50 Mio. lauten 22,3 % und 18,3 %; diejenigen für Unternehmen von DM 50 Mio. bis unter DM 100 Mio. 23,6 % und 21,8 %. Bei den Kapitalgesellschaften mit mehr als DM 1 Mrd. Umsatz ist als einziger Unternehmensgruppe eine Verbesserung der Eigenkapitalausstattung 1980 gegenüber 1977 festzustellen. Diese Ermittlungen der Deutschen Bundesbank sind ein Beweis dafür, daß kleine und mittlere Unternehmen in weit stärkerem Maße als größere und große eine Verkürzung ihrer Eigenkapitaldecke hinnehmen mußten. Diese Veränderung mußte die Finanzierungssituation des betroffenen Unternehmenssektors beeinflussen. Im Ifo-Investitionstest ist dargestellt, daß und wie seit 1970 im gesamten verarbeitenden Gewerbe die Investitionsquoten, gemessen am Geschäftsumfang, zurückgegangen sind. Auffälligerweise haben sich im Zeitraum 1970 bis 1980 diese Quoten ebenfalls um ein rundes Drittel zurückgebildet. Wiederum ist festzustellen, daß die Investitionsquoten kleinerer und mittlerer Unternehmen kleiner sind als die der größeren Unternehmen. In der Tendenz verlaufen beide Linien etwa parallel nach unten, aber mit unterschiedlichen Anfangs- und Endwerten. Statistisch unterscheidet der Test zwei Größenklassen, nämlich Unternehmen mit bis zu 199 Beschäftigten und Unternehmen mit 200 und mehr Beschäftigten. Für Unternehmen der ersten Art lauten Anfangs- und Endwert 5,8 % und 4 %, für Unternehmen der zuletzt genannten Art 7,1 % und 4,6 %. Der Vollständigkeit halber ist noch hinzuzufügen, daß bis etwa 1977 die beiden Quoten sich einander angenähert haben, während seither sich der Abstand vergrößert hat, was die zunehmenden Finanzierungsschwierigkeiten der mittelständischen Unternehmen indiziert.

Finanzlage und Investitionstätigkeit der mittelständischen Wirtschaft sind sowohl Spiegelbild als auch Folge der allgemeinen volkswirtschaftlichen Entwicklung. In dem gleichen Zeitraum, über den wir soeben gesprochen haben, dehnte sich der Staatsanteil am Bruttosozialprodukt in der Bundesrepublik um rd. 10 % aus, und zwar ausschließlich zum Zweck konsumtiver Verwendung, während die Investitionen zurückgegangen sind. Von diesen 10 % wurde etwa die Hälfte durch Erhöhung der Abgabenquote finanziert, wobei diese Erhöhung im wesentlichen in den Beiträgen an die sozialen Sicherungssysteme lag, während die Steuerquote in etwa konstant geblieben ist; zu bemerken ist allerdings, daß innerhalb der Steuerquote sich eine Verschiebung von indirekten Steuern zu direkten Steuern vor allem im mittleren Einkommensbereich gezeigt hat. Die andere Hälfte wurde durch eine Erhöhung der Verschuldung, und zwar der internen Verschuldung ebenso wie durch Kapitalimport, finanziert. Es ist wohl unmittelbar einsichtig, daß durch die finanzpolitische Entwicklung für viele Unternehmen Bedingungen gesetzt wurden, die auf dem Wege einer laufenden Ertragsverschlechterung, und zwar direkt durch erhöhte Abgaben und indirekt durch erhöhte Zinskosten, zu einem Eigenkapitalverzehr führen mußten. In dieses Bild paßt, daß sich in dem genannten Zeitraum die Einkommensverteilung um 4 % bis 5 % zugunsten der Einkommen aus unselbständiger Tätigkeit und zu Lasten der Unternehmereinkommen verschoben hat, wobei der öffentliche Dienst und soziale Transfers die größte Rolle gespielt haben.

Umgekehrt muß der negative Einfluß, der von letzterer auf die allgemeine Lage ausgeht, angemerkt werden. Die praktische Erfahrung zeigt, daß die starke Zunahme der Insolvenzen vor allem auch darauf zurückzuführen ist, daß die Eigenkapitalausstattung der Unternehmen in einer konjunkturell ungünstigen Phase zu knapp geworden ist, daß eben, wie man landläufig sagt, die Luft zur Überwindung einer solchen Phase fehlt. Man kann, glaube ich, die Anfang 1983 geführte statistische Diskussion zwischen der "Kreditreform", dem Deutschen Institut für Wirtschaftsforschung in Berlin und dem Bayerischen Statistischen Landesamt über die Frage, wieviel Arbeitslosigkeit unmittelbar auf Unternehmensinsolvenzen zurückgeht, außer Acht lassen und zu dem Schluß kommen, daß die mangelhafte Eigenkapitalausstattung vieler Unternehmen eine der wesentlichen Ursachen für die derzeitigen großen wirtschafts- und finanzpolitischen Probleme ist.

Wenn man nun Überlegungen darüber anstellt, welche politischen Maßnahmen zu einer Verbesserung der Mittelstandsfinanzierung nötig sind, so ist es nicht selbstverständlich, einen Ansatzpunkt zu wählen, wie ihn dieses Symposium und speziell unser Arbeitskreis diskutiert. Wir sprechen über die Beeinflussung und die Umlenkung von Kapitalströmen, also über ein direktes politisches Einwirken auf die Kapitalangebotsseite.

Man kann demgegenüber mit guten ordnungspolitischen Gründen das Schwergewicht in der politischen Diskussion durchaus auf eine Änderung der Rahmenbedingungen legen. Tatsächlich hat dies die neue Bundesregierung, nachdem sie die Verbesserung der Ertragslage und damit der Finanzierungssituation der Unternehmen als wirtschaftspolitisches Ziel anerkannt hatte, auch getan.
Gewerbesteuersenkung, Beseitigung der doppelten Vermögenssteuer im Unternehmensbereich, Verbesserung der Abschreibungsbedingungen und, allerdings abhängig von der Konsolidierung der öffentlichen Haushalte, eine allmähliche Abflachung des Einkommen- und Körperschaftsteuertarifes sind Maßnahmen, die entweder einge-

leitet oder für die nähere Zukunft ins Auge gefaßt wurden. Weitere Maßnahmen wie die Verbesserung der Eigenkapitalhilfe bei Existenzneugründungen durch die Lastenausgleichsbank oder die Ermöglichung von steuerlich wirksamen Rücklagen bei der Übernahme insolventer oder von Insolvenz bedrohter Unternehmen gehen zwar über Rahmenbedingungen hinaus, betreffen aber verhältnismäßig eng umgrenzte besondere Sachverhalte. Zweifellos sind vom unternehmerischen Standpunkt aus solche Maßnahmen positiv zu bewerten, es ist aber auch nicht zu bestreiten, daß sie nur langfristig zu wirken in der Lage sind und somit die sehr akut gewordenen Eigenkapitalprobleme allein nicht lösen können. Neben solchen Maßnahmen, die nach und nach die Innenfinanzierung stärken können, müssen auch Möglichkeiten zur Verstärkung des Eigenkapitals von außen untersucht werden. Ich glaube, daß die Notwendigkeit und Wünschbarkeit verstärkter Bildung von Produktivkapital in privater Hand und speziell im mittelständischen Bereich im Prinzip allgemein bejaht wird, und daß eine Argumentation, wonach die private Kapitalbildung grundsätzlich zugunsten einer Kapitalbildung mit dem Ziel, die öffentliche Verschuldung zu alimentieren, abzulehen wäre, keine ernsthafte Chance hat. Hingegen sehe ich die Schwierigkeit, daß die Verfolgung eines an sich bejahten Zieles durch lenkende Maßnahmen des Fiskus erheblichen Vorbehalten begegnen könnte.

B. Zur Existenz anlagesuchender Kapitalströme

Zunächst aber möchte ich versuchen, einige Aussagen darüber zu machen, ob und in welchem Umfang überhaupt anlagesuchende Kapitalströme vorhanden sind, die für den Mittelstand genutzt werden könnten. Am Anfang dieser Betrachtung muß die Feststellung stehen, daß ganz allgemein der Bereich der Einkommen aus Vermögen völlig unübersichtlich ist, und daß hier quantitativ präzise Angaben nicht möglich sind. Ich glaube andererseits aber doch, daß man mit verhältnismäßig einfachen Mitteln zu einer Aussage kommen kann, die für unsere Zwecke völlig ausreicht.

Ich möchte bei meinem Erklärungsversuch mit einer Betrachtung des Rentenmarktes beginnen. Wie Herr Schönmann von der Bayerischen Vereinsbank in einem Artikel in der Silvesterausgabe 1982 der Süddeutschen Zeitung ausführte, wird im Jahre 1983 soviel Geld an Kapitalanleger zurückfließen, wie noch nie seit Bestehen der Bundesrepublik. Dies ist gewissermaßen ein sehr begrenzter positiver Aspekt der vorher geschilderten Entwicklung der öffentlichen Finanzen. Aus Tilgungen und Zinsen von Wertpapieren werden rd. DM 214 Mrd. zur Verfügung stehen; hinzu kommen DM 34 Mrd. an Zinsen aus Spareinlagen und Sparbriefen und DM 12 Mrd. aus freiwerdenden Mitteln aus Prämiensparverträgen. Das macht zusammen DM 260 Mrd. Daneben werden die bestehenden Termingeldguthaben mit Fristen zwischen 1 bis 3 Monaten, die also ganz kurzfristig in den Kapitalmarkt fließen könnten, wofür die seit Monaten zunehmende relative Attraktivität des Rentenmarkts im Vergleich zum Geldmarkt einen steigenden Anreiz bietet, auf DM 167 Mrd. beziffert. Als Summe ergibt sich somit ein Betrag von DM 427 Mrd. Was die Sparguthaben betrifft, so sind wohlgemerkt nur die Zinsen aus diesen, aber nicht die Guthaben selbst in der genannten Rechnung erfaßt. Wenn die relativ hohe Sparquote, die meines Wissens nach wie vor bei 13 % - 14 % liegt, in etwa konstant bleibt, würde dieses Volumen, das sich auf Aktien- und Rentenmarkt oder in andere Anlageformen einschließlich der Sachkapitalbildung ergießen könnte, nicht geschmälert.

Wenn man nun demgegenüber die verschiedenen Aggregate auf der Nachfrageseite zu erfassen versucht, so ist zunächst über den Kreditbedarf der öffentlichen Hand zu sprechen. Schönmann schätzt den Neubedarf von Bund, Ländern, Gemeinden, Bahn und Post für 1983 auf DM 85 Mrd. und den Bedarf für Anschlußfinanzierungen in gleicher Höhe, so daß der Bruttokreditbedarf der öffentlichen Hand sich insgesamt auf DM 170 Mrd. belaufen dürfte. Dabei sind die Zuschüsse an die Bundesanstalt für Arbeit aufgrund der Arbeitsmarktschätzungen bereits im Haushalt des Bundes veranschlagt, nicht hingegen ein möglicher Bedarf aufgrund der Garantie des Bundes für die Zahlungsfähigkeit der Sozialversicherung. Im Gegensatz zum Bedarf der öffentlichen Hand ist die private Kreditnachfrage, sowohl auf dem Gebiet des Wohnungsbaus als auch durch die Industrie kaum zu quantifizieren. Wenn man sich die gegenwärtigen Konjunkturprognosen vergegenwärtigt, ist jedenfalls nicht zu erwarten, daß von hier unlösbare Probleme auf den Kapitalmarkt zukommen werden. Schließlich ist noch darauf hinzuweisen, daß die saldenmechanische Größe der Auslandsverschuldung und ihre Veränderung unbestimmt ist. Ihre Entwicklung hängt nicht zuletzt von politischen Erwartungen im Ausland und bei uns ab. Wenn man auch hier mit dramatischen Entwicklungen nicht rechnet, so kann man insgesamt wohl mutmaßen, daß das Kapitalangebot in der Bundesrepublik ausreichen dürfte, um den güterwirtschaftlichen Anforderungen gerecht zu werden.

Als nächstes ist die Frage zu stellen, ob aus dem gesamten Kapitalangebot unter Berücksichtigung der genannten oder angedeuteten Nachfrageaggregate eine denkbare Nachfrage nach zusätzlichem Eigenkapital in der mittelständischen Wirtschaft gedeckt werden könnte. Man kann diese Überlegungen ziemlich kurz gestalten. Es gibt bekanntlich seit Jahren öffentlich geförderte, d. h. aus dem ERP-Vermögen refinanzierte sowie private Kapitalbeteiligungs-Gesellschaften. Aus einer Aufstellung der Westdeutschen Kapitalbeteiligungsgesellschaft ergibt sich, daß der Gesamtbetrag aller Beteiligungen der Kapitalbeteiligungs-Gesellschaften in der Bundesrepublik DM 750 Mio. nicht übersteigt. Man muß nun diesen Angaben gegenüberzustellen versuchen, was neben dem Aktien- und Rentenmarkt in alternative Anlageformen wie Abschreibungsgesellschaften aller Art einschließlich der Bauherrenmodelle geflossen ist und noch fließt. Es liegt in der Natur der Sache, daß in diesem Bereich das statistische Defizit am allergrößten ist, zumal die Vermutung nicht zu kühn erscheint, daß für diesen Sektor die sogenannte Schattenwirtschaft eine nicht unbedeutende Rolle spielt. Spannagel von der Auskunftei Schimmelpfeng veröffentlichte hierzu einige Zahlen. Er schätzt das Zeichnungskapital am "freien Kapitalmarkt" 1982 auf DM 4,5 Mrd., wovon allein DM 2,5 Mrd. auf Bauherrenmodelle entfallen, während die Beteiligung an Explorations- und anderen Fonds, die noch 1981 bei über DM 1 Mrd. gelegen habe, auf unter DM 200 Mio. gefallen sei. Weiter schätzt Spannagel, daß in den letzten 10 Jahren bei Warentermingeschäften über DM 1 Mrd. verloren worden sei. Man kann also als Fazit aus diesem groben Mengengerüst die Frage nach dem Vorhandensein nicht genützter Kapitalströme für unseren Zweck getrost mit ja beantworten.

Der unbefriedigende Zustand und das vorhandene Anlagepotential stehen außer Zweifel. Damit sind wir bei der Frage angelangt, warum ein Ausgleich dieser Disparität nicht von selbst erfolgt, warum diese Situation vielmehr jetzt als akut und offensichtlich nicht leicht zu lösendes Problem erscheint.

Wir alle wissen, daß der wirtschaftliche Aufbau nach dem zweiten Weltkrieg überwiegend im Kreditwege finanziert wurde. Bei dem hochentwickelten Bankensystem und Kapitalmarkt in der Bundesrepublik war das in aller Regel bequem und billiger. Die Finanzierungsproblematik beschränkte sich meist darauf, daß ein Vorhaben von Anfang an - und der Abschreibungsdauer entsprechend - durchfinanziert war; auch diesen Bedürfnissen des langfristigen Kredits konnte vom Bankensystem her Rechnung getragen werden.

Bei dem Geschäftsverlauf, der über drei Jahrzehnte die Regel war, reichten die verdienten Abschreibungen aus, um die fälligen Tilgungen zu leisten. Man muß rückblickend sagen, daß bei der nach dem Ende des zweiten Weltkrieges in Deutschland gegebenen Vermögenssituation eine andere Finanzierung im großen und ganzen nicht möglich gewesen wäre. Dies gilt vor allem auch für den mittelständischen Bereich, weil dort das Investitionsverhalten nicht kontinuierlich ist, sondern durch quantitative Sprünge erheblichen Ausmaßes gekennzeichnet wird.

Schwierigkeiten tauchten auf, nachdem der Eigenkapitalverzehr sich nicht nur relativ im Vergleich zur expandierenden Bilanzsumme vollzog, sondern bei zunehmenden Verlusten auch absolut wurde und somit zu einem galoppierenden Substanzverzehr führte. Das ist der Tatbestand, der sich in den letzten Jahren gebildet hat, natürlich zusätzlich gefördert durch die Phase außerordentlich hoher

Zinsen. Die notwendige Folge, die wir täglich erleben, ist, daß die Banken an ihre Risikogrenze stoßen, mit Kredit nicht mehr zur Verfügung stehen können und daß dann eben häufig der Liquiditätskollaps unausweichlich wird. Vor dem Hintergrund dieser Entwicklung ist es an sich schwer verständlich, daß mittelständische Unternehmen selbst sich immer wieder dagegen sträuben, daß ein anderer sich an ihrem Unternehmen beteiligt, und doch beweist die laufende Erfahrung, daß es so ist. Ein gewisser "Herr im Haus"-Standpunkt, gerade bei Unternehmen, die es aus kleinen, z. B. handwerklichen Anfängen zu einer gewissen Größe gebracht haben, ist psychologisch verständlich, oft aber rational nicht zu begründen. Wenn durch den Zwang der Verhältnisse die Bereitschaft zum Umdenken wächst, ist es häufig zu spät.

Neben der Kapitalbeteiligungs-Gesellschaft ist nun der Fall zu erwähnen, daß ein Mensch oder eine Gesellschaft, der oder die über entsprechende finanzielle Mittel verfügen, eine unternehmerische Aufgabe suchen und sich, statt ein neues Unternehmen zu gründen, an einem bestehenden beteiligen wollen. In diese Kategorie gehört letztlich auch der Fall, daß ein in Schwierigkeiten geratenes oder gar insolvent gewordenes Unternehmen übernommen werden soll. Die Motive der Kapitalanbieter in diesem Bereich sind vielschichtig; angefangen von dem schlichten Wunsch nach einer Beteiligung an einem möglichst profitabel arbeitenden und innovativen Unternehmen bis zu dem Interesse an der Übernahme von Verlustvorträgen eines Unternehmens, das nach Meinung der Interessenten gleichwohl im Markt seine Chancen hat, finden sich sehr verschiedene Interessenlagen. Zwar handelt es sich auch hier um die Bildung von Produktivkapital, das wirtschaftspolitisch sehr interessant sein wird - kartellrechtliche Überlegungen beiseite gelassen -, und das aus diesem Grunde von Fall zu Fall und auf verschiedenartige Weise durch staatliche Subventionen gefördert werden kann und auch wird, aber um den Gegenstand einer generellen Politik zur Verbesserung der Eigenkapitalausstattung durch Beeinflussung der Geldanlagegewohnheiten handelt es sich hier nicht.

Wenn man die Möglichkeiten, das Kapitalangebot zu beeinflussen, diskutieren will, so muß man zunächst versuchen, sich über die Motive der potentiellen Kapitalanleger ein möglichst hohes Maß an Klarheit zu verschaffen. Wie schon die eingangs genannten Zahlen über das Volumen des deutschen Geld- und Kapitalmarkts zeigen, gibt es ganz offensichtlich eine starke Neigung zur Bildung von Geldvermögen. Der Grund hierfür liegt einmal darin, daß die durchschnittliche Rendite aus dieser Art der Vermögensanlage deutlich höher ist als die durchschnittliche Umsatzrendite gewerblicher Unternehmen, die die Grundlage für die Ausschüttung von Gewinnen bildet. Diese Tatsache wirkt um so mehr, als nach realistischer Annahme ein großer Teil der Zinsen aus Geldanlagen in der Bundesrepublik der Einkommensteuer nicht unterworfen wird.

Weiter ist bei der heute angebotenen Fülle öffentlicher und sonstiger einwandfreier Titel auch unter Sicherheitserwägungen die erkennbare Präferenz leicht verständlich. Es gibt aber auch noch andere Motive für die Kapitalanlage. Nach fundierten Schätzungen verfügen heute bereits mindestens 50 % aller Mehrpersonenhaushalte in der Bundesrepublik über Wohnungseigentum in irgendeiner Form, obwohl die Aufwendungen hierfür im Durchschnitt und vor allem in Ballungsräumen deutlich höher sind als der Aufwand, der durch Miete eines entsprechenden Objektes entstünde. Hier spielt eine ganz andere Erwägung eine Rolle, nämlich das Bestreben, das eigene Vermögen nicht dem durch die Inflation bedingten Substanzverzehr auszusetzen, sondern nach Möglichkeit sogar einen realen Wertzuwachs zu erzielen. Auch dieses Motiv der Vermögensanlage kann nicht zur Investition flüssiger Mittel in Produktivkapital reizen; denn wir wissen ja, daß unsere Unternehmensbilanzen nach dem geltenden Recht der inflationären Entwicklung nicht Rechnung tragen. Der Hinweis darauf, daß Abschreibungen nicht auf der Basis der Wiederbeschaffungskosten kalkuliert werden dürfen, genügt in diesem Zusammenhang. Schließlich möchte ich noch eine letzte Überlegung erwähnen, die nach meinen wiederholt gemachten Erfahrungen einen Kapitalanleger, der sich über alle bereits genannten Einwände hinwegzusetzen bereit wäre, davon abhalten kann, sich an einem gewerblichen Unternehmen zu beteiligen. Es handelt sich um das Problem der sozialen Kosten, die im großen und ganzen bei unseren Unternehmen nicht annähernd in dem erforderlichen Umfang passiviert sind; vielmehr ist es umgekehrt langjährige Praxis, ursprünglich einmal vorhandene Reserven wie Pensionsrückstellungen zum Zwecke des Ausgleichs von Betriebsverlusten aufzulösen. Soweit ergibt sich, glaube ich, ein in sich ganz plausibles Bild, wonach der Anleger sich an den Gesichtspunkten einer maximalen Rendite, einem minimalen Risiko, einem möglichst hohen Inflationsausgleich und der Vermeidung nicht überschaubarer und kalkulierbarer Verpflichtungen orientiert.

Nun kann man aber auch ein Verhalten beobachten, das mit diesen gewissermaßen heilen ökonomischen Überlegungen überhaupt nicht in Einklang zu bringen ist. Ich spreche von dem großen, vielfältigen und schwer überschaubaren Bereich der Abschreibungsgesellschaften. Wir haben es hier in der Regel mit Objekten zu tun, die in ihren wirtschaftlichen Bedingungen und Chancen kaum beurteilt werden können und bei denen die Sicherheit des investierten Kapitals höchst fragwürdig ist, wie zahlreiche traurige Beispiele zeigen. Alle Bestimmungsfaktoren, die ich als für das Anlegerverhalten wesentlich aufgeführt habe, sind hier nicht gegeben, und trotzdem wird in derartige Objekte wie erwähnt viel Geld investiert. Warum aber wurde und wird wohl auch noch dieses Geld investiert? Neben dem Reiz des schnell verdienten, wenn auch höchst ungewissen Gewinns, erscheint als herrschendes Motiv die Aussicht, Steuer zu sparen. Das gleiche Motiv begünstigt bekanntlich die sogenannten Bauherrenmodelle, obwohl hier die überhöhten Anschaffungskosten die Chancen für einen realen Wertzuwachs entsprechend mindern. Diesen eigenartigen Drang, nahezu à tout prix Steuern zu sparen, beobachten wir auch in anderem Zusammenhang. Es gibt Selbständige und Unternehmer, die vor lauter Begeisterung über Abschreibungsmöglichkeiten und Schuldzinsenabzug ohne Rücksicht auf Wirtschaftlichkeitsberechnungen soviel investieren, daß sie an den hierdurch entstehenden Verbindlichkeiten liquiditätsmäßig zugrunde gehen. Man könnte sicher über dieses eigenartige sozialpsychologische Phänomen und seine Gründe sehr lange und interessant diskutieren, für unseren Zusammenhang genügt es jedoch festzustellen, daß es vorhanden ist, und daß man hier den Ansatzpunkt für eine Politik sehen könnte, die das, was wir wollen, zu fördern in der Lage wäre.

C. Lösungsansätze zur Verbesserung der Eigenkapitalausstattung

Die Notwendigkeit einer verbesserten Eigenkapitalausstattung ist, wovon wir uns seit Monaten fast täglich bei der Wirtschaftslektüre der Zeitungen überzeugen können, als wirtschaftspolitisches Ziel mit hoher Priorität anerkannt; verschiedene Lösungsansätze sind vorgeschlagen.

Im Sommer 1982 hatte die Gewerkschaft Textil und Bekleidung Überlegungen zur Zukunftsvorsorge für die Arbeitnehmer und zur Förderung der Arbeitsplatzerhaltung in der Textil- und Bekleidungsindustrie formuliert, die dann im Entwurf eines Tarifvertrages zusammengefaßt wurden. Dieser als Zukunftsvorsorgevertrag bezeichnete Entwurf sieht vor, daß die Arbeitnehmer als Teil ihres Lohns jährlich einen bestimmten Prozentsatz der abgerechneten Lohnsumme als vermögenswerte Leistungen erhalten, die als Arbeitnehmerdarlehen in dem Betrieb, in dem die Arbeitnehmer beschäftigt sind, angelegt werden. Diese Darlehen sollen dem jeweiligen Diskontsatz entsprechend verzinst werden; sie sind spätestens nach 10 Jahren zurückzuzahlen. Interessant ist die vorgesehene Risikoabsicherung. Sie soll nämlich nach dem Modell des Pensionssicherungsvereins erfolgen; zu diesem Zweck soll von den Tarifparteien eine Risikoausgleichskasse gegründet werden, die bei Zahlungsunfähigkeit des einzelnen Unternehmens die Auszahlung der Guthaben an die anspruchsberechtigten Arbeitnehmer übernimmt. Die dafür notwendigen Finanzierungsmittel sollen durch Umlagen von allen Unternehmen aufgebracht werden, die die vermögenswirksamen Leistungen als Darlehen in Anspruch nehmen. Die Urheber dieses Entwurfes sehen darin, daß die Beteiligung des Arbeitnehmers am Kapitalrisiko ausgeschlossen werden soll, das Merkmal, das ihre Idee von der alten Erhard'schen Idee des Investivlohns, an den man zunächst erinnert wird, unterscheidet. Risikokapital soll also gerade nicht geschaffen werden. Der Vorschlag würde vielmehr eine Kreditvariante neben dem Bankenweg darstellen, die sicherlich zu einer gewissen Liquiditätserweiterung führen könnte. Insoweit würde sicherlich die Erhaltung von Arbeitsplätzen gefördert und die Zukunftssorge der Arbeitnehmer erleichtert.

Der funktionale Charakter von Arbeitnehmerleistungen, d. h. die Ausgestaltung dieser Leistungen als Mittel zu einem anderen Zweck als dem der Verbesserung der Unternehmensfinanzierung durch Risikokapitalbildung, tritt noch deutlicher in Erscheinung in der Entschließung der SPD-Bundestagsfraktion von Ende 1982. Diese Entschließung nennt als ihr Ziel den Ausbau der Wirtschaftsdemokratie. Sie ist breiter angelegt als der Vorschlag der Gewerkschaft Textil und Bekleidung und sieht alle Gesellschaftsformen in ihrem Anlagenkatalog vor. Hiernach würde also haftendes Eigenkapital geschaffen; es würde sich nicht um gesicherte Darlehen handeln, was eine Änderung des Tarifvertragsgesetzes voraussetzt. Als entscheidendes Merkmal nennt die Entschließung die überbetriebliche Komponente, ohne die die Akzeptanz der Gewerkschaften nicht zu erwarten sei. Neben der Beteiligung der Arbeitnehmer an ihrem Unternehmen sind Kapitalbeteiligungsgesellschaften der Gewerkschaften und gemeinsame Einrichtungen der Tarifvertragsparteien, sogenannte Tariffonds, vorgesehen. Diese Fonds sollen von der Körperschaft-, Gewerbe- und Vermögensteuer befreit werden. Die Beteiligungen der Arbeitnehmer, sei es direkt oder indirekt in Form von Anteilen an den Tariffonds, sollen in Anlehnung an das 624,-- D-Mark-Gesetz bis zu 300,-- DM von der Lohn- und Einkommensteuer freigestellt werden. Eine soziale Komponente wird dadurch geschaffen, daß nur Arbeitnehmer mit Einkommen von 24.000,-- DM/48.000,-- DM begünstigt werden sollen. Fazit: Risikokapital würde geschaffen, das aber gleichzeitig Mittel zu einer Erweiterung der Mitbestimmung mit einer sozialpolitischen Ausgestaltung wäre.

Etwa zur gleichen Zeit, als die Gewerkschaft Textil und Bekleidung ihren Entwurf formulierte, brachte das Land Niedersachsen mit Unterstützung des Landes Berlin im Bundesrat den Entwurf eines Vermögensbildungsgesetzes zur Förderung von Arbeitnehmerbeteiligungen am Produk-

tivvermögen ein. Er zielt in erster Linie darauf ab, allen Arbeitnehmern unter den gleichen steuerlichen Bedingungen den Zugang zum Produktivvermögen zu öffnen und die Risikokapitalausstattung aller, also auch kleiner und mittlerer Unternehmen, zu verbessern. Dazu soll der Katalog förderungswürdiger Anlagen nach dem Dritten Vermögensbildungsgesetz, der bisher nur Spar-, Bauspar- und Kapitalversicherungsverträge sowie den Bezug von Belegschaftsaktien steuerlich begünstigt und prämiert, erweitert werden um Geschäftsanteile an einer GmbH und Genossenschaft, Kommanditanteile, typische stille Beteiligungen und Genußscheine. Um das Gesetz haushaltsneutral zu halten und um das Arbeitnehmersparen verstärkt in Risikokapitalanlagen zu lenken, sollen die Sätze der Arbeitnehmersparzulage gestaffelt werden: 23 % für Beteiligungskapital, 16 % für Bausparen und Kapitalversicherungsverträge. Alles andere sollte ursprünglich nicht mehr gefördert werden. Die erstrebte Haushaltsneutralität ergab sich aus der Überlegung, daß die 15 Millionen bundesdeutscher Arbeitnehmer, die nach dem 624,-- D-Mark-Gesetz 1980 vermögenswirksame Anlagen vorgenommen haben, 50 % Sparverträge, deren Förderung nun entfallen sollte, 28 % Bausparverträge, 20 % Kapitalversicherungen und nur 2 % das Produktivkapital als Anlageform gewählt hatten. Auch nach diesem Modell soll neben der direkten Beteiligung der Weg zu einer überbetrieblichen Beteiligung am Produktivvermögen eröffnet werden. Der Gesetzentwurf sieht dazu vor, daß Kapitalanlagegesellschaften neben Aktien auch typische stille Beteiligungen in ihre Sondervermögen aufnehmen dürfen.
Auch bei diesem Entwurf geht es, wie man unschwer erkennen kann, um die Festlegung gewisser Lohnanteile der Arbeitnehmer, die auf der bekannten Grundlage des 624,-- D-Mark-Gesetzes gefördert werden sollen und die der Vermögensbildung in Arbeitnehmerhand dienen soll. Die Erweiterung der Anlagemöglichkeiten ist wie in dem erwähnten SPD-Entwurf vorgesehen. Der wesentliche Unterschied zu den beiden anderen Entwürfen liegt darin, daß die Tariffonds entschieden abgelehnt werden, daß also die Frage der Vermögensbildung in Arbeitnehmerhand aus dem Zusammenhang der Mitbestimmungsdiskussion herausgelöst ist. Vielmehr soll sich das Kapitalangebot, soweit die Kapitalbildung überbetrieblich erfolgt, frei

und unabhängig vom Tarifvertrag organisieren können. Frei gründbare Kapitalanlagegesellschaften sollen um die Arbeitnehmeranteile konkurrieren. Dabei könnten dann auch Gewerkschaften solche Gesellschaften gründen, ebenso wie z. B. Industrie- und Handelskammern, überhaupt jeder. Diejenigen, die ihre Fonds am besten verwalten, werden nach dieser Philosophie das meiste Kapital anziehen.

Schließlich ist noch kurz darzustellen, daß auf der Basis des Niedersächsischen Entwurfs die Union selbst nach dem Regierungswechsel im Herbst 1982 ein Konzept erarbeitet hat. Es unterscheidet sich von dem ursprünglichen Niedersächsischen Entwurf dadurch, daß der Förderungsbeitrag im Dritten Vermögensbildungsgesetz um 312,-- DM auf 936,-- DM aufgestockt werden soll, wobei der Erhöhungsbetrag nur für Beteiligungswerte beansprucht werden soll. Andererseits ist die Förderung für das Kontensparen wieder vorgesehen, wenn auch mit dem ermäßigten Zulagensatz von 9 %. Schließlich nimmt der Unionsentwurf auch wieder die Idee einer Insolvenzsicherung, die im Entwurf der Gewerkschaft Textil und Bekleidung enthalten ist, auf, wenn auch mit einem Sicherungsatz von 50 %; zusammen mit der 23 %igen Prämie wäre der Arbeitnehmer dann zu rd. 3/4 im Konkursfall gesichert.

Ich hoffe, einen gewissen Überblick über das, was derzeit in der politischen Diskussion ist, gegeben zu haben. Einige Konturen werden klar: die freie Organisation des Kapitalangebots einerseits, Kapitalangebot als Vehikel der Mitbestimmung andererseits. Gemeinsam ist allen Entwürfen, daß sie eigentlich das ganze Problem der Erweiterung der Finanzierungsspielräume der Unternehmen aus der Sicht der Vermögenspolitik, und zwar dem Gedanken der Vermögensbildung in Arbeitnehmerhand, sehen. Das hat alles seinen Wert; auch die Konzepte der Gewerkschaft Textil und Bekleidung und der SPD sind zweifellos ein Fortschritt gegenüber dem, was als dynamische Lohnpolitik bezeichnet wurde. Ich meine aber, daß alle diese Ansätze nicht ausreichen, um das Problem der Eigenkapitalausstattung zu lösen, oder anders ausgedrückt, an einem großen Teil des Kapitals, um dessen Nutzung es geht, zielen diese Bestrebungen vorbei. Das gesamtwirtschaftliche Problem, das Kapitalangebot zu erweitern, kann m. E. nicht nur als Bestandteil andersartiger Aufgaben wie der Vermögensbildung oder der Lohnpolitik gesehen werden, es muß vielmehr aus diesen Zusammenhängen gelöst werden. Wenn man wirklich Eigenkapital und insbesondere Risikokapital schaffen will, kann es doch nicht sinnvoll sein, Grenzen wie im Dritten Vermögensbildungsgesetz oder sogar Einkommensgrenzen wie in dem Entwurf der SPD einzuführen. Dann kann es auch nicht sinnvoll sein, das Problem in den Grenzen der alten Investivlohnidee abzuhandeln. Der Investivlohn war gedacht als eine sozialpolitische Ergänzung in einer Welt mit noch ausreichendem unternehmerischen Produktivkapital. Als Ergänzung und als Korrektur der Lohnpolitik hat diese Idee auch heute noch ihren Wert, das Problem des nicht mehr ausreichenden unternehmerischen Produktivkapitals muß jedoch nach meiner Überzeugung auf andere Weise gelöst werden.

D. Zur Bedeutung steuerlicher Anreize für Anleger

Ich komme zurück auf meine Bemerkung über das Motiv, das das Anlageverhalten in der Bundesrepublik außerhalb der sozusagen klassischen Bereiche der reinen Vermögensbildung und des Immobilieneigentums bestimmt, nämlich die steuerliche Präferenz. Wenn es schon so ist, daß man zum einen die Schaffung eines Kapitalangebots in beachtlicher Größenordnung als dringend erwünscht ansieht, daß aber zum anderen der Steuervorteil eine so große Rolle spielt, dann liegt es doch nahe, entsprechende steuerrechtliche Erleichterungen ins Auge zu fassen. Wenn es auf andere Weise, durch nichtsteuerliche Ansätze, gelingen sollte, die Bereitschaft zur Bildung von Risikokapital zu wecken, um so besser! Ich fürchte nur, die bisherige Erfahrung spricht dagegen.

Nun gilt es noch, das 1982 in Österreich konzipierte und ins Werk gesetzte Beteiligungsmodell zu skizzieren, das meinen Vorstellungen wesentlich mehr als die bisher diskutierten Modelle entspricht. Dort hat der Gesetzgeber die Errichtung sogenannter Beteiligungsfonds-Gesellschaften ermöglicht, die Kapital durch die Ausgabe von Genußscheinen sammeln und dieses zum Erwerb von Beteiligungen in der Rechtsform einer Kommanditbeteiligung oder einer stillen Beteiligung oder als Anteil an einer Kapitalgesellschaft verwenden. Die privaten Sparer, natürliche Personen, können Aufwendungen für den Erwerb von Genußscheinen als Sonderausgaben im Rahmen ihrer Einkommensermittlung geltend machen. Als Grenzen gelten jährlich: 40.000,-- öS, erhöht um weitere 40.000,-- öS, wenn der Steuerpflichtige alleinverdienender Familienvorstand ist, und erhöht um 10.000,-- öS für jedes Kind. Weitere steuerliche Begünstigungen für Genußscheine sind: die Ausschüttungen sind von der Einkommensteuer und unter bestimmten Voraussetzungen von der Kapitalertragsteuer befreit, für die Vermögensteuer gilt ein Freibetrag von 100.000,-- öS, die Ausgabe der Genußscheine ist auch von sonstigen Abgaben befreit. Entsprechende Steuervorteile gelten für die Beteiligungsfonds-Gesellschaften; sie sind mit ihrem Einkommen bzw. Vermögen, das dem Beteiligungsfonds zuzurechnen ist, von der Körperschaftsteuer, der Gewerbesteuer und der Vermögensteuer befreit. Auf weitere Einzelheiten in der Ausgestaltung möchte ich nicht eingehen. Wichtig erscheint mir aber noch zu sein, wie der österreichische Gesetzgeber das Vertrauen der potentiellen Privatanleger in die Bonität und Sicherheit der Beteiligungsfonds-Gesellschaften sichern will. Das Gesetz sieht deshalb vor, daß nur solche inländischen Aktiengesellschaften eine Konzession zum Betreiben eines Beteiligungsfondsgeschäftes erhalten, die ein Grundkapital von mindestens 150 Mio öS aufweisen, von denen mindestens 75 Mio. öS bar eingezahlt sein müssen. Die Ausgabe von Genußscheinen ist auf das 15-fache der Bareinzahlungen auf das Grundkapital limitiert. Bisher wurden vier Konzessionen an Gesellschaften vergeben, die alle unter den Dächern österreichischer Banken stehen.

In der fiskalischen Technik geht dieses Modell einen etwas anderen Weg als der deutsche Fiskus bei der Förderung unserer Berlindarlehen. Dort wird der gezeichnete Betrag mit 20 % von der Steuerschuld abgesetzt, in Österreich vom übrigen Einkommen. Die Ähnlichkeit in der Methode ist aber deutlich. Auch an das jüngst ausgearbeitete Konzept eines Steuerbonus für den Kauf insolventer Firmen, der wirtschaftlich ja quasi die Wiederherstellung von Eigenkapital zum Inhalt hat, kann in diesem Zusammenhang erinnert werden.

Zum Abschluß meiner Darstellung von Ansätzen zur Nutzung anlagesuchender Kapitalströme für die mittelständische Wirtschaft möchte ich auf einige typische Einwände eingehen, mit denen man sich bei der Diskussion dieser Überlegungen auseinandersetzen muß.

Mit ordnungspolitischen Bedenken dagegen, daß hier wieder der Staat gerufen sei, möchte ich mich nicht lange aufhalten. Wir sind eben nicht die Schweiz, und genau so, wie wir auf eine Regionalpolitik angewiesen sind, können wir auch in anderen Bereichen zu gezielten fiskalischen Maßnahmen gezwungen sein, wenn es darum geht, durch allgemeine und nicht in das einzelne Unternehmen eingreifende Maßnahmen die Voraussetzungen für eine marktwirtschaftliche Entwicklung zu schaffen.

Gewichtiger ist der Einwand, daß die Haushaltslage weitere Steuergeschenke nicht gestattet. Hier kann entgegnet werden, daß eben unter Umständen andere weniger sinnvolle Steuervorteile beschnitten oder abgeschafft werden müssen. Das ist eine Frage der wirtschaftspolitischen Priorität, was ja auch in dem niedersächsischen Entwurf zum Ausdruck kommt. Wenn man die genannten geschätzten oder vermuteten Zahlen über Anlagen am freien Kapitalmarkt zugrunde legt, könnte die Bildung von Risikokapital in Milliarden-Größenordnung ohne zusätzliche Belastung in erheblichem Umfang steuerlich gefördert werden. Noch zwei andere Gesichtspunkte sind anzuführen. Einmal wird nämlich allein durch die Erhöhung des Eigenkapitals und durch die zwangsläufig damit verbundene Verringerung des Fremdkapitalanteils die Ertragssituation des betreffenden Unternehmens verbessert, was ceteris paribus zu einer Erhöhung seiner Steuerleistungen führt. Zinsen sind Betriebsausgaben, das Eigenkapital wird aus versteuertem Gewinn bedient. Weiter ist zu berücksichtigen, daß die Verbesserung der Eigenkapitalausstattung die Insolvenzquote verringert und damit zu Entlastungen im Sozialhaushalt führt.

Schließlich möchte ich noch auf ein drittes Bedenken hinweisen, das allerdings bei jeder Art von Wirtschaftsförderung durch den Staat auftaucht. Es droht immer ein Dilemma zwischen einer gleichartigen Förderung vergleichbarer Sachverhalte und dem Entstehen von Mitnahmeeffekten.

Die Erkenntnis, daß hier und sicherlich auch noch woanders zahlreiche Teufel im Detail stecken, möchte ich zum Anlaß nehmen, meinen Beitrag offen enden zu lassen. Als eine offene Frage möchte ich insbesondere das Verhältnis der mittelständischen Wirtschaft im allgemeinen zu dem Bereich der sogenannten Innovationen ansehen. Ich hoffe jedenfalls, die Ansätze, wie ich sie sehe, deutlich gemacht zu haben.

Dr. Siegfried C. Cassier

Die spezifischen Finanzierungsmöglichkeiten der mittelständischen Unternehmungen

A. Ansatzpunkte für Verbesserungen der Eigenkapitalausstattung

B. Langfristiges Fremdkapital als Eigenkapitalersatz?

C. Die Deckung des Konsolidierungsbedarfs als aktuelles Hauptproblem

D. Verbesserungsmöglichkeiten bei den Rahmendaten für langfristige Unternehmenskredite

E. Verstärkung der Eigenkapitalähnlichkeit von langfristigen Krediten

A. Ansatzpunkte für Verbesserungen der Eigenkapitalausstattung

Die Frage, wie die Eigenkapitalschwäche der deutschen Unternehmungen überwunden werden könnte, steht im Mittelpunkt dieses Symposiums. Angesichts der beängstigenden Zunahme der Insolvenzen und der auffälligen Rückbildung des Eigenkapitalanteils im Durchschnitt der deutschen Unternehmen - zwei Beobachtungen, die sicher in einem inneren Zusammenhang stehen - gebührt diesem Thema in der Tat eine hohe Priorität. Dies gilt vor allem im Hinblick auf die größeren Mittelstandsunternehmen, denn sie sind es, die sowohl in der Insolvenzstatistik als auch bei der Eigenkapitalausstattung am schlechtesten abschneiden, während Kleinfirmen und Großunternehmen günstiger dastehen. Die Industriekreditbank, für die ich tätig bin, ist ein Spezialinstitut für die langfristige Unternehmensfinanzierung vor allem bei den größeren Familienbetrieben der deutschen gewerblichen Wirtschaft. Daher ist gerade auch mein Haus an gangbaren neuen Wegen der Eigenkapitalaufstockung bei ihrer Unternehmerkundschaft sehr interessiert.

Trotzdem werde ich mich in diesem Beitrag nicht im wesentlichen mit der Eigenkapitalsituation befassen. Als Chefvolkswirt einer Unternehmerbank, die in erster Linie langfristige Fremdfinanzierung betreibt, möchte ich gerne über langfristiges Fremdkapital in seiner Nähe zu Eigenkapital berichten und dabei auch überlegen, was man tun kann und ob man etwas tun sollte, um dieses langfristige Fremdkapital eigenkapitalähnlicher zu machen.

Beginnen möchte ich die Behandlung meines Themas mit Hinweisen auf Statistiken zur Eigenkapitalausstattung, deren Basis aus Bilanzen und Gewinn- und Verlustrechnungen von einigen Tausend Kundenfirmen der IKB besteht. Zunächst bestätigt sich parallel zu Zahlen der Bundesbank ein sinkender Trend der vertikalen Eigenkapitalquote im verarbeitenden Gewerbe. Bei den Kundenfirmen unseres Hauses sinkt der Trend allerdings nicht ganz so steil, und das Niveau der Zahlen liegt höher. Das liegt an der Kreditnehmerselektion einer Investitionsbank, aber auch daran, daß wir das Eigenkapital etwas anders abgegrenzt haben als üblich. So sind z. B. die Darlehen nichthaftender Gesellschafter, die für die Zeit der Kreditüberlassung gebunden sind, dem Eigenkapital hinzugerechnet worden. Auf einen Sachverhalt möchte ich besonders aufmerksam machen, der oft übersehen wird. In der horizontalen Betrachtung konstatieren wir im Trend keine Verschlechterung der Eigenkapitalausstattung, sondern das Gegenteil. Die Eigenkapitalausstattung der Industrie, bezogen auf die Sachanlagen, hat sich ständig verbessert. Und dies liegt nun nicht daran, daß die Eigenmittel relativ stärker gestiegen wären. Es liegt vielmehr im wesentlichen daran, daß die Investitionen relativ niedrig gewesen sind. Hier kann man wiederum fragen: liegt das daran, daß nicht genügend Eigenmittel vorhanden waren? Das wäre ja denkbar. Aber ich zweifle daran, daß dies die Ursache war.

Meinen Zweifel möchte ich mit einigen Zahlen belegen. Sie beziehen sich auf die Bilanzen per 1981 von ungefähr 1.800 Kunden-Unternehmen aus der verarbeitenden Industrie und sind in einer Reihe von Unternehmensgrößenklassen gegliedert, wobei hier eine tiefere Gliederung vorgenommen worden ist als bei den Zahlen des Ifo-Instituts. Der Raster des Ifo-Instituts ist vielleicht ein wenig grob. Der IKB-Raster ist feiner, und er enthüllt sehr interessante Dinge (s. Tab. 1). Erstens wird deutlich, daß die Investitionsquote der 263 kleinsten Unternehmen mit Betriebsleistung von weniger als 5 Mio. DM von allen beobachteten Unternehmensgrößen die höchste ist (9,1 v. H.). In der nächstgrößeren Unternehmensklasse sinkt die Quote etwas, sie ist aber mit 5,2 v. H. noch weit über dem Durchschnitt. Danach sinkt die Quote, um bei den mittelgroßen Firmen ihren tiefsten Stand zu erreichen und dann bei den ganz großen Unternehmen wieder anzusteigen. Welche Beziehung besteht nun zur Eigenkapitalquote? Das Auffällige ist, daß die Eigenkapitalquote, wie auch anderswo schon festgestellt, bei den kleinsten Unternehmen am niedrigsten ist. Aber dazu gehört die höchste Investitionsquote! Und nun muß ein Weiteres berücksichtigt werden. Als Pluszahlen sind in Spalte 5 zum Eigenkapital die Pensionsrückstellungen hinzuaddiert. Sie sind ein Phänomen: die Pensionsrückstellungen steigen von jeder Unternehmensgröße zur nächsten, beginnend

Tab. 1: Finanzierungsstrukturen 1981 (IKB-Kunden)

Betriebs-leistung Mio. DM	Anzahl	Kennziffern				
		Sachanlage-vermögen	Finanzanlage-vermögen	Eigenkapital [1]	Investitionen in v. H. des Umsatzes	Betriebsergebnis [2] in v. H. der Betriebsleistung
		in v. H. der Bilanzsumme [3]				
1	2	3	4	5	6	7
< 5	263	45,9	6,2	28,4 + 2,8 [Pr]	9,1	3,6
5 - 10	251	39,2	6,8	31,6 + 4,2	5,2	3,7
10 - 20	333	34,4	6,5	32,2 + 5,7	4,6	2,9
20 - 50	491	32,2	7,8	30,8 + 8,0	4,3	3,3
50 - 100	303	27,3	10,5	30,4 + 9,9	4,1	2,2
100 - 200	156	29,1	11,7	30,3 + 10,1	4,6	2,0
200 - 500	73	24,9	15,8	30,1 + 12,1	3,7	1,1
> 500	23	24,0	18,0	30,7 + 14,0	4,3	1,9

1) Ohne negative Kapitalkonten, einschl. stiller Beteiligung, Darlehen von nicht haftenden Gesellschaftern und Sonderposten mit Rücklageanteil.
2) Betriebsergebnis vor Zinsaufwand.
3) Bereinigt um negative Kapitalkonten.
Pr) Jeweils plus Pensionsrückstellungen.

mit 2,8 und endend mit nicht weniger als 14 v. H. der Bilanzsumme. Rechnen wir sie dem Eigenkapital als Finanzierungsgröße gedanklich hinzu, dann wird deutlich: Bei den kleinsten Unternehmen ist die Kreditabhängigkeit außerordentlich groß, und die Kapitallücke wird voll ausgeglichen durch die Kreditbereitschaft von Fremdkapitalgebern. Von einer klaren Abhängigkeit zwischen Eigenkapitalquote und Investitionsfähigkeit kann man hier jedenfalls nicht sprechen. Ich vermute, daß die Zusammenhänge zwischen den Erträgen der Unternehmung und ihren Investitionen viel enger sind. Das deutet die Zahlenreihe in Spalte 7 an, wo die Betriebsergebnisse im Verhältnis zur Gesamtleistung dargestellt sind. Es zeigt sich wiederum das gleiche Bild: Die höchsten Renditen haben die kleinsten Unternehmen. Die Korrelation zwischen den Spalten 6 und 7 ist recht gut. Interessant ist auch - vgl. Spalte 3 -, daß die Kapitalintensität negativ korreliert ist: Die kleinsten Unternehmen haben mit Abstand die größte Kapitalintensität, gemessen am Sachanlagevermögen im Verhältnis zur Bilanzsumme. Der Kapitalbedarf der kleinen Unternehmen ist also bei ihrer schlechten Eigenkapitalquote enorm. Diese Aussage relativiert sich wiederum etwas, wenn man das Finanzanlagevermögen (Spalte 4) mit in Betracht zieht, das sehr deutlich positiv korreliert ist. Aber gleichwohl ergibt sich für die Summe aus Sachanlagevermögen + Finanzanlagevermögen im Verhältnis zur Bilanzsumme eine negative Korrelation mit der Betriebsgröße: Die kleinen Unternehmen haben die größte Kapitalintensität. Langfristiges Fremdkapital gleicht also offensichtlich bei den kleinen Unternehmen das Eigenkapitalmanko weitgehend aus.

Ich will damit nicht sagen, daß die Verbesserung der Eigenkapitalsituation keine außerordentlich hohe Priorität hat. Niemand weiß besser als eine Bank, was es bedeutet, wenn ihre Kreditnehmer ausreichend mit Eigenkapital ausgestattet sind. Aber wenn man die Ursachen der Eigenkapitalschwäche durchdenkt, um die richtigen Ansatzpunkte dafür zu finden, wo man ansetzen sollte, um die Situation zu verbessern, dann kommt man immer schnell zu der Erkenntnis, daß die Diskussion betriebswirtschaftlicher Lösungen, etwa die Empfehlung, vermehrt in Aktiengesellschaften umzuwandeln, oder die verstärkte Hinwendung zu den Beteiligungsgesellschaften der verschiedensten Konstruktionen einschließlich der Wagnisfinanzierungs-Gesellschaft und der Venture Capital-Gesellschaften, allein nicht ausreicht. Auch die steuerliche Begünstigung des Erwerbs von Aktien und Anteilscheinen für die Industriefinanzierung wie in Frankreich, Belgien und Österreich führt nur einen Schritt weiter. Allerdings ist das ein wichtiger Schritt, weil er darauf abzielt, die mangelhafte Rendite auf industrielles und gewerbliches Eigenkapital jedenfalls aus der Sicht des außenstehenden Kapitalgebers mit fiskalischen Hilfskonstruktionen aufzubessern. Aber das Symptom, das hier kuriert wird, verweist auf die eigentliche Ursache, nämlich die notorische Ertragsschwäche der deutschen industriellen und gewerblichen Unternehmungen. In den Kundenbilanzen der IKB hat sich die Umsatzrendite, d. h. wiederum das Betriebsergebnis bezogen auf den Umsatz, von ungefähr 6 v. H. im Jahr 1968 per 1981 auf 2,2 v. H. nach Abschreibungen und nach Zinsen, aber vor Steuern, vermindert. Das ist sicher nicht ausreichend, um die Investitionsprozesse zu finanzieren, an denen uns allen so sehr gelegen ist. Verbesserungen in der Kanalisierung von Ersparnissen, so daß sie stärker als bisher auf die Eigenkapitalkonten der Unternehmungen fließen, das ist meine These, müssen auf die Dauer im Sande verlaufen, wenn der sinkende Renditetrend nicht angehalten und wieder nach oben gebogen werden kann.

Das ist gerade aus der Sicht der mittelständischen Unternehmungen auch deshalb wichtig, weil der Ertrag auf das investierte Kapital hier nicht nur ein Indikator dafür ist, ob es sich lohnt zu investieren, sondern zugleich die Quelle der Kapitalbildung selbst. Die Anhebung des Ertragsniveaus in der Gesamtwirtschaft ist aber sicher kein ausschließlich betriebswirtschaftliches, sondern in erster Linie ein wirtschaftspolitisches Problem. Unterstellt man, daß die Volkswirtschaftspolitik die Weichen neu stellt und wesentliche Bestandteile im Datenkranz neu ordnet, so daß die Anpassungsreaktionen der öffentlichen Körperschaften, der Unternehmungen, der gesellschaftlichen Organisationen und der einzelnen Arbeitnehmer und Verbraucher einen Richtungswechsel hin zu mehr Ertrag in den Unternehmungen begünstigen, so wird im besten Fall noch viel Zeit verstreichen, bis wieder befriedigende

Verhältnisse registriert werden können.

Bis dahin untätig zu warten, könnte indessen für viele tödlich sein. Die Krise, in der wir uns befinden, verlangt gerade auch betriebswirtschaftliche Anpassungsmaßnahmen. Sie müssen aber radikal, d. h. an der Wurzel, ansetzen und nicht erst bei Verbesserungen auf dem Gebiet der Unternehmensfinanzierung. Gemeint ist, daß die Unternehmungen ihre unternehmensstrategischen Konzepte überprüfen müssen, um alle latenten Ertrags- und Liquiditätsreserven zu mobilisieren, die das Überleben sichern und Ausgangsbasis für weiteres Wachstum werden können. Dies jedenfalls ist der Rat, den wir als Unternehmerbank heute unserer Unternehmerkundschaft geben.

Solange das Grundproblem des Eigenkapitalmangels, nämlich die Ertragsschwäche der Unternehmungen, in der Schwebe bleibt, ist die optimale Nutzung der vorhandenen Finanzierungsmöglichkeiten auch und gerade auf dem Markt der langfristigen Fremdfinanzierung mindestens so wichtig wie neue Alternativen in der Eigenkapitalfinanzierung, die ich nicht für unwichtig erklären will. Die folgenden Darstellungen werden sich in der Hauptsache mit langfristigen Unternehmenskrediten befassen.

B. Langfristiges Fremdkapital als Eigenkapitalersatz?

Eine erste These hierzu: Langfristiges Fremdkapital ist weitgehend in die Rolle des Eigenkapitalersatzes hineingedrängt worden und ist in diese Funktion teilweise hineingewachsen.

Es ist aufschlußreich, diese These vor einem wirtschaftsgeschichtlichen Hintergrund zu beleuchten. Angesichts der Rezession und der zunehmenden Unternehmensinsolvenzen ist die Frage aufgeworfen worden, ob sich kritische Zuspitzungen wie in der Weltwirtschaftskrise Anfang der 30er Jahre wiederholen könnten. 1931 wurden 26.000 Konkurse und Vergleichsverfahren registriert, die Insolvenzverluste von 900 Mio. RM zur Folge hatten. Dies entsprach 13 v. T. des damaligen Bruttosozialproduktes. 1982 hatten wir 15.000 Insolvenzen, davon 12.000 Unternehmensinsolvenzen. Nach einer Schätzung der "Vereine Creditreform" sind dabei 7 Mrd. DM verlorengegangen. Das sind 4,5 v. T. des Bruttosozialproduktes von 1982, wobei alle diese Angaben geschätzt und mit Vorbehalt zu betrachten sind. Aber die Differenz ist so groß, daß die Vorbehalte nicht so schwerwiegend sind. In Relation zum heutigen Potential sind also die Zahlen viel kleiner als die entsprechenden Zahlen von 1931.

Und ich meine nun, ein wesentlicher Umstand spricht dafür, daß die Firmenzusammenbrüche, obwohl sie für sich genommen beunruhigend sind, auch in Zukunft in Grenzen bleiben. Die Firmen sind heute nämlich im allgemeinen wesentlich stärker durch langfristige Kredite gegen Kreditkündigungen und Liquiditätskrisen abgesichert. Für 1931 kann man die langfristigen Industriekredite der Banken mit vielen Vorbehalten auf vielleicht 300 bis 400 Mio. RM schätzen. Das entspräche max. 1 v. H. der gesamten Bankausleihungen an Nichtbanken in der damaligen Zeit. Ich habe mich damit befaßt, als ich die historischen Urgründe meiner Bank erforscht habe, die ja im Jahre 1931 damit begonnen hat, langfristige Industriekredite zu geben, was damals eine Art Revolution war. Heute machen die langfristigen Bankkredite an den Unternehmenssektor 480 Mrd. DM aus. Das entspricht einem Anteil von 29 v. H. der gesamten Bankkredite an in- und ausländischen Nichtbanken.

Betrachtet man den Markt der Unternehmenskredite getrennt, so kommt man zu folgender Aussage. Die langfristigen Bankkredite an Unternehmen (ohne Wohnungswirtschaft) machen 425 Mrd. DM aus, das entspricht einem Anteil von genau 50 v. H. am gesamten Unternehmenskreditvolumen von 850 Mrd. DM. Der Anteil betrifft Laufzeiten von 4 Jahren und länger. In gewisser Weise hat damit der langfristige Bankkredit, zu dem man sich noch Anleihen und Versicherungsdarlehen hinzudenken muß, die Rolle übernommen, die in vergangenen Jahrzehnten das Eigenkapital der Unternehmungen gespielt hat.

Vermutlich wäre die Insolvenzwelle wesentlich höher, wenn seit den 30er Jahren der langfristige Industriekredit nicht in dem Maße ausgebaut worden wäre, wie es tatsächlich geschehen ist. Wenn man dies feststellt, verbindet sich damit allerdings sofort die Überlegung, daß es nun auch die Banken sind, die das Risiko eines so weit gehenden industriellen Engagements in Krisenzeiten auffangen müssen. Tatsächlich erfüllen also die Banken insbesondere mit demjenigen Teil ihrer Kredite, der langfristig vergeben worden ist, eine eigenkapitalähnliche Funktion. Und daß dieses Risiko sehr konkret werden kann, zeigte sich schon vor dem Höhepunkt der Insolvenzwelle darin, daß einzelne Banken enorme Ertragsprobleme zu bewältigen hatten, und zwar gerade wegen ihres längerfristigen industriellen Engagements. Der Hauptgrund lag in der Gewährung niedriger Festsatzkredite bei variabel verzinslicher Refinanzierung durch Einlagen. Hier wird besonders deutlich, daß die Risikoverlagerung zu den Banken zur Beachtung bankbetriebswirtschaftlicher Prinzipien zwingt, die nicht so sehr im Bereich der Fristenkongruenz als vielmehr im Bereich von Zinsänderungsrisiken zu suchen sind.

In diesem Zusammenhang wird ebenfalls sichtbar, nunmehr aus der Sicht des Kreditnehmers, daß die Ausgestaltung eines langfristigen Kredites dafür entscheidend ist, inwiefern er als eine Art Eigenkapitalersatz gelten kann. Ein Mindesterfordernis ist, daß die Zinskondition nicht in der Krise nach oben variabel ist. Daher überwiegt, jedenfalls bei günstig erscheinendem Zinsniveau, die Nachfrage nach Festsatzdarlehen. Was Laufzeit und Tilgung betrifft, so besteht das Mindesterfordernis darin, daß die Bank nicht aus Gründen, die bei ihr liegen, die Laufzeit abkürzen kann. Das spricht für feste Tilgungsvereinbarungen ohne Vorbehalte. Inwiefern das von der Bankstatistik registrierte Volumen an langfristig ausgeliehenen Unternehmenskrediten diesen Kriterien gerecht wird, ist schwer zu erkennen. Vermutlich besteht ein nicht unerheblicher Teil des langfristigen Unternehmenskreditengagements der Banken aus zinsvariablen Mitteln. Dabei kann die Zinskondition an andere Zinssätze, etwa den Lombardsatz, gekoppelt oder aber "bis auf weiteres" vereinbart sein. Solche Zinskonditionen gefährden naturgemäß den langfristigen Charakter des Kreditverhältnisses, weil eine Änderungskündigung, um einen neuen Zinssatz durchzusetzen, bei Nichteinigung zu einem Rückruf des Kredits oder zu einem Zinsdiktat werden kann. Eine solche Vorgehensweise gefährdet die langfristigen Fremdmittel als Eigenkapitalersatz außerordentlich. Als eigenkapitalähnliche Fremdmittel sind also nur diejenigen Kredite qualifiziert, die ähnlich konstruiert sind wie Industrieobligationen des klassischen Typs.

Ich brauche sicher nur zu erwähnen: Die Eigenkapitalähnlichkeit, von der hier die Rede ist, bezieht sich ausschließlich auf die Langfristigkeit und auf die Freiheit vom Risiko einer unberechenbaren Fälligstellung. Zwei ganz wesentliche Funktionen des Eigenkapitals sind selbstverständlich durch das, was ich hier eigenkapitalähnlich genannt habe, nicht abgedeckt. Es handelt sich nach wie vor um Fremdmittel.

C. Die Deckung des Konsolidierungsbedarfs als aktuelles Hauptproblem

Meine Absicht war es, an dieser Stelle eine zweite These näher zu behandeln, nämlich die These, daß innerhalb der industriellen Fremdfinanzierung heute eine gefährliche Schieflage gegeben ist. Sie besteht in einer Überfrachtung mit kurzfristigen Mitteln. Ich werde mich darauf beschränken, Ihnen dies an einigen Zahlen zu verdeutlichen (vgl. Tab. 2) und dann zu einer weiteren These übergehen. Die Tabelle enthält für die Zeit von 1973 bis heute, soweit die Bankstatistik reicht, die kurzfristigen Kredite der Unternehmen von deutschen Banken und vom Euromarkt. Legt man einen linearen Trend durch die Zahlenreihe, so wird deutlich, daß in den Phasen 1973/74 und ab 1980 die Trendlinie von den tatsächlichen kurzfristigen Krediten weit überschritten wird. Bemerkenswerterweise laufen diese Phasen parallel mit Phasen, in denen der Kapitalmarktzins über seinem langjährigen Durchschnitt lag. Dies erklärt, warum viele Unternehmen sich kurzfristig finanziert haben, obwohl ihr Kapitalbedarf oft langfristigen Charakter hatte. Wir schätzen, daß heute zwischen 20 und 25 Mrd. DM in den deutschen Unternehmen falsch finanziert sind. Fremde Mittel dieser Größenordnung müßten aus einer kurzfristigen Kreditform überführt werden in eine langfristige. Dies würde die In-

Tab. 2: Kurzfristige Kredite an inländische Unternehmen und Selbständige (in Mrd. DM)

Jahr	Kurzfristige Kredite Inland	Ausland (Banken)	Insgesamt	Trend[a)]	Trend - Sp. 3 Differenz
	1	2	3		
Sept. 1973	141,4	2,5	143,9	122,7	- 21,2
Sept. 1974	155,5	4,6	160,1	140,3	- 29,8
Sept. 1975	144,4	12,2	156,6	158,0	+ 1,4
Sept. 1976	151,7	11,5	163,2	175,6	+ 12,4
Sept. 1977	156,6	15,0	171,6	193,3	+ 21,7
Sept. 1978	163,6	19,3	182,9	210,9	+ 28,0
Sept. 1979	185,8	22,2	208,0	228,5	+ 20,5
Sept. 1980	206,5	37,7	244,0	246,2	+ 2,2
Sept. 1981	236,0	49,2	285,2	263,8	- 21,4
Sept. 1982	248,6	56,6[b)]	305,2	281,4	- 23,8

a) Trendfunktion: $y = 105,07 + 17,64\ x$.
b) Änderung des Berichtskreises durch Erhöhung der Meldefreigrenze.

Quelle: Deutsche Bundesbank, Monatsberichte Januar 1983 und Vorjahre.

solvenzrisiken bedeutend verkleinern. Ein großer Teil der Insolvenzen hängt nicht nur damit zusammen, daß das Eigenkapital zu schwach gewesen ist, sondern sicher auch damit, daß die Unternehmen innerhalb der Fremdfinanzierung falsch liegen.

D. Verbesserungsmöglichkeiten bei den Rahmendaten für langfristige Unternehmenskredite

Erwähnt sei zunächst die Änderung der Hinzurechnungsbestimmungen bei der Gewerbesteuer. Dauerschulden werden bei der Gewerbekapitalsteuer, die Dauerschuldzinsen beim Gewerbeertrag durch die Gewerbesteuer miterfaßt. Seit 1. Januar 1983 ist die Hinzurechnung jeweils um 40 v. H. vermindert. Vorgesehen ist ab 1. Januar 1984 eine weitere Reduzierung auf 50 v. H. Die Hinzurechnungsbestimmungen haben den langfristigen Unternehmenskredit bisher stark belastet. Eine Entlastung trat zwar dadurch ein, daß höhere Freibeträge eingeführt worden sind, aber größere Mittelstandskredite liegen in der Regel weit über den Freibeträgen. Die Kreditverteuerung durch die Hinzurechnungsbestimmungen in der Gewerbesteuer kann man bis 1982 auf Zinsäquivalente von 1 - 1 1/2 v. H. veranschlagen. Diese Überbelastung wird nun also abgebaut.

Aber der Abbau der Hinzurechnungsbestimmungen ist nicht unumstritten. So hat der Sachverständigenrat in seinem Jahresgutachten 1982, Teilziffer 324, die Verminderung der Gewerbesteuern auf Dauerschulden und Dauerschuldzinsen mit der Begründung kritisiert, dies diskriminiere die Eigenkapitalfinanzierung. Dem ist jedoch entgegenzuhalten, daß die Gleichbehandlung von langfristigem Fremdkapital und Eigenkapital bei der Gewerbesteuer den bisherigen Anstieg des Finanzierungsanteils der langfristigen Fremdmittel und die anhaltende Verminderung des Eigenkapitalanteils in keiner Weise behindert hat. Ich nehme an, daß für die Entscheidung zwischen langfristigem Fremd- und Eigenkapital die Gewerbesteuer nicht gravierend genug ist, um die Wahl wesentlich zu beeinflussen - ganz im Gegensatz zur Einkommen- und Körperschaftsteuer! Sie trifft nämlich den Ertrag auf Eigenkapital voll. Kreditzinsen sind dagegen steuerfrei. Im übrigen dürften andere als steuerliche Motive die Wahl der Finanzierungsformen stärker beeinflussen. Das Argument gegen die Kürzung der Hinzurechnungsbestimmungen zugunsten der langfristigen Kreditfinanzierung ist daher nicht überzeugend.

Aber für die Wahl zwischen kurz- und längerfristigen Kreditfinanzierungsalternativen waren und sind die Hinzurechnungsbestimmungen bei der Gewerbesteuer erheblich. Daher ist es auch nicht überraschend, daß große Finanzabteilungen Spezialisten beschäftigen, deren alleinige Aufgabe darin besteht, die Finanzierungen so zu steuern, daß Gewerbesteuer nicht anfällt. Mittelständische Unternehmen können sich einen solchen Aufwand in der Regel nicht leisten; er ist zwar arbeitsplatzschaffend, aber unproduktiv.

Auf einem anderen Blatt steht, daß es zur Verbesserung der mittelständischen Finanzierungsmöglichkeiten besser wäre, wenn auf die Gewerbesteuer überhaupt verzichtet werden könnte. Um den Gemeinden die Finanzquelle Gewerbesteuer nicht zu entziehen, empfiehlt es sich, einem Vorschlag des Deutschen Industrie- und Handelstages zu folgen. Demnach soll die Gewerbesteuer in Zukunft von der Umsatzsteuer abgezogen werden. Das würde viele Probleme zugleich lösen.

Ein zweites problematisches und reformbedürftiges Datum im Datenkranz der Finanzierungsmärkte besteht in der Fortgeltung von § 247 BGB. Die volle Breite der Argumente für eine Novellierung kann ich hier nicht darstellen, geschweige denn die Vielfalt der verschiedenen Ansätze zur Novellierung, die bisher alle im Sande verlaufen sind. Es genügt festzuhalten, daß der Anachronismus einer Kündbarkeit von Krediten, sobald der Zins einen Satz von 6 v. H. überschreitet, die Industriefinanzierung auf die Dauer wesentlich beeinträchtigen muß. Gerade die Institute der klassischen langfristigen Unternehmensfinanzierung, die sich weder durch Pfandbriefe noch durch Einlagen refinanzieren, sind durch diesen Anachronismus stark betroffen. In einer offenen Wirtschaft mit Inflationstendenzen und aktiver Geldpolitik zur Währungsstabilisierung sind Zinsschwankungen unvermeidlich, die weit über ein Niveau von 6 v. H. hinausgehen. Potentiell sind daher z. B. nahezu alle langfristigen festverzinslichen Kredite, die seit 1978 vergeben worden sind, kündigungsbedroht. Dies belastet die Ertragserwartungen der Kreditinstitute ebenso wie ihre Beziehungen zu den Kreditnehmern. Es bestärkt ferner die Tendenz zu zinsvariablen statt festverzinslichen, womöglich auch hin zu kurz- statt langfristigen Unternehmenskrediten, und leistet damit einer Destabilisierung der Unternehmensfinanzen Vorschub. Es empfiehlt sich daher m. E., in der nächsten Legislaturperiode einen neuen Anlauf zur Novellierung zu nehmen, wobei das Votum der Bundesbank, die für eine ersatzlose Streichung plädiert hat, nicht unberücksichtigt bleiben darf. Eine zweitbeste Lösung besteht darin, Vollkaufleute vom Schutz des § 247 auszunehmen. Er nähme dann den Charakter einer reinen Verbraucherschutzbestimmung an.

E. Verstärkung der Eigenkapitalähnlichkeit von langfristigen Krediten

Letzte These: Man kann den langfristigen Kredit so verändern, daß er noch eigenkapitalähnlicher wird. Eine Möglichkeit besteht darin, Rückzahlung in einer Summe am Ende der Laufzeit zu vereinbaren und dann zu prolongieren. Eine andere Möglichkeit besteht darin, die Verzinsung in einer anderen Form variabel zu gestalten, als dies bislang geschieht. Bislang verkürzen sich die Zinsbindungsfristen, und die Zinsen werden gekoppelt an ausgewählte Geldmarktsätze. Dem Eigenkapitalersatzcharakter vieler langfristiger Industriekredite entspräche es aber mehr, wenn die langfristigen Kreditzinsen sich an die Bewegung der Erträge im finanzierenden Unternehmen koppeln ließen. Das bedeutet, daß die Zinszahlungen in Verlustjahren ausfallen könnten, in Gewinnjahren müßten die ausgefallenen Zinszahlungen nachgeholt werden – entsprechend dem Vorgehen bei kumulativen Vorzugsaktien (wie z. B. bei Babcock, Gutehoffnungshütte, Herlitz, RWE). Die Zinsansprüche könnten durch Genußscheine verbrieft werden, bei denen rechtlich völlige Gestaltungsfreiheit besteht, so daß eigenkapitalähnliche Verhältnisse geschaffen werden. Das überlassene Kapital bliebe rückzahlbar, könnte aber tilgungsfrei gestellt werden; die Zinszahlungen blieben beim Kapitalnehmer Betriebsausgaben, würden also keine Einkommensteuer auslösen, wie die Verzinsung von echtem Eigenkapital. In einigen praktischen Fällen wird das Finanzierungsinstrument des Genußscheins schon heute auch in der Bundesrepublik angewandt (BMW, Bertelsmann, Gruner + Jahr, Varta etc. - vgl. Blick durch die Wirtschaft v. 13.1.1983).

Das Problem, das zur Zeit nicht gelöst werden kann, besteht natürlich darin, daß es noch keinen Refinanzierungsmarkt gibt, auf dem man bereit wäre, jährlich schwankende Zinseinnahmen in Kauf zu nehmen. Vielleicht ließe sich dies ändern, wenn Aussicht darauf bestünde, daß über die Mindestzinsen hinaus - in Anlehnung an steigende Gewinne - Zinsmehrerträge ausgeschüttet werden. Bei der auf absehbare Zeit gegebenen Ertragssituation der meisten industriellen und gewerblichen Unternehmungen würden die Anleger sich solche Chancen aber kaum ausrechnen. Und eine Garantie auf Zinsmehrerträge über die Mindestzinsen hinaus ließe sich naturgemäß nicht vereinbaren.

Auch einige Kreditkonstruktionen im Bereich der öffentlichen Programme laufen auf eine größere Eigenkapitalähnlichkeit hinaus. So wird zur Zeit in mehreren Behördenstuben erwogen, Kredite möglich zu machen, bei denen der Kreditgeber von der Haftung freigestellt wird. Dabei denkt man in erster Linie an Unternehmensgründungen und an Innovationen. Dabei ist auch an Zinssubventionen für eine Reihe von Jahren gedacht. Man denkt ferner daran, die Kreditverwendungszwecke so abzuändern, daß auch die Kreditierung von Personalaufwendungen, Materialkäufen und immateriellen Vermögenswerten für eine Anlaufphase bei Innovationen durch langfristige Mittel möglich gemacht wird. Ein Institut, in dem zur Zeit praktisch in dieser Richtung gearbeitet wird, ist die Kreditanstalt für Wiederaufbau. Sie hat die Banken um die Vorlage von Pilotfällen gebeten, mit denen man eine solche Risikofinanzierung betreiben kann. Gedacht ist an eine Haftungsfreistellung von 75 v. H., wobei allerdings den durchleitenden Kreditinstituten ein entsprechender Margenverzicht zugedacht ist, der insofern problematisch ist, als die Banken mit einem erheblichen

Selektions- und Verwaltungsaufwand zu rechnen haben. Ebenfalls wird in Brüssel an solche Konstruktionen gedacht. Und ähnlich ist die Überlegung bei dem BDI-Gutachten "Mobilisierung von Risikokapital durch Steuererleichterungen". Es ist daran gedacht, für innovative Finanzierungen von den Kapitalanlegern Mittel anzunehmen, bei denen der Kapitalanleger 80 v. H. der Kapitalhergabe von seiner Steuerschuld absetzen kann. Es gibt keinen Zweifel, daß auf diesem Wege für einen Zweck, der besser ist als der steuerlich geförderte Bau von Luxuswohnungen, ausreichend Kapital aufgebracht werden könnte.

Damit auf breiter Basis neues Eigenkapital für neue Unternehmen mit neuen Produkten bereitgestellt wird, bedarf es aber darüber hinaus einer grundlegenden Erneuerung des wirtschafts- und gesellschaftspolitischen Klimas und einer durchgreifenden Verbesserung der Ertragsperspektiven. Es ist auch erforderlich, damit die langfristige Industriefinanzierung mit Fremdkapital ihre Aufgabe befriedigend erfüllen kann. Man sollte sich darüber im klaren sein, daß es eine Illusion wäre zu glauben, diese Aufgabe könnten wir in kurzer Zeit bewältigen. Sie wird uns das ganze Jahrzehnt beschäftigen.

Prof. Dr. Wolfgang Gerke

Die Akzeptanz der Kapitalbeteiligungsgesellschaft im Mittelstand

A. Das Umfeld der Beteiligungsfinanzierung mittelständischer Unternehmen

   I. Gründerzeit ohne Akzeptanzprobleme

   II. Das Versagen der Banken bei der Risikokapitalbereitstellung für mittelständische Unternehmen

B. Das Akzeptanzparadoxon

   I. Das erste Akzeptanzproblem

   II. Das zweite Akzeptanzproblem

C. Die Ursachen der Akzeptanzprobleme und deren Beseitigung

   I. Akzeptanzprobleme durch Zukunftsängste

   II. Niedriger Marktanteil der Kapitalbeteiligungsgesellschaften

   III. Fehler in der Vertragspolitik der Kapitalbeteiligungsgesellschaften

      1. Fehlendes Risikoäquivalent durch Ertragsbeschränkungen

      2. Negative Portefeuilleselektion durch Kündigungsrechte

      3. Mangelnde Diversifikation

A. Das Umfeld der Beteiligungsfinanzierung mittelständischer Unternehmen

I. Gründerzeit ohne Akzeptanzprobleme

Sowohl auf den hohen Stellenwert des Eigenkapitals für die Zukunftssicherung mittelständischer Unternehmen als auch auf die sinkenden Eigenkapitalquoten in der deutschen Wirtschaft wird von Seiten der Politiker, Bankfachleute und Wissenschaftler in den letzten Jahren mit zunehmender Eindringlichkeit verwiesen. Dennoch haben diese Warnungen bisher keinen nachhaltigen Finanzstrukturwandel bewirkt. Gründe hierfür können in der Ertragsschwäche zahlreicher Unternehmen und in der immer noch nicht völlig ausgeräumten steuerlichen Diskriminierung des Eigenkapitals gegenüber dem Fremdkapital liegen. Es läßt sich ferner nicht ausschließen, daß außerdem die spezielle Beschaffenheit des deutschen Kapitalmarktes für die stockende Aufbringung von zusätzlichem Risikokapital verantwortlich ist. Es gilt deshalb zu prüfen, welchen Beitrag die großen Finanzinstitutionen zur besseren Eigenkapitalausstattung mittelständischer Unternehmen leisten können.

Kreditinstitute, Versicherungen und Investmentgesellschaften sind gewichtige Kapitalsammelstellen, ohne deren umfangreiche Losgrößen-, Fristen- und Risikentransformationsdienste der Kapitalmarkt zusammenbrechen würde. Ihre Leistungsfähigkeit bleibt auf ihren jeweiligen Hauptbetätigungsfeldern auch weiterhin unbestritten. Dennoch wird häufig kritisiert, daß die nur kleinen Beiträge dieser Finanzintermediäre zur Risikokapitalaufbringung für nicht-emissionsfähige Unternehmen nicht in einem angemessenen Verhältnis zu ihrer ansonsten dominierenden Stellung am Kapitalmarkt stehen.

Betrachtet man lediglich die Verteilung der von diesen Institutionen gesammelten Gelder, so findet diese These eine nachhaltige Unterstützung. Beispielsweise stehen dem Kreditvergabevolumen der Banken an den Unternehmens- und Selbständigensektor von rd. 800 Mrd. DM Ende 1982 nur vernachlässigbar geringe Beteiligungen dieser Institute an nicht-emissionsfähigen Unternehmen gegenüber.

Ein Rückgriff auf die Bankengeschichte zeigt, daß die Banken in ihrer Geldvergabepolitik nicht immer so einseitig kreditorientiert ausgerichtet waren wie heute. Insbesondere in der Gründerzeit beteiligten sich zahlreiche Privatbankiers in großem Umfang als Eigenkapitalgeber an den Risiken der stark expandierenden Industrieunternehmen. Ihr mutiges Engagement und ihr Glaube an die Durchsetzungskraft neuer Technologien und Unternehmenskonzepte ermöglichten vielen fast sendungsbewußt arbeitenden Unternehmensgründern ein schnelles Wachstum. Akzeptanzprobleme dürften die innovativen Unternehmer der Gründerzeit gegenüber ihren Finanziers kaum gekannt haben. Zumindest wird aus jener Zeit darüber wenig berichtet.

II. Das Versagen der Banken bei der Risikokapitalbereitstellung für mittelständische Unternehmen

Bevor man den heutigen Kreditinstituten ihre eigene Geschichte als nachahmenswerte Finanzierungsleistung vor Augen führt, sollte man die in der Zwischenzeit völlig veränderten Umweltbedingungen am Kapitalmarkt berücksichtigen.

Während der Epoche der Gründerfinanzierung verfügten nicht nur die Unternehmen, sondern insbesondere auch die Banken über eine wesentlich bessere Eigenkapitalausstattung als heute. Banken, die mit unter 5 % liegenden Eigenkapitalquoten arbeiten, wären damals bereits im Einlagen- und Kreditgeschäft nicht vom Markt akzeptiert worden. Für die Bereitstellung von Haftkapital hätten sie erst recht nicht das notwendige Risikopolster besessen, um Beteiligungsausfälle durchstehen zu können. Dabei ist zu berücksichtigen, daß die Unternehmensfinanzierung in der Gründerzeit für die Finanziers zwar häufig Superrenditen abwarf; daneben mußten die Banken aber auch zahlreiche Schwindelgründungen, Defraudationen und Unternehmenszusammenbrüche hinnehmen, die sie nicht selten zur eigenen Geschäftsaufgabe zwangen. Erleichtert wurde die Risikokapitalbereitstellung in der Gründerzeit außerdem durch die von den Kreditinstituten und Unternehmen relativ leicht und kostengünstig zu plazierenden Börsenemissionen.

Unsere heutigen Kreditinstitute sind nur noch in beschränktem Umfang zur Beteiligung an den Risiken mittelständischer Unternehmen geeignet (1). Sie arbeiten vorrangig mit fremden Geldern, die ihnen zu niedrigen und damit fast risikolosen Anlagen entsprechenden Zinsen anvertraut wurden. Angesichts hoher Insolvenzquoten und stark gesunkener Eigenkapitalquoten der Kreditnehmer sowie angesichts der erheblich gestiegenen Länderrisiken enthält die Aktivseite mancher Bank heute schon mehr Risiken als die Struktur der Passivseite empfehlenswert erscheinen läßt. Dabei befinden sich die Kreditinstitute teilweise in einer Zwangslage. Mit ihren Krediten werden sie bei hoch verschuldeten Unternehmen in eine Position gedrängt, die sich risikopolitisch stark der Stellung der Haftkapitalgeber nähert, ohne daß sie hierfür risikoäquivalente Zinsen erzielen können.

Außerdem verfolgen die Kreditinstitute mit etwaigen Beteiligungen an Mittelstandsunternehmen nur in seltenen Fällen direkte Managementabsichten. Für eine erfolgreiche Beteiligungspolitik müßte sich ein Finanzier aber intensiv beratend und mitgestaltend um die Geschicke seiner Beteiligungsunternehmen kümmern (2). Hierzu sind spezialisierte Kapitalbeteiligungsgesellschaften wesentlich besser geeignet als die deutschen Universalbanken, denen außerdem schon heute wegen ihrer Beteiligungen die Versuchung zu Machtmißbräuchen unterstellt wird (3).

B. Das Akzeptanzparadoxon

I. Das erste Akzeptanzproblem

Die Kreditwirtschaft hat mit der Gründung von Kapitalbeteiligungsgesellschaften schon seit längerer Zeit für eine spezialisierte und aus dem sonstigen Bankgeschäft ausgegliederte Beteiligungsfinanzierung mittelständischer Unternehmen Vorsorge getroffen. Gemessen an ihrer gewich-

---

1) Vgl. Hamke, F., Anlagekapital (1976), S. 133.
2) Vgl. Juncker, K., Kapitalbeteiligungen (1976), S. 98.
3) Vgl. Monopolkommission, Hauptgutachten 1973/75, S. 281 ff.

tigen Aufgabenstellung konnten die Kapitalbeteiligungsgesellschaften bisher aber noch keinen nachhaltigen Beitrag zur Mittelstandsfinanzierung leisten. Dies muß angesichts der Bedürfnisse der Mittelstandsunternehmen und der Finanzierungsbereitschaft der Kapitalbeteiligungsgesellschaften wie ein ökonomisches Rätsel anmuten:

- Auf der einen Seite stehen durchaus in ausreichender Zahl Kapitalbeteiligungsgesellschaften bereit und halten mit wenig Erfolg nach geeigneten mittelständischen Finanzierungsprojekten Ausschau. Sie betonen, daß sie angesichts ihrer kapitalkräftigen Bankenmütter keine Kapitalaufbringungsprobleme kennen, klagen aber darüber, daß ihrem Kapitalangebot von Unternehmerseite keine ausreichende Kapitalnachfrage gegenübersteht, und daß sie als zusätzliche Gesellschafter von den Unternehmen nicht akzeptiert werden.

- Auf der anderen Seite suchen zahlreiche mittelständische Unternehmen zusätzliches Eigenkapital. Immer mehr Unternehmen stoßen wegen zu geringer Eigenkapitalausstattung an ihre Kreditgrenzen. Außerdem belegen steigende Insolvenzquoten die Unverzichtbarkeit ausreichender Eigenkapitalvorsorge. Dabei klagen insbesondere junge und innovative Unternehmen, deren Wachstumsraten ihren eigenen finanziellen Möglichkeiten vorauseilen, über unüberbrückbare Schwierigkeiten bei der Eigenkapitalbeschaffung und über ihre ungenügende Akzeptanz bei den Kapitalbeteiligungsgesellschaften.

Offensichtlich handelt es sich hier um ein Akzeptanzparadoxon, denn beide Seiten geben zu, sich mit dem Partner verbinden zu wollen, zum Kontraktabschluß kommt es aber nicht.

II. Das zweite Akzeptanzproblem

Das erste Akzeptanzparadoxon kann noch um ein ökonomisches Parallelrätsel ergänzt werden, dessen gleichgeartete Struktur kein Zufall sein dürfte:

- Einerseits benötigen schnell wachsende Mittelstandsunternehmen zur Verbesserung ihrer Kapitalbeschaffungschancen den Zugang zur Börse und die Erschließung der damit verbundenen breiten Kapitalanlegerschichten. Für sie sind die Akzeptanzschwellen der Börsenzulassungskriterien jedoch häufig zu anspruchsvoll definiert.

- Andererseits warnen die Kreditinstitute vor der ständigen Erosion des Marktes für börsennotierte Aktien. Sie betonen ihre Leistungsfähigkeit und Bereitschaft, die Börseneinführung neuer Unternehmen zu planen und durchzuführen. Außerdem verweisen sie auf relativ niedrige Hemmnisse bei der Zulassung neuer Unternehmen zum Handel im geregelten Freiverkehr. Dennoch klagen die Kreditinstitute über die geringe Akzeptanz, die ihre Dienste als Emissionshäuser auf Unternehmerseite finden.

Auch hier besteht eine erhebliche Divergenz zwischen den Absichtserklärungen der beiden Seiten und den effektiven Marktgegebenheiten. In der Bundesrepublik wurden 1981 lediglich 2 Unternehmen neu an der Börse eingeführt, was einem Emissionsvolumen von 55,5 Mio. DM entsprach. In den USA wurden im gleichen Zeitraum 448 Unternehmen mit einem Emissionsvolumen von über 3,2 Mrd. $ erstmals zum Börsenhandel zugelassen.

Dieses Emissionsvolumen wird 1983 bereits nach 6 Monaten überschritten sein, wobei die meisten Neuemissionen am "over-the-counter" Markt nach ihrer Börseneinführung erhebliche Kurssteigerungen erfahren.

C. Die Ursachen der Akzeptanzprobleme und deren Beseitigung

I. Akzeptanzprobleme durch Zukunftsängste

Die deutschen Akzeptanzprobleme können nicht allein durch eine Nachahmung der amerikanischen Kapitalmarktgegebenheiten gelöst werden. Dafür sind in beiden Ländern, historisch bedingt, zu unterschiedliche Strukturen herangewachsen. Dennoch kann man insbesondere aus den amerikanischen "venture capital" Gesellschaften und dem amerikanischen "over-the-counter" Markt viel lernen. Man sollte dabei aber vor ein paar unbequemen Tatsachen, die zugleich eine Verbindung zwischen den Akzeptanzproblemen der deutschen Börse und der deutschen Kapitalbeteiligungsgesellschaften herstellen, nicht die Augen verschließen.

Das Wirtschaftsgeschehen der Bundesrepublik wird zur Zeit nicht mehr von dem Pioniergeist der 50er Jahre oder von amerikanischem Unternehmeroptimismus geprägt. Stattdessen neigen viele deutsche Unternehmer, Gewerkschaftler und Politiker zu ausgeprägtem Zukunftspessimismus. Die meisten Unternehmer sind nach Hax "in erster Linie Verwalter, d. h. sie begnügen sich mit sicheren Geschäften und lassen sich nicht gern auf Experimente ein" (1).

Außerdem wirken verbreitete Technologieängste innovationshemmend, so daß eine risikokapitalanziehende und -nachfragende Aufbruchstimmung z. Zt. kaum aufkommen kann. In dieser gesellschaftspolitischen Umweltkonstellation bilden sich zwischen den verschiedenen Interessengruppen sehr schnell nach staatlichen Stützungsmaßnahmen schielende Allianzen. Diese schließen den Ruf nach Risikokapital nicht aus, verbinden ihn jedoch zugleich mit dem Wunsch nach Staatsgarantien für am Risikokapital zu beteiligende Arbeitnehmer und Sparer sowie für innovationsbereite Unternehmer. Der Gedanke des "Risikokapitals" wird dabei zunehmend korrumpiert.

II. Niedriger Marktanteil der Kapitalbeteiligungsgesellschaften

Schon dieser kurze Blick auf das gesellschaftspolitische Umfeld legt die Vermutung nahe, daß die mangelnde Akzeptanz der Kapitalbeteiligungsgesellschaften nicht einseitig einer Kapitalmarktgruppe angelastet werden kann. Die Verantwortung für die zukünftige Konkurrenzfähigkeit der deutschen Wirtschaft sollte jedoch Unternehmer und Kapitalbeteiligungsgesellschaften zu einer

1) Hax, K., Kapitalbeteiligungsgesellschaften (1969), S. 18.

Überprüfung ihrer gegenseitigen Zurückhaltung veranlassen. Berücksichtigt man, daß nicht einmal 0,2 % der deutschen Unternehmen Zugang zur Börse haben, während alle anderen Unternehmen weitgehend auf ihre Selbstfinanzierungskräfte und die Mittlerdienste der Kreditinstitute angewiesen sind, so sollten in die Finanzierungsleistungen der Kapitalbeteiligungsgesellschaften weiterhin große Hoffnungen gesetzt werden.

Bisher konnten diese Hoffnungen jedoch nicht erfüllt werden. Dabei wird man bei der Betrachtung der Finanzierungsleistung der Kapitalbeteiligungsgesellschaften das Kreditvolumen der Banken an den Unternehmens- und Selbständigensektor in Höhe von 800 Mrd. DM im Jahre 1982 nur beschränkt als Vergleichsgröße heranziehen können. Dennoch vermitteln diese Zahlen einen ersten Einblick in den Stellenwert der Kapitalbeteiligungsgesellschaften, deren Finanzierungsvolumen 1982 immer noch unter 1 Mrd. DM liegt, wobei die meisten Kapitalvergaben nicht einmal echten Eigenkapitalcharakter besitzen.

Das Beteiligungsvolumen der Kapitalbeteiligungsgesellschaften wird bisher noch nicht in amtlichen Statistiken erfaßt. Die Westdeutsche Kapitalbeteiligungsgesellschaft mbH ermittelt jedoch jährlich durch telefonische Befragung möglichst aller Kapitalbeteiligungsgesellschaften die Entwicklung des gesamten Beteiligungsvolumens. Nach dieser Umfrage stieg das Gesamtvolumen der Kapitalbeteiligungsgesellschaften 1982 auf 753 Mio. DM. Diese verteilten sich auf 1.055 Beteiligungen. 246 Mio. DM des Beteiligungsvolumens entfielen auf Gesellschaften, die ausschließlich öffentlich geförderte Beteiligungen anbieten. Der Rest entfiel auf Kapitalbeteiligungsgesellschaften, die alle Arten von Beteiligungen offerieren. Darunter befindet sich der Landesbanken- und Sparkassensektor mit einem Beteiligungsvolumen von 204 Mio. DM.

Bevor aus diesen Zahlen generelle Zweifel an der Leistungsfähigkeit von Kapitalbeteiligungsgesellschaften abgeleitet werden, sollten sie Veranlassung zur Überprüfung des Finanzierungsverhaltens mittelständischer

Unternehmen und der Vertragspolitik der Kapitalbeteiligungsgesellschaften geben. Dabei lassen sich auf Kapitalanbieter- und -nachfragerseite einige Versäumnisse feststellen.

III. Fehler in der Vertragspolitik der Kapitalbeteiligungsgesellschaften

1. Fehlendes Risikoäquivalent durch Ertragsbeschränkungen

Die deutschen Kapitalbeteiligungsgesellschaften verdanken ihr Entstehen weitgehend den Initiativen der Kreditwirtschaft. Diese Entwicklungsgeschichte hätte durchaus ein Schritt in eine erfolgreiche Zukunft sein können, denn die Kapitalbeteiligungsgesellschaften verfügen so über finanzkräftige und kapitalmarkterfahrene Gründer, die die besten Kontakte zur potentiellen Kundschaft besitzen. Außerdem stellt die Ausgliederung des sehr speziellen Geschäftszweiges der Risikokapitalversorgung des Mittelstandes aus dem Universalbankgeschäft eine sachgerechte Entscheidung dar, denn durch eine derartige Dezentralisierung werden die organisationstechnischen Voraussetzungen zur fachkundigen Akquisition, Beratung und Betreuung mittelständischer Beteiligungsnehmer geschaffen.

Die enge Verwandtschaft zum Kreditgeschäft der Banken kann aber auch ein Hemmnis für die weitere Entwicklung der Kapitalbeteiligungsgesellschaften darstellen. Dies gilt insbesondere für eine zu stark an Kreditvergabepraktiken angelehnte Beteiligungspolitik. Einer derartigen Politik entsprechen die häufig vereinbarten Ertragsbeschränkungen der Kapitalbeteiligungsgesellschaften. Sie mögen zwar vereinzelt auf Unternehmerseite die Akzeptanz der Kapitalbeteiligungsgesellschaft fördern, zwingen die Kapitalbeteiligungsgesellschaften aber zu strenger Selektion ihrer Engagements und laden ihnen damit hohe Bonitätsprüfungskosten auf.

Ertragsbeschränkungen, wie sie auch zur Inanspruchnahme von ERP-Mitteln verlangt werden, verhindern außerdem im Portefeuille der Kapitalbeteiligungsgesellschaften einen Risikoausgleich für schlecht gehende Beteiligungen und haben zur Folge, daß in den Beteiligungsverträgen häufig laufende Verlustbeteiligungen ausgeschlossen werden.

Echtes Risikokapital muß an den laufenden Gewinnen und Verlusten partizipieren, andernfalls kann es sich eine Kapitalbeteiligungsgesellschaft nicht leisten, riskante, aber damit auch chancenreiche Unternehmen zu finanzieren. Sie müßte ihre Beteiligungsvergabe vielmehr auf solche Unternehmen beschränken, die aufgrund niedriger Risiken ebenso gut Fremdkapital aufnehmen könnten. Gerade diese Unternehmen werden aber nur geringes Interesse für die Finanzierungsleistungen der Kapitalbeteiligungsgesellschaften aufbringen.

2. Negative Portefeuilleselektion durch Kündigungsrechte

Ähnlich negative Auswirkungen auf die Portefeuilleentwicklung der Kapitalbeteiligungsgesellschaften wie Ertragsbeschränkungen üben Kündigungsrechte der Beteiligungsnehmer aus. Dies gilt insbesondere für Beteiligungsverhältnisse, bei denen den Beteiligungsnehmern zu vorher festgelegten Konditionen Kündigungsrechte eingeräumt werden. Nur die besonders erfolgreichen Unternehmen werden, um sich kostengünstiger zu refinanzieren, von diesen Rückkaufmöglichkeiten Gebrauch machen. Langfristig führen derartige Kündigungsklauseln zu einer Selektion schlechter Risiken im Portefeuille der Kapitalbeteiligungsgesellschaften und bremsen deren zukünftige Expansionschancen.

Ähnlich wie in der Zeit der Gründungsfinanzierung lebt das Geschäft der Kapitalbeteiligungsgesellschaften ganz entscheidend davon, daß einige erfolgreiche Beteiligungen (Renner) die immer auftretenden erfolglosen Engagements (Flops) mitfinanzieren. Hierzu müssen die Kapitalbeteiligungsgesellschaften nicht nur an den laufenden Erträgen anteilsmäßig beteiligt werden, sondern auch im Fall der Auflösung des Beteiligungsverhältnisses voll an den Wertsteigerungen des Unternehmens partizipieren.

3. Mangelnde Diversifikation

Die einzelne Beteiligung an einem mittelständischen Unternehmen wird häufig relativ riskant sein, denn viele Mittelstandsunternehmen arbeiten mit sehr engen und damit risikoanfälligen Produktpaletten (1). Außerdem können in den mittelständischen Familienbetrieben immer wieder aus Gesellschafterstreitigkeiten oder einem Generationswechsel Entwicklungszäsuren resultieren. Angesichts dieser verhältnismäßig hohen Einzelrisiken erhält eine ausreichende Portefeuillestreuung ein besonderes Gewicht. Es verfügen aber noch nicht alle Kapitalbeteiligungsgesellschaften über genügend Beteiligungen, um den Ausfall mehrerer Engagements verkraften zu können. Zur effektiven Risikensenkung sollte die Einzelbeteiligung wie bei den Investmentgesellschaften wertmäßig 5 % des Fondsvermögens nicht übersteigen. Außerdem sollten die Kapitalbeteiligungsgesellschaften ihre Beteiligungen möglichst branchenmäßig streuen.

Die aus der Diversifikation resultierende Risikenminderung wird nachhaltig durch die Anzahl und die Korrelationen der Engagements bestimmt. Bezüglich der rein numerischen Streuung lassen sich relativ leicht Handlungsempfehlungen aussprechen, denn solange die Beteiligungen nicht vollständig positiv korreliert sind, treten durch Diversifikation immer Risikosenkungseffekte auf. Aufgrund meßtechnischer Schwierigkeiten lassen sich für die Berücksichtigung der Korrelationen jedoch nur sehr einfache Empfehlungen zu einer möglichst breiten Branchenstreuung abgeben.

IV. Mangelnde Kooperation zwischen Kreditwirtschaft und Kapitalbeteiligungsgesellschaften

Die geschilderten Akzeptanzprobleme legen offen, daß einer aggressiven Akquisition der Kapitalbeteiligungsgesellschaften eine Schlüsselstellung für die weitere Geschäftsentwicklung zukommt (2). Dabei sind die Kapitalbeteiligungsgesellschaften stark auf die Kooperation mit den

---

1) Vgl. Christians, F. W., Mittelständische Unternehmen (1976), S. 10 ff.

2) Vgl. Körner, G., Kapitalbeteiligungsgesellschaften, (Sparkasse 1980), S. 282 ff.

Kreditinstituten angewiesen, denn diese sind immer noch die wichtigste und erste Anlaufstelle der Unternehmen in Finanzierungsfragen.

Banken und insbesondere einzelne Bankfilialen geraten in der Firmenkundenberatung jedoch häufig in Interessenkonflikte. Sie geben Kunden guter Bonität lieber selber Kredit, statt sie an die Kapitalbeteiligungsgesellschaften weiterzuempfehlen; an Kunden schlechter Bonität sind die Kapitalbeteiligungsgesellschaften auch nicht interessiert. Die Kapitalbeteiligungsgesellschaften müßten deshalb ihre Marketingbemühungen noch erheblich verstärken (1). Dies gilt nicht nur gegenüber den mittelständischen Unternehmen, sondern auch gegenüber den Banken. Eine eigene kleine Umfrage bei einigen Sparkassen und Banken ließ einen sehr geringen Bekanntheitsgrad der Kapitalbeteiligungsgesellschaften bei den Kundenberatern erkennen. Selbst einzelne Abteilungsleiter waren über die Existenz von Kapitalbeteiligungsgesellschaften nicht informiert.

Offensichtlich haben die Kapitalbeteiligungsgesellschaften z. Z. noch mit einem doppelten Akzeptanzproblem zu kämpfen. Einerseits müßten sie einen Bekanntheitsgrad erreichen, der die beteiligungssuchenden Unternehmen veranlaßt, sich direkt mit ihnen in Kontakt zu setzen. Andererseits müßten sie ihre Zusammenarbeit mit den Banken wesentlich intensivieren. Hierbei sollten die Kreditinstitute nicht durch kurzfristige Interessenkonflikte behindert werden, denn eine ausreichende Eigenkapitalversorgung ihrer Kreditnehmer verbessert auch ihre Risikoposition (2).

---

1) Vgl. Hahn, O., Eigenfinanzierungs-Problematik, (ZfB 1978), S. 1082.
2) Vgl. Krahnen, H.-J., Eigenkapitalversorgung, (ZfB 1978), S. 1090.

V. Fehler in der Finanzierungspolitik der Mittelstandsunternehmen

1. Die Vernachlässigung der Kapitalstrukturrisiken

Die Kapitalbeteiligungsgesellschaften können - wie aufgezeigt wurde - zur Verbesserung ihrer Akzeptanz noch einige Korrekturen an ihrer Geschäftspolitik vornehmen. Dies alleine wird jedoch zur nachhaltigen Strukturveränderung des Marktes für Risikokapital nicht ausreichen, denn auch die mittelständischen Unternehmer werden in Zukunft ihr Finanzierungsverhalten revidieren müssen.

Zahlreiche mittelständische Unternehmer vernachlässigen in ihrer Geschäftspolitik immer noch den Finanzbereich zugunsten des Produktions- und Absatzsektors. Sie versäumen es, rechtzeitig durch die Aufnahme von Risikokapital für Perioden schlechter Absatzchancen Vorsorge zu treffen.

Häufig fällt die Entscheidung zwischen Eigenkapital- und Fremdkapitalaufnahme zu Unrecht gegen das Eigenkapital aus. In Zeiten guter Geschäftslage, in denen sich am leichtesten zusätzliches Eigenkapital beschaffen ließe, finanzieren sich viele Unternehmen zur Steigerung ihrer Renditen dennoch über Fremdkapital (Leverage-Effekt). Hierbei wird nicht berücksichtigt, daß sich die Bedienung des Eigenkapitals wesentlich flexibler an die Geschäftsentwicklung anpaßt als die Fremdkapitalverzinsung und daß das Eigenkapital in Krisenzeiten erst die notwendigen Voraussetzungen für zusätzliche Fremdkapitalaufnahme schafft (1).

Insbesondere beim Vergleich zwischen Eigen- und Fremdkapitalfinanzierung werden steuerliche Aspekte häufig überbewertet. Es läßt sich nicht leugnen, daß das Eigenkapital gegenüber dem Fremdkapital immer noch diskriminiert wird. Eine zu starke Berücksichtigung der steuerlichen Begünstigung des Fremdkapitals führt jedoch in den

1) Vgl. auch Büschgen, H. E., Beteiligungsfinanzierung (1976), S. 44 ff.

mittelständischen Unternehmen zu einer folgenschweren Vernachlässigung der Risikoeffekte eines hohen Verschuldungsgrades. In Krisenzeiten steigt die Insolvenzgefährdung dieser Unternehmen, da sie auf die Pufferfunktionen des Eigenkapitals nur begrenzt zurückgreifen können.

2. Zu hohe Bewertung der Überfremdungsgefahr

Neben Renditeüberlegungen und steuerlichen Aspekten veranlaßt häufig auch ein besonders ausgeprägter Wunsch nach Selbständigkeit die mittelständischen Unternehmer zu einer ablehnenden Haltung gegenüber der Aufnahme neuer Gesellschafter (1). Dieses Unabhängigkeitsstreben führt in vielen Fällen zu einer Finanzierungspolitik, die langfristig angesichts zunehmender Auflagen unruhig gewordener Kreditgeber einschneidendere Abhängigkeiten schafft als die rechtzeitige Aufnahme eines Gesellschafters (2).

Insbesondere Unternehmer, deren Erfolg aus der Entwicklung neuer Produkte resultiert, unterliegen leicht der Versuchung zu Alleingängen bei der Eigenkapitalfinanzierung. Dabei sollte man die unternehmerische Zielsetzung des Unabhängigkeitsstrebens nicht pauschal ablehnen. Nur müssen Unternehmer, die der Alleinunternehmerschaft besonderes Gewicht beimessen, auch bereit sein, hierfür auf Wachstumsraten zu verzichten. Sie können nicht in gleichem Umfang expandieren wie Unternehmen, die durch Aufnahme zusätzlicher Gesellschafter Vorsorge für die schnell steigenden Unternehmensrisiken treffen.

Viele Insolvenzen resultieren aus der Diskrepanz zwischen unternehmerischem Wachstumswillen und der fehlenden Bereitschaft zur rechtzeitigen Risikenvorsorge. Dabei muß die Aufnahme einer Kapitalbeteiligungsgesellschaft oder der Gang an die Börse bei sorgfältiger Planung keines-

---

1) Vgl. Kröger, U., Eigenkapitalproblem, (ZfgK 1982), S. 264 ff. sowie Huber, L., Mittelständische Unternehmen, (Blick durch die Wirtschaft v. 21.06.1982), S. 3.

2) Vgl. Kahlich, W., Beteiligungsfinanzierung (1971), S. 18 ff.

wegs zu einer Entmachtung des bestehenden Managements führen.

D. Externe Maßnahmen zur Akzeptanzverbesserung

I. Die Übertragung des Investmentgedankens auf die Kapitalbeteiligungsgesellschaften

Es wurde aufgezeigt, daß durch gleichzeitige Verhaltensänderungen auf Seiten der Kapitalbeteiligungsgesellschaften und der mittelständischen Unternehmen die gegenseitige Akzeptanz gefördert werden kann. Daneben kann auch durch eine nachhaltige Veränderung der Rahmenbedingungen des Beteiligungssparens ein erheblicher Beitrag zur Lösung des "Gordischen Akzeptanzknotens" geleistet werden. Dabei soll hier auf allgemeine steuerliche Maßnahmen zum Abbau "der Diskriminierung bestimmter Formen der Vermögensbildung" (1) und zur Förderung der Risikokapitalaufbringung nur verwiesen werden.

Der relativ niedrige Bekanntheitsgrad der Kapitalbeteiligungsgesellschaften kann dadurch verbessert werden, daß der Gesetzgeber den Kapitalbeteiligungsgesellschaften durch vertrauensbildende Verwaltungsauflagen, sowie durch aufsichtsrechtliche Kontrollmaßnahmen und durch einen restriktiven Bezeichnungsschutz ein den deutschen Investmentgesellschaften vergleichbares Standing verschafft.

Das deutsche Investmentgesetz hat sich als Anlegerschutzmaßnahme bewährt. Es verleiht den Investmentgesellschaften aufgrund seiner klar definierten Mindestnormen einen "Gütestempel", der den Anlegern und Vertriebsgesellschaften gleichermaßen zugute kommt. Die dem Sparerschutz dienenden Anlagevorschriften des Investmentgesetzes (§ 8 Abs. 1 KAGG) diskriminieren jedoch die nicht emissionsfähigen Unternehmen, indem sie die Beteiligung an nicht börsennotierten Unternehmen versagen.

Gerade Kapitalsammelstellen mit diversifizierten Fonds könnten jedoch geeignet sein, breites Anlegerkapital den

---

1) Sachverständigenrat, Jahresgutachten 1982/83, S. 188 ff.

nicht emissionsfähigen Unternehmen zur Verfügung zu stellen, ohne daß die Fondszeichner das Risiko eines Einzelunternehmens tragen müssen (1). Es wurde deshalb ein Gesetzentwurf erarbeitet, der den Kapitalbeteiligungsgesellschaften einen analogen Gütestempelschutz wie den Investmentgesellschaften einräumt (2).

Kapitalbeteiligungsgesellschaften und Investmentgesellschaften weisen große Gemeinsamkeiten auf, und auch die Bestimmungsfaktoren einer erfolgreichen Portefeuillepolitik sind für beide Institutionen prinzipiell gleichgeartet. Man sollte deshalb nicht ausschließen, daß eine Investmentgesellschaft neben einem Wertpapierfonds mit börsennotierten Titeln - streng getrennt und nach außen eindeutig gekennzeichnet - einen Fonds mit Beteiligungen an nicht emissionsfähigen Unternehmen auflegt. Auch eine Mischung eines derartigen Fonds mit börsennotierten Titeln sollte man aus Gründen der Risikenstreuung und größeren Fondsliquidität und Flexibilität nicht unterbinden.

An dieser Stelle kann auf die Einzelheiten des Gesetzentwurfes über die Kapitalbeteiligungsgesellschaften nicht eingegangen werden (3). Durch den Gesetzentwurf soll die Gründung von Kapitalbeteiligungsgesellschaften nicht behindert werden. Er erläßt deshalb nur für solche Kapitalbeteiligungsgesellschaften Auflagen, die sich an ein breites Anlegerpublikum wenden wollen. Dabei muß gegenüber der Investmentregelung insbesondere das Problem der erschwerten Bewertung nicht börsennotierter Einzelanlagen des Fondsvermögens gelöst werden. Hierzu wird mit den "Beteiligungszertifikaten" und "Beteiligungsparten" die Ausgabe zwei verschieden gearteter Anteilstypen vorge-

---

1) Vgl. auch Feldbausch, F. K., Kapitalbeteiligungsgesellschaft (1971), S. 40 ff.

2) Vgl. Gerke, W., Kapitalbeteiligungsgesellschaften (1974), Gerke, W., Wagnisfinanzierungs-GmbH, (ZfgK 1975), S. 761 ff., Gerke, W., Kapitalmarktzutritt (1976), S. 115 ff.

3) Als Kurzdarstellung vgl. Gerke, W., Erwerbswirtschaftliche, (Blätter für Genossenschaftswesen 1973),S. 17 ff., Gerke, W., Beteiligungszertifikate, (Blätter für Genossenschaftswesen 1973), S. 33 ff. und S. 45 ff.

sehen. Die Beteiligungszertifikate sind stark an die Bestimmungen des Investmentgesetzes angelehnt. Die Beteiligungsparten sollen als Genußscheine des Fondsvermögens an der Börse notiert werden, um so die Kapitalbeteiligungsgesellschaften im Fall verstärkter Rückgabewünsche der Anleger vor Liquiditätsschwierigkeiten zu schützen und dennoch den Genußscheininhabern fungible Titel zu gewährleisten.

II. Die Einbeziehung der Kapitalbeteiligungsgesellschaften in die Maßnahmen zur Förderung der Vermögensbildung

Die Akzeptanzprobleme der Kapitalbeteiligungsgesellschaften lassen sich nicht auf einen Mangel an Risikokapital am deutschen Kapitalmarkt zurückführen. Anlagebereites Kapital ist ausreichend vorhanden. Es wandert häufig nur in die "falschen" Kanäle. So investieren deutsche Anleger ihr Risikokapital bisher bevorzugt in amerikanischen Projekten oder in steuerlich begünstigten, jedoch bonitätsmäßig zweifelhaften Abschreibungsobjekten.

Die Kapitalbeteiligungsgesellschaften könnten aufgrund ihrer externen Kontrolle und umfangreichen Risikostreuung wesentlich geeignetere Risikokapitalanlagen anbieten als zahlreiche Abschreibungsgesellschaften. Sie würden damit einen wesentlichen Beitrag zur Finanzierung mittelständischer Unternehmen leisten und zugleich für eine breiter gestreute Beteiligung der Anleger am Produktivvermögen sorgen.

Der Gesetzgeber sollte diese erwünschten Spar- und Finanzierungseffekte in seinen Initiativen zur Förderung der breiten Vermögensbildung berücksichtigen und die Genußscheine (Beteiligungsparten) der Kapitalbeteiligungsgesellschaften in den Förderkatalog aufnehmen. Dabei ist bei der geplanten Aufstockung des Fördervolumens von 624,- auf 936,- DM einer risikoorientierten Abstufung der Förderung in drei Förderklassen gegenüber speziellen und dirigistischen Anlagevorschriften für den 312,- DM Differenzbetrag zwischen altem und neuem Fördervolumen der Vorzug zu geben (1). Die Genußscheine von Kapitalbeteiligungsgesellschaften sollten als Risikokapital in die höchste Förderstufe aufgenommen werden. Dem Anleger könnte man jedoch aufgrund der steuernden Wirkung der verschiedenen Fördersätze im Rahmen der 936-DM-Grenze volle Anlagefreiheit zugestehen.

Die nur stockende Fortentwicklung der Kapitalbeteiligungsgesellschaften in den letzten 10 Jahren hat gezeigt, daß die Risikokapitalbereitstellung für nicht-emissionsfähige Unternehmen ohne zusätzliche Maßnahmen des Gesetzgebers keine wesentliche Belebung erfährt.

Generell bleibt die unbefriedigende Eigenkapitalausstattung der deutschen Unternehmen ein gesellschaftspolitisches Problem. Angesichts eines bevorzugt in Geldmarkttiteln angelegten Vermögens der Haushalte ist es empfehlenswert, Maßnahmen zur Förderung der Beteiligung von Arbeitnehmern am Produktivvermögen zu ergreifen (2). Mittelständische Unternehmen, die eine Kapitalbeteiligungsgesellschaft als Gesellschafter aufnehmen, sollten die Möglichkeit erhalten, ihren Arbeitnehmern begünstigte Genußscheine dieser Kapitalbeteiligungsgesellschaft anzubieten. Dabei sind zentralisierte Beteiligungsfonds aus wettbewerbspolitischen Gründen abzulehnen.

III. Börseneinführung über Kapitalbeteiligungsgesellschaften

Abschließend soll kurz auf eine wichtige weitere Aufgabenstellung verwiesen werden, die die Kapitalbeteiligungsgesellschaften übernehmen könnten, und deren Wahrnehmung zugleich die Bewertungsproblematik verringern würde. So könnten die Kapitalbeteiligungsgesellschaften verstärkt ihre Beteiligungsunternehmen auf eine Börseneinführung vorbereiten. Eine Veräußerung der von den Kapitalbeteiligungsgesellschaften gehaltenen Unternehmensanteilen würde das Bewertungsproblem am elegantesten lösen und außerdem den betroffenen Unterneh-

---

1) Vgl. auch Pieroth, E., Vermögensbildung, (Sparkasse 1983), S. 179 ff.

2) Vgl. Fritsch, U., Mehr Unternehmen (1978), S. 63.

men neue Refinanzierungsmöglichkeiten eröffnen.

Wie bereits dargelegt, leidet aber auch die Börse unter Akzeptanzproblemen (1). Dies muß jedoch nicht so bleiben, zumal die Börsensachverständigenkommission mit ihren Vorschlägen zum Abbau der Börsenzutrittshemmnisse geeignete Wege zur Akzeptanzverbesserung aufgezeigt hat. Daß auf dem Bayreuther Symposium zur Lage der Mittelstandsfinanzierung in Deutschland die Akzeptanz der Kapitalbeteiligungsgesellschaften und der Börse gleichermaßen auf dem Programm stand, stellt sicherlich ein geplantes Vorgehen dar. Der hier diskutierte doppelte "Gordische Akzeptanzknoten" sollte endlich von Politik und Praxis gemeinsam zerschlagen werden.

---

1) Vgl. Christians, F. W., Familienunternehmen, (DBW 1983), S. 177 ff.

LITERATURVERZEICHNIS

Büschgen, H. E., (Beteiligungsfinanzierung): Die Beteiligungsfinanzierung in der betriebswirtschaftlichen Theorie, in: Juncker, K./Schlegelmilch, K. (Hrsg.), Die Kapitalbeteiligungsgesellschaft in Theorie und Praxis, Frankfurt 1976, S. 49 - 71.

Christians, F. W., (Mittelständische Unternehmen): Finanzielle Probleme mittelständischer Unternehmen, in: Juncker, K./Schlegelmilch, K. (Hrsg.), Die Kapitalbeteiligungsgesellschaft in Theorie und Praxis, Frankfurt 1976, S. 93 - 102.

Christians, F. W., (Familienunternehmen): Die Heranführung von Familienunternehmen an die Börse - Vorbereitende Analysen einer Universalbank, DBW 1983, S. 177 - 182.

Feldbausch, F. K., (Kapitalbeteiligungsgesellschaft): Die Kapitalbeteiligungsgesellschaft, Frankfurt/M. 1971.

Fritsch, K., (Mehr Unternehmen): Mehr Unternehmen an die Börse: Bedeutung und Möglichkeiten der Publikums-Aktiengesellschaft, Köln 1978.

Gerke, W., (Erwerbswirtschaftliche): Erwerbswirtschaftliche Kapitalbeteiligungsgesellschaften - Ein Konzept mit Zukunft, Blätter für Genossenschaftswesen 1973, S. 17 - 24.

Gerke, W., (Beteiligungszertifikate): Beteiligungszertifikate und Beteiligungsparten - zwei neue Anlage- und Finanzierungsinstrumente, Blätter für Genossenschaftswesen 1973, S. 33 - 40 u. 45 - 52.

Gerke, W., (Kapitalbeteiligungsgesellschaften): Kapitalbeteiligungsgesellschaften - Ihre Problematik und ihre gesetzliche Regelung, Frankfurt/M. - Zürich 1974.

Gerke, W., (Wagnisfinanzierungs-GmbH): Was kann die Wagnisfinanzierungs-GmbH leisten? ZfgK 1975, S. 761 - 764.

Gerke, W., (Kapitalmarktzutritt): Der Kapitalmarktzutritt nicht emissionsfähiger Unternehmen, in: Juncker, K./ Schlegelmilch, K. (Hrsg.), Die Kapitalbeteiligungsgesellschaft in Theorie und Praxis, Frankfurt 1976, S. 115 - 139.

Hahn, O., (Eigenfinanzierungs-Problematik): Heinrich Rittershausen und die Eigenfinanzierungsproblematik des Mittelstandes, ZfB 1978, S. 1081 - 1086.

Hamke, F., (Anlagekapital): Privates Anlagekapital für die staatliche Forschungspolitik, Göttingen 1976.

Hax, K., (Kapitalbeteiligungsgesellschaften): Kapitalbeteiligungsgesellschaften zur Finanzierung kleiner und mittlerer Unternehmungen, Köln u. Opladen 1969.

Huber, L., (Mittelständische Unternehmen): Sind mittelständische Unternehmen unzureichend finanziert? Blick durch die Wirtschaft v. 21.06.1982, S. 3.

Juncker, K., (Kapitalbeteiligungen): Die Vermittlung von Kapitalbeteiligungen - eine komplementäre Bankdienstleistung, in: Juncker, K./Schlegelmilch, K. (Hrsg.), Die Kapitalbeteiligungsgesellschaft in Theorie und Praxis, Frankfurt 1976, S. 93 - 102.

Kahlich, W., (Beteiligungsfinanzierung): Die Beteiligungsfinanzierung über Kapitalbeteiligungsgesellschaften, Bad Wörishofen 1971.

Körner, G., (Kapitalbeteiligungsgesellschaften): Zehn Jahre Kapitalbeteiligungsgesellschaften der Sparkassenorganisation, Sparkasse 1980, S. 282 - 284.

Krahnen, H.-J., (Eigenkapitalversorgung): Die Verbesserung der Eigenkapitalversorgung mittelständischer Unternehmen, ZfB 1978, S. 1086 - 1090.

Kröger, U., (Eigenkapitalproblem): Lösen Kapitalbeteiligungsgesellschaften das Eigenkapitalproblem? ZfgK 1982, S. 264 - 268.

Monopolkommission, (Hauptgutachten 1973/75): Mehr Wettbewerb ist möglich, Baden-Baden 1976.

Pieroth, E., (Vermögensbildung): Neue Wege der Vermögensbildung, Sparkasse 1983, S. 179 - 180.

Sachverständigenrat, (Jahresgutachten 1982/83): Sachverständigenrat zur Begutachtung der gesamtwirtschaftlichen Entwicklung, Gegen Pessimismus. Jahresgutachten 1982/83, Stuttgart u. Mainz 1982.

Karl-Heinz Fanselow

Zu Innovationen gehört Eigenkapital
- Wie sich die WFG an mittelständischen Unternehmen beteiligt -

A. Zur Geschäftsentwicklung der WFG

B. Zur Portfolio-Politik der WFG

C. Zu den Problemen beim Beteiligungshandel

A. Zur Geschäftsentwicklung der WFG

Die Deutsche Wagnisfinanzierungs-Gesellschaft (WFG), Frankfurt, wurde vor 8 Jahren von 28 Kreditinstituten gegründet. Sie hat heute 50 Mio. DM Eigenkapital, von dem 30 Mio. DM angelegt sind. Sie ist eine Kapitalbeteiligungsgesellschaft wie andere Kapitalbeteiligungsgesellschaften der deutschen Banken auch. Sie wurde gegründet, um ein ganz spezielles Marktsegment mit Risikokapital, also mit Eigenkapital, zu versorgen. Ich meine folgendes Marktsegment: Mittelständische Unternehmen benötigen Eigenkapital, wenn sie die Entwicklung technischer Innovationen abgeschlossen haben und diese Innovationen in den Markt einbringen wollen. Die WFG begrenzt sich also eindeutig auf ein ganz schmales Stück des Kapitalmarktes.

Unsere Geschäftsentwicklung teilen wir in zwei Phasen.
Phase 1: Start. Ein Angebot wurde herausgelegt, es wurde Marketing betrieben, und es wurde investiert bis zum Jahr 1979/80. Das Angebot umfaßte drei ganz wesentliche Teile, die Sie kennen sollten, damit Sie nachher auch die Veränderung in unserer Geschäftsentwicklung verstehen. Wir beteiligten uns früher immer auf eine relativ kurze Zeit, immer als Minderheitsgesellschafter. Wir gaben immer wirkliches Risikokapital und banden unsere Entscheidungen an das Vorhandensein einer wirklichen technischen Innovation, was wir freilich auch heute noch tun. Ein weiterer Aspekt unseres Angebotes war, daß der Mehrheitsgesellschafter immer nach Vertragsablauf, nach fünf Jahren zum Beispiel, eine Option zum Rückkauf unserer Anteile hatte. Selten haben wir uns in der Anfangsphase mehr als fünf Jahre beteiligt. Der Wert der Anteile wurde danach errechnet, indem man den Wert des Unternehmens zum Zeitpunkt unseres Ausscheidens ermittelte. Über diese Bewertung wurden Vereinbarungen getroffen. Im wesentlichen wurde von der Ertragswertmethode ausgegangen.

Unsere ersten Geschäftsjahre waren eine Lernphase: Als ich Ende 1979 Geschäftsführer der WFG wurde, ließ ich die Situation des Unternehmens analysieren. Die erste Erkenntnis war: Die Meinung, daß eine technologische

Innovation an sich schon einen Markterfolg in sich birgt, mußte revidiert werden.

Zu einer Technologie gehören immer auch gute Marktkonzepte. Zum anderen mußten wir unser Beteiligungskonzept überdenken, denn der Markt erforderte ein anderes Vorgehen. Die Beteiligungsdauer mußte verlängert werden, und es durfte kein Termin für die Abgabe unseres Anteils von vornherein festgelegt sein. Wir mußten unser Angebot flexibler gestalten. Aber auch andere Dinge aus der ersten Phase unserer Portfolio-Politik mußten überdacht werden. So waren früher 60 % unserer Engagements Neugründungen. Es ist verständlich, daß bei einer hohen Ausfallquote, die eine Neugründung immer in sich birgt, die Risiken für uns so überproportional groß waren, daß ein gewisser Ausgleich mit risikoärmeren Engagements in unserem Portfolio nicht stattfand.

Deshalb haben wir unser Angebot überdacht. Seitdem machen wir keine starren Angebote mehr, sondern bieten eine flexible Eigenkapitalfinanzierung. Wir diskutieren mit den Unternehmern und rechnen aus, was wohl an wirklichem Eigenkapital nötig wäre. Wir geben das in den Formen, zu den Methoden, die dem Unternehmen adäquat sind und die der Unternehmer wünscht. Wir meinen, daß wir auch damit gewisse Akzeptanzprobleme abbauen. Natürlich bieten wir echtes Risikokapital an. Wir machen keine Laufzeitbegrenzung unserer Beteiligung mehr, weil wir so ein solches Risikokapitalgeschäft - ich möchte hier auch gerne den Ausdruck Venture Capital wählen, denn das, was wir tun, nähert sich dieser Vorgehensweise sehr an - auch tragen können. Keine Laufzeitbegrenzung heißt, daß wir nicht mehr sagen, wir sind nur Beteiligte für Jahre und dann muß dieses oder jenes geschehen. Das wollen wir aus verschiedenen Gründen nicht: Einmal aus Eigeninteresse, weil sonst ein solcher Fonds nie funktionieren würde, aber auch aus einem anderen Grund: Wir haben festgestellt, daß damit sofort ein anderes Akzeptanzproblem auftrat. Eigenkapital sollte wirklich etwas von Dauer sein, besonders mittelständische Unternehmer sind sehr daran interessiert, mindestens die Laufzeit vorher nicht zu bestimmen. Es ist aber natürlich klar, daß wir unseren Anteil irgendwann veräußern wollen. Für diesen

Fall hat der Mehrheitsgesellschafter, also meist der Unternehmer selbst, immer ein Vorkaufsrecht. Aber wann wir verkaufen und ob wir das tun und an wen das geschieht, ist erst einmal völlig offen. Und dies hat überraschenderweise dazu geführt, daß wir eher mehr Partner bekommen, nicht weniger. Wir haben keine Kündigungsmöglichkeiten durch den Partner. Ich halte das auch für absolut unangebracht. Man kann einen solchen Fonds nicht von der Aufwands- und Ertragsseite steuern. Es geht nicht an, daß sich die besonders erfolgreichen Unternehmer zu einem Zeitpunkt, der ihnen am günstigsten erscheint, selbst herauskündigen könnten.

Nach unserem neuen Konzept betreiben wir seit 1981 dieses Geschäft etwas mehr aus unternehmerischer Sicht. Alle 10 Mitarbeiter der WFG waren nicht in einer Bank beschäftigt, vielmehr haben alle Industrieerfahrung. Wir betrachten also das Investment in eine industrielle Beteiligung aus industrieller Sicht. Das heißt, wir gehen heran und fragen, was hat das Unternehmen bisher gemacht, was hat es für eine Organisation, was hat es für ein Management. Dann versuchen wir, Chancen und Risiken abzuwägen, um dann Entscheidungen zu treffen. Hinsichtlich der Innovation ist es so, daß die künftigen Marktchancen einer Innovation eindeutig für die Beurteilung des Engagements im Vordergrund stehen, nicht das technische Gutachten an sich. Es kann sehr wohl sein, daß die sehr große oder hohe Innovation - oder Innovationstiefe, wie man sagt - technisch unwahrscheinlich interessant ist aber u. U. zu früh oder zu spät kommt oder die Ressourcen nicht da sind für die Durchsetzung. Im übrigen besteht die Durchsetzung von Innovationen aus der Aneinanderreihung von kleinen und kleinsten Schritten. Innovationen entwickeln sich langsam schrittweise weiter. Das ist die Realität in der Wirtschaft. Es wird nur alle Jahrhunderte eine große, riesige Innovation durchgeführt.

B. Zur Portfolio-Politik der WFG

Man kann in einem Beteiligungsfonds nur einen gewissen Prozentsatz von Neugründungen haben. Nur eine gute Mischung verteilt das Risiko. Wir tun das heute. Wir haben

30 Beteiligungen, darunter jeweils ein Drittel Neugründungen, dann junge Unternehmen, die Wachstum vor sich haben (mit etwa 1 - 10 Mio. Umsatz), aber auch bereits länger bestehende Unternehmen (Umsatz bis 150 Mio. DM). Wir haben mit dieser Veränderung erreicht, daß wir von 1981 bis jetzt 14 neue Beteiligungen gemacht haben. Der Schwerpunkt liegt bei den Branchen Meß- und Regeltechnik, Maschinenbau sowie Mikroelektronik. 80 % sind offene Beteiligungen (GmbH usw.), 20 % sind Mischformen zwischen offenen und stillen Beteiligungen (also GmbH oder KG + "still"). Diese Mischform halten wir für sehr interessant. Wir wählen sie sehr oft, weil die Vorteile beider Seiten in Einklang gebracht werden können. Bei diesem Portfolio ist es uns immerhin in den letzten zwei Jahren gelungen, unsere Beteiligungserträge nachhaltig zu steigern. Wir werden in den nächsten Jahren in der Lage sein, einen großen Teil unserer laufenden Aufwendungen aus diesen Erträgen zu decken. Und ich meine, wenn diese Dinge in etwa so weiterlaufen, ist der Zeitpunkt nicht mehr fern, an dem wir über den Break Even sind. Etwas, was man mit Sicherheit vor einigen Jahren nicht erwartet hat.

Wenn ich noch zusammenfassen darf: Woran liegt es, daß wir jetzt den Erfolg haben? Wir haben einen großen Teil der Akzeptanzprobleme durch unser flexibles Angebot gelöst. Dazu kommt noch ein ganz wesentlicher Faktor:

Wir betreiben Marketing an der Seite und über die Banken. Von den Banken werden inzwischen 60 % der Unternehmen vermittelt, die mit uns zusammenarbeiten wollen. Das war früher nicht der Fall.

In die Geschäftsführung unserer Beteiligungsunternehmen mischen wir uns nicht ein. Wir sind lediglich bei der strategischen Planung der Unternehmen, bei der Jahresplanung dabei. Das ist natürlich auch unser Wunsch. Die Partnerschaft, die sich dabei entwickelt, ist etwas, was bisher außerordentlich gut angekommen ist, auch etwas, was gerade von mittelständischen Unternehmern, die im Technologiebereich tätig sind, gerne akzeptiert wird.

C. Zu den Problemen beim Beteiligungshandel

Ich würde gerne noch einige Bemerkungen über die Anlage und den Bedarf an Risikokapital anfügen. Es ist von Milliarden Mark die Rede, die nach Anlagemöglichkeiten suchen. Und wenn einige von diesen Gedanken und Methoden in die Realität umgesetzt würden, dann bekämen ja auch die Kapitalbeteiligungsgesellschaften noch mehr Geld. Ich wäre aber außerordentlich skeptisch, ob es überhaupt gelingt, in kurzer Zeit, nehmen wir mal an einen Betrag von 500 Mio. DM, nur so anzulegen, daß man auch am Markt erfolgreich bestehen kann. Aus unserer Sicht bestehen vier große Hemmnisse für dieses Geschäft, also für die Anlage großer Summen in Beteiligungen an mittelständischen Unternehmen:

Erstens glauben wir, daß die häufig mangelnde Rentabilität im mittelständischen Bereich der Haupthinderungsgrund ist, in diesen Bereich zu investieren. Denn sie können von einem Investor nicht verlangen, daß er auf Renditen verzichtet. Sie können von diesem Eigenkapital ja nicht verlangen, daß irgendwelche Gratisfunktionen oder Hilfsfunktionen - oder was auch immer - ausgeübt werden, die vielleicht politisch gelöst werden müßten. Ich glaube, daß hier ein ganz wesentliches Hemmnis liegt.
Zum zweiten: Wir halten nach wie vor die Hemmschwellen bei verschiedenen Unternehmern für außerordentlich hoch, einen Partner zu akzeptieren, obwohl wir ja feststellen, daß sich dies bessert. Ich halte das auch für ein Generationsproblem, aber auch für ein Problem, das sogar branchenbezogen ist: Wenn Sie z. B. einen Bereich wie Mikroelektronik nehmen, wo man gewöhnt ist, partnerschaftlich zu denken, dann stellt sich dieses Problem zum Beispiel ganz anders dar.
Drittens sehen wir in einigen mittelständischen Unternehmen ein Fehlen des marktbezogenen Denkens und Handelns auch im Sinne der Unternehmensplanung. Dies ist außerordentlich schädlich und ein Hindernis für industriell denkende Partner, sich zu beteiligen. Man kann helfen, solche Pläne zu erstellen, letztendlich kann man sie aber nicht allein machen und womöglich auch noch allein durchführen, das übersteigt die Rolle des Investors.

Als vierten Punkt möchte ich sagen: Wir treffen sehr oft, wie wir sagen, auf einseitige Managementqualitäten gerade in mittleren Unternehmen. Hierbei wird dem Finanzbereich oft nicht die Beachtung geschenkt, die absolut notwendig ist, wenn man mit Partnern auf der Eigenkapitalseite arbeiten will. Zu diesen Aussagen darf ich Ihnen einige Zahlen nennen: Wir haben jährlich ungefähr 170 Anfragen. Davon scheiden relativ schnell schon 100 aus. Warum? 20 davon sind sanierungsreif, kommen also zu spät. Man muß beim mittelständischen Unternehmer das Gefühl dafür wecken, daß er dann, wenn es ihm geschäftlich am besten geht, kommen sollte und nicht, wenn es schon unaufhaltsam bergab geht. Bei den restlichen 80 stellen wir schon auf den ersten Blick fest, daß entweder ein Marktkonzept fehlt oder daß die Innovation aus unserer Sicht nicht die Marktchance hat, die der Unternehmer erwartet. Verbleiben von den jährlichen Anfragen noch 70. Und von diesen machen wir 7 Beteiligungen. Das ist etwa so der Durchschnittswert, im letzten Jahr waren es schon mehr. Im letzten Jahr haben wir aus den 70 zum ersten Mal 14 machen können. Das zeigt die Qualität der Produkte.

Die immerhin hohe Ausfallrate kommt dadurch zustande, daß Recherchen ergeben, daß in den meisten Fällen die Marktchancen immer noch nicht ergiebig genug sind. Bei 10 von 70 ergibt sich, daß die Rentabilität schon in dieser Phase nicht als ausreichend angesehen wird, und bei 10 kommt wiederum heraus, daß die unternehmerischen Fähigkeiten von uns als etwas einseitig angesehen werden. Wenn Sie sehen, daß wir dieses seit ungefähr 7 Jahren betreiben, über 1000 Unternehmen gesehen haben (ungefähr 20 % Unternehmensgründer), dann glauben wir, daß wir daraus doch die Annahmen und Aussagen treffen können, die ich gemacht habe.

Wir sind heute an einem Punkt angelangt, daß wir unseren Gesellschaftern sagen können: Wenn man es auf diese Weise macht, dann ist damit der Beweis erbracht, daß bei richtigem Management und richtiger Auswahl durchaus ein Risikokapitalgeschäft im Sinne des Revolving - eine gewisse Summe wird zur Verfügung gestellt und geht wieder zurück - zum Laufen zu bringen ist. Diese Frage war zu beantworten. Unsere Gesellschafter werden, wenn sie dies sehen und hören, auch sicherlich weiter mit uns daran arbeiten, wie die Eigenkapitalversorgung des Mittelstandes weiter entwickelt werden kann.

Dr. Klaus Nathusius

Das Venture Capital - Eine Variante der Unternehmensfinanzierung

A. Venture Capital - ein Schlagwort?

B. Definition und Abgrenzung

I. Ausprägungen des Venture Capital

1. "Seed-Capital"
2. Gründungsfinanzierung
3. Wachstumsfinanzierung junger Unternehmen
4. "Management-Buy-outs" und "Turn-arounds"
5. Brücken-Finanzierung

II. Lebenszyklusbetrachtung

III. Wesentliche Merkmale des Venture Capital

C. Venture Capital-Zyklus

D. Venture Capital-Ansätze

I. Direkte Beteiligungen

II. Indirekte Beteiligungen

1. Fonds-orientierte Ansätze
2. Projekt-orientierte Ansätze

E. Stand der Venture Capital-Finanzierung

I. USA

II. Europa

III. Deutschland

F. Chancen der Zukunft

A. Venture Capital - ein Schlagwort?

Die Tatsache, daß sich ein betriebswirtschaftliches Symposium im März 1983 im Rahmen der übergeordneten Fragestellung nach der Lage der Mittelstandsfinanzierung in Deutschland auch mit dem Thema Venture Capital beschäftigt, verdient grundsätzliche Beachtung. Das Thema Venture Capital sowie auch die umfassendere Fragestellung nach der Innovationsfinanzierung im deutschen Mittelstand waren für die Betriebswirtschaftslehre über die letzten Jahrzehnte hinweg ein weißer Fleck in der Forschungslandschaft. Das Seminar für Allgemeine Betriebswirtschaftslehre und Betriebswirtschaftliche Planung der Universität zu Köln hat als einzige Instanz der deutschen betriebswirtschaftlichen Forschung seit Mitte der 70er Jahre auch im Thema Venture Capital und Venture Management gearbeitet. Es ist zu begrüßen, daß nunmehr offensichtlich eine Öffnung der Universitäten für diese Fragestellung erfolgt.

Das Thema "Venture Capital" ist aber nicht nur von der Wissenschaft, sondern seit etwa einem Jahr auch von der Bankenwelt und von der politischen Landschaft wieder entdeckt worden. Dabei sollten alle Beteiligten sehen, daß es sich hier nicht um einen Akt der erstmaligen Entdeckung einer Finanzierungsmöglichkeit handelt, sondern daß es vielmehr ein Prozeß des Wiederauffindens und Neuerkennens ist. Der hinter dem Begriff Venture Capital stehende Grundgedanke ist uralt und kann zum Beispiel in der deutschen Gründerzeit vor etwa 100 Jahren nachgewiesen werden.

Neu ist allerdings der Begriff des Venture Capital, für den es eine geeignete Übersetzung im deutschsprachigen Raum nicht gibt. Während der Gründerzeit betrachtete man diese Form des Investments in junge Unternehmen mit einem durchaus negativen Grundton als "Spekulantentum", da hier Investoren darauf spekulierten, daß sich ihre eingesetzten Mittel durch das Wachstum der finanzierten Industriebetriebe innerhalb kurzer Zeit um ein Vielfaches vermehren. Die in Deutschland heute benutzten Begriffe des "Risikokapitals" oder aber auch des "Wagniskapitals" sind nicht geeignet, das hinter dieser Finanzierungsform stehende Phänomen hinreichend zu beschreiben. Sie stellen zu sehr auf den negativen Aspekt des Risikos ab, ohne die in dieser Form der Finanzierung im Vordergrund stehenden Chancen zu berücksichtigen.

Der Begriff des Venture Capital wird benutzt, da sich das wesentliche Charakteristikum dieser Form der Finanzierung nicht in dem Risiko eines Investments, sondern in der Chance darlegt. Hier ist die Chance gemeint, die sich dem Unternehmer eines mit Venture Capital finanzierten Unternehmens bietet, die er ohne diese Form der Eigenkapitalfinanzierung nicht wahrnehmen könnte. Zweitens ist aber auch die Chance gemeint, die sich für den Finanzierer anbietet, der im übrigen durch kluges Vorgehen eine weitgehende Risikostreuung erreichen kann und damit die in jeder Eigenkapitalfinanzierung junger Unternehmen wohnenden Risiken weitgehend abbauen kann.

Die zunehmende Benutzung des Begriffes Venture Capital in Deutschland zeigt, daß auch in diesem Punkt ein Umdenkungsprozeß stattfindet. Es ist wohl nicht unbescheiden, darauf hinzuweisen, daß die Aktivitäten der GENES Gründungsberatung und Managementservice GmbH während der letzten Jahre wesentlich dazu beigetragen haben, daß sich der Begriff des Venture Capital in Deutschland mittlerweile einbürgert.

B. Definition und Abgrenzung

Venture Capital sind Mittel zur Finanzierung junger, schnellwachsender Unternehmen im frühen Entwicklungsstadium sowie auch Mittel zur Finanzierung von etablierten, kleinen bis mittleren Unternehmen an wesentlichen Stufen einer Neuorientierung ihrer Unternehmensentwicklung (z. B. Managementwechsel, Diversifikation, "Turnaround-Situation"). Es geht beim Venture Capital um die Bereitstellung von Beteiligungskapital oder beteiligungsähnlichen Finanzierungsmitteln für Unternehmen, die sich in einer Phase geringer Erträge bei gleichzeitig erkennbarem großem Entwicklungspotential befinden.

I. Ausprägungen des Venture Capital

Grundsätzlich können die folgenden Formen des Venture Capital unterschieden werden, die sich aus dem jeweiligen Stand des finanzierenden Unternehmens in seinem Entwicklungszyklus ergeben:

1. "Seed-Capital"

Die genaue Übersetzung dieses aus den USA entlehnten Begriffes ist "Samenkapital". Es handelt sich hier um Finanzierungsmittel, die einem Unternehmen gegeben werden, das sich in dem sehr frühen Stadium der Produktentwicklung befindet. Hier wird im wesentlichen Forschung und Entwicklung finanziert. Dieses frühe Stadium bietet das höchste Risiko, aber dementsprechend auch die größten Chancen für den Venture Capital-Investor. Der Eintrittspreis ist im Normalfall gering, die Möglichkeit, das eingesetzte Kapital zu verlieren, ist aber dementsprechend auch groß. Da aber das Gesamtvolumen einer solchen Finanzierung im Vergleich mit den späteren Finanzierungsstufen noch relativ gering ist, kann davon ausgegangen werden, daß das "Downside-Risk" (das Risiko, das gesamte Investment zu verlieren) für die Gesamtentwicklung eines Venture Capital-Fonds bei angemessener Risikostreuung im Fonds Portfolio nur gering anzusetzen ist.

2. Gründungsfinanzierung

Hier handelt es sich um die Beteiligung an einem Unternehmen, das über ein marktreifes Produkt oder Leistungsprogramm verfügt und nun Finanzmittel braucht, um die Unternehmenskonzeption auch am Markt durchzusetzen. Fälschlich wird vielfach nur dieser Fall der Finanzierung junger Unternehmen als Venture Capital bezeichnet. Es ist sicherlich ein klassischer Fall dieser Finanzierungsform; allerdings treten im Normalfall Nachfinanzierungsstufen hinzu. Im Vergleich zur Seed-Capital-Phase sind bei Gründungsfinanzierungen die Risiken schon geringer, da eine Abschätzung des Marktpotentials der technologischen Entwicklung und der Konkurrenzreaktionen besser möglich ist als bei der reinen Entwicklungsfinanzierung, allerdings wird der Einstandspreis für den Venture Capital-Geber auch schon höher sein.

3. Wachstumsfinanzierung junger Unternehmen

Diese Ausprägung des Venture Capital betrifft Folgefinanzierungsrunden nach der Gründungsfinanzierung, die häufig dadurch bedingt sind, daß für die Markteinführung und Marktdurchdringung mehr Finanzmittel als ursprünglich geplant notwendig sind oder auch, daß Weiterentwicklungen des vorhandenen Programms eine neue Phase der Produktdefinition und Produktentwicklung notwendig machen. Andere Anlässe für Folgefinanzierungsrunden können auch Internationalisierungsstrategien, Aufbau eigener Vertriebssysteme und verstärkte Marketing-Anstrengungen sein. Nicht zuletzt sind aber auch strategische Maßnahmen der Marktpositionierung des Unternehmens und der Arrondierung der eigenen Tätigkeitsbereiche, z. B. durch Akquisition von anderen Unternehmen oder durch Gründung von Joint Ventures mit kooperierenden Unternehmen als Finanzierungsanlässe denkbar.

4. "Management-Buy-outs" und "Turn-arounds"

Hier handelt es sich um etablierte kleine bis mittlere Unternehmen, die an wesentlichen Punkten ihrer Unternehmensentwicklung stehen und neue Entwicklungspfade mit rapidem Wachstum in der Zukunft beschreiten wollen. Im Fall des Management-Buy-outs werden Unternehmen bzw. Betriebsteile durch Management-Teams übernommen, die sich damit unternehmerisch verselbständigen. Turn-arounds sind Fälle, bei denen Unternehmen, die sich bisher in etablierten Märkten betätigt haben, - häufig gleichzeitig mit einer Ergänzung des Management-Teams - auf neue Märkte hin orientieren und dabei das in ihnen ruhende Synergiepotential nutzen wollen.

5. Brücken-Finanzierung

Der vom US-amerikanischen Begriff des "Bridge-Financing" abgeleitete Begriff der Brücken-Finanzierung spricht diejenigen Fälle an, in denen Unternehmen kurz vor der Börseneinführung stehen und einen Zeitraum von etwa einem halben bis zu eineinhalb Jahren durch Zuführung von Eigenkapital überbrücken wollen. Je aktiver die Börsensituation für junge, mittelständische Unternehmen in Deutschland wird, um so mehr werden sich auch die Chancen für Brückenfinanzierungen mehren.

II. Lebenszyklusbetrachtung

Die vorangehend dargestellten Ausprägungen des Venture Capital orientieren sich an den verschiedenen Stufen des Lebenszyklus eines Ein-Produkt-Unternehmens, wie es ideal-typisch in den Theorien der Unternehmensentwicklung benutzt wird. Zunehmend bürgert sich in diesem Sinne auch der Begriff der "innovationsphasengerechten" Finanzierung ein. Es stellt sich dabei die Frage nach der optimalen Finanzierungsstruktur in Abhängigkeit von der vom Unternehmen jeweils erreichten Phase im Innovationsgeschehen.

Die sehr frühen Phasen verlangen eine weitestgehende Finanzierung mit Eigenkapital, das im Einzelfall durchaus auch durch öffentliche Förderzuschüsse ergänzt werden kann. In diesen frühen Phasen öffentliche Kreditprogramme zur Verfügung zu stellen, erscheint aus betriebswirtschaftlicher Sicht unsinnig. Ein Unternehmen, das keine Erträge erwirtschaftet, da es zunächst noch in der Produktentwicklungsphase und der Phase der Vorbereitung eines Markteintritts befindlich ist, kann einen üblichen Kredit weder angemessen besichern, noch angemessen mit Zins- und Tilgungsleistungen bedienen. Bei einigen öffentlichen Förderprogrammen hat man dementsprechend das Gefühl, daß einerseits Fremdfinanzierungsmittel gegeben werden, die aber andererseits wieder dazu dienen, um die gegebenen Kredite kapitaldienstmäßig zu befriedigen. Daraus läßt sich die Forderung ableiten, daß, je früher der Entwicklungsstand eines Unternehmens ist, um so geringer die Fremdfinanzierungsmittel im Unternehmen sein sollten.

Das Eigenkapital hat besonders in den embryonalen und Geburtsphasen eines Unternehmens die sehr wesentliche

Funktion eines Puffers gegenüber unvorhergesehenen Entwicklungen und Verzögerungen. Deshalb bietet sich hier das Venture Capital besonders als optimale Finanzierungslösung an.

In späteren Finanzierungsphasen geht es dann nicht um ein entweder/oder zwischen Eigenkapitalfinanzierung und Fremdkapitalfinanzierung, sondern um einen optimalen Mix der beiden Finanzierungsformen.

III. Wesentliche Merkmale des Venture Capital

Venture Capital ist die partnerschaftliche mitunternehmerische Beteiligung an Unternehmen mit großem Entwicklungspotential. Es ist nicht nur eine Finanzierungsform, sondern erfüllt auch Aufgaben der beratenden Betreuung der jeweiligen Beteiligungsunternehmen. Dies stellt Anforderungen an die Manager von Venture Capital-Gesellschaften. Sie müssen in der Lage sein, ein Unternehmen nicht nur optimal zu analysieren und zu einer richtigen Beteiligungsentscheidung zu kommen, sondern auch das jeweilige Unternehmerteam während der Zeitdauer der Beteiligung zu unterstützen. Diese Unterstützung sollte in keinem Fall die laufende Geschäftsführung betreffen, sondern sollte sich auf die längerfristigen strategischen Aspekte beziehen. Es geht demnach nicht darum, die Geschäftsführung eines Unternehmens in enger Kontrolle zu halten und eventuell sogar bestimmte Aufgaben der Geschäftsführung selbst zu übernehmen, sondern den Unternehmern zu helfen, den richtigen Weg zu den gesteckten Zielen in Verfolgung des gemeinsam erarbeiteten Entwicklungspfades zu finden.

Dementsprechend handelt es sich beim Venture Capital im Normalfall auch um Minderheitsbeteiligungen, über die die Motivation der selbständigen Unternehmer erhalten bleibt. Wesentlich ist, daß es sich aber auch um Beteiligungen auf Zeit handelt, da der Venture Capital-Geber seinen Gewinn aus dem Investment mit dem Zeitpunkt des Austritts aus dem Beteiligungsunternehmen realisiert. Dieser Austritt vollzieht sich ideal-typisch über den Gang an die Börse. Dabei wird deutlich, wie wesentlich für die Venture Capital-Szene eines Landes die Verfügbarkeit eines funktionierenden "Exit Mechanism" ist.

Für den Investor in Venture Capital-Gesellschaften ist es wesentlich, daß die Initiatoren einer Venture Capital-Gesellschaft ihre persönliche Motivation nicht aus einer kurzfristig realisierbaren Gewinnchance ziehen, sondern erst am Ende eines Engagements auch am Erfolg beteiligt werden. Im Gegensatz zu den Ansätzen der sogenannten Abschreibungsbranche sind die Initiatoren dementsprechend langfristig an die Management- und Betriebsgesellschaften gebunden und bieten damit für den Investor eine sehr gut wirksame Maßnahme der Risikominderung.

C. Venture Capital-Zyklus

Der Venture Capital-Zyklus vollzieht sich üblicherweise in fünf Phasen über einen Zeitraum von 8 - 12 Jahren hin. Die nachfolgende Beschreibung der verschiedenen Phasen betrachtet den Venture Capital-Prozeß aus der Sicht der Venture Capital-Gesellschaft, die in eine vorher definierte Anzahl von Beteiligungsunternehmen investiert. Die folgenden Phasen werden unterschieden:

- Phase 1: Kapitalakquisition
- Phase 2: Suche und Analyse von Beteiligungsobjekten
- Phase 3: Investment
- Phase 4: Betreuung
- Phase 5: Desinvestment

Die erste Phase der Kapitalakquisition läuft üblicherweise über einen Zeitraum von 9 bis 12 Monaten. Hier bemüht sich das Management der Venture Capital-Gesellschaft als Initiator, die für die vorgegebene Fonds-Größe benötigten Finanzmittel von institutionellen, industriellen und privaten Quellen zu sammeln. Wesentlich ist es hier, eine Gestaltung der Investmentbedingungen zu erreichen, die zu einer ausgeglichenen Interessenlage zwischen Investor und Venture Capital-Gesellschaft führt.

Die Phase 2 der Suche und Analyse von Beteiligungsobjekten läuft über einen Zeitraum von 2 - 4 Jahren. Hier können verschiedene Wege der Projektakquisition beschritten werden, die vom passiven Warten auf entsprechende Nachfrage bis zur aktiven Mitgestaltung von Gründungsunternehmen reichen kann. Die Analyse von Beteiligungsobjekten wird mit verschiedensten Analyse-Instrumenten unterstützt. Auch hier sind die Ausprägungen der Nutzung von Instrumenten sehr unterschiedlich. Sie reichen von einer gänzlichen Ablehnung unter dem Verweis auf das "Feeling" für geeignete Investments bis zur extrem strukturierten Vorgehensweise im Rahmen von bürokratischen Entscheidungsvorbereitungsprozessen.

Die Investmentphase läuft parallel zur vorangegangenen Phase über einen Zeitraum von 2 - 4 Jahren. Investments können in unterschiedlichsten Formen der Hergabe von Eigenkapital und eigenkapitalähnlichen Mitteln erfolgen. Ausprägungen reichen von der mitunternehmerischen Beteiligung im Rahmen einer Personengesellschaft bis zum eigenkapitalähnlichen Darlehen in Form von Optionsanleihen oder Wandelschuldverschreibungen. Wichtig ist für die Venture Capital-Gesellschaft zum Zeitpunkt des Investments schon die Frage, wie in der fünften Phase des Venture Capital-Zyklus aus dem Investment wieder ausgestiegen werden kann und wie dabei ein optimaler Preis für die Anteile an dem jeweiligen Beteiligungsunternehmen erzielbar ist.

Die Betreuungsphase läuft über einen Zeitraum von durchschnittlich 3 - 5 Jahren. Sie kann durchaus aber auch noch längere Zeit in Anspruch nehmen. Je weiter das Beteiligungsunternehmen im Entwicklungsstand fortgeschritten ist, um so kürzer wird tendenziell die Betreuungsphase anzusetzen sein. In dieser Phase wird der Venture Capitalist seine nationalen und internationalen Kontakte sowie seine Fähigkeit zur Beratung und partnerschaftlichen Einflußnahme auf die Beteiligungsunternehmen einzusetzen haben. Venture Capital-Gesellschaften mit internationalen Verbindungen und Venture Capital-Gesellschaften mit unternehmererfahrenem Management haben hier Vorteile gegenüber Gruppen, die nur national orientiert sind und deren Management sich nicht aus Personen, die selbständig tätig sind, zusammensetzt.

Die Phase des Desinvestments wird üblicherweise durch

die schon zum Zeitpunkt der Kapitalakquisition definierte Lebensdauer einer Venture Capital-Gesellschaft begrenzt. In den USA laufen Venture Capital-Gesellschaften über einen Zeitraum von 8 - 10 Jahren, in Europa ist dieser Zeitraum tendenziell länger. Desinvestment kann neben der Börseneinführung und dem danach erfolgenden Verkauf der Anteile über den öffentlichen Markt auch dadurch vorgenommen werden, daß die Anteile an andere Unternehmen, andere Kapitalbeteiligungsgesellschaften oder sonstige Interessenten veräußert werden.

D. Venture Capital-Ansätze

Die Quellen für Venture Capital sind sehr unterschiedlich und bleiben teilweise auch bewußt ungenannt. Dies ist speziell bei direkten Beteiligungen von Einzelpersonen an Unternehmen der Fall.

I. Direkte Beteiligungen

In diesen Fällen investiert eine Einzelperson oder Personengruppe unmittelbar in ein Beteiligungsunternehmen, ohne dabei die Mithilfe eines zwischengeschalteten Partners in Anspruch zu nehmen. Es existiert keine Statistik, aus der hervorgeht, in welchem Umfang sich Einzelpersonen und Personengruppen an unternehmerischen Vorhaben beteiligen. Hier geschieht sehr viel, ohne daß es der Öffentlichkeit zur Kenntnis kommt. Aus der Beratungspraxis mit über 400 Gründungsberatungen kann gesagt werden, daß eine große Anzahl von jungen Unternehmen durch Beteiligung von Externen eigenkapitalmäßig gestärkt werden. Investoren in diesen Fällen können der Steuerberater, ein Bankdirektor, ein naher Verwandter oder auch ein aus dem Berufsleben bekannter Privatinvestor sein. Für den Investor sind diese Fälle mit einem überproportionalen Risiko verbunden, da man nur begrenzt Möglichkeiten hat, eine Risikostreuung durch das Investment in viele Unternehmen zu erreichen. Des weiteren muß in solchen Fällen immer wieder festgestellt werden, daß dem Investor die spezifischen Erfahrungen fehlen, um einem Beteiligungsunternehmen in einer kritischen Phase auch kompetent helfen zu können.

II. Indirekte Beteiligungen

Im Gegensatz zu den direkten Beteiligungen wird bei indirekten Beteiligungen eine Zwischeninstanz eingeschaltet, die unterschiedliche Funktionen wahrnehmen kann und für den Investor bestimmte Tätigkeiten im Rahmen eines arbeitsteiligen Prozesses übernimmt. Die weitestgehende Abgabe von Funktionen des Investors an diese Mittelinstanz erfolgt bei den fonds-orientierten Ansätzen.

1. Fonds-orientierte Ansätze

Venture Capital im engeren Sinne wird im Rahmen solcher fonds-orientierter Lösungen vollzogen. Dabei handelt es sich um Venture Capital-Gesellschaften, die nach dem oben genannten Phasenschema eines Venture Capital-Zyklus von der Kapital-Akquisition bis zur Desinvestmentphase arbeiten. Fonds-orientierte Ansätze haben den Vorteil, daß sie von kompetenten Fonds-Managern geleitet werden, die durch die persönliche Kompetenz für das Venture Capital-Geschäft dem Investor eine Rückversicherung für sinnvolle Anlage seiner Mittel bieten.

Bei den fonds-orientierten Ansätzen steht die Risikostreuung im Vordergrund. Professionell gemanagte Venture Capital-Fonds investieren in mindestens 12 - 15 Unternehmen, so daß max. 10 % des gesamten Fonds-Vermögens in ein Beteiligungsunternehmen fließt. Eine Risikostreuung wird des weiteren dadurch erreicht, daß in Unternehmen verschiedener Branchen und verschiedener technologischer Richtungen investiert wird und andererseits auch in Unternehmen unterschiedlicher Entwicklungsstadien (Gründungen, Wachstumsunternehmen, Management-Buy-outs etc.). In Einzelfällen sind Fonds auch bewußt nur auf bestimmte Technologiebereiche ausgerichtet. Dies ist häufig dann der Fall, wenn hinter einem Fonds nicht eine Vielzahl von Investoren steht, sondern z. B. ein Industrie-Unternehmen, das mit seinem Investment nicht primär finanzielle Ziele verfolgt, sondern diese Venture Capital-Aktivitäten im Rahmen eines "Corporate Venture Capital" zur Erreichung strategischer Zielsetzungen einsetzt. Olivetti verfolgt seit einigen Jahren erfolgreich einen solchen Ansatz.

2. Projekt-orientierte Ansätze

Bei diesen Ansätzen handelt es sich um Versuche, bestimmte unternehmerische Projekte einzeln mit Eigenkapital zu finanzieren. Aktivitäten in diesem Rahmen sind z. B. von Abschreibungsgesellschaften, aber auch von Beratungsgesellschaften und Maklergesellschaften bekannt geworden. Bei diesen projekt-orientierten Ansätzen ist die Arbeitsteilung zwischen Investor und Mittler nur gering ausgeprägt. Der Mittler sieht sich hier primär in der Rolle des Analysators und des Vertreibers einer Investmentchance. Betreuung des Investments und Unterstützung bei dem Desinvestment werden üblicherweise nicht angeboten. Problematisch ist bei diesen Fällen auch, daß keine Risikostreuung durch den Fonds-Gedanken erfolgt. Dem Investor ist es überlassen, in eine breite Palette von Beteiligungsobjekten zu investieren und darüber selbst die gewünschte Risikostreuung zu erreichen. Aus der Sicht des klassischen Venture Capital sind diese Ansätze deshalb sehr kritisch zu betrachten.

E. Stand der Venture Capital-Finanzierung

I. USA

Das Venture Capital-Modell ist in seiner heutigen Ausprägung und insbesondere in seinen wesentlichen Merkmalen bezüglich Strukturierung der Venture Capital-Gesellschaften, Analyse und Auswahlkriterien und Formen der Projektbetreuung maßgeblich durch die USA beeinflußt worden. Über 600 Venture Capital-Gesellschaften in den USA haben durch ihre Bewährung im Markt zu dem Know-How geführt, das heute bei den verschiedenen Venture Capital-Ansätzen in Europa als Ausgangspunkt dient.

In den USA sind 1982 rund 1,4 Mrd. US-$ zusätzlich in 54 Venture Capital-Fonds geflossen. Im Jahr 1983 hatten bereits im März 45 Fonds weitere 900 Mio. US-$ akquiriert. Die Gesamtmittel in der Venture Capital-Industrie betragen z. Zt. etwa 7,5 Mrd. US-$. Aus Abbildung 1 wird deutlich, aus welchen Quellen das neuhinzufließende Kapital kommt.

Abb. 1: Venture Capital-Quellen (USA) in US-$

	1980	1981	1982
Pensions-Fonds	197	200	474
Private u. Familien	102	201	290
Versicherungen	88	132	200
Ausland	55	90	188
Unternehmen	127	142	175
Stiftungen	92	102	96
Summe	661	867	1.423

Interessant ist auch, daß es eine extreme Konzentration von Venture Capital-Gesellschaften in den USA in bestimmten Regionen gibt. Dies sind auch die Regionen, in denen sich das Innovationsgeschehen schwerpunktmäßig abspielt, nämlich Kalifornien sowie die Ostküste zwischen New York und Boston. Nähere Angaben können Abbildung 2 entnommen werden. Daß auch der Exit-Mechanismus in den USA gut funktioniert, zeigen die in Abbildung 3 wiedergegebenen Zahlen der Aktien-Emissionen von jungen US-Unternehmen in den Jahren 1981 und 1982. Natürlich hängt die Frage, wieviele Unternehmen pro Jahr an der Börse eingeführt werden, immer auch von der Lage der Börse und speziell von der Aufnahmebereitschaft für Neu-Emissionen ab. Die vergangenen Jahre haben hier den Venture Capital-Gesellschaften excellente Bedingungen geboten.

Abb. 2: Venture Capital-Fonds
Geographische Verteilung in den USA 1982

Californien	516.0 Mio. US-$	36,3 %
New York	334.0 Mio. US-$	23,5 %
Massachusetts	303.9 Mio. US-$	21,3 %
New Jersey	46.7 Mio. US-$	3,3 %
Rhode Island	44.2 Mio. US-$	3,1 %
Connecticut	43.1 Mio. US-$	3,0 %
Colorado	39.4 Mio. US-$	2,8 %
Maryland	25.9 Mio. US-$	1,8 %
Illinois	19.1 Mio. US-$	1,3 %
Virginia	15.0 Mio. US-$	1,1 %
Sonstige	35.7 Mio. US-$	2,5 %

Abb. 3: Aktienemission von jungen US-Unternehmen

	1981		1982	
	Anzahl	US-$	Anzahl	US-$
Januar	21	147.41	10	56.14
Februar	29	196.85	7	31.01
März	29	179.34	7	35.02
April	55	430.35	11	66.62
Mai	39	239.10	15	68.85
Juni	48	377.57	11	52.54
Juli	37	220.09	9	40.10
August	31	205.20	7	60.21
September	15	113.73	8	51.30
Oktober	27	168.34	14	160.89
November	36	224.77	15	157.77
Dezember	23	143.09	39	350.18
	390	2.645.84	153	1.130.63

Aus Skandinavien sind bisher nur Einzelansätze bekanntgeworden. Es existieren hier aber sehr gute Verbindungen mit der Venture Capital-Szene in England.

III. Deutschland

Die Financial Times hat kürzlich in einem Artikel darauf hingewiesen, daß die Bundesrepublik Deutschland mit ihren Venture Capital-Aktivitäten zur Zeit als Entwicklungsland einzustufen ist. Neben der Deutschen Wagnisfinanzierungs-Gesellschaft sind andere Ansätze nicht von Bestand gewesen. Grundsätzlich muß kritisch angemerkt werden, daß sich die 28 Gründerbanken der WFG nicht zu diesem Vorhaben hätten zusammenschließen sollen. Vielmehr wäre 1975 zu empfehlen gewesen, daß jede der 28 Banken eine neue Gesellschaft mit vielleicht unterschiedlichen Zielvorstellungen, Investmentpolitiken und Strukturen schafft, um damit eine Konkurrenz der Konzepte zu erzeugen. Wir hätten dann heute aus diesen ursprünglich 28 noch 10 bis 15 Gesellschaften, die sich im Marktgeschehen durchgesetzt hätten.

Deutschland braucht eine Mehrzahl von Venture Capital-Aktivitäten, damit sich hier eine Infrastruktur, ähnlich der in den USA, bildet. Deutschland braucht diesen Schneeballeffekt, der erst durch einen Lernprozeß aller beteiligter Gruppen (Investoren, Venture Capital-Gesellschaften, Beteiligungsunternehmen) entsteht.

F. Chancen der Zukunft

Häufig wird als Argument gegen Venture Capital in Deutschland vorgebracht, daß der deutsche Unternehmer diese Form der Eigenkapital-Beteiligung nicht akzeptiert. Dies mag für einen großen Teil des etablierten Mittelstandes zutreffend sein. Hier ist allerdings zu fragen, ob dieser Teil der deutschen Unternehmerlandschaft die Zielgruppe für das Venture Capital der Zukunft ist. Sicherlich gibt es im Unternehmerlager unterschiedliche Einstellungen gegenüber der Hergabe von Beteiligungen, wobei die Zugehörigkeit zu bestimmten Generationen wohl von wesentlichem Einfluß ist. Aus der Beratungspraxis ist deutlich geworden, daß insbesondere die jüngere Unternehmergeneration und diejenigen Unternehmer, die selbst als Gründer ein Unternehmen aufgebaut haben, gegenüber dem Venture Capital-Gedanken offen sind. Das Familienunternehmen, das schon in dritter oder vierter Generation von Familienmitgliedern geführt wird, hat hier erheblich größere Probleme.

Weiterhin wird auch vielfach behauptet, daß es gar nicht genügend interessante Unternehmen gibt, bei denen ein Venture Capital-Investment Aussicht auf Erfolg verspricht. Auch in diesem Punkt soll ausdrücklich widersprochen werden. Die Erfahrungen in der Zusammenarbeit mit jungen Unternehmen haben gezeigt, daß es eine ganze Reihe von Gründungsunternehmen, aber auch von etablierten Unternehmen in Form von Management-Buy-outs gibt, die händeringend nach einer adäquaten Lösung ihrer Finanzierungsprobleme suchen.

In Deutschland gibt es in der Zukunft für Venture Capital-Aktivitäten sehr viel zu tun. Das Potential an geeigneten Unternehmern und Unternehmen ist vorhanden. Das Potential an guten Ideen und interessanten Technologien steht zur Verfügung. In 2 - 3 Jahren wird es in der Bundesrepublik Deutschland nicht nur eine WFG geben, sondern eine ganze Reihe von Venture Capital-Gesellschaften.

Walter Ruda

Zur Diskussion über die Struktur der Kapitalangebotsseite für die mittelständische Wirtschaft

E. Innovationsfinanzierung - Bereitstellung von Risikokapital

I. Bewertung des Innovationserfolges

II. Steuerliche Anreize

1. Innovationsfinanzierungsgesellschaft

2. Business Start-up Scheme

III. Venture Capital als Finanzierungsvariante

1. Grundmodell des Venture Capital

2. Aufnahmefähigkeit des Risikokapitalmarktes

3. Eigenkapitalversorgung durch Venture Capital-Gesellschaften

A. Einführung

Erwartungsgemäß erbrachte die Diskussion - analog zur Komplexität der Gesamtproblematik - Beiträge zu vielfältigen Einzelaspekten. Um die Übersichtlichkeit für den Leser herzustellen, wurden diese Ausführungen unter Verzicht auf die chronologische Reihenfolge inhaltlich zu größeren Problemkreisen zusammengefaßt, und zwar zu

- dem Kapitalanlegerverhalten,
- der Finanzierung durch langfristige Industriekredite,
- der Einrichtung von Kapitalsammelstellen,
- der Innovationsfinanzierung.

B. Verhalten der Kapitalanleger

Um Aufschluß über anlagesuchende Kapitalströme zu gewinnen, die in die mittelständische Wirtschaft umgeleitet werden sollen, bedarf es der Kenntnis über die quantitative und die qualitative Dimension des Kapitalangebotes.

I. Anlage am "grauen Kapitalmarkt"

Die Existenz anlagebereiten Kapitals wurde von den Diskussionsteilnehmern uneingeschränkt bejaht. Wie aus den ca. 4 Mrd. DM, die allein im Jahre 1980 in Bauherrenmodelle, geschlossene Immobilienfonds etc. geflossen sind, gefolgert werden kann, steht auch ausreichendes Kapital für "risikoträchtige" Anlagen zur Verfügung.

Herr Pfeffer (1) und Herr Richter (2) führten die Schätzangaben der Schimmelpfeng Auskunftei an, nach denen seit Beginn der 70er Jahre mehrere hunderttausend Anleger mit über 40 Mrd. DM im sogenannten "grauen Kapitalmarkt" investiert waren. Diese Zahlen verdeutlichen eine durch "Steuersparmentalität" geprägte Verhaltensweise.

---

1) Dr. Rupert Pfeffer, Bayerische Landesanstalt für Aufbaufinanzierung, München.

2) Lutz Richter, Allianz Lebensversicherungs AG, Frankfurt/Main.

II. Anlage in festverzinslichen Wertpapieren

Die starke Neigung zum Erwerb von festverzinslichen Wertpapieren begründe sich nach Herrn Pfeffer in ihrer, gegenüber der Eigenkapitalrendite der Unternehmungen, deutlich höheren Umlaufrendite. Die Rendite sei ein wichtiger Bestimmungsgrund der Anlagebereitschaft. Auch sei erklärbar, daß die Kapitalanleger unter dem Aspekt der Sicherheit öffentliche Titel vorziehen. Das Vermögen solle nicht dem durch die Inflation bedingten Wertverzehr ausgesetzt werden, sondern nach Möglichkeit einen realen Wertzuwachs erzielen. Deshalb werden Transformationen flüssiger Mittel in Produktivkapital nur in geringem Maße vorgenommen.

Die Vermögensansprüche der privaten Haushalte richten sich direkt oder indirekt über Banken zu einem erheblichen Teil an die öffentlichen Haushalte und nicht an die Unternehmungen.

C. Langfristiger Industriekredit als Finanzierungsinstrument

Weitgehende Übereinstimmung herrschte bei den Diskussionsteilnehmern darüber, daß das langfristige Fremdkapital vielfach schon in die Rolle des Eigenkapitals hineingewachsen ist und teilweise dessen Funktionen übernommen hat.

I. Reformbedürftige gesetzliche Kündigungsoption

Insbesondere von Herrn Cassier (1) wurde die Reformbedürftigkeit des § 247 BGB hervorgehoben. Der § 247 Abs. 1 BGB besagt: "Ist ein höherer Zinssatz als sechs vom Hundert für das Jahr vereinbart, so kann der Schuldner nach dem Ablaufe von sechs Monaten das Kapital unter Einhaltung einer Kündigungsfrist von sechs Monaten kündigen. Das Kündigungsrecht kann nicht durch Vertrag ausgeschlossen oder beschränkt werden."

---

1) Dr. Siegfried C. Cassier, Industriekreditbank AG - Deutsche Industriebank, Düsseldorf.

In seinem Plädoyer zur Reformbedürftigkeit dieser Regelung im Datenkranz der Finanzierungsmärkte betonte Herr Cassier, daß die Kündbarkeit von Krediten - sobald der Zinssatz 6 % p. a. überschreite - die Finanzierungen wesentlich beeinträchtigen könne. Derartige Zinssätze seien bei der heutigen Kapitalmarktsituation nicht zu vermeiden. Nahezu alle langfristigen, festverzinslichen Kredite, die seit 1978 gewährt wurden, seien daher kündigungsbedroht. Dies belaste die Ertragserwartungen der Banken ebenso wie die ihrer Kreditnehmer. Die Tendenz zu zinsvariablen statt zu festverzinslichen, möglicherweise auch hin zu kurz- statt zu langfristigen Krediten, werde begünstigt. Herr Wossidlo (1) warf die Frage nach der Kündigungsrate von Krediten und der Häufigkeit von Folgeverhandlungen aufgrund des § 247 BGB auf. Dem geschätzten Volumen von ca. 30 Prozent für das Jahr 1980 stimmte Herr Cassier zu.

II. Vereinbarung ertragsbezogener Zinssätze

Der langfristige Kredit, der vielfach schon als Eigenkapitalsubstitut anzusehen ist, könne nach Aussagen von Herrn Gerke (2) und Herrn Tacke (3) noch modifiziert werden. Es wurde die Möglichkeit einer anderen Ausgestaltung der Verzinsung angeführt. Dem Eigenkapitalersatz-Charakter vieler langfristiger Kredite entspräche es mehr, wenn sich die langfristigen Kreditzinsen an die Erträge der kreditaufnehmenden Unternehmungen koppeln ließen. Dies könne z. B. dazu führen, daß Zinszahlungen in Verlustjahren ausfallen und in Jahren des Gewinnes nachzuholen seien. In diesem Zusammenhang bemängelte Herr Gerke die fehlende unternehmungsorientierte Handhabung der Zinssätze bei bundesdeutschen Banken. Mit ihren Zinsforderungen passen sie sich unterschiedlichen Risiken weniger flexibel

---

1) Prof. Dr. Peter Rütger Wossidlo, Universität Bayreuth/Betriebswirtschaftliches Forschungszentrum (BF/M) e. V., Bayreuth.
2) Prof. Dr. Wolfgang Gerke, Universität Mannheim, Mannheim.
3) Dr. Volker Tacke, Karl H. W. Tacke Textilwerk Wuppertal GmbH, Wuppertal.

an als z. B. amerikanische Banken und arbeiten statt dessen bevorzugt mit Kreditlimits.
Herr Cassier, der schon in seinem Beitrag die Koppelung der langfristigen Kreditzinsen an die Ertragsbewegungen der Unternehmung angesprochen hatte, sah ein Haupthindernis der Realisierung in dem Fehlen eines Refinanzierungsmarktes, auf dem man bereit sei, jährlich schwankende Zinseinnahmen in Kauf zu nehmen.

Von Herrn Wossidlo wurde der Vorschlag einer Modifizierung des Fremdkapitals in Richtung Eigenkapital begrüßt. Er wollte die Dauerfinanzierungsfunktion noch um andere Funktionen erweitert wissen. Zudem verwies er auf die in Krisenzeiten bestehenden Zins- und Tilgungsverpflichtungen und die erhöhte Abhängigkeit der Unternehmungen vom Kreditgeber. Exemplarisch erläuterten Herr Cassier und Herr Werner (1) eine Konstruktion der Kreditanstalt für Wiederaufbau (KfW), die auf eine größere Eigenkapitalähnlichkeit der Kredite hinauslaufe. Es sollen Kredite für Risikofinanzierungen gewährt werden, für die seitens der KfW die durchleitenden Kreditinstitute zu 75 % von der Haftung freigestellt werden.

D. Institutionalisierung von Kapitalsammelstellen zur Beteiligungsfinanzierung

Die dem Sparerschutz dienenden Anlagevorschriften des Gesetzes über Kapitalanlagegesellschaften (KAGG) diskriminieren die nicht börsennotierten Gesellschaften. Gemäß § 8 Abs. I KAGG dürfen nur "Wertpapiere, die an einer deutschen Börse zum amtlichen Handel zugelassen oder in den geregelten Freiverkehr einbezogen sind," erworben werden.

Deshalb wurde von den Diskussionsteilnehmern angeregt, Kapitalsammelstellen zu institutionalisieren, die vorrangig nicht emissionsfähigen Unternehmungen Beteiligungskapital zur Verfügung stellen.

---

1) Dr. Kai Werner, Bayerische Vereinsbank AG, München.

I. Notwendigkeit zur Risikostreuung

Es bestand Konsens darüber, daß die Möglichkeit der Beteiligungsstreuung ein Vorteil der zu institutionalisierenden Kapitalsammelstellen ist. Nicht der einzelne Kapitalanleger, sondern die professionelle Verwaltung der Kapitalsammelstelle entscheidet, ob die Beteiligung ertragreich und sicher ist.
Aus der Sicht der Kapitalanleger ist es wegen der hohen Erfolgsunsicherheit im Einzelfall wichtig, daß die Investitionen über eine größere Anzahl von Unternehmungen gestreut werden können. Die Sicherheit der Anlage ist dann um so größer, je breiter die Streuung der eingegangenen Beteiligungen ist.

Nach Herrn Pfeffer und Herrn Scharfen (1) sollen sich die Beteiligungen nicht nur auf den Teilbereich innovativer Unternehmungen beschränken. Es solle ein Beteiligungsfonds und kein Innovationsfonds finanziert werden. Denn einerseits habe dies eine Kumulierung der Risiken zur Folge und andererseits sei der Mittelstandsfinanzierung in ihrer Gesamtheit damit nicht geholfen.

Herr Gerke wies auf geschäftspolitische Fehler der Kapitalbeteiligungsgesellschaften (KBG) hin, die in der Kündigungsmöglichkeit seitens der Beteiligungsnehmer und in den Laufzeitbeschränkungen bei vorheriger Festlegung der Rückkaufkonditionen liegen. Dies führe zu einer Begrenzung der Gewinnbeteiligung und zu einem verminderten Risikoausgleich. Gerade die erfolgreichen Unternehmungen würden Kündigungsmöglichkeiten nutzen und aus dem Portefeuille der KBG ausscheiden.

II. Bankennähe von Kapitalsammelstellen

Die Frage, ob der Bankensektor hinter derartig einzurichtenden Kapitalsammelstellen stehen solle, oder ob diese Initiative von anderer Stelle zu tragen sei, wurde kontrovers diskutiert.

---

1) Heinz Scharfen, Firma Heinrich Scharfen, Bayreuth.

1. Zukunftsorientierte Beteiligungswürdigkeitsprüfung

Nach Aussagen von Herrn Wölki (1) urteilen die Banken heutzutage selbst bei Kreditvergabeentscheidungen nicht mehr nur sicherheitsbezogen, sondern auch zukunftsbezogen. Ca. 60 % bis 70 % der heutigen Finanzierungen im gewerblichen Bereich wären andernfalls nicht gewährt worden. Die Banken seien also durchaus in der Lage, das Beteiligungskapital zu kanalisieren. Unterstützung für eine bankennahe Lösung fand Herr Wölki bei Herrn Fanselow (2).

Die bankennahe Lösung wurde von Herrn Hutzler (3) und Herrn Kirchner (4) skeptisch beurteilt. Auch bei der Prüfung der Beteiligungswürdigkeit würden die Banken in das sogenannte "Kreditsachbearbeiter-Denken" zurückfallen. Herr Gerke warnte ebenfalls davor, die Beteiligungswürdigkeitsprüfung ähnlich der Kreditwürdigkeitsprüfung zu gestalten. Es dürfe nicht beim Sicherheitsdenken angesetzt werden, sondern dem Risikodenken müsse erste Priorität eingeräumt werden.

2. Akzeptanzprobleme bei der Beteiligungsfinanzierung

Im Zusammenhang mit der Bankennähe von Kapitalsammelstellen wurde von Herrn Pfeffer das Akzeptanzproblem angesprochen, dem sowohl aus der Sichtweise der Kapitalanleger als auch der Kapitalnachfrager Aufmerksamkeit geschenkt werden müsse.

Herrn Dreyer (5) zufolge wird das Akzeptanzproblem mittlerer Unternehmungen durch deren traditionelles Finanzierungsverhalten verdeutlicht. Als wesentliche Ursache

1) Siegfried Wölki, Vereinigte Coburger Sparkassen, Coburg.

2) Karl-Heinz Fanselow, Deutsche Wagnisfinanzierungs-Gesellschaft mbH, Frankfurt/Main.

3) Karl Hutzler, backdie Handelsgesellschaft mbH, Marktredwitz.

4) Dr. Hellmut Kirchner, TRV Beteiligungsverwaltungs GmbH, München.

5) Eberhard Dreyer, Industrie- und Handelskammer für Oberfranken, Bayreuth.

für die reservierte Haltung gegenüber der Beteiligungsfinanzierung wurde die Furcht vor der Mitsprache angegeben. Die Chance, einen potenten und kompetenten Kapitalgeber aufzunehmen, bleibt ungenutzt.

Nach Herrn Pfeffer sei ein gewisser "Herr-im-Haus-Standpunkt", insbesondere bei Unternehmungen, die aus kleinen handwerklichen Anfängen heraus eine beachtliche Unternehmungsgröße erreicht haben, psychologisch sicherlich erklärbar, rational aber oft nicht verständlich. Der Verlust an Selbständigkeit in Krisenzeiten könne einschneidender sein als die vertraglich eingrenzbaren Autonomieeinbußen.

Insbesondere von Herrn Benisch (1) wurde auf die fehlende Transparenz des Marktes für die kapitalnachfragenden Unternehmungen und die anlagesuchenden Kapitalgeber hingewiesen.

Der Schlüssel zum Erfolg bei der Lösung des Akzeptanzproblems auf Seiten der Kapitalanleger liege nach Herrn Pfeffer in der Rolle der Banken. Die potentiellen Kapitalanleger seien eher bereit, ein Engagement (z. B. bei einer KBG) einzugehen, wenn eine Bank hinter der Initiative stehe. Das Prüfungsverfahren der Bank gebe dem Kapitalgeber ein hohes Maß an Sicherheit. Die Seriosität der Kapitalbeteiligungen werde verbessert.

E. Innovationsfinanzierung - Bereitstellung von Risikokapital

Über die Bedeutung mittlerer Unternehmungen als Promotoren der technologischen Entwicklung bestand in der Diskussion Einigkeit. Durch ihre relativ begrenzte Produktpalette, die in gewissen zeitlichen Abständen einem kostspieligen Innovationsschub unterworfen wird, sind mittlere Unternehmungen jedoch einem besonders hohen Risiko ausgesetzt, wobei Frau Miersch (2) das Entwick-

1) Wolfgang Benisch, Handwerkskammer für Oberfranken, Bayreuth.
2) Dr. Elisabeth Miersch, Bayerisches Staatsministerium für Wirtschaft und Verkehr, München.

lungsrisiko und das Finanzierungsrisiko im weiteren Diskussionsverlauf herausstellte.

I. Bewertung des Innovationserfolges

Gerade bei technologisch hochstehenden Produkten laufen die Unternehmungen Gefahr, entweder das Entwicklungsziel zu verfehlen oder am Markt vorbei zu entwickeln. Die Informationen über den zukünftigen Verlauf einer Innovation seien - wie Herr Scheidel (1) betonte - äußerst unzuverlässig. Herr Pfeffer führte den Vorschlag der gutachtlichen Stellungnahme aus der von Beckerhoff im Auftrag des Bundesverbandes der Deutschen Industrie (BDI) erstellten Studie "Mobilisierung von Risikokapital durch Steuererleichterungen" an. Danach solle im Interesse der Kapitalanleger sowie der Allgemeinheit vor der Gewährung von steuerlich geförderten Finanzierungsmitteln darüber entschieden werden, ob ein Projekt, für das eine Unternehmung steuerlich begünstigtes Risikokapital beantragt, tatsächlich als Innovation einzustufen sei. Die Entscheidung darüber, inwieweit ein Innovationsvorhaben gegeben und der Finanzbedarf angemessen sei, könne auf der Grundlage einer patentanwaltlichen Stellungnahme - gewissermaßen die Unbedenklichkeitsbescheinigung - getroffen werden.

II. Steuerliche Anreize

Über die steuerlichen Anreize zur Eigenkapitalbereitstellung, wie z. B. im österreichischen Beteiligungsfonds Modell oder im französischen Loi Monory, differierten die Auffassungen.

1. Innovationsfinanzierungsgesellschaft

Auf die "Beckerhoff-Studie" zurückgreifend brachte Herr Pfeffer die Innovationsfinanzierungsgesellschaft (IFG) zur Sprache. Sie soll von privaten Kapitalanlegern Mittel einwerben und an Unternehmungen mit anerkannten Innovationsvorhaben für mindestens sechs Jahre ausleihen. Die

1) Hermann Scheidel, Deutscher Gewerbeverband, München.

Refinanzierung der IFG soll in Form des partiarischen Darlehens - einer Mischform zwischen Eigenkapital und Fremdkapital - erfolgen. Zur steuerlichen Seite wird von Beckerhoff vorgeschlagen, daß 80 Prozent des einer IFG zur Verfügung gestellten Betrages bis zu einem Höchstbetrag von 50.000 DM von der Einkommensteuerschuld des gleichen Jahres abgezogen werden können.

2. Business Start-up Scheme

Herr Kirchner berichtete über die positiven Erfahrungen, die in Großbritannien mit dem 1981 durch Finanzgesetz eingeführten Business Start-up Scheme gemacht wurden. Nach diesem Steuerentlastungsmodell können Steuerzahler ihre Beteiligungen an Unternehmungsgründungen bis zu einem jährlichen Betrag von 20.000 Pfund Sterling von ihrem steuerpflichtigen Einkommen absetzen.
Das Business Start-up Scheme habe dem Venture Capital-Markt in Großbritannien zu einem solchen Durchbruch verholfen, daß sogar Engpässe an aussichtsreichen Projekten aufgetreten seien.

III. Venture Capital als Finanzierungsvariante

Zur Finanzierungsform Venture Capital wurden von Herrn Nathusius (1) weitere Ausführungen in die Diskussion eingebracht.

1. Grundmodell des Venture Capital

Beim Venture Capital handelt es sich um Beteiligungskapital auf zeitlich begrenzte Dauer für (zumeist) junge Unternehmungen, die sich in einem Stadium noch geringer Erträge bei gleichzeitig erkennbaren Entwicklungspotentialen befinden. Die Venture Capital-Gesellschaften streben deren Aktienemission und den Handel am Wertpapiermarkt an. Voraussetzungen für das Funktionieren des Venture Capital-Gedankens in der Bundesrepublik Deutschland sind zum einen eine ausreichende Gründungstätigkeit innovativer Unternehmer und zum anderen eine funktionierende Börse

---

1) Dr. Klaus Nathusius, GENES GmbH, Köln.

für Anteile an jungen, schnell wachsenden Unternehmungen.

Der Venture Capital-Zyklus läßt sich im Grundmodell in folgende Phasen unterteilen:

- Kapitalsammelphase
- Bewertungs- und Auswahlphase
- Investmentphase
- Betreuungsphase
- Desinvestmentphase.

Nach Aussagen von Herrn Nathusius seien die Erfahrungen der Initiatoren des ersten privatwirtschaftlich organisierten Venture Capital-Fonds in der Bundesrepublik Deutschland in der Kapitalsammelphase bisher wenig ermutigend gewesen. Deshalb richten sich die weiteren Bemühungen der Kapitalakquisition vorrangig auf industrielle und institutionelle Anleger in den USA und in Großbritannien.

Herr Irsch (1) warf die Frage nach dem Eigenkapitalcharakter der von den Venture Capital-Gesellschaften zur Verfügung gestellten Mittel auf. Von den Zins- und Tilgungszahlungen her betrachtet wird es von Herrn Nathusius als ausgesprochen falsch beurteilt, wenn die Unternehmungen bereits in frühen Entwicklungsstadien mit derartigen Verpflichtungen belastet werden. Die Venture Capital-Geber realisieren ihren Gewinn erst am Ende des Engagements, und zwar in Form von Wertzuwächsen der Substanz.

2. Aufnahmefähigkeit des Risikokapitalmarktes

Herr Fanselow und Herr Nathusius bezweifelten die Existenz von beteiligungswürdigen Unternehmungen, die 1 Mrd. DM an Risikokapital aufnehmen könnten.
Herr Kirchner argumentierte, daß - wie die Erfahrungen aus den USA zeigten - die Höhe des zur Verfügung ge-

---

1) Dr. Norbert Irsch, Kreditanstalt für Wiederaufbau, Frankfurt/Main.

stellten Risikokapitals für die Zahl der Unternehmungsgründungen mitbestimmend sei. Hier spiele der Kapitalmarkt für die Vermehrung innovativ tätiger Unternehmungen eine wichtige Rolle. Viele dieser Unternehmungen scheitern zwar bald, andere dagegen wachsen zu beachtlicher Größe heran.

Grundsätzlich Herrn Kirchner zustimmend, räumten Herr Fanselow und Herr Nathusius ein, daß die gewünschte wirtschaftsstrukturelle Entwicklung jedoch nicht allein durch ein ausreichendes Angebot an Risikokapital zu erreichen sei. Es bedürfe zusätzlich einer Änderung der Umfeldbedingungen.

3. Eigenkapitalversorgung durch Venture Capital-Gesellschaften

Von Herrn Dreyer wurde die Höhe der Eigenkapitalaufbringung durch Venture Capital-Gesellschaften als gering und für die Mittelstandsfinanzierung unbedeutend angesehen. Nach Herrn Cassier sei das Eigenkapitalproblem jedoch nicht quantitativ zu diskutieren, sondern es gehe vielmehr um die qualitative Verbesserung der Finanzierungssysteme. Dazu führte er beispielhaft an, daß die "high technology products", gemessen am Investitionsvolumen, in den USA im Vergleich zur Bundesrepublik Deutschland einen wesentlich höheren Anteil ausmachen.

Nach Aussage von Herrn Nathusius benötige die Bundesrepublik Deutschland mehr "Nixdorf-ähnliche" Fälle. Könne man schon in der frühen Phase einer Unternehmungsentwicklung das notwendige Kapital bereitstellen, so werde sich möglicherweise ein "Schneeballeffekt" wie im Silicon Valley ergeben.

Herr Gerke betrachtete das Venture Capital als die Speerspitze eines Bündels von Maßnahmen (Kapitalbeteiligungsgesellschaft, Börseneinführung etc.), die notwendig seien, die Eigenkapitalausstattung der Unternehmungen zu verbessern.

Abkürzungsverzeichnis

Abb.	Abbildung
Abs.	Absatz
Abschn.	Abschnitt
AG	Aktiengesellschaft
AktG	Aktiengesetz
BB	Der Betriebsberater
BDI	Bundesverband der Deutschen Industrie
BdW	Blick durch die Wirtschaft
bes.	besonders
BetrVG	Betriebsverfassungsgesetz
BewG	Bewertungsgesetz
BFH	Bundesfinanzhof
BFuP	Betriebswirtschaftliche Forschung und Praxis
BGB	Bürgerliches Gesetzbuch
BGBl	Bundesgesetzblatt
BStBl	Bundessteuerblatt
BT-Drs.	Bundestags-Drucksache
bzw.	beziehungsweise
ca.	cirka
CAD	Computer Aided Design
CAM	Computer Aided Machinery
c. p.	ceteris paribus
DB	Der Betrieb
DBW	Die Betriebswirtschaft
ders.	derselbe
DFG	Deutsche Forschungsgemeinschaft
d. h.	das heißt
DM	Deutsche Mark
EG	Europäische Gemeinschaft
einschl.	einschließlich
ERP	European Recovery Program
EStG	Einkommensteuergesetz
etc.	et cetera

f.	folgende Seite
ff.	folgende Seiten
GewStR	Gewerbesteuer-Richtlinien
GFK	Glasfaser verstärkter Kunststoff
ggf.	gegebenenfalls
GmbH	Gesellschaft mit beschränkter Haftung
Hrsg.	Herausgeber
HV	Hauptversammlung
idF	in der Fassung
IFG	Innovationsfinanzierungsgesellschaft
IKB	Industriekreditbank AG - Deutsche Industriebank
insbes.	insbesondere
iSd	im Sinne des
iwd	Informationsdienst des Instituts der Deutschen Wirtschaft
JfB	Journal für Betriebswirtschaft
Jgg.	Jahrgänge
KAGG	Gesetz über Kapitalanlagegesellschaften
KAPG/ KapG	Kapitalgesellschaft
KBG	Kapitalbeteiligungsgesellschaft
KfW	Kreditanstalt für Wiederaufbau
KG	Kommanditgesellschaft
KGaA	Kommanditgesellschaft auf Aktien
KVStG	Kapitalverkehrsteuergesetz
KWG	Kreditwesengesetz
lfd.	laufende
max.	maximal
m. E.	meines Erachtens
Mio.	Million
Mrd.	Milliarde
mtr.	Meter

NE-Produkte	Nicht-Eisen-Produkte
Nr.	Nummer
OECD	Organisation for Economic Co-Operation and Development
OHG	Offene Handelsgesellschaft
öS	österreichische Schilling
OTC	Over-the-Counter
o. V.	ohne Verfasser
p. a.	pro anno
PersG	Personengesellschaft
PERSU/ PersU	Personenunternehmung
rd.	rund
RGBl	Reichsgesetzblatt
RM	Reichsmark
ROI	Return on Investment
RStBl	Reichssteuerblatt
RWE	Rheinisch-Westfälisches Elektrizitätswerk AG
s.	siehe
S	österreichische Schilling
S.	Seite
SBIC	Small Business Investment Companies
sog.	sogenannte
Sp.	Spalte
StEntlG	Steuerentlastungsgesetz
StuW	Steuer und Wirtschaft
Tab.	Tabelle
u. a.	und andere, unter anderem
u. ä.	und ähnliche
u. a. m.	und andere(s) mehr
usw.	und so weiter
v.	vom
vgl.	vergleiche
v. H.	vom Hundert

VMU	Vereinigung Mittelständischer Unternehmer
VStG	Vermögensteuergesetz
v. T.	vom Tausend
WFG	Deutsche Wagnisfinanzierungs-Gesellschaft mbH
z. B.	zum Beispiel
ZfB	Zeitschrift für Betriebswirtschaft
zfbf	Schmalenbachs Zeitschrift für betriebswirtschaftliche Forschung
ZfgK	Zeitschrift für das gesamte Kreditwesen
z. T.	zum Teil
z. Z.	zur Zeit

AUTORENVERZEICHNIS

Arnold, Wolfgang

Dipl.-Wirtsch.-Ing., Wissenschaftlicher Mitarbeiter, Universität Bayreuth, Lehrstuhl für Betriebswirtschaftslehre I, Finanzwirtschaft und Organisation, Bayreuth.

Bergerhof, Walter

Dipl.-Ing., Dr. techn., Präsident der VMU e. V., München, geschäftsführender Gesellschafter der Knauer GmbH & Co KG, Geretsried.

Buch, Thomas

Dipl.-Volksw., Bundesbankdirektor, Deutsche Bundesbank, Frankfurt am Main.

Cassier, Siegfried C.

Dipl.-Volksw., Dr. oec., Generalbevollmächtigter der Industriekreditbank AG - Deutsche Industriebank, Düsseldorf.

Dolch, Volker

Dipl.-Ing., geschäftsführender Gesellschafter der Dolch Logic Instruments GmbH, Dietzenbach.

Ertl, Bernd

Dipl.-Volksw., geschäftsführender Gesellschafter der PM Portfolio Management GmbH, München.

Fanselow, Karlheinz

Wirtsch.-Dipl.-Inh., Geschäftsführer der Deutschen Wagnisfinanzierungs-Gesellschaft mbH, Frankfurt am Main.

Fritsch, Ulrich

Dipl.-Volksw., Dr. rer. pol., Geschäftsführer des Arbeitskreises Aktie e. V., Düsseldorf.

Gerke, Wolfgang

Dipl.-Kfm., Dr. rer. pol., o. Prof. für Allgemeine Betriebswirtschaftslehre, Finanzwirtschaft und Bankbetriebslehre II, Universität Mannheim.

Gruhler, Wolfram

Dipl.-Kfm., Mitglied der Geschäftsführung des Instituts der deutschen Wirtschaft, Köln.

Krahnen, Hans-Joachim

Dipl.-Kfm., Dr. rer. pol., Professor, Universität Frankfurt am Main.

Langendorf, Peter

Geschäftsführender Gesellschafter der Wilhelm Langendorf GmbH, Marktrodach.

Nathusius, Klaus

Dipl.-Kfm., Dr. rer. pol., geschäftsführender Gesellschafter der GENES GmbH, Köln.

Pfeffer, Rupert

Dr. jur., Mitglied des Vorstandes der Bayerischen Landesanstalt für Aufbaufinanzierung, München.

Ruda, Walter

Dipl.-Kfm., Dipl.-Volksw., Wissenschaftlicher Institutsassistent am Betriebswirtschaftlichen Forschungszentrum BF/M e. V., Bayreuth.

Schmidt, Karl Gerhard

Dipl.-Kfm., Dr. oec. publ., Mitinhaber des Bankhauses Karl Schmidt KG, Hof/Saale.

Schwab, Fritz

Dipl.-Kfm., Vorsitzender des Vorstandes der Z-Beteiligungsfonds AG, Wien.

Schwarz, Rainer

Dipl.-Kfm., Wissenschaftlicher Institutsassistent am Betriebswirtschaftlichen Forschungszentrum BF/M e. V., Bayreuth.

Sigloch, Jochen

Dipl.-Kfm., Dr. rer. pol., o. Prof. für Betriebswirtschaftslehre II, Betriebswirtschaftliche Steuerlehre und Wirtschaftsprüfung, Universität Bayreuth, Vorstandsmitglied des Betriebswirtschaftlichen Forschungszentrums BF/M e. V., Bayreuth.

Wossidlo, Peter Rütger

Dipl.-Kfm., Dr. rer. pol., o. Prof. für Betriebswirtschaftslehre I, Finanzwirtschaft und Organisation, Universität Bayreuth, Präsident des Betriebswirtschaftlichen Forschungszentrums BF/M e. V., Bayreuth.

Betriebswirtschaftliche Schriften

Seit 1979 sind erschienen:

95. **Das Sozialpotential betriebswirtschaftlicher Organisationen.** Von R. Marr. X, 280 S. 1979. DM 48,—.
96. **Planungsmethodologie.** Von M. Gaitanides. 365 S. 1979. DM 88,—.
97. **Personalarbeit und Personalleiter im Großunternehmen.** Von A. Remer und R. Wunderer. 213 S. 1979. DM 98,—.
98. **Das Shopping Center.** Von H.-J. Jaeck. Erster Band: Begriff und Typen des Shopping Centers. 74 S. 1979. DM 29,80.
99. **Das Shopping Center.** Von H.-J. Jaeck. Zweiter Band: Geschichte des Shopping Centers. 97 S. 1979. DM 36,—.
100. **Die Überwindung informationswirtschaftlicher Engpässe in der Unternehmung.** Von H. Ph. Platz. 165 S. 1980. DM 64,—.
101. **Ansätze zu einer Produktions- und Kostentheorie der Dienstleistungen.** Von O. A. Altenburger. 218 S. 1980. DM 78,—.
102. **Die Zielanalyse als ein Instrument des Konfliktmanagements.** Von N.-Ph. Sokianos. XII, 301 S. 1981. DM 48,—.
103. **Das Marktgebiet im Einzelhandel.** Von K. Schöler. XXVII, 407 S. 1981. DM 66,—.
104. **Risikobereitschaft bei betriebswirtschaftlichen Entscheidungen.** Von D. v. Engelhardt. XII, 565 S. 1981. DM 78,—.
105. **Die kalkulatorische Vermögens- und Kapitalrechnung.** Von E. Krökel. 221 S. 1981. DM 78,—.
106. **Das Unternehmenswachstum als betriebswirtschaftliches Problem.** Von H. Kürpick. 419 S. 1981. DM 144,—.
107. **Konzeption und Realisation von Produkt-Design in der Konsumgüterindustrie.** Von N. Wieselhuber. XI, 232 S. 1981. DM 69,—.
108. **Güterbeschaffung des täglichen Bedarfs.** Von H. Bufe. 182 S. 1981. DM 78,—.
109. **Werbepolitik multinationaler Unternehmen.** Von S. Steffens. 239 S. 1982. DM 88,—.
110. **Marketing für öffentliche Unternehmen.** Von J. Hesse. 159 S. 1982. DM 68,—.
111. **Sozialbilanz und sozialverantwortliche betriebliche Sozialpolitik.** Von U. Kracke. 254 S. 1982. DM 88,—.
112. **Verschnittoptimierung, dargestellt an Beispielen aus der Textilindustrie.** Von E. Troßmann. 213 S. 1983. DM 78,—.
113. **Grundlagen einer dynamischen Theorie und Politik der betrieblichen Produktion.** Von E. Troßmann. XXI, 250 S. 1983. DM 56,—.
114. **Strategische Planung in öffentlichen Verwaltungen.** Von B. Seidel-Kwem. 220 S. 1983. DM 84,—.
115. **Formen der Aufbauorganisation des betrieblichen Bildungswesens in industriellen Großbetrieben.** Von H.-J. Rahn. 99 S. 1984. DM 38,—.
116. **Unternehmensordnung und tarifvertragliche Mitbestimmung.** Von E. Gerum und H. Steinmann. 198 S. 1984. DM 78,—.
117. **Beteiligungs- und Fusionsvorhaben.** Von B. Hörnig. XVI, 357 S. 1985. DM 58,—.

DUNCKER & HUMBLOT / BERLIN